U0509399

THE HISTORY OF

上海史

（第二卷）

SHANGHAI

［英］库寿龄 ＿＿＿＿＿ 著

朱华 ＿＿＿＿＿ 译

上海書店出版社
SHANGHAI BOOKSTORE PUBLISHING HOUSE

译　序

《上海史》第二卷的作者是补充完成第一卷的库寿龄。

库寿龄 1859 年出生于英国赫特福德郡的一个浸信会家庭，毕业于爱丁堡大学，1884 年作为英国浸信会成员来华，多年在山东青州府和潍县广文学堂从事传教和教育工作，1905 年来沪，一度担任私人教师，后在麦伦书院任职，并出任皇家亚洲文会北华支会的荣誉秘书，主编该会会刊和《新中国评论》。1917 年和 1918 年，他以一己之力编纂的两卷本《中国百科全书》同时在上海和英国出版，获得学术界的好评，并在 1919 年荣获有"汉学诺贝尔奖"之称的"儒莲奖"（Prix Stanislas Julien），尽管奖金只有 200 元上下，还不及当时工部局一个打字员的月薪。

1920 年 2 月，库寿龄接受工部局邀请，接替已故的兰宁，承担《上海史》第一卷的注释补充和后两卷的写作工作。不知是否由于利用了兰宁生前收集的资料，他的工作进度堪称神速。1921 年初，第一卷正式出版；1922 年 6 月，第二卷清样已在校对。但就在此时，他溘然长逝，像兰宁一样未竟全功。他的遗孀承担了剩下的工作。第二卷于 1923 年出版。

《上海史》第二卷的写作风格与第一卷截然不同。如果说，第一卷最鲜明的特点是海阔天空、议论风生的话，第二卷则是严格的循规蹈矩，不仅叙述的空间和时间几乎不越雷池半步，即使有所评论，一般也比较克制，语气相对委婉含蓄，还常常用史实甚至史料的铺陈来代替直接的臧否。当然，对中华民族尤其是中国官员的奚落和鄙薄，照例是直言不讳的。

第二卷的内容，主要是陈述上海英租界、英美租界到 1900 年为止诸多方面的历史沿革，大致展现了这块年轻城区快速却又曲折甚至有点苦涩的成长过程。作者的主要关注，显然是以工部局职权范围为中心的市政建设、城市发展及其管理，诸如道路、桥梁、码头、交通、排水、供水、消防、治安、公共卫生、医院、公墓、教育，等等。而在对这些内容，尤其是重大决策的过程陈述中，相关利益各方的博弈及其规则或者制度安排，往往占据突出地位。这对深入理解上海租界制度及其运行特征是不无启迪甚至是相当有益的。实际上，作者反复阐释的一个基本观点，就是领事、工部局和中国政府这三股力量均有不同的利益取向和行为特征，而且，各

1

领事之间和工部局与租地人或纳税人之间的利益关系，也纷繁复杂，正是这些不同利益主体的角逐折冲，构成了这段历史的基本面貌。当然，对不属于公共管理，或不属于租界管理范畴的社会生活其他部分，作者也给予了一定的篇幅，如体育、报刊、商业、黄浦江疏浚等，甚至中国的企业招商局和制造局。

第二卷的史料基础非常扎实。从全书来看，不仅大量征引了《北华捷报》《工部局年报》等常见资料，亦查考并引用了工部局的某些档案和英国政府的《蓝皮书》，还利用了一些私人手稿。而且，作者对待史料的态度相当谨慎。除了对个别讹误的记载作了小心的提示外，大量的是宁可异说并存或付之阙如。因而，书中陈述的大量史实，包括丰富多彩的逸闻趣事，相信大多言之有据，值得关注。当然，舛错也在所难免。

但作为一部史书，第二卷也存在着一些明显的不足。

全书的整体结构明显散乱。从目录来看，它其实更像一部撷取租界历史各个侧面而分章编纂的志书，正文的论述也很少涉及各个侧面之间的内在关联或相互影响。同时，章的设置和排列的逻辑结构也难称合理。各章内容的详略程度，更有很大差别，颇有能找到多少材料就写多少的嫌疑。有些章很难避免名不符实、甚至虎头蛇尾的批评。

更遗憾的是，虽然有理由相信全书是严格依据史料写成，学界甚至有"如卡片汇拢"的考语，可500多页的篇幅却竟然只有几个引用资料的脚注，行文中亦极少提及资料的来源。同时，可能由于大量直接摘引史料，很多人物、企业往往以简称表示，有时连是指个人还是企业都难以分辨，叙事顺序也颇多前后错乱、含糊不清或甚至出现错误。就一部史书而言，这是明显的缺陷，至少使译者深感头痛。

还应指出，不知道是由于这些问题还是其他原因，第二卷出版后，学术界的反应相当冷淡。不但《皇家亚洲文会北华支会会刊》和《北华捷报》均未载有书评甚至书讯，二三十年代的中外学界也很少参考或者引用此书。例如，上海通社集体编纂、载于《上海研究资料》的《事物原始》称，上海第一次电灯发光是在1882年7月26日。其实第二卷已经根据《北华捷报》的报道明确指出，上海的第一盏电灯是在1878年发出"绚丽光芒"的，只是舍去了准确日期而已。1925年前后撰写《上海会审公堂与工部局》的郭泰纳夫，虽然引用过《上海史》第一卷，却似乎并未参考过这部第二卷。因为他完全没有提到其中有关会审公堂的一些重要记载，尤其是库寿宁以仰慕英雄的口气、浓墨重笔书写的陪审官翟理斯与谳员黄承乙当庭斗殴一事，郭泰纳夫还弄错了日期。第二卷提到的个别早期报刊，亦不见诸现有各种新闻史的著录。

当然，这个事实反过来也表明，继续发掘这部《上海史》第二卷的史料价值，仍然是当今学界一项有意义的工作。

本译著系国家社科规划重大课题"外语文献中的上海（1843—1949）"（编号：11 & DZ102）成果之一。为了便于研究者的参考利用，译文采取尽量遵从原文、遵从中文习惯表达的原则。对于原文的某些表述问题，如往往用"上海"特指英租界或公共租界、对中文的粗率翻译、一些可能的日期与拼写错误，译文一般均不予改动，间或加上注释。现有的注释除标明外均系译者所加。外国人名、企业及机构、职务，均从习惯译法，主要依据黄光域编《近代中国专名翻译词典》和中国社科院、上海社科院有关研究人员出版的译著、专著，以及《上海租界志》等新修志书；未查到习惯译法者，则按新华社编译名手册音译。书末附有译名表供读者对照，其中的部分人物全名，系译者的考辨。由于重名者较多，舛误恐在所难免，这是需要读者明察的。全书涉及地名众多，有些中国地名还只有英语名称。凡译者觉得生僻或回译尚难确定者，均附以原文。本卷的索引尽管难称完整，但对于理解、使用本书仍有一定用处，依然按照原文译出。索引和书内提到的本卷和第一卷页码，均已改为译本页码。

前　言

本书第一卷出版于 1920 年 8 月，论述了上海外国租界到 50 年代初期为止的重要政治、商业历史。本卷的论述范围是自那以后到 1900 年。

第一卷前言提到，为了赓续并最终完成兰宁先生献身了多年的工作，工部局非常幸运地得到了库寿龄先生的服务。工部局现在不得不深为遗憾地宣告，库寿龄先生在 1922 年 6 月去世了，行将告竣的本卷承蒙他非常好心的遗孀才最后完成。

由于大多数原件的状况，插图的印制十分困难，但尽管岁月已久，予以收录仍很有意思。

工部局对所有向已故库寿龄先生在资料、信息、插图方面提供了协助，在研究方面提供了便利的人们，表示真诚的感谢。

工部局总办兼总裁　利德尔

1923 年 2 月

目录

第 1 章

导　　论

本书第一卷记载的历史截止于 1857 年，大致涵盖了《南京条约》和《天津条约》之间的时期。因此，整个六十年代尚待论述。

建立罗马国家，是何等艰巨之事。（*Tantae molis erat Romanam condere gentem*）

要不是维吉尔[1]的这个提醒，我们不会深究自己的历史。

除此之外，上海还与罗马一样丧失了早期的官方档案，那里是由于高卢人的入侵，这里是由于英国领事馆的大火。一种传奇的兴起和层累可以与另一种雷同。叛军的进攻，对威尔斯桥的公愤，铁桥的垮塌，都可以融汇成保卫公园大桥、要求"领事大人"协助的某种贺拉斯[2]的故事；一千年之后，当来自新西兰的艺术旅行家站在垮塌的大桥横梁上描述汇丰银行的毁灭时，戈登也许已演变成了一位库尔提乌斯[3]，巴富尔则成了一位罗慕路斯[4]。

但是，对不必透过数百年的迷雾就看到事情现状的我们而言，上海的历史肯定格外缺乏浪漫气概、英雄气概、诗情画意或者戏剧性；我们无从找到造就了旧世界、新世界成千上万城市的英雄性、悲剧性、爱国主义的奋斗和壮丽璀璨的插曲。今后制造这种传奇的人们，必须像迪克·斯威福勒[5]的侯爵夫人一样，"格外想入非非"。

---

[1] 维吉尔（公元前 70—前 19），罗马诗人。
[2] 公元前 509 年守卫泰伯河大桥的罗马勇士。
[3] 传说中的罗马勇士。
[4] 罗慕路斯（公元前 771—前 717），古罗马城的建造者。
[5] 狄更斯小说《老古玩店》中的人物。

上海归根结底是一座商埠。它的财富和贸易，足以让它与著名的市场或城邦国家如安特卫普、热那亚、威尼斯或波士顿相提并论；但在我们的历史中，没有同香港的激烈竞争，没有对抗围城的壮烈防守，没有为了自由而向黄浦江中扔入哪怕一磅茶叶。在我们的故事里，并无类似新英格兰早期定居者保住自己头皮的麻烦，尽管我们也是为数稀少的外国人，处在大群并不十分友好的本地人的包围之中。我们不像日内瓦，从来不是任何宗教生活的中心，也不像佛罗伦萨，没有让世界熠熠生辉的艺术宝藏；我们的历史差不多都枯燥乏味，没有华彩篇章。

上海除了作为贸易中心之外的相对无足轻重，原因是显而易见的。最初的租界非常年轻。很多出生于英国的人们来到了上海，还没有亡故者。对建立和认识一座城市而言，即使长命百岁也是稍纵即逝的时光。但更重要的是，来自西方的人们在这里发财，然后回家花钱。这个地方更接近于克朗达克（Klondyke）[1]的淘金场，而不是新英格兰的殖民地。除了少数官员和传教士外，可以说全体居民都在，并始终是在致力于发财或谋生。因此，对大多数人而言，这里仅仅是一个临时住所，而不是家。尤其是最近，有些人在这里长期定居，常常是因为不能离开了；如果这是一种选择的话，很大程度上是习惯的结果，是因为他们不能再回本国定居了，他们因长期背井离乡已成了那里的外国人。因此，它的居民对于它的发展，并无真心实意的关切；也许除了年度的贸易统计之外，也没有任何自豪感。这里没有引人入胜的自然风光；没有巨大的教育优势；气候显然不适合任何人；周边的本地人生活，既不别致，又无魅力；所以，基本上无人在此安家；上海与（我们）祖国的关系，就像商店或办公室同家里的关系。这是一个工作和挣钱之地，而不是安居、留恋、值得装扮和自豪之处。

读者可以想象，要是看到了以下情形，上海将会多么不同：巴特菲尔德先生和施怀雅先生[2]手携手在外滩散步，受到每一个过路市民殷勤的礼敬；渣甸家住附近，马地臣在工部局中地位显赫；确实创建了城市的贵族们，其子孙都在致力于共同福祉。但令人沮丧的现实是，我们知道怡和、太古的大名，知道已经获得了巨大的财富，却接触不到人情因素。如果曾经有这样一些人——其中的有些人看来已经够神秘的了，他们来了，发财致富了，其中的有些人赶紧再次离开了，几乎没有留下

---

[1] 在美国亚利桑那州。
[2] 太古洋行的两位创始人。

什么纪念物或捐赠物来祝福这块他们发家之地。我们说的是"最年长的居民"，却不说"最古老的家族"。

这种漂浮生活的结果，就是我们的历史上没有举世闻名的人物或事迹，没有克莱武[1]，没有罗得斯[2]，没有莱佛士[3]，甚至没有威尔·亚当斯[4]和迈尔斯·斯坦迪什[5]。没有真正伟大的人物与上海有关，如果不把戈登作为例外的话。对于凡夫俗子，戈登是一个杰出的例外，但他与这块地方的关系是暂时的、偶然的。唯一能与他相提并论的名人是其前任华尔，他也是一个局外人，他的纪念碑在附近地区，[6]戈登还没有纪念碑。

然而，这种比较或批评并不是在贬低上海，不过是先让我们明了上海历史的性质而已。对于世界而言，商业中心和教育中心、艺术或文学中心一样必要。在世界近代史上，上海是独一无二之地。没有别的社区曾面临过它要解决的问题，也没有别的地方曾面临过这种更具挑战性的特殊困难。唯一应当始终记住的是，社区的非凡努力，各外国政府的行动，甚至我们一位貌似英雄的业绩，都完全是为了保护和促进**商业**的利益。

这部历史的主要目的是记载上海的发展，不会不注意到，它的几乎每一页都有助于理解当代言论中所谓的中国人的"精神"。我们经常听到有关正确对待"东方"的肤浅论调。但除了不成问题的印度之外，每个学者，甚至最愚钝的上海居民都必定完全知道，日本人的观念与中国人完全不同。上海（租界）是在同官方和非官方中国最密切的接触中成长起来的，它的历史向我们实际证明了中国人的性格。应该在所有的变化甚至进步中注意到，这种性格或"精神"依然非常稳定。实际上，尽管希望避免老生常谈的俏皮，我们仍有了一个**"万变不离其宗"**（*plus ca change plus c'est le mime chose*）的非凡例证。这是一项有实用价值的知识。

---

[1]　克莱武（1725—1774），英国的孟加拉总督。
[2]　罗得斯（1853—1902），英国的开普殖民地总理、富商。
[3]　莱佛士（1781—1826），建立近代新加坡的英国苏门答腊总督。
[4]　威尔·亚当斯（1564—1620），首次到达日本的英国航海家。
[5]　迈尔斯·斯坦迪什（1584—1656），搭乘"五月花"号前往普利茅茨殖民地的英国军官。
[6]　指清廷曾在松江为华尔建墓立祠。

第 2 章

统治上海的要素

论述这个商业中心的历史必须涉及的主要问题，显然包括海关、税收、疏浚、自治权力的成长、领事之间的关系和工部局与中国政府之间的关系、司法，以及为商业居民提供一个安全舒适的住处而改善租界，而必须涉及的小题目则不胜枚举。记载的无非是冲突的见解、侵蚀与抵制、永恒的折中调和。倒不存在巨大的国际性猜忌或常见的广泛性利益差异。但几个权威中没有一个绝对的权威；这却造成了非常新奇的困难，以致无人能够立即确定一个最好的解决方式。这是一个"**边行进边解决**"（*solvitur ambulando*）的持续案例，而哪条道路最适合行走，却总是有几种观点。

这种习以为常的争吵的主角是领事、工部局和道台。占有上海是根据中国政府和一个外国政府签署的一份条约。因此，（隶属公使的）领事必须确保中方履行了义务，中方的权利不遭受侵害——简言之，确保严格遵守了条约。条约当然像国会的法案一样，只能通过逐渐的应用、使用来解释，而且，对于某个条款是指什么或者不指什么、是包含什么还是不包含什么，经常会有争论的余地。道台根本不习惯国际条约，他看待局势的出发点并不是民族的或爱国的观点，而是个人的好处或利益。他也许从未对上海的改善提出过任何建议；他在许多情况下仅仅是一个阻碍者，而主要的动机是利益，间接的动机则往往是对外国人的惯常蔑视，他自己还借外国人敛财。外国人开征的捐税，只要是符合条约的规定，总是保护租界内的华人不受他们官员的勒索和压迫。处在这两个政府之间的欧洲商人中国商人，则成了租地人或纳税人，租界的存在仅仅是为了商人们的利益，委派领事只是为了保护他们。他们来到这里不是为了国家的荣耀，并不希望征服，亦不为了宣传，仅仅是想确保一块所能得到的最佳经商之地。外国政府就像规划房屋的建筑师；道台可以代表房东，其方针就是抬高房租，并且无视修缮；但实际住在房子里的是商人，他们知道房屋的一切毛病，有不顾建筑师和房东就让它成为宜居之所的强烈愿望和意图。

居民们选举了代表自己的工部局来面对领事们和道台；就是这个工部局的活动，即社区自己的活动，使得上海的历史非同寻常了。它必须持续抵抗中方的侵蚀，并尝试自己的持续侵蚀；有时，它遭到了官场的制止，那就屈从并且等待；有时，它略有收获，并根据先例和规则，坚持认为还可以得到更多。它要求贯彻条约的精神，而不是条约的文本；它一点一滴地在这个方面逼迫领事，在那个方面逼迫中国政府，却并非总是有利于它的选民；这个不取薪酬的生意人的委员会通过耐心、坚持和明智的妥协，革除了恶习，获取了不容置疑的权利，占据了管理这个混杂社区的支配地位；如果说它尚未建成一个完美的城市，它毕竟在半个世纪中建成了一个繁荣昌盛的商埠——在亚洲独占鳌头。

这三股力量自我调整达成的均衡，造成了历史的丰富多彩。有时，推动力是在工部局和道台之间，但工部局不能压迫道台，除非是通过领事；有时却是任何两方联合起来对付另一方。次要的对抗则增加了问题的复杂性：本地领事对事情的看法常与北京的使节不同；道台与其他中国官员有麻烦，领事还往往遭到租地人的批评。因而，利益和取向是一个大杂烩。

最后，存在另一些至关重要的分歧点：领事们代表着一批外国政府，这些政府利益不同，利益份额不等，然而，它们都共享对租界的统治。什么国家会造成什么局面，只能揣度。这块地方是英国用武力打开的；《南京条约》是中英之间的条约；《土地章程》是英国领事和道台起草的；租界首先是英国领事管理下给英国商人用的英国居留地。也许可以强调一次这个问题——这是很少提到的。这个例子与很多其他例子一样，英国出钱出力赢得了胜利，然后其他国家免费享用英国花费不赀买来的东西。无人能质疑英国在建立和统治上海方面的领导地位，或者她在这里巨大的利益优势；然而，过了最初阶段，英国领事就不再是**资格最老**的领事了，他会位居第二，甚至遭到也许只代表百分之三居民的别国领事们的冷落。一位美国人曾经写道："除了英国提供的特权外，美国人没有特权。在华美国人的所有特权，都完全依赖英国人的条约和英国人的武力。他们曾经准备保护一切外国人，美国人却不断谴责他们的压迫、侵略和错误；而通过英国政府对付中国人时所维护的公平和坚定，美国人获得了与英国人一样大的利益。"美国人不止一次做出过这种慷慨的承认，其他国家的人却并非总是如此。当英美国两国遭受利益不过他们十分之一的小国妨碍而岌岌可危时，领事们的不同头衔便造成了一种复杂的局面：英国有一位领事；普鲁士有一位总领事，其地位因而高于英国人，尽管普鲁士除了寒碜地跟随别国外，在上海无事可做；同时，大多数小国由商人领事作为代表，他们太为自己的生意煞费苦心了。在中国领土上，面对着中方的阻挠，面对着代表十二个同中国有条约或无条约国家的职业的或未经培训的官员，一个想要实现效率和舒适的社区，既遭受着十二个领事的束缚，又遭受着中国条约权利的束缚。我们可以有把握地说，这种状况是非同寻常的；当前的政府处在稳定的均衡状态，简直是一个奇迹。

第3章

领事和领事馆

本书第一卷有一章专门论述上海早期的领事。那一章甚至在标题上也专门提到，有些领事接受过培训，仅仅是领事，另一些则是商人获得了领事委任，以代表居民中那些无足轻重的国民。最初，只有一个领事代表一个条约国家，即巴富尔上尉；鉴于英国利益的优势地位，英国领事应当在这段历史中占据比别人突出的地位。阿礼国、密迪乐、巴夏礼和麦华陀都是长久不能忘却的大名。美国领事熙华德也在我们这段历史中扮演了一个伟大而且不容忘怀的角色。另一个早期的条约国法国，主要通过建立自己租界的孤傲态度，影响到了这块居留地。

1857年的领事如下：

英国，罗伯逊

法国，敏体尼

美国，那普，副领事

荷兰，比理

荷兰，费思富尔，副领事

丹麦，波斯卫

汉堡，霍锦士

西班牙，卢瑞欧，副领事

瑞典和挪威，金能亨

1856年5月，霍锦士先生获准"暂时"接替其兄弟霍格担任汉堡领事。两年之后，一位姓卢（Loo）的与霍锦士为合伙人的广隆洋行做茶叶生意。道台因为其他人的要求，把卢扣押在衙门中，霍锦士写信给道台声称："本汉堡领事恳请阁下，命令衙役将此人交给本人，以便他亲自处理与广隆洋行的账务。"然而，如道台所言，英国领事才是解决广隆洋行商业事务的合适人选。就是针对此事，罗伯逊先生使用了第一卷第 337 页的强烈表达。但这不是令人恼火的新事情，因为一年之前，霍锦士先生就解雇了一艘汉堡船上两名生病的英国水手，两人走投无路，去找罗伯逊，罗伯逊按每天一元的价格把他们送入了医院。他当时说："这些商人领事获得职位是出于个人动机，既没有司法权威，也没有权力支付官方费用，所以他们都规避那种性质的一切责任。因而，这些名誉领事是更大的障碍，而没有更大的用处。"后来，汉堡当局要求霍锦士解释他的行为。

美国领事馆的重要性仅次于英国领事馆，却很晚才建立。其领事的某些权力远远超过英国领事；他们能判决离婚，能经公使同意判处极刑，并有更大的监禁权力，尽管英国有香港高等法院的优越性。但如美国人玛高温医生在美国所说的，美国领事"凡是来到中国的，一般都对这个国家的一切茫然无知，就像进入金门大桥目不识丁的中国佬对美国及其机构一无所知一样。他开始了一个新行当的学徒期；在此期间，他成了欧洲领事们的嘲笑对象，遭到中国大员们的轻慢。我们当然用这种方式损害了每一个美国人的利益"。这种强烈的语言带有对竞选制度的成见；当熙华德凭借其理智和才干在帮助建立上海租界的所有领事中名列前茅时，我们可以质疑，是否任何美国领事，至少适合其重要职位的领事都曾是嘲笑的对象。

在一个新生政府的新环境中，领事间事务的复杂性，可见诸以下一个有趣的例子。1862 年，一名美国人是一艘持法国政府特许状的英国船的船东，他打伤了船上的一个中国人。法国人向美国领事馆提出了试图谋杀的指控，熙华德将此事通知了麦华陀。犯人是一个南方人，情愿服从英国人，而不愿服从美国法律的管辖。他获得了保释，并在翌日要求美国的保护。熙华德的观点是，他有权登上一艘英国船去逮捕一名美国公民，而麦华陀认为，英国船就是英国的领土，所以只适用英国法律；犯人在岸上而不是在船上犯罪，才服从熙华德的管辖。他们同意将这个问题提交给各自的政府——这是友善精神的一个出色例子，这种精神已经让上海克服了这么多的艰难险阻。

领事的级别非常重要，关系到中方和领事团本身两个方面。1863 年，法国领事成了总领事，美国仿效了，然后普鲁士和瑞典跟进；而大不列颠仍是领事。巴夏礼担任领事时，才降低了这个不利地位的影响：他的爵位（巴斯爵士 K. C. B.）和他的个性是个弥补。但当他离开时，情况就不同了。英国的利益给了英国领事**天然的优越地位**，但有些后来者没有为上海做成任何事情，对那里也没有多少兴趣，可以说只能虚张声势。温思达在 1866 年说，要不是熙华德非凡的克制力和理智，他都维持不了自己的地位。但在 1869 年麦华陀担任领事时，事情变得严峻了。熙华德已经走了，有七位领事和六位总领事，其中的四位领事和两位总领事都是商人！

麦华陀认为自己是罗伯逊的临时代理人，这不是他个人的看法，所以他坦率地写信告诉了公使。当时的问题是谁应当成为领袖领事。熙华德在离开时，把档案交给了麦华陀，请他负责。

1869 年 10 月的第二次会议有六人出席，狄思威（美国人）提议、秦镇西（美国副总领事）附议由麦华陀继任熙华德。意大利总领事棉挈里说，这不是一个选择的问题，而是一个取决于年资的权利问题。（他本人是构成社区不足百分之三人口的九个国家的代表之一。）根据他理解的这个原则，他支持麦华陀；麦华陀说，商业、职员和其他方面都实行这个原则。棉挈里表示同意，却又说："接受这个原则，在实践中予以修改。"

11 月的会议有 11 人出席。德国领事安讷克评论说，由于缺席上次会议，他希望把他对当时采用方式的严重抗议记录在案；没有严重的后果就不能打破规则；不应当违背维也纳会议（Congress of Vienna）确定的年资规则。"这完全不是一个提名或选举的问题。"资深者有权继任；他抗议麦华陀在上次会议上提出的观点，建议暂时休会，直到奥地利领事前来。狄思威说，如果有这样一项年资规则，他并不想阻挠，他不过希望最有效的服务而已。麦华陀认为，上次会议已经承认了那项规则，已经同意予以修改；他准备让位，反对方的讨论没有实际结论。多数人赞成上次会议的决定。然而，安讷克表达了自己的观点，并希望把自己的评论记录在案，只有西班牙领事支持他搁置该决定的建议。于是，安讷克建议领袖领事就任。狄思威建议，作为一项修正案，当前的安排应被视为临时的。麦华陀强烈反对此事的悬而不决；他的地位已经足够尴尬和令人不快了。安讷克并不附议。他然后建议说，棉挈里提出的原则应当作为今后行动的规则；在哥老司[1]表示反对区分总领事和

---

[1]　荷兰驻沪领事，原文误作"Croes"。

领事之后，这项建议被一致通过了。安讷克已经指出，未授予自己雇员应有的级别是政府的过失。麦华陀说，如果再次提出这个问题，他就辞职。安讷克说，如果没有新的选择颠覆这个既定原则，他就不会再提出这个问题。如麦华陀给公使信中说的，这样，他就处在任何时候可被领事们赶走的地位，领事们对此的兴趣，与他们的级别成反比。他认为，这种可能性并不遥远。那时，一位没有利益关系的总领事或一位有着重大利益关系的商人将支配租界的事务——这将是灾难性的。英国居民约占总人口的 60%，美国人、德国人、葡萄牙人依次而降。

直到 1877 年，大不列颠才任命了一位总领事，即罗伯逊先生，他在 1854 年就是领事了。

熙华德 1875 年将去北京使馆任职时，召开了一次会议，询问他应该把文件等交给哪位领袖领事。经协商，应当按照维也纳会议制定的原则，首先按照官员的级别，然后按照任职的官方照会的日期。当时的总领事是俄国和日本，但他们愿意辞让，而麦华陀（当时是领事）按照年资是第二名，按照级别是第二名。三个月后，葛笃（法国）返回了；他比麦华陀资深，但他谢绝了这个职位，因为他的职责使他难以行使这项职权。所以，麦华陀先生被要求继续任职。

这个问题在 1893 年再次发生了。当时，戈贝尔（德国[1]）辞职，华德师（葡萄牙）接替此职；1898 年施妥博（德国）再次回国，华德师再次以任职年资继任。施妥博在离开前指出，一些年前有一个不成文的规则，限于对大不列颠、美国和德国的代表论资排辈，因为它们的利益大于任何其他国家，因而他对背离这条规则感到困惑不解。《北华捷报》问道，华德师有些什么职员和房间？他使用什么语言？它宣称，由于嫉妒，社区的利益被弃之不顾了，工部局和商会均无法通过华德师先生同中国政府谈判。和明商会提出了一个意味深长的问题，华德师是永久担任这个职务，还是仅至施妥博回来为止。它说，从英国利益的分量、保持档案的便利和中国政府与工部局的利益来看，英国总领事应当总是领袖领事。

1891 年，（英国）总领事和大法官由一人担任。这项创新招致了强烈反对——不是反对所任命的人选，韩能和哲美森（担任领事）都是受欢迎的，而是反对合并本身。这项合并据信是出于威妥玛爵士的"恶意活动"，其实却出自菲利普·柯里

---

[1]　据《清季中外使领馆年表》，戈贝尔是 1881—1895 年比利时驻沪总领事。

爵士[1]的建议,华尔身公使的抗议耽搁太久了。唯一的好处是省下了一个人的工资,但反对的理由是多方面的。最有效率的工作应当由总领事开球,以后他在同一个案件充当法官时,又怎么能提出忠告呢?

合并后的职位首先提供给连意,但最终为韩能爵士得到。这个安排被发现不尽人意。1897 年,两个职务再度分离。韩能继续作为首席法官,而哲美森成了总领事。

现在来看美国及其领事机构,需要马上注意的是两项事实。第一,美国亦步亦趋跟着英国,在中国的早期开放和上海的发展中,扮演了位居第二的角色,收获了它没有播种的果实,未曾适当分担辛苦、危险或代价就享受了利益。第二,爱国的和歉疚的美国人已一再承认这种努力的不成比例和对另一个大国的亏欠,因而,这两个伟大国家之间极少产生严重的不满或怨恨。

达抵拿海军上将说过一句响彻世界的名言:“血浓于水。”相信他创造了这个短语是完全错误的;在别的地方找到了这句话,其中的一部苏格兰小说还写于上将出生之前很久。这看来是一种晦涩的说法,没有什么道理,就像有人说“奶酪比脱脂奶更结实”一样。但它声誉鹊起,却表明它所表达的情绪获得了这两个民族的赞同。美国舰队隔岸观火,等着获取英国舰队为他们开启的好处。但尽管处在这种不体面的地位,在危急关头,唯一的感情占据了上风,提供了勇敢的帮助,并被坦然接受了,双方都没有矫揉造作或犹豫不决。

这种幸福的关系一直维持着,很少出现中断。

玛高温早在 1858 年就指出:

“保护我们海上船只和岸上公民免受海盗与凶徒攻击的任务,移交给了英国战舰。通过托付英国舰队警卫中国海域,我们的政府默默承认自己的对手就是这些海域的主人。”

同一年,列卫廉抗议“对英国、法国进步的病态嫉妒”,说“任何地方的英国企业,都比其身边的美国企业发展得迅速”,“大不列颠的每一块钱都为了我们的利益而用在其邮政服务或维持其海军力量上了”。

卫三畏也(这是我们引用的最后一条慷慨说法)在《烟台条约》签署后说:

---

[1]　菲利普·柯里(1834—1906),英国外交官。曾任英国驻奥斯曼帝国和驻意大利大使。

"对于英国政府卷入两三场战争持之以恒而且真诚的努力，所有对华贸易的国家都亏欠很多，美国尤其要感激。"

直接进入上海吧。当太平天国叛军威胁到上海时，美国专使华若翰写道，美国人不会帮忙保护这个地方，但他补充道，有充分的保护：盟友们决定守卫它。

我们已经指出，这种大相径庭并未引起严重的猜忌或不满，但也不能料想双方都会鸦雀无声。1872 年 6 月的《通闻西报》[1] 上的一些简单真相，让镂斐迪[2]写道："英国商人显然把中国视为大不列颠的一个属国了，把住在这里的别国人，不管什么身份，都看成不受欢迎的闯入者。"

但他会被自己掌嘴的。因为就在天津屠杀[3]的同一年，他写信给华盛顿称："过去三年中，我们在这片水域中的舰队几乎没有实际价值。美国利益所得到的保护，被迫完全仰仗外国。"这些舰只因为"严重缺乏主管人才"而没有用处。

翌年，他又写道，"美国舰只几乎不进行测量工作……'科罗拉多'号上的海图都是法国人或英国人的。然而，美国船只控制着上海和日本之间的贸易，他们还垄断了长江的贸易，垄断了大部分的南方贸易和较大部分的北方贸易。英国则有一艘船常川测量"，等等。

现在，如果美国人的利益这样巨大，却还要让别的国家来保护他们，并为他们测量沿海，说得出来的小小借口，就是她为不速之客。但如《星期六评论》（*Saturday Review*）多年前所言，"美国政府通过英国在华行动获得的利益，按照它被认为的脾气，既可笑又可气"。十分庆幸的是，这种脾气从未用更坏的方式显示过，只是略微清晰地说说而已。宽宏大量的读者不会不想到，内战的痛苦足以解释她对远东的无比冷漠。

然而，美国领事馆本身却彰显了同样的落后，并引起了美国人自己的抱怨。看来，太多的公仆那时和此后都令人失望。

美国海军的司令官司百龄在担任美国代办时提到过两个例子。看来有两人被任命为驻宁波领事——菲什是华若翰公使任命的，柏赖克是无知的华盛顿任命的。柏

---

[1] 原文为 *Courier*。当指英国人创办的 *Shanghai Courier* 或 *Shanghai Evening Courier*，即《通闻西报》或其晚刊。

[2] 美国驻华公使。

[3] 指 1870 年的天津教案。

赖克此前已要求任命菲什为他的副领事，承担他的工作并领取他的部分工资。他后来遭到了很多指控，蒲安臣不得不解除他的驻汉口领事职务。司百龄表示，领事们认为自己很大程度上独立于公使，所以，因为缺乏官方控制，存在着很多擅权行为。他建议由公使控制一切官方事务，公使应审阅所有的报告，并有停职和任命权力。

1864 年，柏赖克被控在汉口向华人出售美国国旗，被赫德指控走私，被法国和英国领事指控"对'玛丽亚'号西式三桅船事件的奇特审理"，并被恭亲王指控"掩饰每一项可以想到的不当行为和严重违法"。蒲安臣已命令下属不得同柏赖克进一步交往。要不是治外法权，他的领事证书早被取消了。蒲安臣有权力停止其职务，却无权将其撤职。中国已经反对商人领事了：柏赖克是汉口旗昌洋行的负责人，仍然是领事。

"玛丽亚"号案件表明了长江上的无法无天。威廉士和卡罗尔是船主和大副。他们在南京遇到了其他西式三桅船，其中的一艘"木星"号装着钱。他们抢劫了该船，肆无忌惮地杀死三名中国人。两个月后，他们被逮捕。一项抱怨是缺少美国军舰，这是许多案件中的一个。

熙华德在 1864 年表达了"他的痛感"，说到了"我们自以为控制了在华美国公民的笑柄"。最凶恶的罪犯汇聚在这里，借助无辜的人们而肆无忌惮。美国的缺陷超过了任何国家。"那些以为我们的国旗引导着这个国家文明先驱的人们，完全错了。我差不多已经说过，那些打着我们的旗帜作为其国籍标记的人，在中国犯下的未受惩罚的罪行，超过了任何国家的人。"他来的时候，尚无美国的监狱。唯一设施齐全的监狱——英国人的——并不能用，因为此前的某位美国领事忽略了付费。中国监狱不在考虑之中，一个美国人建立了一所私人监狱，以低于给其他人使用的租金出租。这样，领事馆就有了一所监狱。"但不能说美国政府在这个远东主要口岸是依靠私人施舍作为实施条约规定的手段，我已经付过政府所准许的少量费用了。"这所监狱造得并不适用。三个被控谋杀的人从里面逃走了。当日本因为谋杀一个英国人——没有找到本地的谋杀者——而遭到战争威胁时，美国却允许本地的谋杀者逃之夭夭，还主张治外法权。熙华德付出了超过他津贴的 1 400 元，津贴"仅对诚挚的劳动和开支而言都是不够的。他后悔没有抛弃这个差使，以表示全面的愤慨"。他实际上去了北京，决心辞职。但蒲安臣劝他等待。

从上述给西华德（国务卿）的信来看，情况还不太严重，我们发现，蒲安臣在同一日子写道，像威廉士[1]这样的人"已经如此长时间逃脱了惩罚，以致他们肯定相信杀人而不必受到惩罚。美国政府遭到了嘲笑，而且我们的国旗被用来掩护所有在中国的流氓"。熙华德苦涩地抱怨说，他现在知道，自己端坐的法庭的权威是成问题的。律师主张，美国人有接受陪审团审判的权利，因此，领事法庭不够资格。唯一可行的办法，就是高等法院。

执法官修斯坦1864年死于"令他羞耻的原因"。蒲安臣建议，在华盛顿批准之前，领事在这种案子中应当有权停职，公使有权撤职。修斯坦犯有醉酒、闹事等罪行。

1873年，执法官理查·菲尼克斯用灌铅的大棒击打一名英国水手的脑袋。领事巴剌佛拒绝审问和惩罚他。何爵士说，此人在法庭上的语言和行为是如此粗鄙，如果是英国人的话，肯定会受到严惩和开除。在美国人和英国人中，都存在着对巴剌佛的强烈反感。蒲安臣1862年到达时，对英国在贸易和海关机构方面的优势非常焦虑；但如他写道的那样，他无法为海关找到懂中文的人，尽管赫德愿意，甚至希望在职员中增加一些美国人。他补充说，英国人"已在被迫保卫条约口岸，却得不到我们的任何协助。我们享受了那种保护的成果。"

卫三畏是年写信给菲什称："大不列颠的领事官员是唯一能写这种（贸易）报告的人。因为其他人没有受过这种研究中国实业和环境的培训。……其他人也不能够说和读这种语言。其他国家从这种研究和经验中获益。……我们国家的领事与这些专家和富有经验的人相比，何其不同。"

然而，除了缺乏培训外，（领事）机构还有其他的严重缺陷。1864年，熙华德领事写信给其叔叔G. T. 熙华德说，已经形成了一个惯例，并得到了领事馆官员的"大量仿效"，"这些官员履行四分之一或更少的职务任期，然后把职位转让给别人，别人把得到的部分薪金返还给他们。这有很大诱惑力。他们是受政府委任者，年薪3 000元。在国内，只要1 500元就生活得同这里一样了。结果是，如果（一位领事）能找到为1 500元及津贴替别人从事这份工作的人，他就成了获利者，就

---

[1] 原脚注：威廉士被判处死刑。但他在监狱中自杀了，所以逃脱了在华领事法庭管辖下第一个被执行死刑的美国人的名声。

能回到国内过上悠闲的生活"。他指名道姓了这样做的人，并说："这个例子中的事实是，所提到的这些热情、正直的人都奉行这种惯例，就证明它被认为是完全合法的。"

但如他所说，这种惯例对机构的毒害不言而喻。就在那时，驻宁波领事孟恩威理在委任传教士罗尔梯先生代行他的职务后回国了。担任这些官方职位的人并无特别合适的教育背景或经验。但熙华德渴望建立"一个在华领事机构，它将反映国家的信誉，而不是目前的无信誉"。他建议，公使应有权处置各领事馆，应逐级提升被证明有价值的领事，杜绝"在政府的地盘上做小生意"。

在工资、居住和职员配备问题上，美国官员至少和英国官员一样，有充分的抱怨理由。

蒲安臣在 1862 年说，美国公使迄今"住在行李箱里"，而其他条约列强都在使馆地基和建筑上花了 4 万元以上。英国使团有 13 名成员，包括卫兵和仆人，他们的工资超过了 7 万元——法国人和俄国人也差不多。"英国公使的薪俸（8 000 英镑）就超过我们全部开支数千元。"他则像一艘没有水手的船。在上海，熙华德相当于肢体残缺的人——与他的地位及与巴夏礼相比。熙华德在到达后的第 18 个月即 1862 年 8 月，就因为害怕在上海背上沉重的债务，向国内提出了辞呈。蒲安臣写道，他和熙华德都没有足够的人手去复制卷帙浩繁的信函与档案等。他只有完全投入了中文处的卫三畏，而没有别的人；而卜鲁斯有 3 名翻译，2 名随员，10 名领事学生，还忙得不亦乐乎。至于薪金，他评论说，赫德"拿到的薪金大约同我们的总统一样多"。英国领事有大批职员，1 500 英镑工资，带家具的房子。前美国领事士觅威良一直住在一家旅馆中，那里没有单独的入口，却有两根旗杆，一根升美国国旗，另一根升旅馆旗！熙华德不得不为公务花费私财：单是一年房租就要 2 000英镑。副领事、翻译、两名助手、执法官和狱警都是必要的——开支从 2 200 英镑增加到 7 500 英镑。这个廉价系统运行得并不良好。只有像熙华德这样具有公益精神的官员才会尽力工作——他花掉了两份官方津贴。很多私人企业一年的"住宅开支"就要 1 万英镑。所有主要的美国企业都列名于一份改善吁请书，它详细列举了上述论据和数字。

1872 年，镂斐迪再次将法国使团的职员与美国对比。他们有这么大的排场，而美国正好相反——然而，美国的利益三倍于法国。

赫德期盼有更多的美国人打算来海关工作。1864 年的 12 名税务司中，有 3 名是美国人。但没有一人懂中文。他想要三名年轻的大学生在北京学习两年中文。1865 年来了两名——廷得尔和吴德禄。

我们再次从美国人转到英国领事馆事务，可以谈谈英国领事馆的建筑等。

上海看不到山，也不靠近陆地上的任何大道。来访者无论到达火车站或者某个码头，都不会产生见到了美景的印象。但如果有人首次正式进入上海，经过外白渡桥时，他必定会赏心悦目地看到一边的外滩公园和另一边幽静典雅、宽敞硕大的英国领事馆院落。与俄国总领馆最近建立起来的挤压在礼查饭店和黄浦江间的漂亮建筑一比较，人们就看出了在上海捷足先登的优越性。达文特教士[1]的《上海》称，德国领事馆位于租界最好的地块，但这仅指有一个很好的滨江视野而已。可以简要介绍一下英国领事馆的土地和建筑。

本书第一卷已经说过巴富尔如何买下了部分地基，阿礼国买下了其余部分。总面积是 126.76 亩。

1861 年，首次提出了出售其一部分的问题。麦华陀描述了一幅建筑物过分拥挤、不适、失修的图景，建议卖掉"后面的"某些土地。"旧监狱地块现在是每亩 3 000 两，但现在是一部分杂草丛生，靠近监狱的一部分借给海军堆煤，一部分租给一位绅士作为卷心菜园。"如果出售该地块，就有钱修缮房屋；即便那样，所剩的土地仍超出了官员们的照料能力。但海军就没有堆场了，何伯海军上将反对搬走。10 月，该道契被送给海军，条件是翻译的房子仍归领事馆所有。卜鲁斯建议，靠近怡和洋行的土地可以卖给该企业作为花园。不用的土地分块出售，得到的钱归军需官。有人说，该地块从巴富尔转入阿礼国之手的条件是，不准英国政府以任何理由再次出售。但麦华陀查验了档案后，没有发现这种条件的任何痕迹。巴富尔慷慨无私地放弃了这项本来要付给他 400％的英国政府财产收益。"如果是他的财产，现在就遽然暴富了。"

1862 年 3 月，在何伯海军上将的帮助下，一份包含债权的协议签署了，但未能找到示意图，协议并不十分清楚。据认为，它以 535 889.5 两出售，重建成本的估价为 77 410.14 两，但这包括了补偿巴富尔的 10 350.66 两，这是"考虑到他以

---

[1] 达文特（1858—1924），上海新天安堂牧师。

3 450.32 两的成本向英国政府转让了这块土地，这时的价值四倍于此数额"。

一块 11 亩半的土地仍然属于中国政府，但道台同意用同样区域、同样大小的一块更靠近江边、适合于造船的土地与之交换，其价格是每亩 79 两。那时的土地价格非常高了。麦华陀已划给邮局的 9 625 平方英尺土地，租金为 1 120 两，他担心这超出了邮政当局同意的价格。

巴恩斯·达拉斯将是拍卖商，他建议当天先出售前面的地块，再卖后面的地块，因为前者的价格较高，会保证后者卖出好价钱。西边的道路将向东移动一点，以确保更好出售。麦华陀欢迎这条道路（圆明园路），是因为这避免了"华人的房子和仓库近得令人讨厌"。拍卖在 1862 年 9 月 24 日举行。投标并不踊跃；九个地块只售出了四块，其余的有待售卖。一号地和二号地在外滩和靠近北京路，分别卖到每亩 5 900 两和 6 400 两，三号地在圆明园路和北京路拐角处，卖到 4 000 两，九号地在现建有新天安堂的拐角，卖到 4 200 元。其他地块一个月后售出，总价 180 986.9 两，按 6 先令计算，等于 54 296 英镑 1 先令 3 便士。令人失望的发现是，当麦华陀表示不希望忘记巴富尔的权利时，却认为自己有资格实行出售，因为是他提出了建议，并予以实施。卜鲁斯认为这件事情总体上糟糕。

44 亩土地按每亩 4 100 两出售，尚剩下 82.66 亩。

这样，领事馆的土地缩小了三分之一，这是一个日后追悔莫及的缩小，建筑物却仍值得注意。1864 年，巴夏礼就住处问题，或者领事馆缺少的住处问题写了一份 38 页的公函。有恒洋行报告说，副领事馆不适合居住，梅辉立把那个建筑描绘得像西方废墟与东方垃圾的混合。巴夏礼说，屋顶漏水，天花板掉了，没有适当的加固。那是建造的好时光，材料更加便宜。我们读到，梅辉立不能住在这个院子里，只得住礼查饭店；而且，当琼斯带着全家从英国来到时，不得不以 500 英镑的价格在租界内租了一栋四个房间的小房子。

然而，当何爵士 1865 年到达时，却惊讶地发现这栋建筑得到了这么好的维修，是如此的漂亮和宽敞，但他说，阿查理的房子潮湿得几乎不能居住，而且曾挨过雷击。他对一些土地已经被出售感到懊丧，建议要回那块已经给了海军却从未使用的土地。

1867 年，建造的问题提出了；温思达竭尽全力防止地基被分割。它被社区用

17

于多种目的，被海军和万国商团用于操练。提出了多种计划。这里已经有巴富尔群房（Balfour Buildings）了，提议建造一排面对它们的领事馆房屋。

领事馆官员们不仅罹受了房子方面的不舒适；政府甚至在家具问题上也太吝啬了。密迪乐要购置7元一架的拉风扇，未被准许；他也难以得到体面的轿子。他在1859年抱怨说，自己只有一把椅子，两把是给客人的；一张写字台，"用我的小指头就能晃动它，晃久了还会倒掉"。他建议使团的中文秘书（当时卜鲁斯在上海）对这两顶轿子做出评价，说说"对于两位英国官员正式进入的城市而言，它们是否系合适的交通工具；按照新的条约，这两位官员分别相当于巡道和同知级别"。18英镑15先令的轿子被批准了，12个办公室的小地毯是7英镑10先令。但该领事被提醒说，政府"考虑到了对于领事馆开支增长非常嫉妒的眼光"。领事的办公室和法庭离翻译和其他办公室有180码远，浪费了很多时间。助理们有资格拥有一间卧室、一间起居室，而餐厅和厨房是公用的，没有分隔设施。副领事们有单独的房子。马安建议花费600两设置一根铁旗杆，代替目前的桅杆，但卜鲁斯不能批准这么大的开支。

在政府所有部门都大手大脚花钱的战后时光，读到这件事情及更多记录在案的类似事情，未免感到奇怪。

老时光的另一件麻烦事情是职员的不足；还有一件麻烦事则是薪水的不足。罗伯逊在1856年就表明，因为本洋的价格，他的工资是4 468元而不是6 384元；而在上海生活，领事的开支是如此之高，以致不可能有任何积蓄。他来时体格强壮，走时将是病弱之躯。他指出，美国领事下面有六家企业，工资高达本洋7 000元；罗伯逊下面却有五十家企业。"最平常的商行，"他说，"每个月的实际伙食费也不能在500元（本洋）以下。"他要维持一幢大房子，这是一场维护观瞻的持久战。他在答复全权代表的问询时表示，每年合法、非法的贸易总额至少1 300万元，有包括海员在内的5 000—6 000名外国人，因此领事有大量的工作和责任。其他领事都按当地货币支付薪水。来自国内的货物价格翻倍。助理翻译的实际工资在45—50元之间。"一位绅士和官员如何以此为生"，是一件令人困惑的事情。

翌年，政府同意为1853—1854年间上海封锁的损失向领事馆官员支付530磅11先令9便士的补助。阿礼国和坚佐治在英国拿到了钱，其他人得到162英镑到9

英镑不等。

　　麦华陀在 1862 年提到了官员工资的不足。只有商人的钱包才足以对付通行的物价。他本人遭受了不能偿清债务的威胁。他建议给予百分之二十五的补助，但理由却是支出的全面增加。副领事到手 750 英镑，翻译 700 英镑，第一助理 405 英镑；然而，第一助理在海关，他在那里得到了 900 英镑加上住房、燃油，他正打算离任，充当一个商行的助理会计；他在该企业的第一年就有 600 英镑，第二年 700 英镑并有膳食、仆人、宿舍，还可以自己做生意。麦华陀自己透支了 5 000 元，尽管他并未表现出应有的殷勤好客。然而，他还有其他收入来源。房屋，包括主要来自英国商店的账户，1861 年是 2 626 元，1862 年是 4 423 元。

　　在官方档案中，这类事情还有更多。但也许已足以说明，让上海获得成功的官员们，至少像肯定没那么辛苦的 1921 年的公仆们一样拮据。

　　至于职员的匮乏，马安指出，尽管人们努力工作，压力却如此之大，以致根本没有出色完成工作的心情。1861 年的领事宣称，领事馆的有效运行，必须要有三个资深官员和三个低年资官员。但显然，领事馆的服务人员也同样短缺，这个麻烦有多么实际，可从一项抱怨中看出来：只有三名警官，一名总是看守监狱，一名是送达传票等，剩下的一名要对付领事馆面临的也许上百名凶暴的水手。有一次，这个警官被击倒后，李蔚海也遭到了攻击，被其他领事馆官员救了出来。

　　麦华陀的报告表明，战争期间的工作何等繁重。1862 年，由于军人们没有翻译，阿查理尤其超负荷工作。

　　巴夏礼时期，五名官员马安、阿查理（副领事）、琼斯、米德尔顿、施维祺是这样分工的：

一、英国人方面	（1）副领事办公室	马安
	（2）助理办公室	琼斯
		米德尔顿
		3 名英文抄写员
二、中国人方面	（1）副领事办公室	阿查理
	（2）中文办公室	施维祺
		1 名语言专家，4 名中国书手

英国人方面

副领事办公室；马安　　（1）司法事务

欧洲人违警案件

航运案件（《商船法案》）

一般小型案件——根据领事的命令处置

调查

海事法庭

（2）一般事务

一般公证事务

船舶的出售与转让

宣誓作证等

检查监狱

助理办公室；琼斯和英　　（1）航运
文抄写员

船只的出入

船员的雇用和解除

海员的病患死亡

航运登记、销售、转让等

（2）记账

领事馆

商务部

财政部（无遗嘱者的遗产）

（3）领事馆金库

收费

（4）统计——贸易、警务、司法、出生、婚姻、死亡

米德尔顿，2名英文抄　　（5）领事馆通信公函
写员

使团、外交部、当地政府及杂项

（6）档案。通信和一般档案

司法诉讼

中国人方面

副领事办公室；　　　　（1）司法事务
阿查理和翻译

会审公堂的中国巡捕和其他案件

根据领事命令处置的一般小型案件

中英案件起诉人的初步调查

根据领事命令对上述案件与中国政府的联合调查

查验和同意中国传票在租界内的送达

（2）地产办公室

地块的取得

契据和登记

转让、抵押等

助理办公室；施维祺， （3）中文办公室

1 名语言专家，4 名中 与中国政府的所有通信

国书手 中文档案

护照，子口单

据报告，数月之后（1865 年 1 月）每名官员都有了一个单独房间——负责航运部的琼斯甚至有两间。会审公堂在中国政府搭建于院内、离领事馆很近的一个临时建筑中开庭。那时，每个人都依然超负荷工作，但温思达在那年年底之前报告说，由于高等法院的设立，工作减少了很多；两个临时助理已经改为替何爵士工作；副领事的所有工作都由一位法律秘书承担了。航运事务是如此繁重劳累，需要进一步的帮助，他推荐了当时的临时职员泰卜。

1858 年，建筑物的保险标的是 451 000 元，保险费为 337.5 元，由爱伦斯保险公司（怡和洋行）承保。三年中发生了一场火灾（1861 年 12 月），整个领事馆面临被烧毁的威胁，幸亏海军和陆军的救援，损失没有超过 1 000 两，文件也没有被毁。但 1870 年 12 月发生了更严重的大火。火焰午夜前从东南角燃起。要是消防队及时听到了警报声，并不难扑灭；但消防引擎姗姗来迟，还刮来了一股强劲的西北风。除了新的高等法院建筑外，什么都没留下。"富丽堂皇的建筑，只剩熏得漆黑的墙壁了。"很多有价值的档案毁于一旦，但外国人拥有地产的道契和航运办公室的大多数文件获救了。幽默的说法是，"灭火龙"挽救了登记清单，这将长久玷污其智力声望。试图抢救某些文件的麦华陀，出来时遇到了困难。

1872 年 4 月为新领事馆挖掘地基时，发现了最早的奠基石和一个镌字的盘子，上面刻有："英国领事馆奠基石由亨利埃塔·阿礼国[1]置放于维多利亚女王在位第十五十六年即公元 1852 年 2 月 29 日。领事阿礼国。"

助理法官的女儿古德文小姐置放了奠基石。开工准备完毕，除了银铲必须等待

---

[1] 阿礼国之妻。

21

外。来宾们"集合在后来建造的作为领事住宅的新房子中"。那个旧盘子重新安放在奠基石下面，补刻了一段文字，说明了大火和重建。建筑物差不多就建在旧的地基上，但风格与高等法院协调。"本奠基石由艾格尼斯·古德文于 1872 年 6 月 1 日置放。首席法官何爵士、助理法官古德文、法律秘书莫厄特、领事麦华陀、副领事阿查理。"

新领事馆于 1873 年 3 月落成；1874 年大门移到现在位置。

1896 年 2 月发生了第三场大火，但不是领事馆本身，而是北京路上的领事馆财产。领事馆路[1]最早建成时，被称作"土非拿花园"（Tryphena Terrace），但它很快失去了这个悦耳动听的名称，被称为"饿死街"（Starvation Row）了。

关于领事馆建筑和土地的捐税问题，产生了一些争执。1854—1862 年间的捐税等级是房屋 75 两，土地 100 两，与社区相同。然而，工部局在 1864 年必须征收三年的捐税，并包括以往的拖欠。新的估价把这些建筑的价值从 5 000 两提高到 9 000 两，地价则从 4 万两增值到 50.7 万两，税率同时翻倍——建筑物是 1.5%，土地是 0.25%，并回溯到 1862 年开始。这样，被要求缴纳的总额为 2 734.75 两。

增长的幅度如此之大，就引出了领事馆是否应该被全额加征捐税的问题。威妥玛说，用于公共目的的领事馆地基和用于赢利的其他地块有所不同。"1854 年的《土地章程》一直未得到充分尊重；系争各方要是遵守法律的话，该章程在平等问题上给了他们很多权力，但如我所料，他们并未守法。现任英国公使赞成《土地章程》，他无疑仍承认领事馆土地承担着某些公共责任。"他认为，排水和修补围绕领事馆地块道路的费用，将是其正当责任的尺度。

况且已经指出，该地基不会像私人土地一样出现在市场上，仅仅是危急时刻的集合之地；而且，法国政府也不在自己的租界内缴付捐税。

此事直到 1866 年 1 月仍未解决，其时的总额达 6 375.6 两。阿礼国[2]这时宣称，永久用于公共目的的土地和其他土地截然不同。上海历来是地产繁荣之区，政府已经卖出了土地，却没有得到好处。政府总是愿意偏向上海租界社区（这里也许要加一点盐[3]），已经毫无异议地缴纳了捐税，现在的问题仅仅是因为数额增加

---

[1] 即北京路。
[2] 时任英国驻华公使。
[3] 不可全信之意。

太多了。他发出的指令是，支付领事认为合理打折后的欠款；如果不予接受，温思达将拒绝支付，理由是，过高的定价以不公平的估价为基础，届时高等法院会做出判决，除非是再向枢密院上诉。

最终缴纳了截至 1866 年 3 月 31 日的 3 439.65 两。

第 4 章

法　庭

　　上海一个非常重要的机构就是会审公堂——也许它应该有一个更尊贵的名称。1858 年的《北华捷报》称，迄今为止，无约国侨民一直在玷污在华外国人的名声：他们都宣称有治外法权，却不承担任何责任。即使存在着领事，这些领事也都是商人，没有权力。这就提示了条约列强和中国的联合法庭，即会审公堂。在发生叛乱的动荡时期，租界挤满了良莠不等的中国难民，还有很大数量各种国籍或者没有国籍的下等外国人。最初是由各领事馆管辖所有这些人。中国政府当然应该对华人负有责任，但在那个动乱时代，期待他们司法是无济于事的，准许中国谳员进入租界也不可取。中国违法者首先由领事官员审讯，或是驳回案子，或是把他们连同指控送到城里，由那里予以处置或不处置。

　　温思达在 1865 年指出，缺陷可由一位职业法官来弥补。权力不足，罪犯因中方不愿让证人去香港而逃脱——这"于约无据"，即没有条约依据。每年有 1400 万吨船只进出港口，必须要有一个副海事法庭[1]的管辖。需要更大、更安全的监狱是不断的呼吁。位于领事馆的会审公堂是中国政府建造的临时房子。共有四个法庭：领事法庭，两天一次；副领事法庭；英国违警法庭；会审公堂。1863 年，案件总数是 386 个；1864 年是 1 411 个。

　　巴夏礼奉命向卜鲁斯提交的 1864 年 7 月备忘录比较了 1863 年全年和 1864 年的前半年，可以从中看出会审公堂建立前落在领事身上的司法工作总量。

---

　　[1]　英国在各殖民地设立的无陪审团的海事法庭。

第 4 章 法 庭

一、民事案件	1863 年	1864 年上半年
1. 主张金额 500 元以下的即决裁判	45	57
2. 主张金额 500 元以上、有陪审官的审理	64	47
3. 在调解或仲裁前撤诉	26	17
	135	121

二、刑事案件		
1. 领事的即决裁判（不超过一月的监禁或 200 元罚款）	48	36
2. 副领事的即决裁判。（1）不超过 10 天监禁或 20 元罚款	134	267
（2）根据 1854 年《商船法案》	49	72
3. 有陪审官的审理（不超过 12 月的监禁或 1 000 元罚款）	40	16
4. 海事法庭（按照《商船法案》，领事官员作为主席或成员）	7	3
	378	394

三、国际案件		
1. 与中国政府交涉产生的案件		50
2. 由中国助理馘员和领馆翻译组成的违警法庭审理的案件		505
	513	1 070

第二栏的数字更大，部分是由于档案更加完整；但我们完全可以相信，从事工作的领事官员人数太少。密迪乐抱怨说，在大多数案件中，两造对于他们之间的问题都没有清晰的概念；他们都相信领事的聪敏，却总认为领事向他们提出问题，就是站在自己的对立面。陪审官们只有模糊的法律观念，领事必须充当事实的和法律的法官。他苦涩地抱怨说，任何人都可以充当律师，声称有权利协助法庭上的被告。在这样一个世界各国冒险家充斥之地，必须要有某些约束，所以他建议发布一项公告，未经香港高等法院认定资格，任何人不得执律师之业。1864 年，上海的英国领事法庭有五名执业律师。

1863 年 10 月，卜鲁斯发布有关英国臣民以律师身份受华人聘用和工作的命令。可以向领事提交诉状，但法庭对被告的判决将以这种聘用获得承认或获得证明为基础——他不承担民事责任。香港的高等法院仅仅是一家上诉法院——或某种情形下管辖权平行的法院，也无权向领事法庭发布命令。

1864 年 10 月，法律专员们（Law Officers）决定，领事可以审判英国船只船长和商人之间的民事案件，可以通过扣押该船或船长的其他财产执行判决，但不得扣押并不属于其财产的船只，如果没有扣住该船，也不得扣押其注册证书。

按照 1865 年关于中国日本的枢密令发出了一份通告，英国领事馆的管辖权从 1865 年 9 月 4 日起移交给高等法院。

会审公堂

1864 年 4 月，一封来自英国领事的信件附有在外国租界内建立一个中国法庭的规章草案。总办的答复表达了董事会的意见，即工部局同意该计划的总体原则，他们情愿承担公众情绪所要求的责任。

理事衙门创建于 1864 年，由一位理事负责[1]。熙华德和巴夏礼起草了规章，每个人都同意了；但巡抚起初不承认这个法庭，道台也未正式发布这些规章。这有好处，即可以在实验阶段减少一些修改规章的困难。这被认为是巴夏礼从道台那里赢得的一个让步；而且很长时间以来，政府都把它视为一个取决于道台意志的机构，道台可以像凭自己的权力建立起来一样撤销它。该理事在遭到本地知县妒忌性的攻击时，经常害怕采取带有必要独立性的行动，维持这个混合法庭的权利；而当道台每每对法庭诉讼夸张其词的说法感到恼火时，微不足道的错误就被夸大成了重大冒犯的原因。

阿查理通常与理事坐在一起。"这个在刑事案件中获得成功的尝试，是去年十月扩展到民事案件的，用通信办法处理以英国人为原告的诉讼，迄今为止都令人失望。"海防（同知）每周两个下午审理这些案件。道台希望他也审理受雇于外国人的华人案件，但不包括外国人在城里雇用的仆役。华人被告由该衙门传唤，由中国官员做出判决，如果陪审官不同意，外方可向道台上诉。其他外国总领事发现，由该衙门审理他们必须施加压力的案件很方便，遂派出一名官员担任陪审官。但在那种场合，中外官员通常都希望得到英国陪审官的协助。

该衙门最初只对送来的囚犯做名义上的判决，建议施加某种惩处；然后，每个案子都由，或都应由知县或其僚属在城里重审，他们是唯一有权力在刑事案件中做

---

[1] "理事衙门"，原文均作"会审公堂"（Mixed Court）。"理事"，此处作"知县的代理"（deputy of the Chih-hsien or City Magistrate）；后面或作 deputy magistrate，或简作 magistrate。

出判决和施加刑罚的人。但可以想到，理事衙门的陪审官和知县有不同的惩罚理念。陪审官根据日常观察和信息手段，对租界状况有亲身体验，坚持欧洲的原则，把惩罚视为一种防止重复犯罪的手段，建议采用最适合取得成功的刑罚，因为几种犯罪很快就几乎绝迹了。但知县把惩罚看作对既往的赔偿，极少顾及将来；如果没有很大的压力，他们经常不愿采纳该理事衙门的观点。他们显然希望避开这种压力，特别是在本地政府完全按照自己观点处置的案件中。

它作为一个违警法庭，仅仅是县署为方便起见设在租界的一个分支机构。然而，因为其上司的不断干预和经常改判挫败了建立该衙门的一个目标——让外国人知道租界中所有案件的结局，对它的意图是理事最终应拥有独立的知县权力。最初希望，所有违警案件都有一名选定的陪审官作为工部局的代表，但道台规定，所有的陪审官都应当是与中国有友好关系的负责任政府的代表。

根据温思达在 1865 年 3 月的报告，理事衙门有一位领事陪审官，有权定罪和将罪犯送到城里接受有权发落他们的人的惩罚，重大案件的罪犯将连同证据送交知县。审理这些违警案件显然是一种市政事务，而非领事的责任，但由于巡捕实际上是一支英国部队，由于雇用了巡捕、被称为工部局的社区委员会同中国政府没有正式关系，他们对所逮捕的所有华人罪犯的起诉，都必须通过某种领事渠道。

这种安排不是没有招致工部局的某种反对。工部局声称，建议设立的机构，应由一名工部局官员和一名高级华官合作，以确保对罪犯的惩罚。然而，以英国领事为例（如工部局所说），是以一位领事馆翻译代替工部局官员，工部局的目标一定程度上落空了。巴夏礼对此答复说，他并不对所要求的改变单独承担责任。外国政府并不负责建立这样一个法庭——他们只能推荐措施，供中方采纳。中方有自己的观点，认为这对他们不合适，而且按照条约，他们不会同领事之外的任何外国人合作行事。他们认为，从政治上而言，工部局并无责任能力。

作为一个调查外人对华人或对无领事代表外人提出刑事指控的法庭，它同样由中方理事负责，得到一位领事陪审官的协助。中国官员单独做出判决，管辖权赋予他，但外国人利益由审理时在场的陪审官的权力保障，并得向更高级的法庭上诉案件。

实际上，出庭的陪审官有时代表所有外国人的利益。一位英国副领事每周出庭四次，美国人出庭二次，这就至少保证了总有一名陪审官出庭。其他人极少干预。

无约国外人由两名陪审官审讯。在更重大的案件中，知县偶然会取代理事。

至于民事案件，如果涉及外人，就由理事和一名陪审官判决。陪审官与原告相同国籍被认为是可取的。理事最初对重大案件惶惶不安，要求比自己级别高的官员来审理；所以，他仅仅承担琐碎案件，而由海防同知审理其他案件。

道台和一位领事的会审作为上诉法庭。然而，这项规则并不完全有效，因为道台并不适合行使刑事管辖权，何况他是一个忙碌的官员。

因此，刑事案件的上诉法庭实际上是知县衙门，他在城里或租界里会同一名领事官员开庭。但提出了一个建议，即刑事案件的上诉应由来自北京的一位特别官员审理。

凶暴的希腊人、智利人、秘鲁人，**等等**，很快就被理事衙门逐出了租界。但仍要求更大的权力。理事至少应拥有知县的权力。在民事案件中，该衙门应有权**执行**其判决。有些外国原告赢了诉讼，却得不到赔偿。甚至海防同知也无权对认定的欠债不还采取行动。可以对债务人采取的最大行动，就是名义上把他们关押在债务人牢房内，只要他们付小费，在那里没有任何不便之处。

理事衙门 1866 年的统计提醒我们，有五万城市居民完全依赖外国商人的贸易。在刑事方面，有 2 563 项指控，1 638 项定罪。民事方面，149 个案子涉及 35 万两银子。日常经验表明，需要更广泛和性质更稳定的管辖权。温思达迫切要求该衙门有稳定的基础，建议通过提高收费来解决日益增长的开支问题。该衙门应有自己的房子——那时是在英国领事馆院内的一栋中国建筑内开庭，空间逼仄，而且夏热冬寒。这个位置还让人把该衙门视为英国领事馆的机构，造成了妒忌。但存在着常见的困难——缺乏资金。一个外国人提出，如果能保证适当的租金，可以盖一栋合适的房子；有人并向道台建议，他应当抓住机会，为新的海关关署买下或租下上海总会，将它的其余部分变成衙门、永久性的县牢房和理事衙门。道台认为这个计划合理，却筹措不到资金。

1866 年 6 月，章程印刷公布了，封面页印着"通告。据会审公堂 1866 年 1 月堂谕，为晓谕事公布会审公堂相关文件。"第 1 页和第 2 页是章程第一至二十六款，第 3 页是收费表，中文翻译共 5 页，有一份 1865 年的诉讼日程表。第 10—13 页刊有上海外国法庭内中国庭的拟议章程，以及这些内容的中文翻译。

1866 年 11 月，温思达书面表达了他的总体观点，即建立一个与当地管辖权完全分离、仅仅对道台负责的特殊中国衙门，以此协调工部局的行动、外国治外法权的管辖和中国政府管辖自己臣民和国土的主权。他反对请求中国政府的拨款，他说，格言就应该是完全自立，否则，外国行政系统最终会杂乱无章。

1867 年 6 月，各领事对拟议中的章程做了一些修改。法国领事拒绝接受章程第五款，尽管其他人都接受了：该款赋予中国政府凭借自己拘票在租界内的逮捕权力，而无须其他拘票，并无须租界巡捕的协助，除非是涉及外国人的案子。法国领事断定，在"（法）租界"内，未经他的认可，不得实行任何逮捕。我们将发现，公共租界再度提出了这个问题。

但最重要的修改建议是完全消灭知县的管辖权；这是感觉到，承认这个管辖权将会让新的法庭屈从于争执和腐败，当地知县的干预总是带来这些因素。这个理念就是把外国租界建成一个或多个不隶属于知县权力的特别地区。

最初几年，这个衙门有很多缺陷。官员们在准许被告反驳判决方面格外死板，造成了对这种遭到最严厉谴责的判决的逃避和藐视。在民事案件方面，缺乏公认的商法造成了困难。会馆公所适用于解决这方面的问题，却没有人响应。知县对会馆公所的权力小到了极点。捐客受到行会商人的保护，他们按照行情的起落来遵守或撕毁合同。借口、遁词、虚假陈述层出不穷；对他们的判决被规避，有时长达一年甚至更多，结果，法庭的尊严遭受藐视。原告们屡屡并总是发现，解送知县那里接受杖笞或囚禁的被告，几乎都被放走，而**不管是否付了钱**。如佛礼赐在 1868 年所说，理事衙门的主要功德，就是迅速而且廉价的判决。当陈（福勋）被任命为"同知"衔的衙门理事时，希望会发生巨大的改善；然而他来到时，却不是"同知"，而仅仅是道台的代理人。

尽管中国人因勤劳而备受赞扬，他们却显然不喜欢艰辛的劳动，对"苦役"怀有巨大的恐惧。这不是中国的刑罚，而是外国人认为，这是一种对轻微犯罪的出色威慑，而且是比杖笞或枷号更有用更仁慈的惩罚。我们从包令仔细的询问和罗伯逊谨慎的回答中得知，这最早使用于 1857 年，那时尚无理事衙门。这位领事说，因为中国的监狱满了，他同知县商定了一项安排；他审问证人或中国犯人，把更重要的案件交给知县，用警告的办法驳回较轻的案件，或者按照与知县的一项协议，把犯人置放在道路上。除非是发生在别国人的地产上，所有违警案件均由英国领事馆审理。副领事审理了全部案件——一年约 500 起。这显然是指罗伯逊。他为维护租界的秩序尽了全力。他向全权代表明确保证，除了把罪犯置放到路上之外，他从不执行惩罚，相反，还经常出面减轻知县的严苛惩罚。

这个"置放在路上"是指用镣链束缚的苦役。由于全权代表在1857年8月对这种做法的合法性表示怀疑，它就中止了。但在1864年被再次提出了，因为被解送到城里接受惩罚的罪犯一再现身于外滩，还几乎以"曾有这种经历为荣"；他们也许从未被押解到知县面前：如果一个盗贼已经偷到了东西，就没有理由这样做。"放在路上"被认为是最有效的惩罚。罪犯们非常厌恶并极度恐惧它。花钱也无济于事。花一点钱就能轻而易举地挨过枷号或杖笞，并很快就忘记；但判处镣链的罪犯，刑期一结束都毫无例外地离开了上海。

1865年10月，警务委员会强烈呼吁把囚犯留在租界。在这里，他们能被监视着在路上做苦工，不能花钱免除惩罚。

工部局请求温思达让理事衙门判处中国囚犯从事苦役，供养这种囚犯和为他们建造工部局监狱的钱则由中方承担。温思达的答复是，鉴于（中英）《天津条约》第十六款的规定和任何看似褫夺清朝对罪犯管辖权的措施都会引起的戒备心理，他认为这个问题既微妙又困难。

但是，道台在1865年对此提出了强烈抗议。一个遭受镣链的人死了。要是待他好一点的话，他不应该死。大概在中国的监狱中或实行中国的刑罚，从来没有这种悲剧，菩萨心肠的道台大为震惊。他指出，外国人对华人实行惩罚违背了条约。他描绘说，苦役包括开沟、碎石、筑路、挖土，二三十人被镣链联在一起，在暴雨或烈日下工作，每天三餐都只有一小碗米饭，喝着冷水。然后是一段可说是连猫都会发笑的悲天悯人的典型官样文章："人命关天，岂容草菅！"工部局对道台的答复是令人信服的；这项惩罚对犯罪历来有效；为了免受镣链，行贿的款项已高达500至1 000元，还完全可以指出，花钱免罚正是知县衙门的一贯方式。对上镣链者和在牢房里遭受勒索的可怜虫进行了比较；还提到事实是，妓院老板的勒索者——一件与县署有关的丑闻——当时遭到了镣链；也许这才是不满的根源。

温思达和熙华德同道台举行了一次会谈，承认了中方管辖华人罪犯的条约权利。在租界罪犯很少的时候，历来把他们解送到城里，但现在人数太多，已不可能再解送了。广州帮和其他无赖已经把租界当成了自己的家乡，只能通过苦役惩罚来驱逐他们。他们据此得出了无疑是毫无用处的结论，租界也有一项条约权利——得到有效保护的权利：如果废除苦役，道台必须找到一些同样有效的替代遏制办法。

于是，道台同意根据修订的章程继续实行镣链，两位领事去起草折中工部局和道台愿望的规章。我们这就有了一个按照精神而不是文本解释条约的清楚例子，租界的统治就是通过这种妥协建立起来的。

但仅仅六个月之后，阿查理就从理事衙门向领事提出了抱怨，新的规章一条也得不到遵守；那些人仍被残忍地锁住脖子，没有医务官的日常检查，等等；因而，领事通知工部局说，如果不遵守规章，理事衙门将不再实行这种判决。

这项指控遭到了强烈的否认，领事们应邀在警务委员会的陪同下进行了一次彻底的调查。既然对镣链锁在腰上或脖子上不满，就实行来自香港的锁脚踝方式。至于成串犯人从事的工作，由于懒惰和抵触，工务委员会估计每人每天的劳动仅值25 文钱；每天实际亏损 60 文钱；平均每天的服役人数是九名。

领事们在 1868 年请求道台弥补这项亏损，道台却抓住这个机会说，这个制度本来就是为了减少解送县署囚犯的权宜之计，理事衙门的谳员有权予以杖笞和枷号的刑罚，但中国法律并不承认苦役，既然是在租界内服役，就不能要求政府承担所需费用。

这个制度被废除了，但到了年底显然重新施行起来。出现了犯人串中有四个欧洲水手的奇景：他们因为袭击船长而被囚禁六周。

熙华德在道台的支持下致函工部局称，实行苦役制度，是因为最初的理事衙门不能实行杖笞，但既然准许其实行杖笞了，就不需要其他刑罚了。

于是，会审公堂在 1870 年不再判处苦役了。

1872 年 5 月，阿查理建议按照中国政府将会同意的规则重新实行苦役制度，即：(1) 仅适用于惯犯；(2) 采取预防死亡的措施；(3) 在这个制度运行良好时，取消镣链；(4) 由租界承担开支。

6 月，阿查理和何爵士在一次工部局会议上对重新实行苦役制度发表了意见。阿查理称，他过去建议这么做，是为了废除西方视为残忍的刑罚。对于中国的法律而言，这是一种新的刑罚。它可以对付较上流阶级的罪犯，便于驱逐惯犯，是一种引导人们诚实的劳动教养。中国人不喜欢，仅仅是因为会被外国人看到，因而建议试行一年。三届工部局推荐过它。何爵士说，让人安分守己的劳役成了一场闹剧——应该是存在着某种程度的肉体折磨和公众耻笑。警务委员会下一个月的报告称，社区想让欺诈的家庭仆役服苦役，而中国政府只想让惯犯服苦役；但这些并不令人担心，工部局不过是减轻中方看押他们的负担而已。所以，这件事情暂时搁置了。

1875 年再次提出了这个问题。彭福尔德[1]报告说，苦役囚犯每日伙食费等 42 文钱，而他们的劳动每天值 70 文钱。他们被关在巡捕房，因为中国谳员拒绝把他们关押在会审公堂。

设定镣链制度之后，枷号就很少实施了。最普通的刑罚是杖笞，从 20 下到 50 下；更重的罪行是 80 下到 100 下——一种最令人不满的刑罚，由于实施方式存在很大的不确定性，对于惯犯几乎不起作用。由于知县不会执行判决，不可能关押在城里。对有些人来说，关在工部局，有更好的伙食还是一种享受。但收受赃物者已经成批逃避了镣链，最狡猾的家庭仆役也是如此。中国官员反对这种做法，是因为这褫夺了他们的管辖权，他们的走卒损失了小费。按照新的规章，收费太少了。监禁是一场闹剧，驱逐仅仅是名义上的。罚款是公认的进入谳员腰包的勒索，而且数额是按照罪犯的**腰包**来确定的。没有一种刑罚是完美的；有些被阻止了，其他的仍在实施，毫无改良。

由于犯罪的增长，1875 年 1 月不但建议重新实行中国方面同意的镣链，还建议对会审公堂进行改良，即增加谳员的权力，或谳员应由工部局负责委任（显然会更好地满足司法公正），并审判送交给会审公堂谳员和陪审官的所有案件。

中方的陈福勋谳员是一个可怜的家伙，让我们感到同情。他明显倾向外国人，却在天性和官职两方面都很孱弱。一方面，外国人对他的宽大不满，敦促他坚定和严厉；另一方面，知县个人与他对立，希望让会审公堂失败。可怜的陈两头受气，却神奇地在位 20 年。有一次，他愚蠢地对一名中国被告说想要帮助他对付外国人。当他对案件中的华人什么也做不了的时候，就把被告送到知县那里，知县当然不受外国陪审官的限制。陈的惩罚权局限于杖笞和枷号，他厚道地为发配到监狱中的人提供食物，有时用自己的钱支付罚金。尽管他被描绘为"性情暴躁和头脑糊涂"，他的宽大仍让中国人给他取了一个"贼爷叔"（Thieves' uncle）的外号。有一次，他就一项从轻发落与达文波陪审官发生争执时，实际上离开了桌子，走到被告席

---

[1] 时任工部局总巡。

上，要求对他判罪！可怜的老陈。可怜的陪审官们每天打交道的，就是这样一位谳员！无怪乎《北华捷报》可以说 1875 年的会审公堂"绝无效率"了。

是最苦闷的阿查理让会审公堂获得了成功。他在一份最有价值的报告中表明，它作为一个刑事法庭是不够格的，因为缺乏明确的法典，因为其谳员是不稳定和不独立的。由于没有法典（因为不使用那部详尽的中文刑律），判决的千差万别触目惊心。对外国人和中国人犯罪的评估完全不同。对华人而言，船难是情有可原的，伪造贪污、收受赃物则完全无罪，一次剐蹭造成的流血，几乎同我们的过失杀人一样严重。我们捍卫财产，他们捍卫个人。刑罚对施加者和准许施加者而言，都是一种耻辱。从来不诉诸人的道德，就像印度的制度一样。阿查理强烈反对鞭笞；他希望能够适用《拿破仑法典》或《印度刑法典》，后者受到东方国家和后来的偏爱。

至于谳员，他只是一个受委托者，权力甚小。他名义上是同知，其实是知县的僚属。他理应是一个具有同知权力的同知，地位不在道台之下。外国陪审官也应该稳定，并由中方支付薪水。据知，曾在一个月中有四位陪审官依次接替。所有华洋之间的案件都应由领事和道台审理，不用陪审官，届时就用一种法律适用所有案件。现在，外国人抱怨不能在对华人案件中得到公正，中国人则认为陪审官或陪审团偏袒外国人。

如果外国人在民事案件中得到了一份判决，被告关入牢房，他一般只要几天时间，就能以"牢房霍乱"或其他什么借口获释。会审公堂的谳员很大程度上依靠劝说，但没收和拍卖货物几乎闻所未闻。

这些就是阿查理、佛礼赐、达文波和夏士提出的一些批评、抱怨和建议。按照《章程》第二款，[1] 陪审官不得干预华人之间的案件，但这项规则一开始就是空文——始终对纯华人案件存在着干预，这是出于改善公堂程序和纠正离奇判决的专门目的。

佛礼赐在 1868 年提出了一项非常严重的投诉。他说他经常收到干预会审公堂判决的信件。如佛礼赐所说，高易律师要裕记（Yu Kee）不理会公堂的判决，由他来当上诉法庭。结果，裕记被罚款 30 元并道歉，高易却再次写信说自己误解了这个案件。

---

［1］ 指 1869 年的《洋泾浜设官会审章程》。

改善牢房的呼吁持续不断，我们已在别处提到过这个问题。1868 年，租界中有两个由地保看管的牢房，晚上关押中国囚犯；但工部局认为应该将其废除，只有会审公堂的小牢房和巡捕房的小牢房可用。会审公堂（在 1875 年）有四个小牢房，每个 12 平方英尺，还有一个木屋；这些牢房通常塞满了判处短期监禁的人和在押待审的人。中央捕房能容纳 18 名中国人，老闸捕房能容纳 11 名，虹口捕房能容纳 20 名，但经常是关押 60—70 人。据报道，如果能有什么人负责囚犯——即如果租界能建立一所监狱，会审公堂就能做出更加严厉的判决。英国官员们试图建立和改良公堂时，身在远处的旁人是很不理解的。我们有两个令人发噱的例子。

西华德以为，会审公堂章程是打算审判各国侨民中的美国人。他不经意地声称，"在中国臣民为原告的案子中，我们不能反对中国官员作为陪审官出庭"，等等。接替蒲安臣的劳文罗斯再次主动提出废除枷号和杖笞，而恭亲王礼貌地坚持说，同知有权力按照中国法律惩罚中国罪犯。

1883 年，陈福勋在 1843 年接待巴富尔上尉四十周年那天辞职，揭开了（会审公堂）新的，却并无明显不同的篇章。他此后又活了十年。180 名纳税人立即向工部局请愿，要求工部局向北京公使团提出，委派一名官阶相当于知县的谳员，并对租界华人实行单独管辖。所提出的一个理由，就是租界内的大量华商拥有高于谳员的官阶，实际上不受其控制。这个问题曾在陈的时代引起过麻烦。

令人鼓舞的答复是，会审公堂已经在多年之后引起了外交团的注意，他们再次与总理衙门讨论此事将是一个机会。这 180 位纳税人是否因此而兴高采烈，我们不得而知；但看来会审公堂仍维持着原状，或者更加糟糕了。

黄（承乙）是新任谳员，令人失望。没有什么迹象表明他懂得任何法律或欣赏任何正义。他表现出来的是对上海租界有关外人规则的巨大无知。令人失望的判决每天吸引着公众的目光；清楚的案子被折中解决，其他的案子则藐视陪审官甚至常识。阿查理、达文波、夏士和其他人已经对抗了会审公堂的异想天开；黄的时代甚至更需要坚定、机智和有立场的陪审官。

暂且离开一下会审公堂的污泥浊水吧。在英国，生活的魅力之一就是到处都有全球性伟人、伟业的提示；这是那人诞生的房子，那是他长眠的静谧墓园；或者那就是他本人。作者孩提时，就在这个国家最偏僻的一个小村庄中，看到过一位赢得首位穿越了西北航线荣誉的水手简朴、谦恭的生活；作者认识的人中，一位曾随着

哈夫洛克[1]进入了坎普尔（Cawnpore），另一位至少曾在巴拉克拉瓦（Balaclava）[2]
见到了那场著名冲锋；还有一位是阿比西尼亚[3]的俘虏之一；作者知道，远离喧
嚣人群的温柔村庄中，酣睡着首位穿越非洲的探险者，这个古老的小镇中，走出过
试图穿越澳大利亚的第一人，他死在沙漠之中。但是，任何人在任何地方都能与这
些曾在陆地和海洋上建立过功业，或按现在的说法付出过辛勤的劳动的人擦肩而
过；他们的辛劳聚沙成塔，就是世界的历史！当然，一位美国人也能用同样的方式
书写他的国家，尽管少了几分豪气。

这种离题和宽慰并不完全是心血来潮，尽管理由看来并不充分。我们已在第一
章中说过，上海历史上没有罗曼蒂克的英雄，但我们必须指出我们曾经有过的
一切。

对黄而立的勇敢战士当面阻挡了他，经过了所谓的"争吵"而挫败了他。这名
战士如今在剑桥大学的学林之中，安享着宁静而充实的晚年——一切都何其遥远！

时任副领事的翟理斯在 1884 年 4 月被任命为会审公堂陪审官。他马上就以某
些罪犯应当获刑十八个月而不是三个月，告诉了那个谳员不能为所欲为。

陪审官的责任是观审涉及外国利益的案子，观察判决是否一视同仁。他没有义
务帮助任何一方——如果他这样做了，宣传伎俩就会乘机得逞，中国谳员将立即成
为另一方的辩护人，公堂将自行分裂。最大的困难是让谳员从所同意的前提中得出
合乎逻辑的结论：这也许要用上数小时的争论。所有的陪审官，所能做的事情就是
不同意，并报告领事；领事会把该案件提交给领事公堂，要不他就离开审判席。

当翟理斯不得不与黄承乙共事时，典型的例子就是东方是东方、西方是西方；
逻辑和正义遭到漫不经心、自以为是和贪赃枉法的反对。麻烦很快就出现了。一名
高级官员的轿夫袭击巡捕，翟理斯做出镣链一个月的判决。然而，谳员判决他去主
子那里接受惩罚。该轿夫再次被逮捕，这时，谳员出示的文件表明，惩罚已经实施
过了，尽管该犯人否认了！于是，工部局发布命令："未经谳员正式判决并经陪审
官同意，巡捕所逮捕并在会审公堂审讯的囚犯，一律不准释放。"这场有名的**斗殴**

---

[1] 哈夫洛克（1795—1857），英国将军，以 1857 年率部重新夺取印度的坎普尔而闻名。
[2] 克里米亚地名，在克里米亚战争中曾发生过激战。
[3] 今埃塞俄比亚。该国皇帝曾在 1864 年把在该国的英国人作为俘虏关押。

（不再使用那个含糊其词的"争吵"）发生在6月，是翟理斯成为陪审官的两个月之后。[1] 厘金局巡丁因徘徊踩点等指控被捕。谳员经过语言和方式都粗鲁无礼的长时间审讯后，最后说道："本案与外国人无关——我将释放这些差役。"翟理斯指出，有一人是被定罪的窃贼，三人中只有两人被误认，因而，不至少给予警告就开释是错误的。这时，那个恼羞成怒的谳员叫嚷起来，使用了冒犯性的语言，并在极度激动中，用一支笔的笔端猛戳翟理斯的手，翟理斯把笔打到了地上。这时，黄故意击打翟理斯的肩部，翟理斯马上离开了公堂。

以上是陪审官自己对这场打斗的报告；我们从中获得的很多细节，从其他资料来看，大致是确切的。对这场我们认为有史诗般价值的战斗的唯一说法，是在中文报纸上。那里说，当翟理斯把笔打掉时，"谳员官服，为朱红玷污"。不幸的是，翟理斯暗示那是一支钢笔。多次击打也是"用掌击肩"，一次"以掌重击肩膀"，"以掌击背"，"拳打其背"，而结束这个场景的，就是翟理斯离开法官席时碰翻了一张茶几。

要是读者觉得我们对这场粗俗的斗殴说得过多了，就应该记得，这对上海而言是生死攸关的。我们不能将之与克伦威尔解散国会相提并论，就像不能把泥城之战与滑铁卢之战相提并论一样，但大多数战斗是我们不得不进行的。

据报告，翟理斯对黄承乙说："我现在看透了，你会对苦力施加任何我喜欢的刑罚，却不会对店主或者实际上有钱的任何人施加适当的刑罚。这只能有一个原因。"这种表达可以用于一个外国人，可以说会被认为是符合他们秉性的；但对一位中国官员来说，听到真话，听到这么坦率的说法是有点出乎意料的。在别的地方也许会引发一起诽谤诉讼或一场决斗；在中国，这会被看成蛮夷没有教养。这引起的鄙视超越了仇恨，与良知毫无关系。黄是一名活跃的谳员，寡廉鲜耻，不问是非，为了包庇有钱的罪犯，情愿不择手段罔顾最明显的证据；对这样一个人说出他的真实嘴脸，确属徒劳无益的鲁莽。

在这场决战之前，对于谳员释放刑期未满的囚犯和不充分或不公正的判决等，就有了一连串小冲突。黄会用拳头捶着桌子，宣称不再与翟理斯会审了，自己怎么想就怎么判，等等。一个具体例子：两名华人袭击一名巡捕，抢走了他价值8.4元

---

[1] 此事发生于1885年5月29日，翌日《申报》有报道。但下文所引中文报道，并非出自《申报》。

的表。黄坚持认为，该巡捕有错，但翟理斯不同意。然后，黄提出是罚款还是杖笞。"罚款"，翟理斯说；但这并不合法，黄试图取消这个选择。翟理斯说，如果是杖笞，就必须当场即在公堂上执行。"不可能!""那么你自己付罚款。"翟理斯说。黄这么做了，这时，巡捕和差役抢夺这两名囚犯；这边排成队，那边拉住腿，谳员的脸几乎涨成了紫红色，简直暴跳如雷。这就是这个法庭的德性!

据说，受诅咒的鸦片厘金是整件事情的根源，黄是按照道台的命令行事。道台要求惩罚翟理斯，宣称谳员的历来行为完全恰当。黄离开了，公堂关闭了十天后由葛（绳孝）继任，当时有 48 名囚犯待审。

外国人中存在着不应牺牲翟理斯的非常强烈的情绪；无论怎样看待他战斗的方式，这些坚定的行为和清楚的表达都是必须的，会审公堂就是那个样子。但欧格讷代办只让翟理斯复任了一个月。这被称为不可原谅的失败，义愤填膺。欧格纳"可悲的不称职"遭到了抗议，并提出将他革职的要求。但一切都徒劳了。胜利是皮洛士式的。

葛绳孝不学无术，决不称职，软弱如同黄承乙的好斗，与他也存在着争执，尽管那是另一种性质的争执。公堂经常被称为一个腐败的渊薮，是一种朽烂到骨子里的丑恶和无耻。依靠胜任的、能与陈福勋友好相处的陪审官，公堂有时运行良好。但它的章程一开始就被英国人打上了过多考虑中方权利及脆弱情感的烙印。然而，中方却从不喜欢它。他们对它的判断是陈福勋造成的，他在那里 20 年未获提升。他们认为，外国陪审官的出庭对任何有身份的中国法官都是一种侮辱，所以，谳员的职位等而下之。在不用亲自或者总是把案子提交给陪审官的时候，他们的备受尊敬和利益丰厚的特权是受到官员们妒忌的；因此，原来并不存在那些恶习、侵害和规则；直到后来，公堂才成为"一个腐败、暴虐和勒索的温床，甚至一个华人中的笑柄，那里华人的恶习实际上得到了外国政府的合作；由于方式的混杂，司法行政的类型就其结果而言，成了纯粹的东方式"。它其实是由书吏和差役为自己的目的而运转的。

必须指出，侵害并不都是中方所为，但我们在那里完全背离了**"为了公益"**（*pro bono publico*）的规则，就让一切都不同了。当黄和道台说陪审官不得干预纯华人案件时，他们按照文本是正确的；章程第三款是"……若案情只系中国人，并无洋人在内，即听中国委员自行讯断，各国领事官毋庸干预"[1]。当然可以说，租

---

[1]　应为《洋泾浜设官会审章程》第二款。

界内的犯罪没有不影响外人社会的，但这很难说是一个合法的论据。然而，在会审公堂建立时，为了"尽快成形"，外国陪审官的出庭非常必要，到翟理斯和黄承乙时代，陪审官甚至在纯华人案件中的协助判决已成了惯例。

会审公堂初创时，是设在道台建于英国领事馆院内的一幢临时房子内；后窗几乎没有整块的玻璃，天花板下面有一股强大的气流，而且存在着严寒冻死人的危险！1867 年，它搬到南京路上，远离了这个庇护所和其他法庭的陪伴。那个位置正对着现在的市政厅，市政厅当然不是那时建造的。直到 1898 年，它仍因其牢房在租界中丢人现眼；以致《北华捷报》声称："在较少自我控制的社区中，应有一阵狂风横扫公堂和掌管它的一帮野蛮暴徒。"说"自我控制"而不是"完全冷漠"是一种厚道。

本书第一卷（第 439 页）本应有一位目击者对 1842 年一个中国牢房的报告，却没有刊出。我们将在本卷附录中刊载一份目击者对 1898 年一所租界监狱的报告。[1] 维尔金生先生的说法，完全被总巡帕蒂森亲自检查后向工部局提交的报告所证实。状况被描述为"不比中国城市里的停尸房好"——不应忘记，那实际上是在租界建立 56 年之后的南京路上。华洋官员提出的唯一借口，就是"所有中国监狱都那样"。

当时的烦恼、非法逮捕等的结果，就是对会审公堂进行真心实意的改革。工部局自己做不了什么事情，因为既有制度是英王陛下公使的成就，修改必须得到他的合作与赞同。一个本地律师界的委员会着手考虑这个问题，工部局则任命了一个特别委员会与之合作。这两个委员会准备了一份章程修正案。早先的章程自 1869 年以来一直在使用，尽管 1876 年的《芝罘协约》[2] 已经承认了这个章程性质的不适当和不符合要求，自那以来，修改章程问题一直在仔细考虑之中。

1898 年，工部局和领事团之间有关会审公堂恶习、差役勒索、经常没有合法拘票或未经过巡捕房而捕人的往来信函连篇累牍。

通过这些争执获得的首要好处是，这个原则得到了明确承认，即凡是租界内被传唤或逮捕的华人，均须先在会审公堂出庭，未经公堂适当的初步审查，无论是主犯还是证人均不得送往城里。

---

[1] 见本卷附录 3。
[2] 即《烟台条约》。

中国当局也采取步骤，改善监狱的状况，安排建造一所新的建筑。现在使用的牢房，就启用于 1899 年。

领事公堂

一份由五位公使签署并批准 1866—1869 年《土地章程》的备忘录指出，"关于领事团讨论的问题，即能让个人起诉工部局的规定，签署人暂时予以批准；这作为一个试验项目，如果发现对 1869 年 7 月 13 日领事团会议考虑的内容有第三主张作为权宜之计，将来可做修改。据此，应在每年年初由全体条约国领事建立一个称作'领事公堂'的法庭"，等等。该备忘录由阿礼国、李福斯、罗淑亚、布策福和卫三畏在 1869 年 10 月签署。[1]

1871 年 1 月，安讷克、麦华陀和熙华德当选为该法庭成员。必要时由任何两人选出第三人。他们提交的诉讼规章得到了领事团的批准。规章包括：第二款，案件得由个人或通过代理人提出并进行，起诉人在审理时是否有律师听便；第四款，使用的语言为英语；第九款，如不服从法庭命令可以缺席判决。

这个制度几乎不能说运行良好，因为它完全没有运行过。尽管这个仅有幻影的机构曾一度引起过强烈的不满。1881 年，纳税人建立了一个修改《土地章程》的委员会，在讨论第十款时，乐皮生和温赖特两位律师告诉他们，尽管领事公堂在十一年前就建立了，却从未审理过任何起诉案件。仅有一个案子，那时有一人因折断了一条腿而对工部局提出损害诉讼，但那人伤势非常严重，在案子审理前就死了。

这个公堂为审理针对工部局的案子而建立，对它的反对意见很多；例如，很多领事本身就是自治体的成员，因而不可能没有偏见。因而，尽管可以从受过某些法律训练的领事中选出构成领事公堂的法官，但他们有能力做出要求服从该公堂的判决吗？例如殷司案。再者，即便领事们受过法律训练，每个人却都会倾向于从自己的法律观点——其本国的法律来看待案件。何况，英国人代表了上海租界中大部分的财产利益，英国是当时唯一有正规法庭的条约国：为什么要褫夺英国侨民在本国法庭起诉工部局的权利呢？其他的反对意见是，该领事公堂没有上诉法庭，没有权力强制执行自己的命令——例如一种禁令。

---

[1] 上述五人分别为英、德、法、俄、美驻北京的外交官。

讨论过的选项，是英国高等法院或原告国家的法院，因为会审公堂是针对中国人或无约国侨民的；但所有的方案都有严重的反对。最终决定，让修改过的第十一款维持原状，就此问题起草一个决议呈交给公使团。

要理解一再说到的该领事公堂没有审过案子，是有一些困难的。因为我们读到，在 1874 年，"显系领事公堂审理的第一个案件"是甘美齐对工部局扩展西华德路行为的起诉。熙华德先生是领袖领事，已在这次扩展中获得了很大的利益，他正确地认为，自己不应当成为法官之一。领事团通过无记名投票，选出麦华陀、施利克[1]和安讷克组成了法庭。

高等法院

1865 年 8 月 31 日的一份公告声称，从 1865 年 9 月 4 日开始，管辖权"将从本（英国）领事馆转移到高等法院"。[2]这是根据 1865 年的"中国日本枢密令"采取的行动。

我们的首任大法官何爵士于 7 月抵达上海，但因为找寻适当房子的困难，创设该法院的枢密令必须等一些时间才发布。副领事法庭不符合要求，每年 2 500 英镑以下的租金租不到可用的房子。至于建造，一块领事馆的土地已经给了海军，而且一直未用；有人建议可以索回。何爵士需要一间法庭，四间较小的办公室。温思达让出了自己房子的底层。所有的房租都畸高；8 个房间的私人房屋每年租金 1 500—3 000 英镑，还极少待租；而且还没有旅馆。何爵士住在"冒险"号的一间客舱中；助理法官古德文与妻子住在布彻牧师家里。何爵士计划用本地的材料和建造者盖一栋房，只需 3 500 英镑。

他的到来是备受欢迎的事情。9 月 9 日，法院开庭，但只有很小的庄重典礼。法庭的房间是破旧的，官员们的家具是仓促提供的简易品，并不充足，围栏勉强够用。但这是上海的一个重要日子，确立了上海在各口岸中的领先地位。何爵士是大法官，古德文是助理法官，约翰·弗雷泽是书记官；梅博阁、埃姆斯、乐皮生是实习生。死刑判决须经公使批准。海事和离婚案子由其管辖。

高等法院审理的第一个重大国际性案子表明了新机构进入这个不够格的殖民地

---

[1] 奥匈帝国驻沪领事。
[2] 该高等法院最初兼管日本。中文俗称为"大英按察使署"。

的相应困难。该案是侵蚀外滩涨滩案之一。道台已经提出了官方控诉，但犯规者拒绝理会。现在引起的问题是，谁应当是起诉人。中方始终拒绝在任何治外法权的法庭上作为起诉人出庭；人们必须尊重一个政府，它拒绝在自己领土上的一个外国法庭中，作为一个触及它主权案件的诉讼方出庭。道台不准传票提到自己或港务长的姓名。所以何爵士同意将起诉视为"一项官方的通知"，由女王作为起诉人；在克服了一些困难后，准许港务长提交宣誓声明。接下来的问题，就是如何表达起诉。是领事亲自提出，还是由律师提出？法律援助是最重要的，因为被告有援助，但领事既无权力又无必要的资金。何况，领事超越自己的一般职责行使公诉人的职权并不明智；即使他有时间和精力进行这场诉讼，对他作为英国侨民保护者的公共形象也是不明智的。这些困难都被当时的税务司日意格克服了，他聘用了梅博阁。这里，我们再次看到了一个边行进边解决的个案。公诉人或总检察长代表王权利益的问题，是一个业已提出但后来才获解决的问题。

对该案的报道（起诉连那士和霍尔茨）占据了 1865 年 10 月 21 日《北华捷报》的整版。英国法律适用于江河，但由于法国人和美国人也侵蚀了涨滩，连那士和霍尔茨并不是做同样事情的罪魁祸首。

判决是被告无权干扰、改变或占据高低水位之间的空地，无权将之垫成高水位时的陆地，建造码头或其他建筑。

另一个重要案子，是对威尔斯[1]的地产重新征税。

这两个案子都在该法院建立的 1865 年判决。两项判决都对工部局至关重要。

阿礼国在一份致克拉伦登勋爵函中宣称，《天津条约》的第十七款和高等法院关于中英之间案件的实务存在着明显的矛盾。何爵士在一份致克拉伦登勋爵长达 50 页的信中，反驳了阿礼国的所有观点，此处不必详述。他最后恳求，第十七款可以这样明确转换，让高等法院成为判决中国原告和英国被告案子的唯一法庭，除了 1865 年枢密令的规定外，没有上诉。他急切地请求取消中国大员与他的会审，他根本不懂其语言，那人既不懂英语，又未受过这种工作的训练，只会施加偏见。这既是"空洞的形式，又是一个笑话，或者是对英国法官的一种侮辱"。

何爵士一到达，就开始提出改善的建议；首先是抵押的强制性登记，在高等法

---

[1]　此案的被告是 George Wills 和 Samuel Wills，已故威尔斯的地产受委托人和执行人。

院登记转让契据，公司注册，等等。1866 年 6 月就这三件事情发布了一份通告。

1871 年 6 月，高等法院从华盛洋行搬到英国领事馆院内的临时建筑中。华盛是雷德公司的行名，在北京路上。这些临时建筑也许就是至今仍处在未完成状态的建筑。是由当时的中日工程主管、格罗斯曼少校负责的工程部的鲍伊斯设计的。在那里的第一个案件是谋杀。古德文是法官，五人的陪审团认为犯人有罪。他是一名叫威廉斯的水手，在 7 月 4 日被按时绞死。为了避免批评，可以指出，一名叫威廉士的美国侨民在早些年因海盗和谋杀被判处死刑。他被从英国监狱转移到美国监狱执行，却以自杀逃过了处刑。

何爵士出任此职的能力无懈可击。他用了很大力气检查起诉，对常识的认可超过了绝大多数法官。他的性格特别坦率，彬彬有礼，脾气谦和。他是工部局机构的有力支持者。

他在 1876 年 5 月因气候原因退休，由代理法官古德文接任。如当时所记载的，古德文是上海在欧洲有声望的少数人之一。他在剑桥大学声名显赫，是一位埃及学家、科学家和音乐家。我们只能揣摩也许发生了什么事情，因为他在 1878 年 1 月去世了。

莫厄特继任，直到弗伦奇到达，然后莫厄特成为助理法官；韩能在这里成为皇家检察官，连意前往日本任职。

对于英国人之间的案件，这个法院非常有效率，涉及英国人与其他外国人的案子，效率就低一些，英国人和中国人之间的案子效率最低。它历来依靠现场的智慧。但在 1891 年，出于明显的节俭考虑，英国政府决定由一人担任大法官和总领事，以省下一个或两个人的工资，而助理法官就成了领事。这样，法官就成了北京使团的僚属。前面（第 10 页）已经提过此事了。

一些年后，这项捡了芝麻丢了西瓜的安排翻转了。

1869 年，上海的巡捕通知香港，一些希腊人牵涉到一个海盗案件，但香港拒绝移交他们。中英之间的引渡条约只适用于两国自己的臣民。"英国法庭不能审理在外国所犯的罪行。"麦华陀指出，中方太乐意对这个失败的例子指指点点了。

1874 年发生了同样的困难。当时，一人被控对一艘宣称美国籍的英国船实施海盗行为。美英两国的引渡条约只涉及两国领土——香港当局放弃了这个案子。

监　狱

关于最早充当监狱的地方，我们除了它不像后来的监狱那样引人瞩目之外，几乎一无所知。包令告诉工部局，把水手关进船上的铁窗里也比把他们送入一个危害健康的牢房里强。但在 1856 年，规划了一幢有八个小房间的新建筑，造价为 6 900 元；它完成于 1858 年 7 月，保险价值为 11 000 元。这是英国领事馆地基上现大英邮局所在之处。

因为这是唯一的监狱，便成了这个地方所有恶棍的容纳之所。《北华捷报》建议，无领事代表的罪犯应该送交中方。

"出于礼貌"，美国囚犯被关在这里，但一度产生了困难，因为美国代理领事拒绝为他的囚犯支付 120.57 元伙食费。他的继任者也不肯付，说他没有发生过这笔债务；而美国公使列卫廉坦率地说，他不知道有此项资金。所以，一度没有更多的美国囚犯得到款待。

一位平民科姆斯托克先生提出要支付这笔债务，但英国领事不接受他的钱。

至于美国监狱，看来是执法官抓住了两个残忍的马尼拉谋杀犯，将之关在自己的寓所内，与一个判处 15 个月监禁的美国人同处一室。这是在 1858 年。《北华捷报》直言不讳地说，美国人会为一根旗杆花 700 元，他们的监狱却是美国政府的丑闻和羞耻。

同一年，美国公使列卫廉向国务卿报告说，新任驻沪领事士觅威良已到上海，"因为无法支付必要的监狱费用，他的首要行动之一，就是放出英国监狱中的所有美国犯人。他们现在逍遥自在了，准备实行新的残暴行为，让他们的国家及其代表蒙受新的耻辱"。

看来在 1864 年就有了一所某种意义上的美国监狱，但它是那样不牢靠，以致重要的犯人都必须送到英国监狱中。甚至发生了囚犯从那里逃走的事情。1866 年有两名关在那里的英国内河海盗逃走，同一晚上，一名奥地利罪犯从奥地利领事馆逃走。

当时的英国监狱人满为患，凶暴的水手尤多，迫切需要一所新的监狱。在苏州河附近属于宝顺洋行的地块上，找到了一块地基，总面积是 25.782 亩；但有一条规划的道路穿过其间，纳税人同意在建造前取消这个规划。

根据何爵士的建议，由格罗斯曼少校负责设计；1868 年 6 月签订了合同。但外国承包商破产了，工程由一个中国承包商完成。

这栋建筑仿照伦敦的本顿维尔监狱和米尔班克监狱；底部抬高了三英尺，下面铺设着混凝土。至于监室，英国监狱至少是 18 个，有时是 95 个，新监狱则有 56 个关欧洲人的小间，为 10 英尺 7 英寸乘 8 英尺乘 13 英尺；16 个关亚洲人的小间，每个 10 英尺乘 10 英尺乘 13 英尺，还有 6 个"惩罚室"。总共 78 个监室。

在那个可能得到空地的快活时代，其四周都留有充裕的空间。它离租界的距离，在当时遭到了异议。它在那时租界的边缘角，靠近泥城浜和苏州河的交汇处；是现在都很少有人去的一个角落；也许有很多居民不知道，这所监狱仍在那里。

这所监狱当然是关押英国犯人的，尽管同工部局达成了一项协议，阿拉伯人和波斯人应以每天五角钱的代价享受它的好处。

至于中国罪犯，工部局非常担忧。看管中国罪犯并采取适当的行动，显然是中国政府的责任。但它当然不采取适当的行动。来自会审公堂的犯人，不断在刑满之前获释。英国陪审官已对这种惯例提出了抗议，而且，根据他们的要求，当时由工部局来羁押重案囚犯。陪审官有时出于人道，把犯人送入工部局牢房；而且这种习惯在成熟。但有争论的是，这样减轻天然属于中方的义务——照管自己的罪犯，并不是工部局的责任。

另一方面，有些人认为，如果不接受中国囚犯，我们将会失去一个宝贵的机会。废除拷打，告发犯人的准确陈述和便捷的审判，是我们通过建立会审公堂业已引进的特权；但还没有尝试改造罪犯，或者尝试这种防止他们以后犯罪的带有训练的惩罚。我们应当向中方表明，不使用整个帝国通行的野蛮方式，惩罚就可以有效。

这项讨论是实际的。因为会审公堂的牢房和巡捕房的牢房都不够用了，提出了应否建立一所工部局监狱的问题。最初的建议是，社区可以接管英国监狱——那是在 1872 年。何爵士说，政府可以准许控制和管理监狱，但要保留所有权。这将是工部局的巨大开支，需要纳税人的特许。

十年没有下文后，警务委员会提出了工部局应该使用英国监狱的建议。据理解，政府情愿卖掉它，但也许由于要价太高，购买的愿望被打消了；而且，连意爵士反对出租——没有说明理由。翌年即 1883 年，警务委员会重申了他们的建议，并要求注意到虹口捕房监押室的拥挤状态。英国领事认为，那个监狱应当出租给工部局，只要其中的一翼保留给英国政府就行了。工部局提出的要约是租用五年，每年租金 400 英镑。但伦敦没有接受这个要约。

三年后，何利德[1]在工程部见到了庞斯富特[2]，被告知如果工部局仍然想要这所监狱，条件可以降低一些。

这些年来，由于缺乏适当的地方，事情变得越来越糟糕。据说，牢房是犯罪的温床，那里的狱霸能对其他犯人甚至外面的人施加影响。他们丰衣足食，很少干活，同外面的朋友公开往来。这种惩罚不可能具有阻遏作用。必须有严格的纪律，白天安静地劳动，晚上分开。但只有在一所合适的监狱里才能做到这些。实际上，却是重案犯与无前科的犯人甚至待审的犯人关在一起。在夏天，六个监室和一个阳台的犯人甚至有时超过百名。床铺布满虫虱。不可能放风或劳动，健康遭到危害。五个监室有脚癣患者。这些，都在 1890 年得到了确认或讨论。

犯人们看来渡过了自己心目中的好时光。他们主要按照所带入的钱财，将自己分成四个级别。年长的囚犯充当首领。第一级被叫作"英领馆"，只有能拿出一定款项的人才能进入；五分之一或者十分之一的犯人也许属于这个级别，被待如贵客。第二级是"美领馆"，待遇稍差，但仍然舒服。第三级是"会审公堂"，这个级别的人没有钱，却有外面的朋友。最末一级是"济良所"，这些人既没有钱，也没有任何希望。

巡捕、差役等使用了一套监狱官场的正规模拟制度。新入狱者一到达，就必须跪在审判桌前，说出自己的罪行。如果是抢劫、绑架等，就是一声断喝："哈哈！这么年轻就犯这么老道的罪！必须抽一顿。"他就挨上一顿抽打！

我们很高兴他们能通过假装悔恨而获释，甚至会钦佩他们；但我们不会喜欢那种游戏。

1890 年，虹口捕房发生了大规模越狱；有些人从大门走了出来，有些人翻过了后面的一道竹篱笆；里面共有三十二名犯人。相当有趣的记载是，除了十四人外，其他人都被抓回去了。

直到 1895 年，工部局才命令其工程师和总巡准备一份建造监狱的计划，并为之安排了一块地基。买下了"靶子场"后面的约十亩土地，为了确保一条合适的通

---

[1]　1882—1884 年任工部局副总董。
[2]　庞斯富特（1828—1902），英国律师、外交官。

道，用5 800两买下了两条土地；这项交易包括了工部局对北路（North Road）一部分的永久权利。工部局看来没有做更多的事情，纳税人没有异议；但总巡表示，1897年工部局监押室平均每周的犯人数目是139名，他呼吁至少要建立临时监狱。然而，我们注意到，该年预算的"土地和建筑"项达228 000两，而1896年是9 000两。我们可以理解工部局对于监狱的缄默。

然而，我们略感诧异的是发现工部局在1898年租用了一部分英国监狱，租期三年，每年3 600两。

第 5 章

工部局

绝对不能忘记，工部局仅仅是每年由纳税人选举产生的一个当地生意人的委员会。他们没有薪酬，没有市议员或市政官之类的荣誉称谓。他们向属于整个社区的工作义务奉献了自己大量的宝贵时间；但可以认为，很多人是在工作一年之后才觉得卸下这副担子太愉快了。认为他们在无私奉献，则是一个错误：他们都是生意人，租界事务的恰当管理，对他们的商业利益生死攸关；事实上，租界本身的**存在理由**也就是商业而已。因此，总是能够找到九名有商业能力和商业经验的人，他们愿意为工部局的工作奉献一年或两年的宝贵时间。最初却并非如此。那时只有三到五名工部局董事，优秀分子不可能总愿出来服务，也许，这部分是因为那时进财更加容易，与租界事务管理的好歹无关；部分是因为工部局的地位受到错误的界定，权力并不明确。

与工部局的主要样板——英国的市政厅相比，它在政治和非政治两个方面都截然不同。没有中央政府的政党可追随，没有自由党和保守党的分野；候选人既不是统一党分子（Unionists），也不是家乡统治运动分子（Home rulers）[1]或工党分子；他们的唯一关切就是这个城市事务的良好管理，与外部世界没有关系。同时，它无法规避国际政治；实际上，纳税人中有普天之下所有国家的代表，并处在一群领事的统治之下；而同中国的所有条约都必须遵守，需要通过领事与各级中国政府往来通信，以解决不断出现的问题。这样，其业务一方面是简单明了的，因为工部

---

[1] 当时一个主张爱尔兰独立的政治派别。

局仅仅是一个管理当地事务的委员会；另一方面却往往是错综复杂的，因为上海是一个国际租界，并在一个世纪中始终拥有它的主权。我们摆脱了国内政治，但我们的手脚受到国际条约的束缚。

本书第一卷已讲述了工部局诞生的故事。面对着中国政府和由领事代表的西方政府，它的生存首先是不确定的，以多年来的大量争吵与辩论为特征。它当然必须感受到自己的立足点，而这在大多数情况下是一个**"边行进边解决"**的问题。无疑发生了很多错误——不仅是工部局自己的错误；而且，是通过形势的需求、靠着奉献了时间和力量的早期工部局董事们的实际常识，它的权力才逐渐获得了认可。

1920 年煽动起来的工部局华人代表问题，半个世纪前就考虑过了。温思达在1866 年提到，希望有某种方式了解中国居民关于纳税、维持秩序等的愿望；7 月份的一次领事团会议同意一个条款，准许选举产生三名华人代表与工部局商议——纯粹咨询的功能。

英国公使阿礼国非常希望工部局中有一位华人成员。他在 1866 年写道："这无疑将会产生很多好处。"这些代表将代表租界华人的领土主权；将便于征收捐税；他们在开征任何新税之前的抗议，可直达公使团；将铺平工部局折合征收各种朝廷赋税的道路。各国公使总体上赞同这些建议。

上述条款提出，三位代表应由华人社会各界、会馆公所、商会和总会的领袖人物选举产生。代表们应书面陈述他们的意见；未与他们商议，不得采取任何影响到华人的新措施。

外交部的基本态度在一封信中表达得很清楚。然而，这是蒲安臣写的信，是熙华德为启发美国侨民而公布的。"我们没有权利为了自治或其他目的，去管辖中国人……即使是中国政府要求我们这样做。"而且，"我未被授权批准任何不尊重中国权利的计划，它是一个对其疆域、臣民有主权的国家"。

这是领事团的学究式态度。而工部局却有在大量华人居民中维护秩序的实际工作，他们几乎做每一件事情的手脚都被束缚，即都必须得到慈眉善目的中国政府的许可。中方很快看出了这个对他们有利的局面；他们把要对华人居民承担的大部分责任都加在工部局身上，自己却对未尽保护之责的华人居民横征暴敛，得到了所能得到的一切；他们对外人带来的繁荣兴高采烈，这给了他们这么多的财富，却几乎没有任何麻烦。工部局要是拥有自主权力，就能成功地统治租界，但实际上，他们的权力并不充分。他们试图实行的每一项涉及华人的改革，均须先获得中国官员的批准，而且，甚至得不到他们充分的财政帮助。道台有权力对租界内的华人课税，却不为他们做任何事情，也不为城里人做任何事情；工部局为界内华人做了这么多事情，却没有权力对他们征收捐税，除非是得到道台批准。可以进而料想，当存在着一个这么富庶的可勒索社区时，他们不会满足于这点税收，但敲诈总是在工部局的眼皮底下进行。工部局必须对这种乱象和不公正斗争，这不仅是为了戴着脚镣的外国租界的福祉，也是为了保护被压迫的华人。

工部局不但要服从领事团，必须与道台抗争，还常常与选举了他们的租地人发生争执。例如，何爵士在 1864 年以一项诉讼威胁工部局，宣布他们在几个问题上僭越了权力。工部局必须感到遗憾，即任何人都能"因官方行为的结果，通过合法的诉讼，威胁工部局董事，并得到董事们早日解职愿望的配合，从而造成唯一政府机构瓦解的风险。而我们维护租界秩序，依赖的就是这个政府"。

瓦解并不是言过其实的说法；因为很明显，这种诉讼肯定会影响到承担市政工作的人们的自愿性。我们一再看到找寻愿意当选者的困难。

他们以缺少时间或其他理由谢绝这项荣誉，但这项工作吃力不讨好的繁难无疑是主要障碍。1862 年 4 月的会议无记名投票选出了成员；汉璧礼在 1865 年 4 月还写道："要是（1864 年）公众会议进行了无记名投票，而不是仓促选举正在退出的工部局提名人的话……"——1865 年有十人谢绝提名，有些是知名人物，如汉璧礼、华地玛、耆紫薇。[1] 1869 年 3 月，确定的选举日竟没有候选人到来。四天之后，有七人同意出任，马上被宣布为当选。《北华捷报》称，新的工部局想要审核预算，不"像过去被会议选举出来的那样，落实他们没有参与安排的事情"。

1865 年 4 月，会议没有按惯例选出新的工部局。但根据耆紫薇的请求，会议进行了单独投票。

1867 年 3 月，卡特抗议选出两名非租地人。温思达告诉工部局，唯一合法的方式是会议上的公开选举，工部局应当由租地人组成。工部局的答复是，对于合法性问题没有意见，却说他们的做法符合 1865 年 4 月一般会议通过的决议，符合先例。

---

[1]　耆紫薇、汉璧礼均为 1865 年工部局董事。

据记载，总董在 1867 年首次答应，向某些著名绅士征询是否愿意接受加入工部局的提名。

根据新的《土地章程》的首次选举是在 1870 年 4 月。列出选举结果饶为有趣。

狄思威	75	雷 美	47
白 敦	70	立德禄	40
普罗思德	66	考德罗伊	39
李大卫	66	哈 珀	30
杰利科	63	高 易	22
古 培	55		

最末两人未当选，此后就是九人了。校正后的名单去掉了立德禄和考德罗伊，加上了凯麦隆和安德森。

按照新的《土地章程》，"纳税人"取代了"租地人"，因为自那以后，土地只是投票权的资格之一了。按照旧的《土地章程》，有 340 名投票人，大多数是缺席者；而按照新的章程，有 467 名投票人，大多数是居民。

1873 年提出建议，当选董事应有一定任职年限，轮流退出，以保持知识和经验的连续性。这对长期延续的事务诸如桥梁、万国商团等是必要的。但早在 1859—1860 年间就已经确保了某些延续性，当时总办成为工部局的当然成员。也大约在那时，通过更改租地人会议的地点，迈出了走向自由的新步伐。在那之前，一直是在英国领事馆举行会议，这肯定多少挫伤了他们独立的心情，并给他们盖上了附庸的印记。由于"在英国领事馆最后一次会议上体验到的不方便和不舒服"，1869 年决定今后的租地人会议在新共济会堂举行。如《北华捷报》上的一篇通信所说，这是意味深长的。这个标志是"租界与英国统治特殊联系的最后纽带。……我们如今是在一个公共会场讨论我们的公共事务，在那里，没有人会感到遭受干预，会实现最完整最充分的平等"。

必须特别指出的是一个有关工部局自身的问题，一个已在不同时期讨论过的问题，即工部局的会议是秘密的；它是内阁，而不是国会。新闻界已一再请求列席会议，甚至以限制报道为条件，但始终遭到拒绝。如果不做出改善，让公众知道工部局为什么要做出它的决定，对每个问题如何权衡利弊得失，以及每个董事说了什么和怎样投票，公众无疑会在这个方面有很大的成见。每次公布的简短且谨慎编辑过的会议记录，都非常令人失望，无疑违反了自治事务中公众知情的利益。1873 年 5 月，纳税人命令工部局在一周内公布所有一般会议和委员会会议的记录，除非涉及个人事务，而且记录必须"详细"。当然，"详细"是一个程度问题，有时提供的细节非常少，或许就是与会者的人名随着时间进程的分分合合而已。

1861—1884 年间，报界多次提出了列席会议的愿望，工部局的回应是指出，有些问题不便过早公布。但反对公开会议，还有多种其他理由。很明显，如果记者每次都出席，董事就只能对公众说话，而不能对其同事说话了；演讲将代替讨论；有些人几乎不能承受讲出心里话的风险，有些人则只能讲言不由衷的话。作为一个私商，每个人都不得不考虑自己的个人利益——任何让他在社区中不得人心的事情，都会严重影响他的生意。无论如何，某些公众和某些报纸一定会予以批评，反对他的观点。公众显然会被提醒注意更多的利益；更多的公众讨论会让有些事情做得更好；但肯定也将有指责、猜忌和攻讦，这会让某些承担公共事务的优秀人士感到沮丧。

再者，政治事务实际上经常需要秘密处理。每个国家都有一名工部局董事，都能敏锐地观察到该董事对自己国家特殊利益的关照。更重要的是，有关必须与中方商量的事情的通信，几乎在任何情况下都不能充分公布。

当然，工部局实际上是一个执行机构。纳税人举行年会，由会议命令工部局应做什么。这是发表演讲、接受批评和诉诸公众情绪的地方和时机。但然后，是工部局按照自己的方式执行这些命令；他们不必考虑做**什么**，除非纳税人留给他们自由决定；但**如何做**，是社区让他们去决定的。

至少在理论上是这样。但由于纳税人实际上交付给工部局实施的事情非常多，总是存在着这个政府变成官僚机构的危险。

《字林西报》总被认为是工部局的官方机构，会议记录首先被送给它。但由于其他报纸的一再要求，1884 年 7 月决定会议记录"将同时送给三份报纸，以便它们能在周二晚上而非周三早上发表"。

至于工部局的本部，1866 年是在河南路，办公室和中央捕房可能是 11—15 号；租金为每年 4 500 两，它在那里共九年。上一年的工部局已建议用 5 000 英镑从桑恩处按每亩 2 000 两的报价购入边上的 6.1 亩地；但 1866 年的工部局嫌价格高而不愿购买。1869 年，纳税人会议不同意购买工部局用地，但既然桑恩土地的位置如此便利，毗连中央捕房，上面没有建筑，而且价格也公平合理，如不马上买下，就永远也买不到了，工部局大胆地决定自己承担购买的责任。在整个街区的示意图中，能看出这块土地的位置。

两年之后，"为了租界的尊严，为了会议，为了保存档案"，出现了对工部局大楼的期盼。此前的八年中，支付的租金已达 81 496 两。拟议中的建筑造价约 10 万两，可通过债券筹集。设计将由当地的建筑师承担。任命了一个委员会来考虑此事。

再过两年，一份列出了细节的备忘录发布了。新建筑正面所对的福州路将拓宽至 15 英尺，河南路为 10 英尺。工部局的所有科室都将集中在那里，而且那里将有一个公共会议厅，约 90 英尺乘 40 英尺；还有一个小型火药库。没有钱用在起码的装饰上。

收到这份备忘录的人看来都不反对，尽管有些人显然认为，应该花更多的钱，以让这栋建筑更加般配租界的尊严。

但是，1874 年的工部局完全反对建造，把对已提交的建造规划的审核，推迟到了下一次会议作出另外一项决议为止。然而，他们的法律顾问认为，由于通告并未表示得到了纳税人的批准，工部局必须接受其中的一个规划，如果其符合条件的话；只有建筑师拒绝予以担保，工部局才能退还规划，概不接受。

这样，董事们投票选择规划。地纳的设计得 3 票，雷氏德的设计得 3 票，金斯密的得 1 票。这时，总董费隆给地纳投了决定性的一票。接着是有些不愉快的信函往来，因为雷氏德声称遭到了不公平，其中掺入了私人的影响力，等等。他多年来一直同工部局工程师奥利弗住在一起。

原来的中央捕房地块是 3.47 亩，桑恩的地块是 6.1 亩，合起来 9.57 亩。拓宽道路后，有 8.87 亩可用于建筑。但就在这时，地纳建议买下被称为"惇信"的地产；而工部局最初已决定，建造的规模要小于最后一次纳税人会议同意的规模，只采用符合直接需求的规划，一个月之后再次决定用惇信地产代替新建筑。

可以在示意图[1]中看到，这块土地在该街区东北角的汉口路和江西路上。它

[1] 此图幅面过大，本书从略，读者可参考《1855 年洋行分布图》，载《上海年鉴(1854)》平装本第103 页，上海书店出版社，2019 年。

被行名为惇信洋行的巴奈特公司占有，建议其作为工部局的房客留下三年，房租为每年 480 两。这块地方略超过 11 亩，价格为 40 000 两。工部局于 1875 年买下了。

"事情悬而不决"显然将近十年。1884 年，何利德推荐了新的建筑，认为现礼查饭店所在地是合适的地块，每亩 8 000 两就能买下。但工部局认为，工部局大楼建在虹口会遭到强烈的反对，几个月后表示没有采取行动的直接需求。

1888 年，当建议建造一个新的市政厅时，这个问题再次提出。但估计的费用是，工部局办公室 180 000 两，新的中央捕房 80 000 两，此外还有家具、设备等。当时的惇信地块只有 8.62 亩了，如果在上面建造市政厅和办公室，就必须是四层楼。当时中央捕房占地 3.633 亩。购买建造需要的其他土地将达 30 万两。工部局谨慎地决定，发表一份报告，然后等待公众舆论的动向。

至于工部局的雇员，说他们历来比其他的公仆群体更有能力、更加勤勉或者更加诚实，将是愚蠢的；但记载确实表明，那种普通的恶习——美国人所说的"贪腐"（graft）非常少。在较低层次或户外机构中，在华人巡捕中，等等，无疑有很多贿赂和勒索例子；未被揭露的远远多于已被曝光的；但工部局和公众都得到了办公室职员的良好服务。这无疑是由于慷慨的薪酬——反对不诚实的最好保证；公共服务总是像奥利佛·退斯特[1]那样，提出更多的要求，而最终总是实现。生活成本的持续高企，经常证明这种要求是合理的。但是，1921 年的纳税人开始认为，他们可以为廉洁的公共服务支付高出必要性的代价，公仆们把过大的负担压到了所有其他人身上。

但是，工部局雇员服务令人称道的另一个原因，也许是工部局本身由商人构成，他们不可能容忍工部局机构中任何超过自己企业的懈怠或欺诈。

最著名的被认为欺诈的例子是在 1872 年。当时，收税员康脑雷指控两名巡捕长期用总办的名义进行非法脱。他后来把总办庞德和一些华人职员列入了欺诈工部局之列，说在压力或安全担保之下，那些职员能披露更多令人吃惊的内情。会计师马尔科姆要求得到资助起诉康脑雷，庞德说康脑雷纯粹是恶意中伤。委任了一个纳税人委员会来核查这项指控，但调查确定他们没有事情；现金余额的正确驳回了收税员的欺诈指控。但是发现，账册是滞后的、草率的；而且马尔科姆欠了华人

---

[1]　狄更斯小说《雾都孤儿》的主角。

巨款。

康脑雷得到帮助，重新提出了指控，律师进入了他的案子，要求当众彻查账目。他一直受聘照管公平洋行的财产，富于制止欺诈的经验。人们是缴纳百分之六而非百分之八的捐税，占有的房屋算作空房；马尔科姆并不可靠；苏珀仅仅辱骂他；他自己则遭到了每个人的反对。至于重新估税，他说，估计英租界的租金在169 000 元以下，美租界是 12 000 元，较穷的地区也高达 3 600 元。"自从约翰斯顿先生离开以来，一切阴谋诡计的原因都可以在一个事实中找到，即同我签订的一份永久合同将每月节省约 350 两工资。"

看来能够得出的唯一结论，就是康脑雷是"古怪的或恶意的，无知的并无事生非的"。

涉及的削减工资方式，肯定足以引起任何人的严重不安；但我们必须接受不能坐实康脑雷指控的结论。

在谈到巡捕的时候，有必要重新提起这个欺诈、贿赂的问题。

工部局像所有劳动力的雇主一样，工资薪酬方面的麻烦历来层出不穷，或者说永不止休。商业企业或公司必须考虑薪酬与利润或红利的关系；工部局亦复如此，必须像公司的董事会那样保护如同股东的纳税人的利益。

早期的工资标准与现在相比，是相当适中的。何时能达到极限呢？这是一个没有意义的问题，尤其在看到了战后情况的日子里。但实际上一度曾经以为，最高数字可能或者甚至已经达到了。

财务委员会在 1866 年 4 月指出，为了避免比例失调和不满，提高任何人的工资都是不妥当的，除非是全部提高。起步必须适中。

1868 年 9 月，总办提出的一份备忘录表明：他（约翰斯顿）的收入是 400 两；测绘师奥利弗三年分别是 150 两、180 两和 225 两；总巡彭福尔德在 1867 年订立的三年合同是 875 英镑、950 英镑、1 000 英镑年薪；会计师 275 两；卫生官是 750 两年薪；工部书信馆馆长 150 两，职员从 100 两到 150 两。

待遇中都包括了医疗护理，有些还包括了药品。大多数合同都包含了轿夫，总办、总巡、测绘师与工务处长每人有一匹马。所有人都有免费住房。建议是，新的合同应尽可能取消所有津贴。

摘自 1869 年会议记录的合同表明，会计师是 275 两（每年接近 1 000 英镑）带住房；彭福尔德每年 1 000 英镑（277.77 两）带住房、仆役、医疗护理、药品、燃料、照明、马、马车、制服和回家费用。年轻人是 175 两，带同样的津贴，等等。

1877 年 1 月，当某些人的工资提高到每月 150 两时，兴高采烈的说法是"工资现在达到最高点了；除非是长期的和忠心耿耿的服务，将不会再提高了"。

生活费用当然因时因地而异，但人事平等毕竟是最重要的考虑。1873 年，总办助理苏珀和其他五人增加了工资，以弥补房贴的取消。那年，由于约翰斯顿的辞职和去世，苏珀代理了总办，他的工资必定达到了每月 400 两或每年约 1 500 英镑。但是，1875 年发现了他的账户违规，因为他未经许可就预先支取了工资。1877 年年终，他因土地投机而"窘迫"，他的财产作了超出其价值的抵押，而且他无法弥补缺口。每月从他的工资中划出 167 两归还押款；他欠渣打银行 1 200 两，又**通过工部局买办**向一家中国钱庄借了 2 500 两。做出了他不适合担任总办的决定。这项决定看来令他震惊；但他辞职了，得到了六个月工资的离职金。他承认自己无能为力了，只是需要一些时间把一切说清楚。十二位杰出居民也请求让他复职。但工部局拒绝了。他提出去协助出版《工部局年报》，但这项请求被谢绝了，他就这样从工部局历史中消失了。

工部局曾经聘用的最令人满意的总办之一，就是苏珀的前任约翰斯顿。他担任此职达十年之久，于 1873 年患病辞职。四十多家企业联名致函工部局，建议给他 500 英镑，作为退职金或补贴，以及他同夫人的回家路费。但他在当年 11 月就去世了。各处室关门大约五天以示哀悼，工部局给了他遗孀 1 000 英镑。

由于雇员去世或健康恶化的事例众多，1876 年决定实行录用前体检。1871 年制定的一项规则要求，雇员应全职为工部局工作，不得从事私人商业或生意。另一项改善就是废除官员休假时领取全薪的规定，让他们可在履职的闲暇时间从事自己的事业。更晚的时候（1884 年），根据总巡彭福尔德在纳税人会议上的一次演讲，通过了这条规则："工部局雇员不得在任何公共会议上谈论工部局事务，任何打算做此事的人均须先向工部局提出辞呈。"

1876 年，总办处的构成是一位总办，四位外国助理，一位外国收税员和三名中国职员；他们的工资总额是每月 1 414.16 两。这样的记载，本身当然没有任何价值，这是用于比较的。1920 年，总办处、捐务处和财务处雇用的外国人超过五十名。这像我们将摘引的其他数字一样，证明了上海巨大而且迅速的发展。

但是，工部局公务的增加主要是由于人口的简单增长，例如，人口和建筑数量的增多，就要求巡捕和消防队伍扩大；同时，增加了很多新的"活动"、功能，它们的必要性是简朴时代很少考虑到的，或者说，社区向它们提供的资源与现在不同，或者说，它们那时尚处于整个人类知识之外。菜场、屠宰场、电灯、汽车交通都是这些新增负担的例子。

1921年的预算达570万两时，听到了五十年前反对"疯狂财政"的嘶吼，那时是建议把收入从21.6万两增加到51.1万两，开支从28.9万两增加到45.7万两。汉璧礼在1864年说，工部局过分奢侈了；《北华捷报》在1865年说，指控工部局奢侈是方便的——它过去的历史就是借贷和赤字的历史。1867年，"节约是议事日程"，而在1873年，纳税人在会议上**追问**节约，于是，"工部局决定调查所有处室的开支"。我们几乎可以认为，所看到的正是战后的英国政府；但事实上，所有大大小小的统治主体都使用了大体一样的公式和遁词。

必须记住，1863—1865年是非常拮据的年份，苏州陷落造成的大量难民从上海返回那边了。他们兴高采烈地逃离令人厌恶的卫生设备，兴高采烈地回到了"肮脏、自由和苏州"。中国居民从50万人降至10万人。结果，上海的地产价值暴跌，租界中的12 000栋华人住房，有三分之一空置，那些以前华人摩肩接踵的街道上长出了青草。

可以认为，大会上的纳税人总是控制开支，但必须记住的是，控制收入更加困难。因为是工部局征收捐税，后面有一章将表明，这是一项何等艰巨的任务。这种艰巨，部分是由于中方的管辖权——社区每年损失16 000两，是因为不能直接向中国商人征收码头捐；部分是由于大量外国企业和个人，抓住一切机会利用了《土地章程》不明确的规定或对《附则》的不确切解释。1865年的《工部局报告》称："一切捐税的缴纳，纯属志愿。"

但要再次指出，最初工部局的权力没有严格的界定，因而，当他们采取最好的行动、由个人承担工部局贷款的责任时，就不可能因为无用或奢侈的开支、因为**越权**而谴责他们。

1864年的争吵相当有趣。董事霍锦士先生宣称，工部局已因缺乏资金而陷入僵局，而汉璧礼抱怨开支过于奢侈。他比较了洋泾浜南北的情况：法租界有一栋很好的公董局大楼，已经偿清了债务；北边的租界没有工部局大楼，负债90 000两。

（《北华捷报》上的）还击是，法租界市政厅是一批低劣的巡捕建造的，没有排水沟。但这再次被一名来函者驳倒，他说法租界那边的市政厅是成功的，而英租界还没有排水沟！这也是事实，法租界的收入一半来自捐税，而英租界的捐税不是被放弃，就是从未获得承认。

两次租地人会议都未能做出必要的安排；工部局遭受了很多批评，几乎没有得到指令，预料它会提出新的预算。预算是 22.1 万两，而非 51.1 万两。汉璧礼指控工部局僭越权力，对公众娱乐的房屋加捐，放弃对华人房东百分之八的捐税，选定了一块远在三英里半之外的墓地。他希望制止工部局，而且实际上已走到了给梅博阁写信威胁要采取法律行动的地步。

工部局确实采取了一些未经租地人批准的行动，并正在提出租地人不能或不愿同意的建议。但同时，两位董事（典题和库克）已自行承担了偿还高达 65 000 两的工部局贷款的责任。然而，以微弱多数（50∶31）通过的一份决议是，要求所有租地人签署一份证书，赦免受牵连工部局董事的个人责任。但当然没有权力迫使少数人签署这样一份证书。直到高易获得 19 张代理投票，才建议用中央捕房建筑作为有疑虑贷款的连带担保。这些事情引起了非常多的问题，诸如租地人受到了工部局行为的约束，工部局的法人地位问题，还有难以找到承担这种非常吃力不讨好工作的人选。162 名租地人中，实际上只有 9 名在 1864 年 7 月签署了免责证书，这不能称为慷慨的或鼓励性的待遇。

那是在 1862 年，上海出现了狂飙般的金融狂热，有人称之为"诱人的债务失身之地"。一笔用于排水项目的 13.2 万两贷款利率是 10%。呵加剌银行申请其中的 10 万两"或未被申请的余额"。这将十年偿清，每年百分之十的利息。

如上所述，1864 年的预算超过了收入的两倍还多，接近保证要"反省"的开支的两倍。从银行的角度来看，工部局并不是一个合法的实体。如果它是一个法人，就能为多种用途取得贷款；但由于目前的状况，必须要有个人的担保。贷款得到了，担保人名单中有典题、耆紫薇、史密士和其他人，每人 2 000 两。从法兰西银行得到利率 9% 的 6.5 万两，但贷款很快合并成了利率更低的 8.3 万两，获得了一份新的合同，6.5 万两的旧合同当着委员会的面烧掉了。

翌年（1865 年），财务委员会报告了征收捐税的困难，表示他们为了节省开支，已经撤销了翻译办公室，通过把账户从呵加剌银行转到法兰西银行，节省了

1978 两。

1867 年 1 月，银行通知说，7.5 万两的贷款应在四个月内偿还，但如果能马上偿还一半，其余款项的时间可以宽限。几个企业和租地人仍在担保 7.8 万两，但为了满足银行的要求，工部局现在正式发行了债券。如《北华捷报》所说，这标志着"这里的一项文明进步。"应当给予银行的余额付掉了，工部局副总董向已经签名担保者展示了债券之后，正式烧了它，表示他们现在都免责了。

工部局早期不确定的地位，《土地章程》的不足，以及面对十二个不同领事的微妙状态，使得诉诸法庭成了一种可悲的必要性。韩能、乐皮生、温赖特、杜达尔、梅博阁和其他人相继充当过工部局的法律顾问。领事公堂建立前，工部局以其总办作为被起诉人，因为英国法庭认为，由于其中有非英国臣民，工部局不能作为一个实体被起诉。这样，约翰斯顿在 1867 年被起诉。他的继任者苏珀因詹纳·霍格在 1875 年写给财务委员会的一封信，想对他提起诽谤诉讼，工部局认为该信是"不可原谅和不公正的"。一致决定，总董应正式请霍格收回那封信，信被收回了，事情了结。

这些都是微不足道的小事：重要的事情关系到工部局的征税权力，有效的地方政府当然最终必须依靠这一权力。何爵士 1865 年 11 月对威尔斯地产案的判决，使工部局实现了所有的意图和目的，成了一个特许团体。工部局的起诉是要追回该地块欠缴的 590.30 两房捐。被告方的辩护是，《土地章程》对持异议者没有约束力；所涉及的土地不在《土地章程》涵盖的区域之内；批准了《土地章程》的公使们和其他人都没有这样做的权力。但何爵士指出，用于上海的词汇"和平、治安和政府"也同样用于香港和其他殖民地；他认为，《土地章程》有合法的基础，商务监督已予以完全批准，使之具有法律效力；中国皇帝也已通过一位钦差大臣予以批准。判决是原告胜诉。梅博阁代理工部局，劳伦斯代理被告。

据预料，这项判决不但对英国侨民有用，也会对其他法庭产生影响；这个希望却几乎不能实现。第二年（1866 年），普鲁士代理总领事尽管表示歉意，却不同意旧《土地章程》是强制征收土地报酬和从房客那里直接征收房捐的根据。五家普鲁士企业是违规者，有一场尖锐的交锋，对我们而言是既有趣，又富于启发性。

施内尔哈斯公司拒绝缴纳房捐；利孚洋行写道，"这些捐税是非法的"；泰来洋行对总办说，如果想要他们缴纳他们不愿的税款，就应去普鲁士领事馆起诉；泰源洋行主张缴纳 1.5％ 而不是 5％。总办感到悲哀，"由于某些特殊立法行为的不适合或瑕疵"，这些企业（或者他作了答复的那家）竟用含糊其词的理由来规避市政负担的公平份额。"工部局不得不决定取消违规者获得的一切市政设施的好处。因此，我奉命通知阁下，如果 111.43 两不能在本月 13 日下午 4 时之前缴到本处，将取消所有的巡捕保护。此后，通过工部书信馆投递的来自长江、沿海和日本口岸……的信件，将返还给发信人；……而且阁下的大名和工部局采取这种行动的理由，都将出现在最近一次会议的记录中。"

这种黑名单的威胁是强烈的，但完全符合逻辑——不出力者不得食。然而，如同报纸记者不可避免指出的那样，如果违规者的房子着了火，工部局却无动于衷，对邻居就未免太凶狠了。

对此，代理普鲁士总领事德登赉送出了这封庄重的信件："由于某些房捐未缴纳而出现在信件中的这种威胁，是否符合工部局的体面，我不会追究；但我的责任是通知阁下，我认为工部局的预期行为显系非法，并超越了这个机构的资格；我坚持，对你执行威胁措施所造成的一切危害，工部局的每位成员要承担责任。"

在丹麦法庭上，征收捐税的合法性得到了承认，唯一的辩护是被告的居住区一直没有得到改善！

法国总领事的一份判决蕴含着更加开明的精神：他认为，租赁一栋房子不仅意味着缴纳既有捐税的义务，而且，同一个有资格的政府还可以征收附加的捐税。他的观点被认为主要是基于公共警务和便利的考虑。

这三份判决总体上令人满意。但要拯救整个制度，美国人也必须同意。温思达表示，他认为美国人会这样做，因为他们总是表示出良好的精神，在行政管理中扮演着重要的角色，而且熙华德领事是一位非常理性的人。他预计，新的《土地章程》将有利于把美国人拉进来。

但直到 1875 年才看见了这个圆满的结局。当时，工部局起诉美国企业丰裕洋行欠缴土地税 350.70 两。被告否认"任何对上海洋泾浜北首外国租界合法的、有效的和有约束力的《土地章程》和《附则》，它们从未得到合众国政府的合法批准"，等等。原告律师（担文）称，（丰裕洋行的）温布利已经参与了政府和工部局的生意，不能现在就否认其合法性；"如果他已经付过哪怕六便士的税，他就是承认了工部局征税的权利。"上海的局面非同寻常：如果温布利胜诉了，任何人都可以向工部局索回过去已缴纳的所有捐税。

然而，熙华德尽管完全赞成其朋友华地玛、希契和艾伦，判决却是原告胜诉。他关于《土地章程》有效性的评论将在别处提到。

即使在这个重要的案子中也可以清楚看到，工部局从来不喜欢诉讼。此前，财务委员会支持将此案诉诸法庭，但总董（费隆）说，工部局的历史从来就是不断的妥协；诉诸法庭只能影响美国公民；避免管辖权的冲突是明智的，最好是让熙华德在法庭外解决此事。

另一个重要案件是 1869 年对仁记洋行的码头捐诉讼。何爵士对不得不判决这种案件深表遗憾，："因为在当前形势下，如果纳税维持秩序和卫生的每一个法律责任问题都在法庭中辩论，租界的政府很快就不能生存了。"

作出了对工部局不利的判决；工部局已经决定起诉违规者，但输掉这个案子时，他们却不援引法律就从其他十七个违规企业中得到了称心如意的东西。

此处可以提到另一个重要案子，尽管在另外一章将再次提到它。1885 年，韬朋为工部局申请一项限制殷司在其苏州河地块的前滩建造房屋的禁令。连意大法官批准该项禁令的条件是，工部局赔付被告已有的支出——约 3 000 两。

还有很多不大重要的小案子，也仅仅是对工部局征税合法性的考验或审查。例如，当某位芜得先生的马冲入狄思威路边上的河浜而提出损害赔偿时，工部局向大法官提出，他们是否有责任在租界内所有的河浜上都建立栏杆。

但工部局进入诉讼的主要内容，是要让他们的征税权力得到法律的批准和明晰的界定，是要实现合乎理性与逻辑的结果，即所有享受自治政府好处的人，都应公平承担政府的开支，这与他们的国籍、住地或做生意的地方无关。更体面的企业无疑像工部局一样，真诚地期望做他们认为正确的事情；他们经常需要法律的裁决；但是，我们无须感到惊讶，由于人的天性，许多企业和个人喜欢钻空子，喜欢利用一切尚无定论的观点，如利用他们的领事对工部局的态度，利用法租界和英租界的政府差别，利用美租界与其他租界的地理差别，简言之，他们喜欢花样百出、不择手段的诡计，以获得不纳税的好处，尽管别人不得不去弥补赤字。对于这种人，只能依靠法律来强迫他们诚实。

第6章

《土地章程》

《土地章程》是上海租界政府的宪法，自 1845 年巴富尔上尉和道台首次构建框架以来，经过了数次修订。最初的那份粗糙法典只考虑到一块英租界；但它很快变成了**事实上的**英美租界，然后是国际性租界，那些章程条款就不够用了。1854年 7 月，条约国领事阿礼国（英国）、马辉（美国）、爱棠（法国）发布了新章程14 款。

1854 年的《土地章程》不管搭建时如何小心，仍像大多数法律一样，在实际运用时很快被发现了缺点、前后矛盾及不充分。例如，不得不在 1875 年[1]去判决第十款是否优先于第五款。后者称，未经有关租地人同意，不得从事某些事情；前者则准许多数租地人约束少数人。

但另一个缺陷就严重多了。由三国领事完成的这部章程，是希望对所有外国人都有约束力，但为了对英国人有效，它必须按照 1853 年 6 月枢密令第三款"为了英国臣民的和平等"来编制。几乎不能认为它符合该枢密令的规定，由于后一个枢密令也未予以确认，它对英国臣民的法律效力是一个悬而未决的问题。

鉴于阿礼国在起草这部章程中的主导地位和租界中英国利益的压倒性优势，事情的这种状态非常奇特。

再者，尽管法国是这部章程的缔约方，他们后来却实际上拒绝承认其在洋泾浜以南的有效性。章程最初的范围无疑涵盖了租界的这个部分，但后来，法国人由于

---

[1] 或系 1857 年之误。

未予说明的原因，认为联合结束了；他们不理会别的领事，通过获取县城城郊一块很大、很有价值、历来最繁华的商业区，扩大了自己的地盘，将之称为"法国人可在其中租地"的法"租界"，主张其中的所有土地都须在法国领事馆登记，并全面保持了这块租界的完全独立。

还有，形势已造成了整个租界性质的彻底改变。来自城里的难民为了避难，愿意倾其所有；所以土地业主们无视《土地章程》，建起了成片的华人住宅；租界的西部迅速成了华人城镇；而最大的困难是维持秩序。阿礼国已经说过，工部局应该立即采取措施，阻止华人的涌入，荡涤令人反感的成分——已开张的鸦片馆、妓院和其他乌烟瘴气的房屋。但是，到1854年底已有2万名华人了，而且外国人继续在为他们建造房屋，工部局则认为自己没有必要的权力予以改变。

除此之外，英王陛下在香港的法律官员们否认了工部局的合法地位。

因此，工部局在1861年要求各国政府承认《土地章程》，以用这种方式明确它对各国侨民的约束力。向14个领事致函，看来大多数人未予答复，而是提出了《土地章程》应在合法化之前予修订的建议，结果是产生了1866年的修订版。分娩的阵痛在长久持续。

诞生的障碍是突如其来的要求上海成为四大国保护下的自由市，它将通过自己选举出来的官员实行自己的统治。这个主张来自防卫委员会，即金能亨、惠托尔、魏勃、戴特和霍锦士。不能忘记，当时即1862年8月，这个地方没有实际的中国政府——上海完全依赖外国的武力。

这个念头很快被英国公使卜鲁斯的来信打消了。卜鲁斯通过麦华陀提醒租地人说，英租界既没有出让也没有出租给英国国王。这块地方依然是中国的领土，要缴纳田赋，而且，如果说中国的管辖权遭到否认，那仅仅是因为考虑到确保在华商人和企业避免纷扰的必要性，中国政府从未放弃对自己臣民的权利，英国政府也无为他们建立保护领地的任何打算。他确信，英国政府宁可缩小租界范围，排除华人，而不是扩大租界以留住更多的华人。所建议的制度在原则上是不合理的，将带来无穷的难堪，而且中国政府绝不可能心甘情愿地屈从。他再次写信称，根据条约，我们无权干涉华人与其政府之间的事情；未经中国政府的同意，无权强迫租界内的华人缴纳用于地方的捐税；中国官员也可以在租界内征收城里所征收的任何捐税。

他的信里还有其他令人震惊的说法。不管那些说法是否令上海租界社会不快，它们是浇灭了社区的热情，自由市计划从报纸的通信栏中消失了。这是"虚无缥缈的幻境"，没留下"一点烟云的影子"。[1]

同时，如工部局在1862年租地人会议上宣称的，领事团起草了一份新的《土地章程》送往北京，却显然既未同工部局也未同租地人进行任何磋商。但工部局知道了这些修改，并向租地人做了推荐。修改包括因法国人退出造成的范围变更，取消了土地优先购买权或预登记制度。土地增值时期不择手段的外国人即借此遂获暴利，而损害了中国业主的利益。修改捍卫了多数人投票下的私有财产，并禁止华人取得租界内的土地。这些修改是附加的，没有触动章程本身。

于是，为了制定能为中外政府接受的《土地章程》，租地人任命了一个委员会与领事团协商。该委员会表明，存在着与皇帝沟通关系的困难。它表明——但我们认为几乎完全是言不由衷的——华人涌入租界并非如卜鲁斯说的是外国人的过错，而是清廷的软弱和只能得到法国人或英国人保护的结果。该委员会从卜鲁斯的信中推断出，1854年的《土地章程》没有合法基础，中国的权利未受损害。如果只按照文字而不是按精神来理解条约，可能就是那样的。但委员会要求注意到贸易关税的日益增长；当地中国政府对上海仅有暂时的兴趣，希望竭尽全力进行勒索；现有的贸易已因他们不科学的方式而面临着困难。上海是一个巨大的口岸，一座仓促兴起的城市，应有大量经费作为各种市政需求的最初成本——这与中国政府的统治有什么关系呢？中国没有诚实的、生气勃勃的政府。如果放弃某些中国权力，就能换来华人的幸福与安宁。

在能够找到的记载中，还有更多支离破碎的内容。

1866年举行了数次租地人会议，逐项讨论他们任命的委员会起草和修订的《土地章程》与《附则》。第一次会议宣读了法国总领事的一封信，内称章程第一款写错了法租界的界线，否认洋泾浜以北的租地人有权制定法租界的章程。他还抱怨没有参加有关新章程的协商。这些都不难答复，但他其实是准备宣布将为法租界单独制定一份《土地章程》。因为他翌日就在公董局宣布，1854年的《土地章程》对法租界没有约束力。第二次会议上，法国总领事又发来一封信，是关于霍锦士在第一次会议上的说法。霍锦士直言不讳地说："白来尼子爵[2]可以为消灭了自己的

---

[1] 语出莎士比亚剧作《暴风雨》。

[2] 法国领事，亦称马浪。

公董局而称心如意，却无论如何不会扰乱本会议的关注。"但主要观点是，霍锦士宣称白来尼曾在一次会议上答复他说，法租界服从 1854 年《土地章程》；而那次会议的记录表明，《土地章程》只有**在特殊情况下**才适用。这个最奇怪的观点，也许是总领事记录在案的招供，即他从来没有读过《土地章程》，"至少没有全部读过"。

租地人通过这些大惊小怪的争论，逐条讨论了章程；章程经领事团修订后，被送到了公使团。但如阿礼国在 1866 年 11 月收到后所说，根本问题是得到**所有**国家政府的同意。工部局的困境延长了，因为人们一直在希望，一个政府就能涵盖全部政府，料想像 1854 年章程那样。法国人的明确退出澄清了局势；阿礼国认为，互相承认将会结束麻烦。呜呼！五国领事用了三年多的时间才得以发布该《土地章程》，而且还是临时签署。

主要的麻烦来自美国。它的政府犹豫了很久才批准法国人的《公董局组织章程》，这个章程"只是为了提高法国的权力和威望"，并不像《土地章程》那样含有互惠精神。另一方面，在美国人和普鲁斯人批准《土地章程》和《公董局组织章程》之前，英国政府就不会同意《土地章程》。而法国对《土地章程》的承认取决于各国对《公董局组织章程》的赞成。

有人认为，新章程的生效不需要等待法国。卫三畏和熙华德都认为可行。但麦华陀提出了"最薄弱环节"的说法，法国拒不加入会造成前功尽弃。如熙华德所说，法国人民的舒服当然符合法国的利益，而僵局违反了所有国家的利益。但金能亨也害怕前功尽弃：董事们都是勉为其难服务的；也许会出现政权空白，造成所有市政工作的停顿。迄今为止，自治政府圆满工作的困难就是无法获得所有国家的普遍承认，从而确保所有人缴纳捐税。唯一的希望，就是一致同意《土地章程》，为此，必须先一致批准《公董局组织章程》。

公使团最终在 1869 年同意了，不是没有困难；两份法典用一份联合照会发布了，但仅仅暂行，"直至获悉我们各自政府进一步的荣幸批准"。照会由阿礼国、李福斯（普鲁士）、布策福（俄国）、罗淑亚和卫三畏代表条约列强签署。大不列颠要迟至 1870 年 1 月才确认这一临时批准。

尽管形式上是暂行的，但希望这个制度将永久运行；麦华陀说，这个章程会满足租界社区今后多年的需求。几乎不用说，这是一个看到困难任务完成、就以其难度作为满意度的人的乐观；也不用说，这部法典只用了很短时间就发现必须修改了。

在领事团建议的其他修改中，包括降低选举资格。租地人为了排除"捣乱阶级"的投票权，曾把资格抬得如此之高。公使团决定采取领事团和租地人之间的标准。此后，"纳税人"一词取代了"租地人"。

另一项领事的修改是，每年由道台提名三位仅具咨询职权的华人；只有同他们协商之后，才能实行警务、卫生规章及开征涉及华人居民的捐税。公使团认为，不宜批准这项修改。

此后，市政年度到 12 月 31 日；董事人数固定为九名。

关于这部《土地章程》，一件值得注意的事情是，它由租地人搭建框架，经过公使团同意，却没有提到中国政府。1845 年和 1854 年章程都以领事和道台之间的同意为基础，但 1869 年章程并非如此。并未谋求过道台的批准；甚至是否正式通知过道台也是一个问题。然而，当 1876 年提出这个问题时，麦华陀能够证明，他在 1870 年 3 月正式给道台送去过一份副本。无论如何，由于在会审公堂中强迫其臣民遵守《土地章程》、由于未对其适用于华人居民而提出过任何抗议，该政府实际上已经接受了该章程。

整个局面更奇怪的是，章程包含了一个条款（第二十八款），大意为如果需要修订，必须由外国领事和**中国地方官**会同商拟！

这样，尽管卜鲁斯慷慨激昂地宣布，除非经中国官员同意，外人不能对华人征税，后来却根据其政府从未批准过、或从未被要求批准过的《土地章程》对华人征收捐税了。而官员们一直漠然视之。

当然必须记住，卜鲁斯走了，接替他的是阿礼国；而蒲安臣也走了。

我们接下来必须关注第四部《土地章程》了，一般称为 1881 年《土地章程》。

但我们必须先注意到一次更早的修订尝试失败。到 1872 年，已经出现了对 1869 年章程缺乏弹性的抱怨，每次年会都对其理解歧见纷呈。根据"领事团的授权和协助"，1873 年的纳税人会议任命了一个修订委员会。然而，该委员会发现，领事团认为应先由自己完成这项工作，然后再交给他们去考虑。因此，该委员会无所事事，逐渐消逝，被下一次年会解除了责任。经过这个糟糕的开局后，又任命了一个九名纳税人的新委员会。该会在 1875 年提交了一份章程修订版。我们可以再次说，"事情悬而不决"，但这次的工部局会议记录说"事情了结了"。当然，一次纳税人特别会议审议过这个拟定的章程，报纸上有批评意见；但然后就销声匿迹了。后来听说，纳税人的彻底冷漠是由于这个草案对他们的权力做了某些限制。

纳税人在1879年的会议上再次任命了一个修订委员会，这尤其因为对工部局合法征税权力持续不断的质疑。一位发言者就在那次会议上称，他拒绝缴纳捐税，但已经分毫不差地把税款作为义务捐献了出去。显然，自治政府不能运行在"自由奉献"的基础上。

该委员会经过连续十四个月的工作后，于1881年2月向纳税人特别会议作了报告。当时，纳税人坐进了以立德禄为主席的总委员会（General Committee），逐条讨论拟议中的章程和附则。经过十次会议完成了这项工作，草案被送往北京。此事显然"悬置"了，因为草案直到1899年才被批准；在那之前，1869年章程始终有效。

经过公使团修改的草案被送了回来。其中包含着一些限制，这让工部局觉得还是坚持更早些的版本为好；政府对万国商团的资助被剔除了；工部局逮捕坏人的权力缩小了；实行新的征税办法须获领事团批准；只能在年会上修改执照捐。

原先的纳税人委员会审议了这些修订，由一个经验丰富的律师审核后返还给了北京。

由于一系列的原因，对它们的批准拖延了很久：与葡萄牙的条约未被正式批准；鸦片问题悬而未决；难以获得中国政府的批准。有些人担心，如果逼迫的话，中方会提出1869年《土地章程》的问题，他们从未接受过该章程。

无论如何，上海的工部局和北京的公使团看来一直很有耐心，同意实行缄默方针。在这个过渡时期，制定了更多的规定，但也都处于搁置状态。

在1896年的年会上，建议进行一次新的修改，尽管获得了一致同意，却因看来无望获得北京的批准而没有行动。然而，下一次会议觉得确实必须做些事情了。公使团被提醒（当然通过领袖领事）道，有关1881年章程命运的几项询问，一直未获满意答复；工部局希望知道，公使团是否会早日考虑并支持新修订的章程；同时，他们请求让总理衙门正式承认既有章程即1869年《土地章程》。

答复是，如果提交新的章程，公使团会予以考虑；但没有必要把1869年章程送交总理衙门；它已实行如此长久，其效力从未遭受质疑。

因此，任命了一个修改章程委员会，每周开会，并在1898年提出了几项新的规章和附则；因为这样那样的理由，它们在纳税人通过之后，被领事团经过道台送给（两江）总督；总督的答复是：“他从未与闻这些章程，现在亦不认为值得干预。此事应由工部局和领事团妥善安排。”于是，领事团同意了，公使团亦复如此；但仍然送给了总理衙门，在总理衙门答复前，领事团拒绝批准。工部局于是指出，新章程得到了纳税人、领事团和公使团的批准，并送达了中方，与 1869 年章程的状态一样；他们请求立即予以批准实施，不要迁延到总理衙门的答复。当务之急是关于排水和执照的两条附则，即第八条和第三十四条。

最终，在 1899 年 8 月收到了女王的批准。

该章程有一些问题特别值得注意。按照一个可爱的虚构，后来的修改据说仅是对巴富尔和道台 1845 年协议的扩充而已；据此，它们不需要中国政府的重新批准；最初的批准会延伸到原章程必要的发展。这当然仅仅是一种学术上的见解，因为事实是，我们已经看到，1869 年章程至少正式送给了道台；1898 年章程送到了总理衙门，有些章程或附则送给了总督。对于其他国家而言，即使已经承认了《土地章程》，它对于个人的适用仍会是一件通过法官判决的事情；但对中国人而言，没有提出过任何抗议就是章程有效性的依据。通过争辩，章程对外国人的约束力越来越清楚；通过不争辩，它对中国人也越来越有约束力。

受诟病的一件事，就是后来的章程赋予了领事团对租界政府过大的权力。这是一个微妙的问题，因为反对的不是所有领事，而是某些领事。法国人自己的公董局处在其总领事的指挥下；这位官员在另一个租界的政府中有自己地位；他实际上不止一次作为领袖领事，成了洋泾浜两边的最高官员。但即使法国人没有分离出去，在最重要的贸易、人口和开拓方面，英国也明显占有压倒优势。美国人位居其二，德国人在阳光下奋起直追。但领事团作为一个整体，确实也包括了非常小的国家；有些国家在这场游戏中的份额根本微不足道；有些国家的观点并不完全符合总体的利益。然而，美国和英国均不能为所欲为；工部局的九名成员中，有七名是英国人；工部局却不能谋求英国和美国领事的指示。也许只对自己的利益感兴趣的较小国家领事们，却是领事团中的平等成员；最小国家的领事也能按照规则成为领事团的首席，而英美的领事却坐在法定的后排。要是人们对领事团权力的增长感到不安，根本不足为奇。

《土地章程》的约束力不断遭受质疑或否认。香港的律政司已拒绝承认其效力——在这种情况下，如果人们大胆地拒绝纳税，有什么可奇怪呢？但何爵士对威尔斯案的判决确定了章程对英国臣民的约束力，至于美国人，无人知道事情是怎样的，但卫三畏告诉熙华德说，华盛顿默认了旧《土地章程》十二年，足以保证其合法性。

这个问题复杂到什么程度，可以从连意在伟大的英国律师和印度法官斯蒂芬爵士[1]那里得到的有趣观点中看出来。他说，他从未遇到过比这更难的案子，也没有比这更无望找到先例的案子。他不怀疑女王可以像在殖民地中一样，通过枢密令充分有效地统治其在华臣民；而且他认为，女王陛下会同枢密院对既有法典（1869年《土地章程》）的赞成，会让它有效约束在沪英国侨民。至于女王陛下会同枢密院授予驻京公使必需的权力，以批准包含在《土地章程》中的那种自治政府的法规，他是相当怀疑的；而且就算女王有这种权力，他仍怀疑是否已经通过1865年枢密令的第85项或其他部分充分行使了这种权力。他非常清楚，如果女王通过适当的方式承认在沪英国纳税人地方自治政府的权力，这种权力就包含着通过多数人的投票强行征税的权利。他认为，土地的章程与一种自治法规混在一起是错误的，建议此后应当支持他们的任何修改，并应当产生一个单独的自治法规。他认为，构建新的法规而试图依靠英国驻华公使的批准，甚至按照1865年枢密令的第85项试图通过外交大臣得到女王陛下的批准，都将是不明智的；而且，权宜之计就是首先有一道专门的新枢密令：一份简短的命令，宣布或者延长第85项提到的权力就足够了。他最后指出，所印就的《土地章程》与各国公使的联合备忘录并不表明或推定，这样制定或出版的《土地章程》处在英国公使或任何其他人的特别授权范围之内——它极大地忽略了所提到的英国臣民。

读过这项精心说明之后，我们就不会对公然藐视工部局的权威、工部局对自身权力的惶恐感到惊讶了。1881年殷司案发生时（见下述），工部局的恐惧是，如果辩方否认了《土地章程》的效力，将不得不缺席判决，因为这对工部局权威的伤害，会小于高等法院判决它的无效——这将造成不可能征税和整个当地政府系统的悲哀。因此，它请求威妥玛公使根据1865年枢密令第85项，从外交大臣处得到对《土地章程》充分的、清晰的批准。只有这样，才能让法院满意。斯蒂芬爵士已经

---

[1] 斯蒂芬（1829—1894），英国律师、法官、作家。

说过，他认为仅仅作为一项普通的行政措施予以正式批准是不够的。工部局需要一份他所建议的新的短枢密令，但要得到它，将需要很长的时间。由于得到的忠告是不能确定高等法院会承认既有的批准，从而导致灾难性的后果，他们再次提出了最迫切的申请。

1881 年 11 月，收到了格兰维尔伯爵[1]的一封电报，大意是根据数月前通过的一份枢密令，1869 年《土地章程》获得了可追溯的批准，具有约束力。

---

[1]　时任英国外交大臣。

第7章

法租界

上海最引人瞩目的事情之一，就是各国侨民在洋泾浜以北结合成一个自治政府统治的时候，法国人单独分离，统治着洋泾浜以南自己的"租界"。这个不同寻常的分裂故事必须详细讲述。

1842 年，英国人通过武力兵未血刃就占领了上海，同年签订了英中两国的《南京条约》。1843 年 11 月，一位英国领事宣布这个口岸开埠贸易，而且，最初的麻烦事务都由他解决，从找寻住处、饮食到划定居留地四至。第一份《土地章程》由道台和英国领事制定，有一款是外国人只能通过英国领事购买界内的土地。这样，这块划定的地方就是确切无疑的英租界，而且可以一直如此。那里最初没有其他外国政府。然而，英国的方针从来不是这种独占，这块租界一开始就对所有人开放，唯一的规定是他们都应当接受并服从这些规章。

《南京条约》之后，很快签订了中美与中法条约。美国人战前就与英国人共享着广州的贸易，并很快随之来到上海，有些人在英租界内获得了土地，另外一些人则由于商业上的原因，定居在租界之外和苏州河以北，由此建立了后来所说的美租界。这一阶段，法国人姗姗来迟。后来成为法租界的地方，其时尚为人烟稠密的县城城郊和国内贸易的中心。渡过缺少桥梁的苏州河，英租界的另一边尚有足够的空地，但那里太远，对商业企业不方便。这样，别国人就在被称为英租界的地方获取土地，但他们拒绝承认英国领事的统治，因为根据条约，他们可以直接向中国业主租地，一切纠纷与犯法均由他们自己的领事管辖。

若干年后，英国政府放弃了一切专管权力；但是，在明确放弃之前，法国人从中国地方官员处获得了城墙和洋泾浜之间一块同样的租界，那里包括了上述繁华的城郊。这项准许含有的条款，在英国人的章程里被认为是不合适与不可行的。但美国人和英国人对这种内容提出了抗议，在几周之内，一名美国人通过其领事的帮助，迫使道台签发美国领事馆的道契，买到了那里的土地。

沿江地块是法租界最好的部分，由于全部被中国商人占据，价格过分昂贵。因而，在英租界变得日益重要的时候，法租界仍然没有进一步的发展。1854 年，旧《土地章程》废弃，新的问世。这份章程覆盖了整个租界，即英租界、法租界和美租界，所有自称的专管权利或管辖权都被放弃。法国领事同其他领事当时都参加了这个总体计划。三个对华有条约国家是法国、美国和大不列颠，三位领事都签署了新的章程。

表面上看来，这完美无缺。但就是在那年，生长出了后来分裂的根源或理由。

三合会叛军占领县城时，法国人因处在城墙下面和县城与英租界之间，蒙受了痛苦。他们对叛乱的持续失去了耐心，对于准许经过英租界供应叛军提出了非常正当的抗议。沿着洋泾浜建造了一道从黄浦江到护濠的长墙，非常有效地限制了叛军的自由活动。法国人最终气愤地声称，叛军的持续抵抗就是由于来自洋泾浜以北所谓中立者的同情和帮助。他们找到了一个**开战理由**，正式宣布围攻县城，进行了炮击、袭击，并在遭受了惨重损失后被迫退却。尽管英国领事同美国领事一样强烈支持中立，局势却难以控制，而且租界成了一个销售掠夺物品和采购军需物品的公开市场。然而，官方仍维持着中立。何况，英国舰队司令官除了维护租界的戒严之外，拒绝采取更多的行动。因而，法国人是按照自己的决定在孤军奋战，他们感到恼火；而当他们的进攻失败时，这股火气当然不会降低。

不清楚当时这股火气大到了会做出什么决定的程度；直到 1860 年，法国总领事才通过拒绝英国政府把保护扩大到法租界，宣布法租界已在 1854 年动乱期间就解除了对《土地章程》的一切义务；他宣布，法国政府从那时起就有权利实行自己的计划，独立于英租界的任何安排。

但巴夏礼在 1864 年说，据他所知，从无任何有资格的权威人士确认过法国人的态度。这种长时间的缄默，不能不让我们产生一点小小的疑虑，即谋求独立别有原因。毫无疑问，在贸易等方面，法国人都是排在美国人、英国人后面可怜的第三，因为这个原因而渴望分立完全顺理成章。

但是，在 1866 年再次修改《土地章程》时，这个充分保守的秘密浮出了水面。

1854 年的《土地章程》是法国领事签署的，巴黎政府拒绝予以批准；但这项拒绝是若干年后才在压力之下公布的。在 1866 年 3 月法租界的租地人会议上，主席在讨论期间称："我们不承认这里的《土地章程》。"耆紫薇问道："你认为法国领事 1854 年签署的《土地章程》没有约束力吗?"主席答复说："它没有约束力。这是有保留的签署，法国政府的批准应当有记载。它被拒绝批准了。"这时，耆紫薇想要知道，是否有什么章程对法国人有约束力，但主席没有讨论下去。埃梅里说，他总是相信他们服从《土地章程》，因为这是在北京签署的，每个人都这样认为；主席"仅仅是听说巴黎予以拒绝"。

没有必要假定美英领事从未接到过（法国）政府拒绝承认这些规章的正式通知；但他们抱着一切终将完美的奢望；他们认为三个租界坚持的条件没有差别——所有的外国人都有互相等同的权利；美租界和英租界合而为一，并希望法租界加入进来，在一个共同的地方自治机构之下。因此，他们没有对巴黎拒绝《土地章程》发出噪音；但法国人在这个问题上的缄默较难理解。

业已指出，法国人自始就在自己租界范围内主张这些权利，而其他租界的人不主张这些权利。

这些范围在 1854 年扩大了。指定给他们的土地似乎被视为一块"所拥有的领地"。至于另一块或两块租界，总是对法国人的程序保持超然和缄默的态度。这是由于话不投机，这是一切原因之所在；我们美国人或英国人的方式与他们不同；尤其关于政府的理念，他们与我们有广泛的差异。一系列迹象非常清晰地表明了这一点，尽管普遍的强烈愿望是所有外国人建立一个自治机构，尽管包括英国公使卜鲁斯在内的一些人认为，法国人的专管对我们有很多好处。

法租界扩展到黄浦江——法租界外滩后，采取了一个新的重大步骤。1862 年 4 月，爱棠正式通知说，他已经建立了一个公董局，负责通过某些常规税捐款，为法租界内的警务、建造并维护道路及一切公共福祉之所需提供经费。"该机构是近来极大增长的中外居民需求的必然结果，无疑将为上海的秩序和安全做出有效的贡献。阁下，我完全不怀疑，对这两个自治机构之间的关系存在着最充分的谅解；我们应该认为，它们尽管处于不同的地点，却要实现同样的目的。"这封信当然是法文的，上述翻译看来并不非常地道。提到了新公董局的成员：总董比索内先生，董事梅纳先生、法雅先生、马尼凯先生及总办和司库徐蜜德先生。

麦华陀先生对此信答复如下。他称：接奉来函后，"我相当赞同你的观点，这样的机构，可能不仅对你拥有权力的地方，对整个城市和（英）租界而言，都会造成诸多的好处。但想我冒昧，我不敢苟同这项措施的恰当性，因为这完全违背了条约列强同意、且自修改或拟定以来从未被否定过的上海《土地章程》。同时，我会让工部局知晓此项计划，让他们在这个特别局面中，为促进整个外国租界的利益尽力而为"。

我们在这个新公董局中看到了清楚的证据，即法租界一边的政府和自由理念不同于洋泾浜——最好称之为"英吉利海峡"——的另一边。在洋泾浜以北，工部局董事是租地人或后来的纳税人选举产生的；而在洋泾浜以南，公董局董事由法国领事指定，目的是把权力局限在法国侨民中，尽管其他外国人拥有法租界的三分之二。再者，洋泾浜以北，除非实行了必要的委托，没有调查或拘留犯人的权利；还有，除了主持租地人会议之外，领事们没有权力对租地人或者其委员会的行动施加影响，只要其**实际行为**符合条约的规定。但在法租界一边，领事们为了维护想象中的、很大程度由"租界"一词衍生出来的权利，主张并实际上获准行使干预和控制的权利。董事会的成员由他们提名，尤其是任命，以保持这块私家园地的独特性质。领事们总是宣称自己是专门的媒介，对非法国的外国人和华人的恰当管辖，都要通过他们；对于那些人中的囚犯，也总是由领事或者以领事的名义进行官方的书面联系。这样，总是存在着法国官员拥有这块地方或拥有特别权威的假定。

迄今为止，我们一直在谈论法租界同其洋泾浜以北邻居的关系；我们现在看看它的一项内部争执。1865 年底，出现了一场公共租界从未有过的尖锐政治斗争。如果希望获得深入的启示，我们不妨回顾一下英国革命和法国革命的区别，一个是缓进的、妥协的和符合宪法的；另一个则是尖锐的、鲁莽的、激烈的和血腥的。英租界存在着不断的争吵，各领事、工部局、租地人、道台以及大多数个人，所有人都有自己的思想方式，并在可能的时候采取相应的行动。然而，良知，一种妥协的精神、一些双方的让步、一种运动员似的接受落败，使租界的进步不曾在争斗的任何一方留下内心的痛楚或仇恨。

有可能的是，洋泾浜彼岸持之以恒的自由盛况唤醒了法国领事选定的人，他们不希望遭受这么多的官方干预。他们也愿意不受领事干预，把囚犯送给各管辖方。

对这些问题和其他难题数月的讨论，非常活跃而又带着几分尖刻；然后，公董局决定呼吁租地人帮助维持他们的地位。他们发布广告，号召于（1865 年）10 月 19 日在市政厅举行一次大会。但是，根据三个条约国全权代表接受的 1854 年《土地章程》，这种会议应在领事馆举行，因而领事抓住了这项违规，作为发动一场**政变**的借口。他召唤租地人于同日同时在领事馆开会，宣布将由巡捕房负责关闭市政厅。董事会在约定时间集体进入市政厅，遭到正式拒绝，提出了正式的抗议。同时，白来尼领事在领事馆正式宣布中止董事会的职权。在坐了很长时间之后，四位英国租地人、一位美国租地人和三位法国租地人同意在请示巴黎期间出任临时董事会。

但这并不是这个轰动性事件的结尾。徐蜜德总办扣住了临时董事会工作所需的文件。他和追随他的罪人被带到总领事前受审，但他拒绝认罪，称领事是相关利益方，所以不能做出判决。他们被罚款 500 法郎，并必须缴纳 100 000 法郎保证金，以赔偿因扣押账本造成的损失等。按照一份美妙的判决，那是老式英语和法语土话拙劣翻译的合体——我不知道译者是谁："被告拒绝顺从，把他们自己送入监狱。"

这个制度没有改变；董事会仅仅是咨询性的，领事对一切事情拥有否决权。1867 年 5 月，总领事告诉自以为被召来参加批准预算会议的租地人说，他们没有接受或拒绝的权力；他们分别表示了强烈的恼怒的反感，四位董事辞职。

现在回到法租界的对外关系：1866 年，《土地章程》在修改中；法国总领事通知工部局说，由于他历来没有参与有关协商，他打算发布法租界的章程；他预料其他国家的领事将会赞成，因为他当然会赞成他们的章程，那是需要其他国家政府同意的。

《法租界公董局组织章程》遂在 1866 年颁布了，7 月生效。这份文件共十八条，不像《土地章程》那么易懂，我们在附录中列出了全文。[1] 我们将称之为《公董局章程》，以便于区别公共租界的《土地章程》。

这份文件引起了一些非常坦率的官方说法，或者更确切地说，官方的书面说法。熙华德和温思达联名致函法国领事称，他们预料，对非法国人适用《公董局章程》有很多困难；它看上去像"领土统治权"，如果法国政府并不希望剥夺他国人权益的话。他们建议推迟发布。但总领事答复说，这是不可能的——给他的指令太

---

[1] 附录系 1868 年 4 月 14 日公布的修订后章程。

明确了。

这个事实显然表明，这些条款是巴黎制定的；而且因为这个原因，英国公使不赞成在这里进行无用的讨论。他说："在中国的统治权范围中，英国臣民没有义务接受来自外国的任何规则、法律或责任，除非它们是自由行动造成的，并得到了英国政府的同意，只有英国政府的同意才能赋予其有效性。"他命令温思达，在《公董局章程》强制那里有关的英国臣民时，要避免对它的任何承认，但也要避免冲突和不愉快的讨论。

熙华德看来对于此事已经非常焦虑了。他反对领土统治权的假定，反对法国影响力的最高权威，反对法国领事的独裁，反对废除先前的法国合作，而且他担心其他列强效法这种恶劣的榜样。

如刘易斯[1]从巴黎发出《公董局章程》时所写的那样，"（它与《土地章程》的）差别显然就是两个国家的禀赋和惯例的不同"。如我们业已提到的，这是分离的根本原因；法国的方式是否比其他国家更好，是一个不可能达成一致的观点问题；但整个社区不能由一个自治机构统治，是非常遗憾的事情；在联合的理念遭到如此激烈反对的地方，联合也许要比分离遭受更多的困难。

来自民族性格差异的明确原因，就是对融合的恐惧，害怕法国将会黯然失色——合并将意味着被淹没。也考虑到了经济：法租界的财政状况很好，英美租界则以债务超过百万法郎而自鸣得意，其捐税则超过法租界的三倍。

至于法国人行动的合法性，洋泾浜这边认为，尽管 1849 年就把土地留给了法国人，他们对 1854 年《土地章程》的赞成就是已经放弃了对它的一切特别控制。这项赞成至少在 1862 年之前从未正式取消过。法租界就是在此期间成长了起来，非法国的侨民不受限制地在那里定居。遭到质疑的是，中方在给予各口岸任何地方居住权利[2]的时候，是否有权利把土地专给法国人；但无论如何，法国人不能主张一种控制的权利，认为某个时候进来居住的人们，已经放弃了自己的特权。法国人声称，中方通过出让领土，"已经把帝国所有权利和权力委托出去了，以维持治安和遵守条约"。该领土应专属法国，却对所有服从法国统治的人慷慨开放。

温思达领事、熙华德领事和德登赉领事（普鲁士）愿意彬彬有礼，却不会准许

---

[1] 刘易斯（1805—1881），法国政治家、外交家。时任法国外交部长。
[2] 原脚注：1842 年中英条约第二款；1844 年中美条约第十七款。

法国总领事褫夺他们的管辖权。另一方面，法国总领事可以接受彬彬有礼的妥协，却不能同意这些领事所主张的权利。

何爵士对外交部宣称，融合实际上是不可行的。他指出，中法条约晚于中英条约，中国承认法国的特权不能以英国为代价。"英国人引导了通过租地人多数选举产生董事会的方式，只是想由所有欧洲人组成它。"对这个董事会实用性的普遍认可，提供了成文法的地位。法国由一位总领事掌握权力，然而，他不能控制别国人。

这场分离除了法律和政治方面之外，公共租界的纳税人还感到受了伤害，主要是因为这导致了修订后的《土地章程》迟迟得不到批准。

在对这项重要而且必要的批准等了三年之后，42 家企业于 1869 年 7 月签署了一份备忘录，建议说，国际性租界修订的《土地章程》因法国政府拒绝批准而被搁置，那完全可以不再等法国人的首肯而予以通过。他们认为，如果少数法国人能让公众承受自己的意志，那如果有些人不承受，也不会影响这个制度的运行。美国公使卫三畏支持这个方针，评论称，《公董局章程》未等别国批准就已经使用了。但阿礼国称，要命的是他和普鲁士公使都接奉命令，只有**所有国家**都认可了才能表示同意。

法国人已经接受了《土地章程》，条件是接受《公董局章程》。大不列颠同意《土地章程》，以美国批准**它和《公董局章程》两者**为条件。但如金能亨对麦华陀指出的那样，这些条件可能破坏了整个计划，三年的改革努力徒劳无用。各政府都可以合理地认为，他们有权利对法国政府的要求坚持自己的观点。这件事情上的互惠不容置疑。一方面，法国政府和各国政府都被要求赞同互相保护，所有国家都有同等权力；另一方面，各国政府都被请求支持法国人的某些特殊特权，其条款被有些国家认为实际侵犯了他们的条约权利。

这当然是一种不同寻常的局面。《土地章程》对占租界主体的十二国侨民很重要，却被等待法国的批准挡住了。**《公董局章程》明显夺走了这些政府及其国民的部分条约权利**，并给予法国政府任何其他外国列强都不曾索要的专管特权！如果其他政府不予批准，法国人就拒绝赞同《土地章程》。

最有趣的一点是，那时只有五六家法国商行；1865 年的人口调查，法租界是259 名法国人，201 名非法国人，55 465 名中国人。

现在看看《公董局章程》本身。正如 1854 年《土地章程》是被巴黎拒绝的一样，《公董局章程》就是在巴黎制定的。它由一个特别委员会起草，其成员为葛罗男爵、外交部长埃尔贝先生、帕尔德密先生、海军上将若雷斯和达尔洛子爵。他们根据 1844 年《黄埔条约》第二十二款、1858 年《天津条约》第十款，决定了分离的权利。

对"英吉利海峡"北岸的居民而言，《公董局章程》中最令人吃惊的事情莫过于赋予总领事的权力了。如卫三畏所言，谜团就是不知道官员什么不能做，而公董局又能做什么。我们看到，每一条都有法兰西统治的特征——极端集权。总领事是公董局的当然总董，在五名法国人和四名别国人组成的公董局中，有投决定票之权。他开列和修改选举人名单，并召开选举人大会。如果公董局不到半数人要召开会议，只有他召集才能开会；他能中止公董局，并任命一个临时委员会；任何决议均须经他批准，而且，当他与北京联系时，能在即使最重要的问题上中止行动。他可以拒绝公布公董局的会议记录。除了总办，公董局每位官员的任用都要得到他的批准。警务完全是他的工作。他能召开居民特别会议，居民"享有额外的特权"，可以对他垂询的问题提出建议。

在另一个租界中可以看到，工部局是从开会的纳税人那里接奉指令，法租界公董局则完全是总领事的仆人。他是自己小镇的统治者。

造成同其他国家麻烦的，就是第十六条——当然因为别国的内部关系是其自己事务。该条包含了这样的内容："无论任何外国法庭或审判官，如非得法国总领事之核准，不得出票在法租界内拘捕各该管之外人。"[1]

即使忽略这个段落，该条看来也没有正当理由，除非是为了维护领土专管权利，或是为了羞辱别国政府，即公布他们被迫承认这种趾高气扬的事实。

1866 年 10 月，法国总领事同意取消该条，等待自己政府的批准；而且，如果承认不主张干预其他条约国家有资格当局执行正规授权命令的**权利**，美利坚合众国、普鲁士和英国的领事将愿意出于礼貌而且便利，把他们的命令送给法国总领事副署，或者命令他们负责执行的官员在所有案件中向总巡出示命令，这样就不可能妨碍执行了。但如上所述，**权利**的问题妨碍了任何直接的协议。

---

[1]　原文为法文。译文据董枢：《上海法租界的长成时期》，载《上海通志馆期刊》第一卷第二期。

然而，幸亏何爵士的陈述，这一条被重写了。这是法国外交部的退却。上海领事团在法国领事馆开会重新起草。温思达和何爵士首先用英文起草，然后翻译成法文，所有人签名。然后，对这项协定的庆祝是"如此兴高采烈"。

1869 年 5 月，进一步修改了《土地章程》，修改后的《公董局章程》最终在 1868 年 4 月得到大不列颠、普鲁士、俄国、法国和美国公使的**暂时**同意，于 1869 年 11 月 1 日生效。

自那以后，法租界和英美租界重新合并的愚蠢建议就无人问津了：愚蠢是因为没有考虑到感情这个主要因素。《北华捷报》在 1888 年就这样说，合并将节省经费，减少捐税。合并是有益的：这边有法国董事，那边有英国董事；法租界说英语的比说法语的多，英国人在那里持有的土地比法国人多；而且消防队是联合的。但几乎不能认为，这是一种有效的方式，能够说动法国人放弃单身状态、成为一个国际自治体的一部分——还不是主要部分。

本卷中到处能看到邻居之间谈判的困难，例如关于洋泾浜桥梁。内部争执历来不少。尽管这样的《公董局章程》保证了一切行为的正常，1874 年当选的公董局却拒绝就职，除了一人之外，而那人只获得了四张选票！

1864 年建在淤积土壤糟糕地基上的领事馆，在 1892 年就被认为是一栋寒碜的危房了；它被搬空；向下议院呈请重建。新建筑由邵禄工程行设计，1896 年 1 月竣工。

但是，法租界分离之后，对上海历史最重要的贡献是 1874 年和 1898 年的四明公所骚乱。

四明公所在县城西北角之外。它的庙宇建于一个世纪或更早之前；它有一块宁波人的墓地——穷人的墓地。早期，在不准中国人拥有租界内土地的时候，据说公所委托爱棠领事以他的名义登记了所有土地，而且他在登记的时候向公董局出让了所有的道路权利，公董局实际上标出了道路。又据说，白来尼领事把土地还给了公所，保留了道路的权利。至于那块墓地，在对叛军采取军事行动期间，坟茔已被夷平了，但这丝毫没有减少华人对通过墓地道路的厌恶。

1874 年，公董局继续修筑公所庙宇或祠堂南面和西面的道路。他们有合法权利不成问题，但由于发生了困难，他们进行了谈判；要不是骚乱的话，他们也许就做出了让步。

1874 年 5 月 3 日，一批暴徒集合起来了。据说——但这种事情谁能确保真相呢？——一些法国人保护下的中国妓女遭到起哄和推搡，寻求一些外国人的帮助；这些外国人用手中的雨伞击打人群，中国人则扔石块；骚乱就这样开始了。巡捕动用了佩刀，中国人流血了，像通常一样，一些受害者仅仅是旁观者；动乱升级，一名华人被枪杀。

暴徒攻击了道路督查佩斯布瓦的住宅，虐待他和他的全家，焚烧了房子、附近的一些马厩和一些华人屋子。公董局吩咐巡捕"谨慎并克制地忍受"，于是他们退到了市政厅，当时那里遭受了攻击。

至于外来的帮助，法国炮舰"水蛇"号上的二十人大约在晚上七点到达。向公共租界求助，万国商团首先抵达市政厅，与美国通信舰"阿修罗"号登陆的一支部队会合，进抵祠堂，发现那里已经空无一人了。他们回到海关，在半夜解散。

第二天，观者如堵，但没有发生骚乱。中国士兵守卫着街道，法国和美国的水兵守卫着公共建筑。领事团开会，道台参加了。道台谴责骚乱者，同意发布一份告示。

这时，法国总领事葛笃先生通过发布一份"紧急公告"做了全面让步，他在公告中放弃了拟建的道路，命令公所用一道墙围住他们的土地！然而，公董局宣称，领事馆的萎靡不振已经造成了骚乱，他们拒绝同意。

葛笃已经对军舰人员的增援犹豫不决了，而公董局已未经授权就向个人发放了武装——这是一个很大的错误：应当采取联合而又迅疾的行动。但感觉得到，他的屈服已经鼓励了骚乱。二十一人联名抗议他的行为。有些抗议者是瑞士人，领事取消了对他们的珍贵保护。

公共租界中的感觉是，法国人在事情开始时不够灵活，葛笃草率的让步遭到了强烈的谴责。领事团的感觉相同，认为这是追究暴徒法律责任最危险的先例。

道台关于此事通告的主要价值是，道台方面完全自愿地承认，幸亏外国守军对太平军的抵御才守住了上海。这被认为是官方首次承认这个事实。

麦华陀因为自己的作为或不作为陷入了一些麻烦。他被请求派遣英国水兵，法国领事向他请求万国商团的帮助。他反对万国商团卷入法国人与一个中国宗祠的争端，认为首先应该向中国政府提出要求，只有在他们被证明不足以保护并邀请我们干预时，我们才应采取行动。德国和奥地利领事都同意他的意见，但其他人认为，需要采取迅速而且果断的行动，而不必顾及中国政府。英国公使威妥玛称，万国商团不是正规军，是平民，今后不得使用，尤其在港口有这么多军舰的时候；但他说，必须进行迅疾的镇压，他已经派遣一支强大的英国军队加入"阿修罗"号士兵的行动。如果港口没有军舰，冗长的领事会议也许会在做成任何事情之前就看到整个法租界的火海。

混战之后到来的是账单。如威妥玛所说，中国政府如果不能证明法国人阻碍了他们镇压骚乱，或者不能证明法国人主张的管辖权减轻了他们责任的话，就要承担责任。

八名中国人在这个不幸事件中被打死。他们现在也许会被尊为烈士，他们为维护自己国家的主权而献身；但那时，他们被中国人和外国人同样视为掠劫的暴徒。

至于损害，熙华德说，有一个人"带着很多外国人在这种事件中的谦逊态度，对他青肿的太阳穴和两颗掉落的牙齿估价 10 000 两"。

中方为外国人财产的损失花去了 37 000 两，而法国人对中国死者的家庭支付了 7 000 两的赔偿金。

我们关于小车执照事件的记载将会提示，工部局在第一次骚乱中的失败如何导致了第二场战斗。同样，1874 年法国领事的退缩无疑鼓励了 1898 年中国人的第二次公所骚乱。

1874 年达成了协议，四明公所将永远保有其地产。这是葛笃签署并盖印的。他那时正处在风声鹤唳状态，其他的领事们则拒绝承认。

我们已经指出，这份地产曾经以爱棠的名义登记，但是被归还了四明公所，并以公所名义登记。现在争论的是，按照法租界的规则，爱棠仍然是登记的业主，因为他不能把自己的财产权利交给公所或任何中国人；而且，穆布孙[1]先生拒绝承认公所是业主。他们没有道契，他们唯一的文件是一份约为百年之前的中文转让契。

担文（他几年前在这里去世）是中国人的辩护士。他宣称，法国人僭越其条约权利太多了，他们没有权力向中国的皇帝去打听地契的效力——那只能是中国政府的事情。他猛烈抨击《公董局章程》的蛮不讲理和践踏国家权利，并宣称，这份法

---

[1] 1862—1864 年法国驻沪总领事。

律本身就从未正式送达过，也未被拥有法租界地产的 20 个其他国家代表正式承认过。除了这项全面攻击外，他所出示的 1878 年解决 1874 年动乱的中文档案表明，在支付赔偿之后，同意"四明公所之坟茔暨房屋财产永归宁籍董事管理，免除一切搬迁"。尤其是同意不再建造通过墓地的水沟或道路。

这份协议不在法国领事馆档案中，但据信是真实的，并且不是由报纸最粗鲁称谓的"傻瓜葛笃"同意的，而是由代理总领事李梅和法国全权公使白来尼同意的。据说，公使在 1878 年 8 月出席公董局的一次会议时，已经引证了这份协议的三个条款。这就是法国人不修筑通过坟地的道路，不征捐税，以及中国人不在那里置放更多的棺材。法国人遵守了前面两条；中国人并未遵守第三条。

1898 年 5 月 18 日，公董局为建立学校和医院，要求征用第 186 号、第 191 号地块，征地款 41375 两可汇入指定的任何银行；声称这项权利的基础是 1844 年条约（第 22 款）和 1849 年 4 月的告示。要求中国业主在 5 月 31 日前证明其执业契据。公所答复称，他们没有道契，总办然后再次写信表示，目的是要建立一所学校、一家医院和一个屠宰场，都是为了华人的利益。最后的那句祝福无疑被认为足以化解华人的心灵，使公所乐意牺牲一切。

工程从拆毁围墙等开始，巡捕和军队在不远处严阵以待。中国人大嚷，然后尖叫，然后投掷石块。祠堂在刀尖中显现出来了。然后有更多的石块扔来。法租界义勇队被叫来了。经过一晚的骚乱后，动乱在第二天重现。十六铺捕房遭到攻击，水兵开枪，四到五名华人被打死。是日，公共租界的万国商团在跑马厅游行，洋泾浜各桥由全副武装的印捕把守。整个公共租界的宁波仆役被命令离开外国东家，宁波人的商店关门；但法国人坚定的态度和严厉的行动迫使公所寻求友好的解决，而骚乱两天后就平息了。上面提到的文件被出示了，整个问题的解决出现了转机。这个问题的解决，然后就同法租界扩张的要求搅在了一起。结果是，公所仍然拥有其地产，但不得在那里继续存放尸体，并逐步夷平坟墓，修筑拟议中的道路。这场骚乱至少造成了九人死亡——都是中国人。

第 8 章

公共租界

世界各地的殖民地都有被承认的宪章或制定了自己喜欢的宪法，并历来准备仗剑捍卫自己的自由。上海展现的状况，显然完全不同。不同国籍的侨民都对这里感兴趣；更重要的国家是通过正式的条约来这里；侨民们无论希望或要求外国政府做什么，都受到条约规定的严格限制。无论尝试什么改良，商人们都受到认真负责或胆小怕事的公使们的束缚，受到中国政府司空见惯的无效率和几乎一成不变阻拦的限制，受到国际性的妒忌和敏感性的妨碍。首次占领上海以后，刀剑除了充当官员制服上的配饰外，就没有任何用处了；它不是获得更多优越性的手段；每一项进步都来自条约、法庭和妥协。我们没有《独立宣言》。为了城市的权利冒着生命危险的战斗，会把社区融合在一起，创造出一种对于这个地方由衷的自豪和热爱；而如果说上海仅仅是一堆支离破碎的商业公司，一个小小的商业码头，则可归因于业已成长起来的虚张声势、讨价还价、斤斤计较、得寸进尺和妥协折中的风气。

在我们的历史中，最重要的事情显然不是泥城之战，甚至不是工部局势所必然的诞生；最重要的也许就是打破禁止华人在租界内购买租赁土地和建造房屋的规则。因为很明显，数百名外国人在领事的约束下和道台的阻挠下统治自己是一回事，而统治成千上万仍服从道台权力的中国人，则是完全不同的另一回事；租界性质的根本改变，也需要统治权力的改变。

在如今经验丰富的壮年期，我们可以说上海有过自己的"青涩期"。例如，包令在 1857 年写到了租界对华人的吸引力，说"外国政府所能做的一切，就是确保社区免遭骚扰和伤害，尤其是确保这种涌入不影响获取租界内未占用土地的便利和权利。确保友好合作"。读到这些，能不发笑吗？而且，外交部命令说，应当尽可能地遏制华人涌入租界和"他们对英国侨民获取土地的影响"。

实际上是在遏制方面做了一些事情，因为我们获悉，就在那一年，一些华人在租界内自作主张，违法建造了房屋。根据中国政府的命令，这些财产被出售了。

但如我们在别处所说的，在叛军占领县城的时候，不可能为遏制涌入做很多事情；包令和外交部提出的天真烂漫的忠告，也许只是一种外交上的天真；"友好合作"的效力，就像说"做得好，你就快乐"一样。竞争、经济、嫉妒、阻碍、舞弊都是有同样效力的话语。

无论如何，涌入已经发生，必须采取相应的措施。阿礼国已凭借 1854 年的《土地章程》建立了工部局，但他使之获得合法批准的努力没有奏效，它只有沙滩上的根基。最主要的国家都否认上海机构的任何合法地位，这却是创建它的目的。这架机器已经失灵了，人们公然声称，外国侨民未受到条约的保护，华人持有土地没有合法名义，等等，上海处在糟糕的管理之下，或者根本就没有政府。而且，褫夺自治政府自由造成的最难堪局面，就是租界每年要向中国政府贡献两百万两，同时还必须自己抵御太平天国叛军。人们觉得，如果上海只能依靠外国军队来守卫，朝廷实际上就丧失了在这里的权利。

1862 年 11 月举行了一次居民特别大会，讨论"这个不寻常的租界"更好的管理方案，以摆脱混乱，建立秩序，并像人们一再天真烂漫所说的那样，建议采取措施，"反对外国人的涌入，他们会侵犯侨民先驱的权利，造成比目前更大的混乱"。如《北华捷报》颇有文采的说法，"一个汉堡的商业规模，一个居民五十倍于汉堡的殖民地城市的财富，一座宫殿城市的内核，一段三英里长的江岸，一片桅杆的森林——将近 200 艘平均载重 500 吨的船只，每月超过 100 万英镑的运输量，带来了巨大的税收，我们却没有控制它"。

工部局总董说："依靠领事团和道台的权力，显然不足以强制遵守《土地章程》；得到他们或者其中一个认可的租地人大会以多数通过的决议，也显然不会对社区具有约束力。"1860 年的总董是这样写的。无约国的领事已经控制了自己的国民，尽管严格说来，中国政府的自然权利和管辖权仅仅根据条约交给了三个条约国。非常希望，用严格的巡捕和我们应当采用的适度而又明确的刑罚，取代懒散的中国差役和残酷的惩罚。他建议，应该授权一位副领事或工部局的总办实施较轻的判罚，重案则移送给道台。华人对华人的犯罪也应采取同样办法，由一名胜任的语言专家协助外国当局。

同一年，阿礼国致函斯坦利伯爵[1]，概括了如下期望：

所有条约国接受洋泾浜以北的《修订土地章程》和洋泾浜以南的《公董局章程》。

放弃对黄浦江的所有管辖权，由中方控制和维持有效的水上巡捕力量。

在这些条件下，工部局应有一名华人；有一个代表华人永久居民的关于工部局的咨询委员会。

应由中国政府提供一笔资金、或由所有对外贸易的码头捐维持租界巡捕。码头捐经条约列强批准，由海关征收，为已认可关税之外、不超过货值的千分之一，按公平比例分配给南北两个租界。

委派一名中国知县管辖北租界内的华人；主管会审公堂，并在涉及外人利益的案子中与一位代表所有领事的外国陪审官会审。

那时，居民们将充分缴纳中国政府的捐税，这是一个完全不胜任的政府，没有力量实现其自己的或外国人的利益！阿礼国还谈到了坚持履行这种责任所造成的反感和代价，那些人已经承担了超出条约赋予权力的使命。

在正式会议之前，对于正确管理租界的方式，已有不计其数的建议；记者们像往常一样，来去匆匆，在报纸上救苦救难。中国政府被认为无力履行条约的义务，不能给予这个地方任何保护，对无约国侨民行使权利畏首畏尾，甚至统治自己国民也不充分；外国军舰和外国军队使租界成了外国人的地方，皇帝**事实**上已经交出了这块地方的主权。

但是，这些观点当然都不涉及条约。在实现一个完美的自由政府之前，皇帝必须正式放弃他对租界中臣民的权力，放弃领土，放弃税收。但这将意味着法国和英国丧失第二次（鸦片）战争赔偿的很多担保。此外，谁能起草一部满足国际的、政府的、司法的、财政的、教会的及租界生活其他方面的种种需求的宪法？而且，必要的保护又来自何方？

---

[1] 斯坦利（1799—1869），英国政治家，曾三次担任英国首相。

被领事责任拖累的麦华陀，自己提出了一个全面的解决方案。他建议由社区选举产生一位工部局常任总董，此人由中国政府从优支薪，拥有决定性投票权，控制工部局活动的各个部门。在公众大会上，这项扩增方案得到了工部局的支持；大会呼吁，既然华人的涌入造成了开支的猛增，加上中国政府在保护其税收、臣民或其"客人"方面的无能，造成了防务措施的花费不赀，本口岸海关收入的一定部分，应当拨付给工部局金库。建议的总额为每年 50 000 两。

但一个更浮夸的方案被推到了前台，即著名的"自由市"计划。它源自那年早些时候被任命的防卫委员会，他们致工部局的函披露了这个计划，称：

"自由市计划由四个大国予以保护，利益使四国同该国家关系密切；但自由市通过一个给予中外业主控制权的选举制度自己遴选官员，实行自己的统治；这最符合公众情绪，因而能形成强大的政府，其范围包括县城、郊区及其直接围绕它们的广大农村；税收将能增加，起作用的政府将确保秩序和安全，使之成为帝国的第一城市。"

列在这封信上的防卫委员会成员的大名，也许应当留存。他们是金能亨、惠托尔、魏勃、戴特和霍锦士。

必须记住当时的环境。迫切需要一些重建措施，有些方案必须予以推敲和讨论。而自由市计划的正当性首先在于租界无限繁荣昌盛的前景。华人的大量涌入造成了现在所说的房地产繁荣，公众也许对此充满了奢望。其次，朝廷的权力已经消失，只剩一具形骸，仅仅依靠我们刀尖的保护。到（英法）联军进入北京和对抗太平天国叛军徒劳无功时，似乎完全可以认为，清王朝只剩最后一口气了。

麦华陀主持的租地人大会讨论了这些问题。他已致函卜鲁斯，支持租地人修订《土地章程》的要求。他已表示，如果租界维持其纯外国人性质，从长久来看，工部局的权力已经足够了——但现在，尽管有《土地章程》，这块西方人的地盘正在迅速变成华人城市；因此修订是必须的。他已经提出了自己的上述方案，包括一位常任总董和一批财政官员、土地登记、警务，等等，还有一个小型的中国法庭，以减轻领事馆承担的大量工作。

这次大会表明了工部局的需求。按照一种过时的估值办法对外国人征收房捐是令人失望的；华人的房捐少于应收的数额；不能依靠自愿制度征收讨厌的码头捐；中方不管理无约国外人造成了困难；中方没有对华人适当的监督。中国政府从受到外国军队保护的贸易中得到了大量收入，却没有保护自己的臣民，从而造成了开支的增加和捐税的加重；因此，中国政府至少应每年从巨额关税中拨付 50 000 两作为工部局的开支。大会讨论了这些问题和很多其他问题。要求更改《土地章程》，准许工部局拥有颁发执照的权力与提高必要税收的合法权力。所需要的是一种集中的和负责任的执行权，它来自一部立法机构授权起草的综合性法典；它是一个纯粹的代议制政府，不但是默认的，而且不必经常请示北京公使团就能够管理自己的事务。但在会议上没有说到这一点——那是一名不负责任的记者在报上发表的，他说自由市计划是正当的和必要的，是基于人道的和商业的需求；欢迎华人同欢迎外国人一样；是对恶政和无能的正义惩罚。外交官们无疑不会被这种言论打动；对我们而言，最有趣的是，这位作者担心社区的流动性是一个障碍，评论说"外国人只要能离开，就不会待上一个月"。当卜鲁斯致麦华陀的复函到达时，这位领事召开了一次租地人特别会议进行传达。租地人有更重大的利益，不会不明白；但对他们的有些说法，却显然是教授对愚钝学生的竭力讲解，并带着显赫的银行经理拒绝雇员加薪要求的口气。

"对这些所谓的外国租界的地位，存在着很大的误解。上海的英租界并不存在向英国王权出让或出租土地的问题。它仅仅是一项协议，准许英国臣民在某些地方取得个人居住的土地，以便获得一起生活的优越性。这样取得的土地仍然是中国的领土，应当缴纳田赋。如果说，中国政府对它的管辖权被否认，则是因为这被认为是确保英国在华贸易安全的关键，即应确保从事贸易的人员和企业免受滋扰。**但租界的这个特点完全被外国人自身的行为改变了。**它已成了一座中国城市，而不是外国租界了。"华人"被我们提供的武力保护和对其天然政府的豁免权所吸引"。现在的建议是扩大这种制度，让华人居民和土地一道享有治外法权。"这种制度的极致，就是把上海建成一个自由港，在列强的共同保护下，拥有一个混合的领事和自治政府。"

"我的职责是提醒你，中国政府从未正式放弃过对自己臣民的权利，英王陛下政府也从未主张或明确表示过任何对他们行使保护权的愿望。"只有在英国领事馆雇用的华人仆役遭受暴行时，我们才进行干预。"但这予以保护的，是英国臣民的利益，而不是中国佬的利益。"

"我不理解英国政府参与这个制度有何利益。这个制度在原则上不能成立，带来的是无穷的窘迫和责任，而且中国政府绝不愿意屈从。大不列颠除了为商业机构提供一块安全的地方外，别无兴趣；何况这块租界变成一个华人城镇会带来多少麻烦；我认为英国政府不会受到引诱，以把管辖权扩大到大部分华人作为补救措施。因为我们保护上海免于成为匪帮的猎物，并不表示我们准备干预中国人与他们政府的天然关系。"麦华陀受到最严厉的警告，不得以任何方式卷入这种极端活动。英王陛下政府宁愿见到"这个所谓的租界缩小面积以排除华人，而不愿扩大面积以接纳更多的华人"。在我们的地盘里，没有比华人更丰富的冲突根源，而且这不单单影响上海：这影响到我们同整个帝国的关系。"极端重要的是，我们不得采取不能获得国际原则充分辩护的任何行动。"

他在 1863 年再次写道，根据条约，我们没有权利干预中国政府和其人民的关系。"英国租界神圣不可侵犯"是毫无意义的说法；除非经中国政府同意，我们不能迫使华人居民缴纳任何用于当地的捐税。他认为，上海的整个制度就是一个错误。对华人的警务最好由中方承担；我们的管理既过分又压抑。县城和租界的捐税应该相同。我们应当抛开对华人的管辖权问题，按照条约放弃任何有关主张，以免发生煽动等。

可以说，战争甚至被引入了敌方的营地。按照卜鲁斯的建议，上海租界在花钱改善本地状况之前，应当先偿还英国政府保卫它的费用。

这个气泡就这样被戳破而消失了。工部局在下一次租地人会议上驳斥了卜鲁斯关于外国人自己把上海变成中国城市的说法，称华人涌入是由于中方没有能力保卫自己的人民。至于捐税，贸易的增长就意味着勒索的增长。根据 1854 年的《土地章程》（协议），中方在租界内没有征税权，自长期放弃以来，现在只有这种权力的威胁性假定了。然后，工部局说明了让自己屈从的难处，说不受任何一国代表的控制"何等可怕"，希望能在租地人的帮助下实现自己的目标。

蒲安臣赞成卜鲁斯，几乎就不用说了。"我未获授权，"他说，"批准不尊重中国作为主权国家管辖其领土和臣民权利的任何计划。"他致函美国总领事的絮絮叨叨和悲天悯人不出所料；《北华捷报》（1864 年第 13 页）刊登了 19 点，其中说到，就"租界"一词一般理解的意义而言，并不存在这种东西。"美国公民有权利在任何条约口岸买卖和居住，任何国家主张对他们的管辖权，都是对他们权利的剥夺。"美国更详细的既定政策，概括起来就是竭尽全力通过公平的外交行动作为取代力量，实现你们可以得到的正义。

至于卜鲁斯的信件，《北华捷报》说它们只不过略微减少了居民擅自占有房地产而已，至于整个局势——"下等外国人需要严格的控制，但当工部局控制他们的权力受到审核时，却发现它们相当于名义上的权威，而在验证这种权威时，则发现实际上并无这种权威。工部局地基上的深渊不是最轻率的思辨者所能管窥蠡测的。乌龟站在什么上面？租地人？领事团？抑或中国政府？没有领土，就没有权力，然而领土权是被否认的。"

自由市的希望破灭了，可能的选择就是既有框架上的构建和改良，修订《土地章程》，然后根据公使团的命令作为法律公布。新的章程应该包括虹口和法租界；民事和刑事的管辖权仍归各国；外人雇用的华人不受中国政府管辖，传票应由工部局执行；作为对领土主权的回报，应向清政府缴纳某些税收。报上或别处的另一些建议是：废除最初是必要的土地优先购买权（pre-emption）；给工部局董事支薪，或者在位期间给予名誉官阶，当选的总董任期三年，由中方支薪，并增加职员的工资，等等；对马匹和马车课税以增加收入，这据说是"很常见的"。一个本地政府不应仅关心排水、铺路等，还应该能够公正对待包括华人在内的所有人，华人被外国政府和中国政府两方征税，却极少从两方得到回报。

对于工部局的建议，卜鲁斯答复说，公使团已经一致同意的原则是，领土权是通过公使团来自皇帝的；这仅仅是纯粹的市政问题；除了外国人的仆役，华人均在中国的管辖下；各领事应当控制自己的国人；工部局中应有一名华人代表。他同意，应当是一个租界，这样似乎可以不割裂外国人的利益。

我们已在另一章论述了《土地章程》，也论述了单独的法租界的建立。未能由一个行政机构管理三个租界，结果却是匪夷所思地取消了工部局中的华人。建议一次又一次的更新；华人纳税，因此据说能要求代表权。另一方面，租界起源的**理由**（*raison d' etre*）就是作为一块外国人居住的地方，华人被明确排除在外。如果说，称在华外国人为"客人"并非客套用语的话，则称华人为租界的"客人"并得到了我们的默认，同样确切。除了这些考虑外，总是存在什么样的华人帮助是有用帮助的问题；要回答这个问题，人们必须回顾上海本身的历史和纯华人城市的华人统治。

三年过去了，一事无成。这时，卜鲁斯已经走了，由阿礼国继任。工部局在

1866 年 12 月写道，迫切需要一个行政制度来让租界摆脱不确定状态。深切感到工部局缺乏合法地位。尽管已停止正式批准拘票，旨在镇压和勒索的缉拿仍来势凶猛，持续不断。不可避免的必要性是租界内的缉捕权应仅限于会审公堂，拘票的执行均应通过工部局巡捕房。工部局的很多收入来源仅仅依靠默认，有些外国人完全规避捐税。

至于工部局中的华人问题，工部局的态度和蔼可亲，说对于某些不同意见而言，这是一项可以考虑的创新，几乎没有比这更有益的事情了；如果这能带来两个种族之间更多的诚恳，就是实现了一个不小的目标；华人将会带来关于他们自己人的直接知识，将能学会欣赏外国人的统治制度。困难是随着华人而来的，由于实际上不可能把他们驱逐出租界，就必须面对这个局面。工部局建议："清廷承认并经所有条约国赞成，一个选举产生的主体对所有居民拥有权威。"卜鲁斯建议之（三）为除了受雇于外人者外，华人应像中国城市一样受中国法律管辖；建议之（五）为工部局中应有一位华人代表批准涉及华人的措施；工部局建议予以修改，要求任命一位中国领事来管辖租界中的华人利益。

进而要求设立黄浦江巡捕作为市政制度的一部分。工部局的开支 20 万两，朝廷仅给了 1.4 万两的捐助。应通过海关加征进出口货值千分之一的税收，这将能抵偿黄浦江巡捕的费用。

阿礼国对这些都表示同意，但坚持说，不来自中国的任何统治权力，都必须认为不合法。除非得到中国皇帝的批准，任何一个外国都不能主张对中国臣民的管辖权。至于黄浦江上的巡捕，他说工部局似乎想要法国人已经主张过的管辖权，这同别的政府有很多冲突。没有条约从中方拿到他们对江河的管辖权。

这样，斗争继续进行。建议层出不穷，信函连篇累牍，延宕遥遥无期，煞费苦心而进展不过咫尺。我们可以看一下威妥玛 1871 年的聪敏说法；他建议外国巡捕由中国政府支薪。委托一位外国官员控制巡捕不利于独立，"我冒昧地认为，由一个租地人委员会承担同样的职权，很大程度上是在误导外人社区"。"法国人实际上已经把所谓的法租界设定为法国政府的领土了，他们的自命不凡，完全是由管理英租界而不包括法租界的准自治机构在 1863—1864 年间最初采取的态度和所使用的语言引起的——谈论自由港、宪章及类似的不可能之物。"

上海也许很少在乎远离其国民的北京各国公使无足轻重的观点和意见，却非常愿意倾听中国政府代理人总是乐意发出的有趣声音。对于他们而言，来自总理衙门似是而非的言论和传闻，可能比注重实际的、经验丰富者的理性观点更有分量。奥林匹斯诸神忽视了赞同工部局建议的必要《附则》，这造成了一场真正的麻烦。还有什么能比一位不友好的公使更清楚地显示工部局和上海租界的难处？一位不友好的公使用他的权力无限推迟了最必要的立法。

《土地章程》是如此的不可思议和难以理解。从工部局可做之事清单中被删除的事情，是如此重大和如此众多，以致不得不经常用先例取代章程，政府不得不按照惯例的体系而不是严格的章程文本行事。还可以说，由于经验和先例如此有助于成文部分，正是这个章程不可思议的性质让工部局的统治获得了成功；《土地章程》的最精确之处，未必不是最不实用之处。多年以后，据说这部"上海宪法"的不规则可媲美于大不列颠宪法：一艘铁甲舰都可以穿过《土地章程》。然而，它简易高效，具有一切所需的弹性，并能在必要时"察言观色"。

七十年代初期，人们兴高采烈地获悉，工部局和中国政府之间的感情比较好了；曾经引起这么多烦恼、对警务安排构成了这么大干扰的卑鄙敲诈，已减到了最低限度。

然而，到了八十年代，事情却看上去像过去一样令人失望。试图排斥电灯，再度阻碍新颖的棉纺工业，以及本卷别处记载的其他事务。已经不必命令一位外国人拆毁他的工厂或关闭他的营业场所了；道台需要做的一切，就是秘密阻止华人为外国人工作。他对企业发展的干扰能损害华洋双方；而最令人满意的，则是所有住在租界内的人们都能彻底摆脱中国官员，道台的命令或传票不能在租界内通行了。不知道自己过刊内容的1883年《北华捷报》说："达到这种称心如意的状态还需要一段时间，但我们认为已经取得了一定的成就。"这种乐观，很大程度上是由于成为历代上海外国人总体标志的缺乏永久性和持续性。新来者把问题都看成是不难解决的新问题，而且不知道前辈们在那些令人绝望的同样困难中的忍辱负重和心力交瘁。正如新来的传教士会认为，他只需用合理的方式呈现教义，理性的人们就会接受它一样；所以，在金融、政府、商业等事务中，新来的继承人看到的老问题，都仿佛是新问题。工部局都由大忙人组成，他们只向公共事务贡献一两年时间；总董本身不是常任的，只有超重负荷的总办具有一定的连续性。商人们来来去去，公众是流动的；北京的外交官不但可以完全无视中国人的性格，而且会因为其他的经验和彻底的种族差异而心存偏见。这份报纸尽管拥有甚至翻译出了《道德经》的人员，却太过经常地处在中国知识肤浅的纯记者掌管中。也许，只有受过语言训练和不断进行官方接触的领事，才能够鸟瞰我们同中方的关系。

实际上，局势的反常显而易见。就在道台的干预特别令人反感的时候，工部局被要求想出办法，因为它曾向市场上所有的华人摊主发布过一个通告。据说，所采取的行动方式不但是粗鲁的，而且是违规的。问题是，一个代表外国人的公共团体有权利不报请中国当地官方就直接向非官方的华人居民发布告示吗？《土地章程》没有提到这一点，各条约对此事只字不提。显然，这无论如何是权宜之计，只涉及华人的告示应该通过中国官方发布；但这种麻烦事情充分表明，政府的事情是何等复杂。

四年之后的 1887 年，在福州路上设立了一个配备差役、由一名官员负责的中国衙门，以制止鸦片、硫磺和军火走私。工部局预料，这将意味着权力的冲突，便向领袖领事投诉。领袖领事拜访了道台，道台命令将此衙门迁到租界之外，这是又一个三头统治麻烦的典型例子。

至于结局，我们可以引证何爵士对工部局为码头捐起诉仁记洋行一案的判决。他称：“我毫不迟疑地表达我的信念，这个世界上没有比这更好的自治社区了，或者有比它更透彻理解自己目标的自治政府，或为公共福祉自愿做出了比它更大的个人牺牲；它建议实行的计划是让自己平等对待所有人，并获得法律的力量和权威，它所面临的一切困难并非由社区本身造成，而是更多来自社区不同成员所依赖的不同政府的无能为力。这个社区政府的本质，是每位成员对它的一种自愿的忠诚，而没有探究带来这种忠诚的手段的过多好奇心。”

我们暂且撇开此处的政府困难，先回溯一下租界的扩展。众所周知，1843 年同意的南北边界是洋泾浜（今爱多亚路）和现在的北京路，或后来的苏州河。黄浦江是东界，西界并不确定。早期的商人自然近水而居，河南路的界路旧名表明，那被视为西部边界。当伦敦会在山东路——那时叫庙路建造房子时，由于外国建筑在那时华人眼中的古怪，这一行动是否明智遭到了质疑！

霍锦士在 1862 年认为，存在着东西向道路不扩展到界路之外的谅解；但麦华陀知道并无这种协议。后来把西界设在护濠的时候，他一直是巴富尔的翻译。道台竭力想把西界设在今江西路的一条壕沟处，但领事不肯接受。这个地方有时被称为

"平方英里城"（the square mile），东西向一英里，但南北向长七弗隆[1]。它被称为英租界，而苏州河对面称为美租界，尽管在 1862 年之前没有同中方进行过有关谈判。我们后面将会谈到，它在那年被一条"熙华德线"划定。后来称为虹口的整个区域在 1864 年与英租界统一，由同一个自治政府管理。法国人 1849 年获得的土地位于洋泾浜和县城城墙之间，后来向南扩展到县城和黄浦江之间。

1896 年，"据可靠方面"报告，德国人打算在"平方英里城"以西获取一块租界。地点已经确定，尽管说法不同；但德国总领事施妥博博士宣称对此一无所知。日本人也打算有自己的租界，还据说是在浦东和法租界以南两处。显然，扩张已风雨欲来或正在讨论之中，1899 年所谓英租界和虹口如此大规模的扩张，使得原来的"平方英里城"看上去有点像伦敦的金融城；同时，法租界也向西实现了略小的扩张。我们这里附上一幅说明这些发展的地图，尽管我们将不得不在下一卷回到这个话题。[2]

早期土地所有权的一些详情很有趣。

1856 年，在英国领事馆登记的地块是 1829 亩；法国领事馆是 275 亩；美国领事馆约 500 亩。据说，早期"所谓的英国地界、法国地界内适用于商业目的所有土地都被占用和建造了房屋，外国租界现在扩展到了苏州河北岸"。这是一份官方报告，只能理解为"商业目的"暗指靠近河流；因为当时的一张地图表明，"平方英里城"只占用了三分之一，河南路以西几乎没有任何建筑。即使建造了房子的土地，也不像我们今天见到的那样拥挤得可怕；道路也许是狭窄的，但院落是宽敞的。

罗伯逊翌年（1857 年）的报告称，领事馆登记的土地如下：英国人 1 814 亩，美国人 456 亩，法国人 283 亩，葡萄牙人 33 亩。当时的土地价格已从原来的每亩 40 元上升到 70—100 元；或者包括华人房屋、垫高土地等成本在内，达到了 300 元。因此，估计价值是：136 处英国人建筑 2 407 000 元；15 处美国人建筑 129 000 元；9 处法国人建筑 63 000 元。按照 6 先令的汇率，总价值是 78 万英镑；由于市场价值更高，他估计或者超过了 1 000 万英镑，还不包括家具。

有十二英里长的道路，九英里半是英租界的，一又四分之三英里是法租界的，四分之三英里是美租界的。

---

[1] furlong，英制长度单位，等于 201 米。
[2] 此图清晰度欠佳，本书从略，读者可参考《上海租界志》，上海社会科学院出版社，2001 年。

我们获知，在英国领事馆登记的 32 号地位于南京路江西路西北角，5.641 亩地连同房子和仓库以 4 200 英镑被拍卖。

英国领事馆地块以每亩 52 171 文或 30 元购入，1862 年以每亩 4 100 元出售了 44 亩。

1864 年 11 月的登记土地如下：英国人 2 746 亩；美国人 2 084 亩；租界外的英国人土地 1 692 亩；浦东 1 403 亩；吴淞 323 亩；除了法租界外，合计 8 248 亩。

地块的编号和地块登记的编号并不相同。因而，1 号地是怡和洋行的房屋，其登记号是 3 号；第一块登记的土地是属于宝顺洋行的 8 号地。沙逊家族拥有 2 号地，仁记洋行拥有 3 号地。最大的 715 号地 430 亩，属于运动娱乐基金。卢瑞欧在虹口拥有一块 88 亩的地，威尔斯拥有一座占地 84 亩的码头；英国领事馆的地块是 83 亩。汉璧礼拥有 67 块地，超过 400 亩。登记册中有三个华人姓名——那是在 1866 年。

至于居民人数，《北华捷报》1860 年 1 月的粗略统计是总共 569 名外国人，其中英国人 294 名，美国人 125 名，印度人 59 名，其他 91 名；男性 495 名，女性 74 名。

1864 年，巴夏礼估计有 1 281 名欧洲人和美国人，376 名非中国籍的亚洲人。至于华人，工部局总办皮克沃德在 1862 年估计为 23 万人；而巴夏礼 1864 年（按每幢房子平均 20 人）的估计是，三个租界仅为 19.5 万人，有 2 462 幢华人房屋无人居住：巨大的出离已经开始了。

工部局的第一次人口统计尝试是在 1865 年 3 月，这当然是一项困难的工作。华人过去和现在都非常自然地认为，对他们的任何计数必定是为了征税。除了陆海军之外，外国居民数字如下：

英国人	2 145
美国人	407
德国人	240
西班牙人	131
葡萄牙人	118
其他人	237
总　计	3 278

还有英国军人，为陆军 1 319 人，海军 532 人。这些人数包括英租界、虹口租界、浦东（62 人）、住在船上的居民[1]（176 人）和船员（981 人），不包括法租界。自 1860 年以来的增长，比巴夏礼 1864 年估计的增幅更大，这是不同寻常的。鉴于随后的两次五年统计，人数只有上述一半，甚至 15 年后的统计也只有三分之二，这需要一些解释。1865 年的数字是《工部局年报》公布的，并非来自一份报纸的估计；但值得注意的是，现在《工部局年报》说法是"自 1870 年以来，对外国人口五年一次的统计说明如下"——但为什么是从第二次统计开始而不从第一次开始，以使这个系列完整呢？部分原因，当然是那时还不能使用膨胀这个词，部分原因，则可能是这么离奇的数字让他们困惑。到 1900 年，整个统计的系列如下：

	1865	1870	1875	1880	1885	1890	1895	1900
外人	3 278	1 666	1 673	2 197	3 673	3 821	4 684	6 774
华人	90 587	75 000	96 000	108 000	126 000	168 000	241 000	345 000

可以看出，华人居民的数字仅仅是近似值。

应当记住，上海景气的巨大逆折始于 1864 年，是我们的中国客人从叛军手中收复苏州之后离开这里的结果。但此前的两三年一直是非凡的发财时期，无疑有一股掘金的冲动。伦敦《泰晤士报》上有一篇愚蠢的文章，把上海说成一个"黄金城"（El Dorado），这无疑增加了上海的人口——以及对上海的失望；但我们应当认为，是巴夏礼 1864 年的估计而不是 1865 年的人口统计见到了这个结果。除此之外，我们还有不同的记载，即 1866 年有 36 幢未占用的外人房屋，占总数的十分之一；而华人房屋的近三分之一空关——11 797 幢中的 3 534 幢。

1891 年的人口密度为每英亩 314 人，这是极高的数值；这块区域已有了很大的扩展，以致现在尽管居民增加很多，密度却只有每英亩约 125 人。

对上海已经有各种各样的看法，有些是严肃的，有些是轻率的，还有很多是不敢恭维的。"地球上最乏味的巢穴"，"长期住在模范租界，几乎不能幸免身心憔悴"，"这个阴湿的沼泽"，都是刻骨铭心却不张扬的表达；一位作者在《两个世界评论》（Revue des Deux Mondes）上写道，租界异常丑陋，对游客没有任何吸引力

---

[1] 应指趸船上的人口。

或可留恋处；一位本地作家说：这个地方“没有一栋高楼大厦，不会让有教养的人看得浑身发颤”。据说爱丁堡公爵确实这么称它：“天赐之地”，但那时他是一位亲王，一位客人，是在上海的**宴会**上说的；他没有在这里渡过夏季和冬季。无论如何，所有这些判词都过去了数十年，有些人现在会有不同想法了：有关上海建筑的评论显然就不再正确。

三位环球骑行的自行车手在 1898 年访问了上海。他们受到了欢迎，看来是被当成了文明社会的英雄或先锋，而不仅仅是追求“转载率”的冒险记者。他们实际上受到了盛情款待，英国领事为他们举办了一次公共招待会。

他们对上海的想法或写法几乎不值一提；他们不得不说些什么，不得不表示出原创性；然而，他们的判断今天看来令人发笑。上海被说成并非世界上最有魅力的城市——一个我们自己造出来的廉价评论。对他们而言，英国领事的办公室和高等法院仿佛是一种阴郁的建筑，自吹自擂的大礼拜堂则是蜷缩成一团的怪物，静安寺路[1]却像上万条别处的郊区道路一样，是一条令人愉快的骑行车道。这里的男人有一点粗野，却是真诚的；女人们有点炫耀，却不矫饰（在正常的新闻笔调中，这似乎是个矛盾的说法）。总会的鸡尾酒享誉世界，让他们心旷神怡；他们还发现了一条不同于世界上任何地方的通衢——融香榭丽舍大街、第五大街和皮卡迪里大街为一体[2]的福州路，他们对此作了兴致勃勃的描绘。

对我们而言，更感兴趣和更有启发性的是对这三位勇敢却平庸的运动员记者的欢迎；他们也许比戈登更让上海大惊小怪。

用于上海的两个最著名词汇也许都被误解了。它被称为“模范租界”，不是因为它美妙的整洁、品行和遵守安息日，而是它的政府制度为同时或后来开放的其他条约口岸提供了模式。这个名称早在 1859 年就常用了。又据说，萨默塞特公爵有名的用语“罪恶的渊薮”，仅仅是对上海的商业行为而言的。另一个表达是不公平和不合理的，即将“上海”作为动词来使用。这在词典中被解释为“将水手麻醉，将这失去知觉者运走”。劣等小说家和记者们对于这个说法欣喜若狂。我们不能否认早期有很多人口贩卖，但要质疑的是，这是否比成百个外国口岸更加糟糕。

一位自命不凡的预言家——自那以来一直有很多预言家——在 1869 年写道，

---

[1]　英文名称为 Bubbling Well Road，即“涌泉路”。

[2]　分别为巴黎、纽约、伦敦的著名大街。

当时以空旷为时尚的外滩，显然将成为人头攒动的码头区，轮船将停泊在边上的法租界。会有一座市政厅，一些商用房，一座砖石结构的剧院。高等法院终将建成，大礼拜堂的院落中将矗立起一座有照明的优雅钟楼。一座漂亮的铁桥将取代简陋危险的旧桥。一条修筑精良的道路将沿着黄浦江抵达吴淞。人们将不再记得连续三个小时的豪宴。买办们都离开了。老宅子中也许还会保存一些老买办的肖像，但这种让贪得无厌之徒肥得流油的制度，在任何地方都骇人听闻。

预言家们经常为后人提供笑料。五十年后，我们能看到有多少梦想成真了。大桥漂亮吗？买办废除了吗？我们放聪明一点吧，别再预言了。

"英租界"指苏州河与洋泾浜之间的"平方英里城"；"法租界"指洋泾浜以南；"美租界"是苏州河对面，非常方便；但美租界除了方便之外，并无正当性。首任美国领事在最初无疑属于英租界的地方升旗，造成了严重后果；但一些美国侨民即商人和传教士，因为各种理由选择在苏州河对岸定居，就逐渐造成了这个别称。然而，这个区域直到1862年都未划定界线，外国居民甚至到那时都很稀少。工部局在自己范围内已有了足够的力量，最初却拒绝在对岸采取行动；但它的巡捕在英租界越有效，虹口就越糟糕，那里罪犯充斥，连生命和财产都不安全。法官何爵士在审理威尔斯案时判决，《土地章程》也适用于虹口，但工部局接受这项责任当然是一个严肃的问题。当务之急是当地的警务，这不仅仅是虹口的重要问题，因为隐藏在那里的犯罪分子，是在更富有的租界里找寻他们的职业机会。海员之家的理事会在1859年请求工部局的巡捕保护；两年后，金能亨提出，能否以居民付费为条件提供六名巡捕和一名捕头。文惠廉（后来的主教）也在1862年写道，已经举行了一次公众会议，决定设置七名巡捕。他说，整个租界由一个机构管理最为可取。但麦华陀宣称，工部局不能越界活动，如果采取行动，外国人不会承认他们的权威。他认为，需要的是各条约国领事偕同道台制定一项增补章程，并经各国公使批准。他建议等待到《土地章程》获得承认的时候，并称，工部局在此期间组织的外国巡捕由中国政府雇用并支薪，道台也许会同意的。估计人数为20名，道台是愿意的，但不肯承担所有费用。

1862年，主要是金能亨和熙华德推进了两个租界的合并。在4月的一次租地人会议上，以微弱的多数通过了统一的建议；工部局总办（皮克沃德）认为，虹口将会是一大累赘。然而，当工部局在9月审议此事时，米契提议、汉璧礼附议的联合，获得了一致通过。

到那时为止，那里不受道台之外的任何人管辖。熙华德写道："我作为美国领事，从未对虹口地区行使过领土管辖权，并不像某些人推测的那样，拥有对所谓美租界的权威，我认为自己在这里的地位纯属偶然，并相信如果不是这个地方日益有趣的话，自己对那里的兴趣不超过任何其他领事。虹口没有任何属地性的政府。这种情况的唯一阴影，就是警察系统历来由贵方提供。"

法国领事和美国领事同意联合，俄国领事[1]也同意了，但以他不同意的《土地章程》不得适用于虹口为限制性条件。

可以认为，事情就这样解决了，困难却依然存在。熙华德宣称，苏州河的两边应适用同样的《土地章程》。但英租界的 86 名租地人反对统一，除非是达成虹口居民将支付所发生的所有市政费用的明确谅解。早有准备的史密士还在第二次租地人会议上带来了一份推迟合并的议案。对于财政问题充分解决之前就支付虹口的某些账单，工部局也有几分犹豫。但从那时起，就一直用"公共租界"代替了"所谓英国的"和"所谓美国的"租界。

熙华德在 1866 年的一次领事团会议上提出，用公认的"虹口"代替"美租界"。然而，1874 年印制的评估单，仍然以后者为标题。这里可以列举出"虹口"非常多样化的拉丁字母拼法。"Hoong kow"、"Hong kow"、"Hung kow"、"Hong kue"都有。"Hongque"是 1870 年之前的官方拼法，是年决定采用"Hong kew"，并沿用至今。北京话（威妥玛拼法）是"Hung-k'ou"。

虹口开始改善了；修筑了道路——南部的百老汇路和穿过竹行（Bamboo-town）的诸条道路；除了威尔斯桥，还有通往里虹口的吴淞路桥；礼查饭店后面的泥塘水坑消失了；在巡捕、路灯、卫生设施等方面，这个地区行将分享到一切祝福。

边界历来是一个伤脑筋的问题。1863 年，熙华德同道台达成协议，从苏州河与泥城浜的连接处，划一条直线，到杨树浦离黄浦江三里的一个点。必须记住，几乎所有的土地都在农民手中，而"熙华德线"是在地图上穿过广阔乡村的一根线条。

---

[1]　疑系普鲁士领事之误。

1873 年，在"靶子场"安放了一块界石，显然是在旧界线之外。由于大量田野现在已被街道占据，以致不可能实际辨识划在地图上的一条直线了。现在的北界由西向东，均距苏州河、黄浦江三里；为了帮助中国政府和美国领事馆解决这个问题，标志点为煤气厂以北的三里。是年年底，工部局沿着新的边界放置界石，请求道台进行勘测。然而，这条新线从未得到官方批准。

1886 年，会审公堂谳员否认外国人在北河南路以西的任何权力；美国领事侃不得不再次调查此事；1889 年，再次就熙华德线达成一致。建造了三座 50 英尺高的竹塔，一座对着煤气厂，一座在"靶子场"（1921 年在那里建造了外国育婴所），一座在杨树浦上游三里的桥上。高达 50 英尺的竹子"界石"，几乎不能被视而不见。工部局本想通过建造一条沿着边界的道路，使它更加明确，但发现这是一个过分昂贵的计划，40 英尺宽的道路需要 70 000 两。这条线用木桩标示，雇用了更夫。中国官员在 1890 年进行了检查；尽管他们并不予以正式承认，但对所完成的一切未予反对。

然而，两年后，小官吏要求人民撕毁对他们住宅的门牌编号，以确保他们不在租界范围之内。发生了一些骚乱，工部局不得不向领事团投诉。道台委派了一个委员会就此事提出报告，代理副总领事易孟士代表美国。一条新的边界确定了，工部局作为妥协而接受了；它的终点靠近杨树浦河口，而不是在河口一英里以上。这让虹口的面积达 7 800 亩，而苏州河以南的租界面积为 2 806 亩。

道台于 1893 年在示意图上盖印签字，达成了最终协定。[1] 竖立了 40 块界石；多年的《工部局年报》一成不变地宣称完成了对界石的检查，并为其中的 28 块向界石所在土地的华人业主支付租金。

这份协定向工部局强加了八项条件：未与中方协商，不得填平河沟；不得向原业主征收房捐；也不准向远离道路的业主征收房捐；未经同意不得动迁坟墓；天后宫免征捐税；等等。

---

[1] 即《新定虹口租界章程》。

第9章

太平天国叛乱

第二次对华战争仅略微涉及上海；北方酣战之时，上海"生意如常"。

事情本来会完全不同的。因为额尔金勋爵占领广州后，邀请中国政府派一位全权代表在（1858年）3月底之前来上海。如无这样一位官员前来，将不考虑必要的宣战就采取进一步行动。因此，如果中国在这个关键时刻聪敏的话，也许就没有更向北的远征了，也许就会有一个《上海条约》，而不是《天津条约》了。但当额尔金的私人秘书俄理范偕同孔塔德子爵带着致总督和巡抚的公函和照会先于额尔金抵达上海时，发现道台不在，他又去苏州向巡抚面交信函。他与孔塔德还充当了俄国、美国政府照会的信使，由英国、法国领事，美国副领事和海关总税务司李泰国陪同。得到的唯一结果，是答复不久抵沪的额尔金说，谈判必须在广州举行；没有全权代表在指定的时间前来；联军遂在美国和俄国代表的陪伴下向北进军。

战争期间经常被提到的离奇情景是，在外国军队猛烈摧毁北京门户、皇帝逃离首都时，同样的外国军队却在拯救这个朝廷。这种事情看来只可能发生在"滑稽歌剧"与正经历史常相夹缠的中国。我们获悉的典型小例子，就是某个城市遭受围攻的时候，饥肠辘辘的居民唯一生路就是从围攻者那里购买贵得离谱的食物！

对这种局面的解释是，外国列强不可能放弃对清政府的严厉惩罚，同时，也完全需要维护该政府作为一个谈判对手的权威。清廷的毁灭并不意味着一个更强大、更开明的统治取而代之，而是仅仅意味着无政府、狂热和难以想象的破坏。因此，列强必须权衡敌对的双方，必须消灭一方，拯救另一方。

上海没有经历对华的战争，而是更充分地经受了太平军的动乱。当叛军荡涤了十个省、夺取苏州之后，上海为自身安全采取措施的时间到了。

第一次进攻是在 1860 年 8 月 17 日。英国政府已发出命令，英国的合作不得超过城市防守的范围：道台想要外国人帮助守卫整个地区。从那时开始直到长期延宕的苦难结束，道台是连续不断的、有时日复一日的苦苦哀求着援助；而嘉定、松江、浦东等遭受威胁或被占领地区不幸的居民们，则情愿乞求外国人的保护，抵御太平军。英国公使卜鲁斯爵士动乱时代开始时就在上海，英国领事是密迪乐，两人都渴望实行中立；但时间和地点都不允许中立，事情的进程也不准许中立。法国将军孟斗班已经扩大了行动；但密迪乐对清廷不抱希望，预料叛军将成就伟业，坚决反对任何超出守卫租界和上海县城必要性的行动。

战争的故事总是难以讲述清楚；太平天国的叛乱尤其错综复杂。发生了比任何地方都多的贿赂和腐败，令人真伪莫辨。毋庸讳言，我们的朋友即绝大多数中国官员是不诚实的。但华尔、白齐文、李鸿章也都被指控接受了敌方的贿赂。他们也许都是正直的无辜者，但最糟糕的却是无法确定，就像戈登那样的人可以绝对确定一样。很多麻烦显然来自未向军队支付薪水；如果六十年后的人们可以争论这种事情的话，那就是并非因为缺钱，而是因为钱落入了私人腰包。

对于叛军也有明显的观点冲突。尤其是最初，一些外国观察家热情赞同他们，其他人则视之为必须不惜代价消灭的毒蛇。而且，我们既有目击证人对那些骇人听闻的暴行的详尽报告，也有同样可信的绝无此种事情的其他证言。

再者，存在着毋庸置疑的背叛例子——如著名的李鸿章与降王的事件，[1] 也存在着对欺诈或打算欺诈真伪难辨的控告。每位在华外国侨民都有厨子、仆役或苦力，都知道厨房中有诸多阴谋诡计，都知道不可能查明屡屡发生的麻烦的底细；通常的最好办法就是"全部解雇"，而不是试图查明真相。极而言之，对于叛军、官军和外国冒险家也是如此。

最终，尽管由于英国的利益最多，英国人承受的攻击远远超过了其他列强，但法国和美国也参与了事态的控制；因此，没有一方能放手行动；必须考虑到国家的感情，这引起过非同小可的国际性妒忌。

此处不是讨论叛乱原因或其首领们神学的地方，甚至也不是讨论叛军组织的地

---

[1] 指李鸿章的苏州杀降。

方。因为实际的和政治上的原因，外国列强在试图实行中立和仅仅守卫上海之后，便认为自己有责任做更多的事情，直截了当地协助平叛了。我们的叙述局限于涉及上海的实行活动。

业已指出，随着 1860 年 6 月苏州陷于叛军之手，上海开始了一个漫长的"惊恐喧嚣"时期，老标签不再适用了。南京遭到了官军有气无力的围攻，但忠王打破围攻，夺取了苏州。据估计，屠杀了 50 万人以上。数千叛军驻扎在 50 英里外的昆山，那里与上海之间一马平川。道台根据私人情报，认为进攻将来自浦东方面，并完全知道叛军已在城里布置了密探。因此，他乞求帮助，建议外国军队戒备防范，并实行夜间巡逻。他还反对外国人越过界线，私人造访叛军。卜鲁斯同意他的意见，但坚称必须对所有外国人一视同仁。对于道台祈求的更多外国军队和守卫整个地区，指挥官不得不答复说，他派不出更多的人，但一旦发生危险，可以和官军占领闸桥和大看台的所有据点。[1]

6 月，清军在嘉定战败，退到南翔，宝山和吴淞受到威胁。道台再次为外国军队拯救这个地区发出"可怜而且疯狂的呼吁"。密迪乐向他保证，叛军绝不可能进入外国人据守的城门；唯一的问题是把守南门的中方能否坚持到外国援军的抵达。

密迪乐当时对遵守中立感到非常焦虑，主要是因为他同情叛军事业。他认为清朝已被（英法）联军摧毁了，"遭受了致命打击，崩溃确定无疑"，太平天国对它的继承将有利于所有相关国家。"我作为领事，自己认为，"他宣称，"同太平天国的任何争端都将是对英国商业和英国总体利益明显而且严重的损害。"数月后，他在一份 59 页的公函中列举了理由，不同意孟斗班把叛军挡在 12 或 15 英里之外的方案。按照他的说法，暴行被明显夸大了；太平军占领区的统治，比任何清军占领区都好；如果说英国船只遭到炮击，那仅仅是因为清军肆无忌惮地使用了英国旗和休战旗；太平军进攻上海时，并未对外国人开火，没有一名外国士兵受伤。他甚至斗胆将起义与克伦威尔和意大利解放者相提并论。

尽管英国领事带有强烈的反清倾向，但当他实行这种坚决的中立时，道台同样坚决地谋求一切所能得到的，而且总是更多的外国帮助。他通过高额报酬，鼓励军舰人员和巡捕开小差；必须记住，这个口岸有数百个最粗野的家伙，水手和联军士

---

[1] 原脚注：闸桥在新闸水塔附近的苏州河上，连接租界西部和闸北。大看台当然在旧跑马厅。

兵确实会蓄意行为不端，擅离职守，然后加入华尔的小部队。

不同寻常的美国冒险家华尔正率领着一支军队，它日后发展成为著名的"常胜军"。他受道台和杨坊（泰记）雇用，得到了华商的资助，编练和领导了一支华人军队；而且，为了从叛军手中夺回松江，他还招募了约一百名外国人。这是对中立法律明目张胆的违反，必定会引起外国政府的注意，尤其因为这鼓励了开小差，并使叛军迅速模仿，也去引诱外国人的帮助。

密迪乐实际上建议对此采取一项非常强烈的措施：四位领事（包括西班牙）应搭乘一艘英国炮舰并带着足够多的水兵，突然出现在松江，包围那支"外国雇用军"；每位领事逮捕自己的国民，剩下的共同看管。英国海军最高指挥官尊士上校出于对密迪乐的反感，对他的书面建议不予理会，而是在几天后口头表示，他并未接奉准许他采取警察行动的命令。同时，道台表达了对中立的见解，要求不准通过上海向叛军提供军火，或者不准外国人造访叛军；他六周后报告说，那支外国军队已经解散，那些人四出结伙抢劫；英国军舰能派出人员抓捕他们吗？

华尔被逮捕，于翌年（1861 年）5 月受审，但他用简陋的方式获得了合法性[1]；随着局势的发展，外国军队乐意与他合作了。

租界自身的生活一直都不舒心如意。来自苏州的难民成群结队，抬高了房租，让一切都令人不适；到处麇集着更穷的人群——我们确实知道，他们后来沿着外滩露宿；而有钱人随身携带着细软，使得这块地方拥有了向叛军提供军火的更大诱惑。随同他们混入的，是外国人中最讨厌的阶级——冒险家、开小差者、被开除的士兵、无赖。当然也有叛军代理人。所有必要的地方都设置了路障，道台为此支付了 5 000 两，而密迪乐申请的全部费用为 408 两多一点。还有可在目前中国城市中见到的街道栅栏门，将在必要时阻断交通；三十名苦力照看这些栅栏门，但大马路和王家路（King's Road）路口的门钥匙由捕房掌管。挨家挨户地解除了所有华人居民的武装，答应在局势更安定时发还这些武器。万国商团复活了，成立第一天就有 60 人加入。

已有的报道和来自叛军的消息足够清晰地证明了一切预防措施和警报的合理性。据说，敌方战船占据长达约一英里的江段，载有两万人。他们将先去松江，然

---

[1] 可能指华尔声称自己并非美国人而获释。

后进军上海。叛军宣称，他们会尊重外国租界，但必须占领县城，这么小的一块地方，不可能抵挡他们。

卜鲁斯当时仍在上海，认为依靠合理的警告就能对付这种进攻的威胁。所以，向围攻的领导人发出了一封信，声称联军必须守卫上海，因为这是他们在北方军事行动的基地。叛军不予理会，于 1860 年 8 月 18 日占领了离县城西门三英里的徐家汇天主堂。翌日，由于官军不能抵挡，他们前进到西门和南门，那里由英国军队和意大利军队据守。叛军遭到了县城上游的通信舰"先锋"号和来自外滩的英国炮舰"猎狮"号的炮击。尽管多次攻击被击退，他们仍未马上退却：在城市面前的阵地上坚持了两天，还靠近了租界的西部，进至离旧跑马厅 200 码处。但 21 日，他们退到了徐家汇，再过两天，他们离开了上海附近——暂时的。

英国领事馆翻译佛礼赐先生承担了向徐家汇送信的危险任务；复信是在叛军离开后得到的，宣称他们是受到了外国人的邀请；毫无疑问，当时很多外国同情分子完全有能力给予他们这种鼓励。

在这种贸易必定遭殃的情况下，生意不可能继续"如常"了。海关收入跌落到之前的一半。这些年来，外国人一直拥有前往杭州、苏州、太湖和整个蚕丝产区的特权，既是为了生意，也是为了愉悦。但根据道台的请求，现在发出了一份禁止这种旅行的通告，声称将不再颁发船只进入内地的执照。然而，六个月之后，怡和洋行派去购买生丝的一位叫罗森的美国代理商，被官军抢走了 8 000 元。卜鲁斯这时判定，尽管密迪乐作为英国领事无权给美国人颁发执照，但这笔财产不属于代理商的国家。把钱送入内地，已经成为一种习惯，如果袭击确系官军所为，道台必须赔偿这笔钱。罗森没有护照，因此是自己冒险前往；但该企业表示，款项和货物都属于英国人，船在关于执照的新规发布之前就已出发了。

几个月后，官军的 15—20 艘炮船扣押了怡和洋行的另一艘船，上面除了四担半鸦片外，还有约 65 000 元。钱、滑膛枪，甚至桅杆上的一张新帆都被拿走了，那船马上被索回了，但钱只有 16 000 元了。道台马上被告知，这是他的责任，必须弥补损失。

同一个月，一艘载着一名瑞典人和怡和洋行财产 4 000 银元、30 万文制钱的华人小船遭到抢劫，瑞典人被杀害。

接着，天祥洋行价值 20 000 两的蚕丝在南浔的一个厘金站被夺走。这次，丢乐德克舰长奉命在阿查理的陪同下，带着炮舰"弗莱默"号去调查此事。"弗莱默"号只能抵达离南浔约二十英里的地方，但一艘中型艇和两艘小船继续前进；丢乐德克必须露出他的利齿，一支军队登陆，抓了二十个人，所以立即归还了蚕丝。在这段插曲中，发生了一个可悲而又可笑的事件。五六十艘官军兵船被突然出现的丢乐德克军舰吓坏了，以为是叛军的攻击，他们逃得如此仓皇，以致两船倾覆，九人溺毙。

在更后的一个例子中，怡和洋行的货物被夺走，因为水深不够，一艘炮舰无法到达该地；于是佛礼赐被派往南京要求公道。但叛军拒绝这项谴责，断言那是海盗的抢劫。

看了这些贸易困难的例子后，就不难理解外国人对局势的不耐烦以及中立态度的逐渐放弃了。由于叛军的抢劫和更恶劣的官军抢劫，由于海盗和官方的勒索，贸易正在遭到扼杀。由于政策的原因，叛军对外国人的贸易显示了一定的尊重；但他们想要得到上海城，并袭击了这个地区，以把更多的人驱赶入城，从而更加方便地造成饥馑。但叛军强行占领县城，当然与租界的繁荣背道而驰。另一方面，尽管我们拯救了上海和清朝，但如卜鲁斯所说，我们得到的唯一酬报，就是清军劫掠我们的贸易。

一些事实还将表明领事馆职员的过于劳累和薪酬过低带来的困难。密迪乐引起了很大的不满，他过分僭越了上司的指令，受到了很多冷落。公使和外交部盼望的是日常工作，密迪乐却给他们开讲座写论文。他长期同海关税务司激烈争吵，个人则同情叛乱分子。因此，他早早地被调往牛庄，不足为奇。但是，他是以羸弱之躯，在中外官场司空见惯的充满轻歌剧气氛的环境中努力工作。卜鲁斯早就多此一举地告诉他，政府"是用非常妒忌的眼光看待领事馆开支的任何增长"。想要一台保留档案和官方记录用的印刷机，两年都没有答复；我们已经在第三章提过，他缺少坐的椅子，写字的桌子，以及适用于官方场合的轿子。令人欣慰的是，他在一年后获准得到了两把新椅子和十二块小地毯。但当他因气候恶劣和过分炎热，花 7 元钱在法庭安装了一台手拉风扇，却被英国政府驳回了！

为了杜绝向叛军提供军火，领事肩上保持中立的责任是令人烦恼和举步维艰的。甚至早期也没有过真正的中立，因为租界同县城的关系太密切了，不可能对官军和叛军一视同仁，而且，无论提出什么抗议，道台都利用外国人作为自己的挡箭牌，不是买通他们参加实际作战，就是严重依赖外国政府，并从富有的租界和对外贸易中大量汲取财富。当然，**他**的主要责任是防止军用物资的走私，但像通常一样，中方情愿让别人来做这份工作。外国人尽管并无责任，却有兴趣制止军火走私；叛军不像 1900 年那样反对外国人，但武器是否会被用来对付我们，却总是难以确定的。武器自然被用来对付戈登的军队了，但万国商团也可能必须面对这些武器。因而，卜鲁斯说，这种贸易违反了英国和中国的法律，几乎是叛国性的，这种军火一旦被中方缴获，他就不会干预。"叛国性"（treasonable）一词仅仅适用于构成外国居民主体的三个条约国的侨民；在别国人的案子里，并无有约束力的爱国主义，唯一的约束是他们的行为违反了法律，具有风险；但道台的警惕和行动，对将之视为骤然暴富良机的冒险家或冒险企业而言，几乎没有任何威慑力，因而交易继续活跃。道台投诉说，叛军通过租界获得武器，但答复当然是官军同样如此。有一些缴获的案子，但在一个两名英国人被指控的案子中，除了道台的断言外，没有证据，而没有目击证人，领事就不会确认；因为要道台证明两人有罪，而不是让他们自证无罪；他们因此获释了。后来，发出了一张传票，搜查虹口英国人房子中的军火，道台对无领事代表者的房子进行了搜查。

1861 年夏，清政府对上海周边范围的统治不超过 50—60 英里，叛军的袭击在 6—8 英里之内。外国军队是 642 名英国人和 900 名法国人。他们的分布是——闸桥：炮兵 69 人，工兵 5 人，孟加拉步兵 57 人。四明公所：孟加拉步兵 266 人。城内衙门：孟加拉步兵 136 人；同一部队的 109 人驻守在靠近美哲工厂[1]的一个据点。法国人在县城的西门有一支卫队，在其他城门有分队。他们在徐家汇有一个配备炮兵的步兵团，在董家渡或许也有部队。麦华陀（他已在英国领事馆接替密迪乐）在报告这些数字时感慨地指出，官军绝对依赖外国的支持，但他们仍利用这个机会实行"令人厌恶的勒索"。

斯塔福德少校[2]评论说，叛军不会再发动进攻。他的部队刚够守卫上述阵地和跑马厅；但舰队司令官丢乐德克说，这些军队一个人就抵得上十万名叛军，必要时卜罗德舰队司令官和他会派兵登陆。

4 月，在由来已久的开小差和双方雇用外国人的问题上，行动取代了抗议。海

---

[1]　即美哲主持的怡和纺丝局。
[2]　英军旁遮普步兵第 22 团军官。

尔指挥官请当时在沪的通商大臣薛（焕）帮助抓回开小差的海军人员和工部局巡捕。道台不承认知道这些人，但同意海尔去松江。海尔带着阿查理和一些水兵去了那里，发现"外籍军团"[1]的房子已经匆忙撤空了，但留下了华尔上校签发的文件和命令。麦华陀随即向道台提出抗议，道台那时通知说手上有二十四个人，几乎没有英国人。其中的一名丹麦人称，华尔的队伍中有82名外国人，包括军官在内，有29名来自英国军舰；但这些人都逃避了抓捕。在南京，经过叛军的同意，抓住了26名英国人，他们被送到香港受审，被判处3—9个月的徒刑。抓获的非英国人被送给其领事，其中就有后来臭名昭著的白齐文。

在上海本地采取了进一步的行动。在一场对青浦失败的进攻中，官军雇用了六十五名外国人。据报告，其中的三分之一阵亡或受伤；剩下的人未获报酬就被遣散，退回了租界。一名告发者讲述了这些，丢乐德克舰长和麦华陀带着一帮武装人员突然闯入泰记钱庄，他们在那里找到了18枝滑膛枪和弹药；"军团上校"和商行的管事都在里面。他们都被抓获，上校被交给美国领事，华人被交给了道台，连同一份针对有计划招募外国人的抗议。

海尔司令官也"因有计划地引诱我们的人员"，派出一批人在上海逮捕了华尔。华尔先是宣称自己是美国人，然后说是墨西哥人，然后又说是归化的中国人。他被关押了一段时间。

这种实际措施无疑比最强烈的书面抗议有效多了；但我们发现，西班牙领事后来把人送到乡下去参加外籍军团，而开小差的后果是如此严重，以致宝顺洋行的一艘轮船因没有找到足够的人手而不能离港。

阿查理和非常活跃的丢乐德克对乍浦进行了一次访问，请求太平天国领导人不要进攻宁波。这项请求得到了最亲切的承诺。阿查理对所见所闻提交了一份生动的报告。该首领是一位相貌平常、身着红衣的男子，看上去对如何接待客人不知所措。他希望得到鸦片，但更希望得到火药和枪支，而不是别的。"当我们坐着谈话时，别的首领们在闲逛，他们都穿着光鲜亮丽的丝绸服装，龌龊病态，瘢痕累累的手臂上戴着金灿灿的镯子，是一群看上去快活但最令人生厌的家伙。……平庸的苦力长相、头脑愚钝，以及根本不能书写别的——写自己的姓名还费了九牛二虎之

---

[1] 即洋枪队。

力，我们试图表示的敬畏和尊重尽被打消。"印象只有面目可憎，所有人都被描绘为"一伙野蛮人"。

我们还有丢乐德克提供的遭叛军袭击或占领地区的悲哀景象——"到处一片凄惨，房屋寺庙等仅剩残垣破壁，水车等尽遭火焚，田野荒芜，桥梁塌圮，除了偶尔遇到的浮尸外，不见人迹"。

对叛军及其乡村的这种描绘，使我们看清了包围并持续威胁租界的可怕状况。尽管 1861 年没有发生进攻，但在十英里之内发生了袭击和锡克侦察兵遭到射击的时候，不会有任何安全感可言。叛军到了黄浦江上游不远处的闵行，道台便觉得每晚睡在租界里更加舒坦。米契尔将军经过租界时，命令炮兵从闸桥撤入租界，并建造一座控制县城西侧的炮台，道台兴高采烈地支付了 1 000 元费用。

第二次（鸦片）战争已在 1860 年底结束，海军上将何伯于翌年春上溯长江，部分是为了调查沿江贸易的可能性，部分是就上海的安全问题与太平天国领导人见面。他获得了一项一年内不进攻上海的承诺，叛军即便不是绝对的，也是事实上遵守了这项承诺。这样，尽管有一些警报和挥之不去的不安全感，上海平安无事地渡过了 1861 年。但就在下一年开始之际，和平逃之夭夭了，全年战火不断。外国政府被迫越来越多地放弃中立信念，积极参与平叛。这是他们被迫的方针，不是出于清军事业是正义神圣事业的任何信念，而是出于保护他们自身利益和拯救他们自身地位的简单需要。

1 月 11 日，叛军扑向上海，显然意在占领；他们抵达西边的闸桥附近，袭扰北边的乡村；据报告，东部有大批军队前往浦东。上海采取了一切可能的防范措施对付内外之敌，为了了解道台的方案与资源，并讨论防卫措施，在英国领事馆举行了一次会议。出席者为在任道台吴煦，爱棠领事和麦华陀领事，法国海军少校比泰尔，英国指挥官克雷吉，翻译日意格，马安，斯塔福德少校，万国商团的魏勃，翻译阿查理，还有委员或负责防务的同知应宝时。

据建议，如果遭受猛烈攻击，应放弃偏僻的中国据点，应在租界内建造一条道路，道台只能凭借此路穿越大片华人房屋。这就是石路（现在的福建路），通过最初外国买家的被迫出售，延伸到苏州河。道台有 13 600 人，分布在 600—3 000 个单位中。他同意从吴淞到闵行设置 50 人的侦探，他们每天发送消息，遇到进攻就撤回。城外（黄浦江中）的舢板重新安排，清空苏州河中的船只。

已经认识到，必须防备三种意外：直接进攻；秘密进入城内谋杀掌权官员；要求谈判的和平逼近。

英国人已告诉道台，这些措施只是为了保护外国人的利益；但法国人强烈反对这种宣称，或反对讨论任何提供我们援助的政治原因。麦华陀对此保持了沉默，因为他知道法国人和英国人联合行动的极端重要性。

道台表示，叛军在青浦有 1 500 艘船和 20 000 人。一名被叛军释放并带来一封信的外国俘虏称，他上午 10 点或 11 点离开营地，下午进入上海。他报告营地里有 15 000 人，有四五名欧洲人。另一名从更远地方获释或逃脱的俘虏说，他们有 40 000 人，称他们最多十人有一杆滑膛枪。

这种危险的状况不可能不改变人们早先的中立理念。确实，甚至一个月后，麦华陀还必须对救援浦东的苦苦哀求答复说，外国人仅仅防卫县城和租界——"守卫周边乡村完全交给了清政府"。但同时，他却对公使而不是中方表示，外国官员应当有权在租界外采取行动，攻击掠夺者。这样，他们就能在敌军靠近之前就予以重创。他指出，并不存在条约承诺的"完全安全"；清廷在苏南的权力实际上已经丧失，没有外国的帮助就不会复得；在叛军统治下，更少获得保护与和平的希望；如果上海仍要保留这个重要的租界，**必要条件**就是充分的保护。因而，他实际上是建议"立即采取行动，建立一支欧洲军官指挥的强大中国军团"。何况，何伯海军上将强烈支持这样的方案。要记住，仅仅九个月之前，何伯还逮捕过华尔，由此可见，观点已经迅速改变了。华尔就是在这年脱颖而出，而且次年就死了，呜呼！

华人大量流入租界——估计约有五十万人，造成了有趣的管辖权问题；他们需要某些合法的权威，才能摆脱肆无忌惮的勒索，应当对领事制度、工部局制度和中方的管辖制度都作部分修改。不管《土地章程》如何规定，他们在英租界内拥有的财产约达 200 万英镑，包括 3 000 栋房屋。他们服从中国政府，就意味着他们是大规模勒索的牺牲品；他们处在领事保护之下；而且，这个巨大人群中的法律和秩序，是由工部局的生意人和仅有的一名执行总办来照管的。改变这个明显反常状态的时机显然已经来临，如果官军获得外国军火的支持，就肯定会在一定程度上理解需要更有效率、更加公正地统治中国居民。

与这些没有体面可言者的任何交往都是一种惨痛的体验；可以想象，对于某些外国官员而言，进一步实际保护官军的事业、使之免遭覆顶之灾，就是一场可悲的审判。脾气暴躁的戈登后来深恶痛绝的，就是贪生怕死、卑鄙欺诈、腐朽无能；领事和其他人不得不年复一年耐心忍受的，也就是这些。也许从来无人认为这个事业**本质上**是值得拯救的，它看上去仅比叛军的事业好一点而已，外国人捆绑在此方的利益仅比捆绑在彼方更多一些而已。想想希腊和意大利为民族生存的斗争在英国人中迸发出来的巨大热情，然后记住，戈登在这里即使忠于职守为这个政府工作，也对它义愤填膺。当时，城里的官军被描绘为一伙卑劣的乌合之众，甚至遭到他们自诩要保卫的中国穷人的鄙视。他们知道自己获得了外国军队的支持，却没有获得任何勇气，也不肯在周边地区与敌人交战；而是叛军一逼近就望风披靡，而且，实际上是他们抢劫和焚烧了惊慌的居民已逃避一空的村庄。至于官员，要是能把他们统统革职，就是一大进步。他们在必须承担巨额军费的借口下，对中国居民的个人财产和当地贸易横征暴敛，由此积攒了巨额的私人财富，并小心翼翼地利用外国的帮助，将之运送到安全之地。与这种人交往所遭受的心理扭曲和痛苦，肯定已让外国人折寿良多。

没有援助，道台就不能维持城市的安宁；签订了一份协议，英国军队守卫租界和虹口，法国军队守卫他们的租界和董家渡；然而，英国人还要守住北门和相连的城墙。英法两国守卫吴淞。法国人的可用兵力有 1 000 人，其中的 400 人可以作为机动力量。英国人有 650 人，一度增加了 250 人，其中的 300 人可以机动。这份协议由法国的卜罗德舰队司令官、泰奥洛格上校与英国的何伯海军上将、穆迪中校签署。英国皇家海军的"珍珠"号随即运来了米契尔将军及随从的第 99 团的一个连，还有一些皇家炮兵。

在此期间，这个受威胁城市的危险加剧了。尤其是浦东的抢劫者，把越来越多的难民驱入了上海。其目的无疑是让这里秩序混乱，或者发生饥荒。物价已经飙升了百分之二百或三百，租界里挤满了无所事事、无家可归的流浪者。这不但增加了危险性，而且阿查理在一艘俘获的舢板上得到的一些文件表明，租界内两名有钱而且有影响的广州籍居民支配了所有的赃物，赃物也许落入了"有关方面手中"。

何伯海军上将现在达成了一项协议，安排炮舰守卫道路，支持华尔进攻吴淞对面的叛军阵地。进攻并夺取了高桥。由于何伯与卜罗德两人都亲临了，华尔的手下在开始抢劫之前，尚循规蹈矩。该地原被作为进攻上海的基地，存有大量谷物，叛军在逃跑前把该地付之一炬，很多谷物被烧毁了。成千上万被铁链锁着做苦工的村民获释了。叛军为了报复这次失败，几天后回到了附近地区，犯下了令人毛骨悚然的罪行。

闵行的敌军力量强大，海军上将派出的一支侦察队被迫撤回自己船上。于是，派出一支远征军，由带着六门大炮的 500 名英法军队和 750 名华尔的洋枪队组成。首先炮击松江以东靠近南桥的萧塘村，然后发动进攻。叛军非常顽强地固守，因遭受了非常巨大的伤亡而失败，这是对他们的沉重一击。就是因为高桥和南桥这两场胜仗，皇帝授予华尔副将（镇台）的官阶[1]，他的军队被授予"常胜军"称号。他的军队在这两场战斗中都首当其冲，伤亡了七八十人。

就这年的 3 月，英国皇家海军的"弗莱默"号在黄浦江中遇到一批由十艘战船护航的叛军船只，船上或江岸上行进的军队约有六七千人。先遭到射击的"弗莱默"号等到护航船队完全进入射程才大小火炮一起开火，把船员驱赶到了岸上，实际上消灭了整支船队。

这时，北京政府的态度被认为更加合作，但对上海外国人利益的威胁却甚于以往。商会的记载认为，进口的跌落是由于太平天国叛乱的存在。宁波首先成为可选的进口港，但自从叛军占领后就关闭了。他们不征关税，却抢劫和掠夺。蚕丝出口下降了 14 000 包。在苏州和杭州收复之前，贸易不可能恢复。

因此，外国列强公然站在朝廷方面反对叛军。法国和英国指挥官建议，应当肃清上海周边 30 英里乡村中的叛军。公使团批准了，唯一的异议是担心官军不能保住外国军队的战果。同意将士迪佛立将军指挥的英国在天津军队调到上海，麦华陀和何伯答应用英国船只沿着长江运送安庆的曾国藩军队 9 000 人。麦李洋行的理查森运载了他们及所有辎重东西，并不太拥挤，运费为每人 20 两，不包括伙食与燃料。即使从战时服务的角度来看，这个费率也是非常高的，人们倾向于认为所记载的数字有误。

而且，此后华尔被承认是一个有价值的同事，而不再是形迹可疑的冒险家了。

将能看出，这个 30 英里半径的相关计划，包括了闵行、松江、青浦和嘉定，还有上海经度线以东的整个浦东地区。

士迪佛立率领所部到达时，组成了一支拥有 11 门火炮约 2 700 人的快速纵队。

---

[1] 据同治朝《筹办夷务始末》第四卷第 44—52 页，华尔先后被授予四品和三品顶戴。

其中包括 400 名英国人，800 名印度人，400 名法国人，还有常胜军 1 000 人，由两位舰队司令官和士迪佛立、华尔联合指挥，但何伯拥有行动的总指挥权。

1862 年的 4 月、5 月是忙碌的两个月。4 月 4 日，坚守王家寺的叛军遭到攻击，并被驱逐。他们退守数英里外的第二个据点；华尔带着 500 人追击到这里，不幸被挡住，伤亡了 50 人。而陪伴他的何伯腿上负伤。可是第二天，卜罗德和博莱斯[1]指挥的海军人员带着大炮夺取了这个据点。

17 日，皮球继续滚动，对上海西南约 15 英里的七宝发动了一场进攻。这里的敌军再次遭受重大损失，退出了这个坚固阵地。然后，一支大部队被派往苏州河上游，总共 3 842 人，其中法军 775 名，华尔的队伍 1 000 名，其余的是英军和意大利军，有 30 门大炮。29 日，他们夺取南翔；5 月 1 日，攻克嘉定；12 日攻克青浦，17 日攻克南桥，20 日攻克柘林。通过这项漂亮的行动，半径 30 英里内的五座重要城镇（包括松江）归属了朝廷统治；这项幸运战果的不幸代价，就是舰队司令官卜罗德的阵亡。他在南桥发起冲锋时，被一颗子弹打中了心脏。在法租界市政厅前（领事馆路）建立了他的雕像，题词结合了对他的纪念和对参加平叛的法国陆海军士兵的纪念。欣慰地获悉，政府通过祭奠、礼品和在其阵亡地点立碑，对卜罗德的服务表示了恰当的感谢。

已经订立的协议是，今后夺取的城市均由官军把守，这是他们应当承担的责任；但如业已指出的，对他们是否适合承担计划的这一部分不无疑虑。华尔打算将其总部从松江移至青浦，由他的部队来卫戍这五座城市；但他尚未开始这项行动，嘉定即首先再次落入叛军之手，而且，守备剩下的青浦遭受了如此巨大的压力，华尔得到了联军的帮助都难以救援，于是，该城也被敌军占领了。一直担任指挥的法尔思德成了囚徒，度过了一段糟糕的日子，遭到了拷打和死亡的威胁；他实际上是用一大笔金钱与大量军火赎回来的。

嘉定陷落时，仅仅靠着出人意料到达的英国皇家海军"椋鸟"号才勉强守住了吴淞。对官军的说法是刻薄的，"太平军只要一进攻，他们就溜之大吉"。但他们进攻时的行为也许更加恶劣。江苏巡抚薛焕集合了七千到一万人的队伍向太仓进军；他们彻底溃败，回到出发地宝山的人寥寥无几。

---

[1]　英国军舰"珍珠"号舰长。

这场战役的全部后果，就是几乎完全涣散了士气。华尔已经重新夺取了青浦，但他摧毁该城后放弃了它；守住的只有松江和南桥。向北京政府指出，没有哪国政府愿意为另一个过分软弱或对这种事情过分冷漠的政府守土保城。

舰队司令官、将军和新任巡抚李鸿章举行了一次会议，尽管李鸿章不赞成外国人训练他的军队，还是达成了他提供3 000人接受这种训练的协议。

那年夏天的天气非常难受，联军除了维持防御，无所事事。叛军也后撤了，或许是由于南京局势的缘故。但到了8月间，他们又在距上海6到8英里的范围内发动了袭击，甚至对静安寺发动了掠劫、谋杀和焚烧。决定把道路延伸到那里，并建立一个哨所。

叛军占领了宁波六个月，但那里的外国租界仍被宣布为中立，并维持着和平。但在1862年5月，清军夺取了镇海，准备进攻宁波。进攻那天，尽管早就提出了警告，那里的英国和法国舰只仍遭到城墙上炮火的射击。皇家海军的丢乐德克舰长和法国海军的凯内上尉随即炮轰城市，并发起进攻，赶走了叛军，把城市交给官军。由于叛军仍在附近袭击和破坏乡村，决定把他们清除出这个地区。丢乐德克与常胜军、后建的中法常捷军的1 000人和1 500名广东人，带着一艘英国炮舰和一艘法国炮舰，夺取了西北方约15英里的余姚。一个月后，华尔到达，立即对宁波西北10英里的慈溪发动进攻。他夺取了该地，但受了致命伤，一颗流弹打进了他的胸膛。20小时后，他死了。

这里并非提供这位著名人物详细传略的地方。对他的看法随时代而改变，但他本人并无变化；他作为可疑的和可咒的对象时的价值，也许同联军承认他为可靠的同事时一样大。他当然是一位冒险家；而且历来据说，经常是没有足够证据地引证说，他的奇想就是创建一个自己的王国。但对他的记载表明，他忠于自己的雇主；也许他的野心并未超过凭忠心耿耿的服务而获得荣誉，因为对于这样一个人而言，他获得的酬报完全可以充分满足愿望了。无论如何，他是在正确地方出现的正确的人；中方对他称心如意；他对手下的指挥无人能及，他依靠最粗野的外国军官和未经训练的部队取得的胜利，对政府和联军都是价值无量的。

他的服务得到了独一无二的酬谢；他被葬于总部所在的松江，1877年在文庙建立了一座祠堂，一块记载他功绩的石碑前常年香火缭绕。同样独一无二的是，政府尽管承认对他的抚恤金，却一直没有支付，像福斯塔夫式的"吹牛无赖"那样[1]，被提出了索赔的要求；直到1901年，美国政府提出的总计18万元黄金的主张，才成了庚子赔款的一部分！

找到合适的继任者是最头痛的事情。中国政府必须满意，而且更重要的是常胜军的官兵们必须满意；同时，还必须考虑到国际观瞻。建议由一名美国人来指挥，因为英国人将在海上的"阿思本舰队"中掌握同样的权力。经过训练的部队大约有4500人，最不明智的是让未必具备华尔的能力与忠诚的冒险家来领导这些人。现在节制这支部队的李鸿章提议由法尔思德指挥，但由于负伤和被俘期间在青浦遭受的虐待严重损害了健康，他不能接受。何伯这时建议说，排在法尔思德之后的指挥官应得到这个职位；因而，美国人白齐文成了常胜军领袖，拥有镇台（副将）品阶，尽管判断力出众的李鸿章对这项任命并不十分满意。英国领事（麦华陀）、士迪佛立和道台已经商定，应由某位英国军官担任此职，甚至已将这一意图告知了白齐文；但何伯推翻了这一切，自己带着白齐文去见巡抚，正式推荐他，并坚持说，在事情提交北京期间，无论如何应由白齐文负责。差不多过了三个月，白齐文才被降职、解雇。

10月，白齐文会同何伯、士迪佛立夺回了嘉定。动用的军队数量很大——英军1850人，法军400人，英国军官指挥的中国军队800人，常胜军1500人；共计4550人和30门大炮。在那里留下了强大的守备力量，在南翔建立了一个据点。一个月后，又在几天之内取得了两场胜利。一场是李鸿章本人在黄渡取得的，另一场是白齐文在白鹤港取得的。听王、慕王、纳王率领人数过万的叛军，试图夺回嘉定和青浦，占领松江、上海和宝山。听王战死，慕王负重伤，800人阵亡，2000人因逃跑时经过的一座桥梁垮塌而溺毙，600人被俘。这些胜利的结果，就是年终士迪佛立为完成这个地区半径30英里的地图而带着400人巡逻嘉定城郊时，可以报告"肃清了上海周边乡村的叛军"。

何伯舰队司令官约在此时离开了，没有看到他如此眷顾的那个人的垮台。继任他的舰队司令官是古伯。也就在这时，政府获悉并谢绝了俄国提供大规模平叛援助的要约。

白齐文的生涯是流星般的。他在白鹤港胜利之后，打算走得更远，参加对南京

---

[1] 莎士比亚剧作《亨利四世》中的人物。

的作战。陆军和海军指挥官最初都反对从上海调走部队，但后来同意了某种条件下的远征。12月22日宣布，2 500人已经出发，白齐文将很快带领其余的6 000人跟上。

这段对白齐文灾难性的插曲，像通常一样难以找出真相，并像通常一样易于找到双方的过失。必须记住，对李鸿章而言，白齐文是**不受欢迎之人**，而且，他还因在松江大肆挥霍而招致严重的不满。上海爱国商人的资金仍通过泰记钱庄提供。松江的平民几乎都因阻断了这么多河浜、摧毁了这么多城郊等而反对他。何况，士兵们的军饷被拖欠。中国历史上是否曾有一个并不拖欠的时代，是一个有趣的问题。无论如何，此案的两个方面是清楚的：白齐文推迟了出发，因为如他所说，军队未领到军饷就不能走；而李鸿章则宣称，20万两已经用在约定的运输、购买补充的军火等方面了，由于白齐文的拖延，这些钱都白用了。

接着是同杨坊[1]吵架的稀奇事件。白齐文带着150人来到上海，去钱庄接收被拖欠的其队伍出发前必需的款项。看来可以确定的是，他与该钱庄主发生了争吵，并殴打了他；不那么确定的是，他进而抢夺了钱款。他已根据协议取走了40 000两；这笔款项是准备给他的，并告诉他取走；甚至据说泰记的买办陪着该款到了松江，看着发放给军队。

李鸿章立即将白齐文革职解雇。中国政府宣布，他因不服从命令、抗拒合法政府、公然盗窃而处死刑。抓捕他的赏金是50 000两，并要求士迪佛立逮捕他，这当然遭到了拒绝。

根据李鸿章的要求，海军的奥伦舰长已经被任命为白齐文的军事秘书——由于对后者极为不满。由于对马格里的提名既得不到部队的支持，也得不到英国政府的支持，而法尔思德再次谢绝了这个职位，士迪佛立提名由奥伦暂时"联合指挥"，并准备推荐戈登上尉永久联合指挥。

然后出现了新的难题。常胜军仍然被拖欠军饷；他们的领袖因拿走他们应得的款项，已被控盗窃革职；尽管大多数军官是美国人，新委任的司令官却是英国人。因此，五十多名军官提出了书面的强烈抗议，宣称白齐文如果遭到所威胁的处决，他们就不再为中国政府服务。李鸿章出面挽救，首先支付了拖欠的所有军饷，避免

---

[1] 原文为"泰记"，是外人对杨坊的习惯称谓。

了兵变威胁，然后自己承担了由朝廷经费供给这支军队的责任。奥伦在1863年1月15日被授予通常的镇台级别。

白齐文在上海耽搁了一段后，去北京寻求他所要求的正义。他的请求是只能被任命了他的皇帝解雇。但前道台声称，任命是李鸿章做出的，根据的是英国舰队司令官的推荐和品行良好的保证。这是与道台的联合指挥，所有文武官员都必须服从本省的巡抚。白齐文发现，这也正是北京的观点；因为尽管美国公使和英国公使真心实意接受了他的理由，恭亲王却承认自己不能干预属于地方管辖的事务，他只能将此案发回上海。这个不幸的男人在一位派来解决这个问题的专使陪伴下回到上海，却发现至少李鸿章不打算让他复职，因为这仅仅意味着更多的麻烦，而且他指挥下的军队会越来越难以驾驭。于是，白齐文犯了一个绝对的错误，非常戏剧性地从松江抢走"高桥"号轮船，去苏州为叛军服务了。叛军没有给他信任的职位，两个月后，他和所带领的冒险家团伙向戈登投降。他不幸的剩余日子可用寥寥数语简述。李鸿章不顾十一国领事的抗议，坚持用3 000两银子悬赏白齐文，"不论死活"；美国领事通过逮捕并送往日本而救了他。这让我们想到了路德人生中一段插曲，尽管白齐文没有提起过路德。翌年即1864年6月，他抵达宁波，再次加入叛军。他在福建的漳州被俘，被移交给中国政府。他从福州被解送到苏州。但当美国领事要他投降时，他显然碰巧同其他人一起在路上淹死了。他的遗体被送到上海，得到了辨认；官方的宣布驱散了他已被剥皮的可怕谣诼；中方的说法被承认是正确的；但从来不能真正知道，他的死亡究竟是一场事故，还是摆脱困局的最简单安排。

在整个动乱期间，有一位文职官员的名字出现得同那些战斗者一样频繁——即阿查理。因为缺少翻译，出现了很多困难，阿查理在这里找到了提供最有价值服务的机会。例如，在松江发生威胁性的事态时，他就是常胜军和官员之间的调解人，中国大员对他如此满意，以至于想让他每个月的发饷日都来，"让他们受益于他的机敏和口才"。这以私人身份而言是获准的；但当他几个月后提出加入李鸿章手下的中国机构为期十二个月时，他被告知，他在英国领事馆的责任不可能准许他离开，而且，如果他去了，就是严重的背信弃义。他不但在松江，而且在很多地方都见到了大量的官军和叛军，我们有关这两支军队的大量知识，都幸亏了他谨慎而又出色的报告。

事实上，当几个月后阿查理负伤时，领事馆发现自己一个翻译都没有了，不管是中国人还是英国人。

叛乱的潮流就这样从上海消退了，叛军失败的故事就不必继续了。这可以包括戈登的功绩，以及对他高尚个性和果敢指挥的某些记述；但这不属于上海的故事。简述就足够了：常胜军整顿，缩减到了 3 000 人；他们由奥伦率领，在太仓遭到惨败；戈登在 1863 年 3 月担任指挥；6 月 1 日夺取昆山，12 月 4 日夺取苏州，1864 年 5 月 11 日夺取常州。随着常州的夺取，戈登的工作结束了，常胜军在 5 月 31 日被解散。曾国藩夺取南京两个月之后，叛乱最终被粉碎了。

第 10 章

海　关

本书第一卷第 39 章已经详细介绍了海关设立外国税务司的故事和最初对它的强烈反对。上海商人初始以来的反对不仅是因为实行了更严格的制度，而且是因为他们系唯一的受难者，其他口岸最初仍实行随随便便的旧制度。但进一步的抱怨是，海关官员纯属中国政府的雇员，商人们反对中方管辖税收事务；他们要求由一家领事法庭来解决涉及海关的案件。对此的答复是，授予一位领事这种权力，就必须授予所有的领事；这样，领事对其国人义务的最低要求，就是对其他人的标准。

然而，我们在这个问题上有一个领事和公使分歧的早期例子。领事们不愿意承认有关外国税务司的官方地位。因而争吵更多了。我们发现，英国领事罗伯逊早在 1856 年就向公使表示反对，即"他不应当被用于派系性目的，他可疑的人品也不应用来支持税务司或任何其他制度"。我们由此断定，罗伯逊和李泰国一样"有脾气"。官方的答复是平静的，"你被正式要求全力以赴支持这些人的'派系性目的'，他们希望体面地履行条约义务"。

但 1859 年下一位英国领事麦迪乐上任时，争吵变得激烈了。他总是连篇累牍地撰写，并因爱好撰写文章和逾越作为领事的界线而受到申斥。他在 1859 年喋喋不休地请求指示，并对那些人员和制度表示强烈的厌恶。他声称，尤其因为"主要人员"对领事的态度，他看来无法履行自己的职责和执行给自己的指令了。他认为，这个制度是不可救药的，却并不认为该制度必定具有这种态度。税务司行为的两个后果是：（一）全面损害领事的影响力；（二）很大程度上阻断了他与中国政府此前的直接沟通。"我难以置信的是，英国侨民，其中的有些受过教育并熟悉这个国家过去和现在的国际关系，怎么会坚持效忠于对英国领事馆影响和权威的损害，仅仅因为负责领事机构的个别官员表示，他们害怕一个新奇的，而且可以说至少不同寻常的制度将被证明是危害了人们的利益，而照看和报告这些利益，正是领事馆的特有职权。"我们希望，这个句子是我们必须举例说明的密迪乐冗长公文文风的唯一样本。他继续谈道，领事馆的管辖权如何遭到篡夺，已经公布的影响英国侨民的新规章怎样与领事当局毫不相干。他到达三天后，就收到新的规章，连同一份"通信应致函海关税务司"的宣示，他不知道何许人拥有这么显赫的头衔，也不知道正式的发信人是谁。所以他退回了信件，称他只从道台处接受海关的信件。规章公布了，已经退回了副本的英国领事落魄到请求和明商会提供一份的地步。他通知道台，没有英国领事的司法行为，任何情况下都不准没收英国货物；但这走得太远了，以致包令告诉他，这个问题暂时维持现状。

一年后，他在与和明商会的一次激烈通信中故态复萌，絮絮叨叨诉说他如何通知海关监督，未经批准不得非法扣押英国商人的货物，他的进一步行动如何被公使制止。然后，他继续声称，由于剥离了海关案件，领事法庭遭到了系统性的贬损。在英国，并不认为委托税务司的没收是安全的：什么是当时中国的税务司？甚至对自己的中国雇主而言，他们有实际的独立性吗？"据目前的报告，海关的外国代理人瓜分了他们的没收。"密迪乐**不知道这里有多少是真话**。——"完全应该记住，甚至完全予以否认，我们也根本说不上这种瓜分在多大程度上存在。"如果这是真的，"在最坏的欧洲专制主义中"也不会发现"比这更为恶毒的东西了"。可以认为，海关官员没有修改条约规定这种意图，但他声称，这些规章修改了条约；它们影响到了领事权力，威胁到了商业利益。

今天，我们几乎不必再考虑指控那些官员了，但我们非常感兴趣的是那人的自我表白，他如此巧妙地暗示了他们的狡猾；而且我们确信，他肯定是一位难以相处的人。

十六家英国企业，包括颠地的、汉璧礼的、桑恩的企业同意密迪乐的以下观点：（一）只有领事才能根据其司法资格，对海关没收的效力作出合法与正当的认定；（二）当地海关的规章，只有经过领事批准并由领事公布才有效力；（三）密迪乐建议的由混合法庭（Mixed Court）恢复对华人被告的追讨，看来是最有可能获得正义的方式。

现在，上述致商会函经密迪乐同意发表在《北华捷报》通信栏。我们毫不奇怪，负责海关的德都德和费士来在报纸上理直气壮地向密迪乐说出了他们的看法。然后，密迪乐声称，他已经奉命总体上支持这个制度，但也抗议了这个制度主要建立者的篡权和自命不凡。他对自己的辩护实际上是对报道阴险的重复："据最近的报道，税务司们瓜分了没收"；还说到了"对我即英国领事非常粗鄙的咒骂"、"恶毒的诽谤"、"无礼的攻击"，等等，显然感觉非常恶劣。他发出了一份英国领事馆传单，其中提到了就在他"民事刑事管辖权之下"的"两位税务司强词夺理的、责难的、傲慢的腔调"。他表示已经致函香港，要求高等法院指定合法的审理机构。他就是在此期间通过这份传单，用自己的官方地位击退了对他的诽谤。

如果说密迪乐不够聪明，税务司李泰国先生也是如此；必须有适当的地方进一步讨论这两人。

同时，新的形势自然而然造成的困难，必须找到某些调整的手段。作为冲突的实际例子，一位海关官员在 1860 年奉命行动，缴获了英国小帆船"波浪"号上的一些火药，领事与陪审官的判决是罚金 200 元或两个月监禁。然后在 1863 年，道台为了"取悦骚扰商人的外国税务司"，对怡和洋行征收了一笔显然突如其来的罚金。怡和洋行的过错是技术性的虚假申报；其船只多装载了 50 箱鸦片没有申报，解释是那 50 箱应该在福州卸货，却没有卸下。由此产生的问题是，能否宽恕疏忽；如果可以，则彻底敞开了欺诈的大门。道台把罚金从 500 元降低到 200 元，但怡和洋行仍然抗议针对轻微错误的任何罚款。然而，如果退还 200 元，很多其他罚金也必须退还；而且，如果因领事干预而免除了罚金，税务司就会被蔑视。此外，还有账目早就了结等问题。我们由此可见，用罗杰爵士的话来说，就是"双方都有理"。

代理领事马安不像密迪乐那样反复无常、好斗成性，他认为海关的行为缺乏对领事馆的尊重；这也加剧了怨恨海关机构的情绪。"钦差大臣和道台对其外国雇员的表达显然是深思熟虑过的；我相信，由于我也必须抱怨的外国雇员的傲慢无礼，已经激起了一股最有悖于两国利益的情绪。"

麦华陀返回上海时（1861 年），请求得到明确的建议和指令；需要立即予以关注的问题是：英国臣民遭到海关的指控时，是否有权利在领事法庭接受公平的审判？或者在违背条约或海关规章时，海关监督能否根据自己的偏好，不顾领事的干预而对英国臣民的财产处以罚款和没收？

在发生许多案件并且争吵之后，在很多领事、商人、公使、道台和律政司都卷入这场争斗之后，最后产生出了某种规则。英王政府的法律官员们在 1857 年同意，不能因走私而没收英国的船只。根据中法条约，能够没收的只是货物而不是船只。卜鲁斯在 1863 年规定，中国政府有权利没收违反规定卸下的货物，但不包括仍在船上的货物；而且，如果他们希望根据条约征收罚款，就必须致函领事呈控，领事将进行没有陪审官的审判。后来，建立了一个审理海关没收问题的混合法庭，而罚金只有经领事法庭的审判才可返还。

这种不可避免的利益冲突，有归结为个人因素的。1856 年太平洋行被罚款时，罗伯逊进行了干预；他认为这项判决是过分的。该企业称，他们"遭受了李泰国先生非常粗鲁无礼的对待"。他的举止是侮辱性的；他把门摔在鲍曼先生脸上；他不答复信件。罗伯逊就此案对道台使用了相当尖刻的语句。

在法律不确定状态下，"宝山"号[1]一案不得不提交给克拉伦登勋爵，他判定海关应当归还对宝顺洋行的罚金。然后，该企业致函领事称："归还遭到蔑视你判决的税务司们勒索的罚金，仅仅是一项迟到的正义；与公然加在我们头上的不公正诽谤相比，与挑起和持续这场争端的恼怒相比，这仅仅是个瞬间；我们完全相信，那些都出自对我们的私人敌意。"

当带着信件的外交使节先于额尔金勋爵抵达时，李泰国作为真正的税务司陪同他们去了苏州；但《北华捷报》称："我们不知道李泰国先生是算使节们的随员，还是作为私人出场的；但无论何者，对我们而言，他显然为了让自己东家得意，折损了他们的尊严，将他们放到了错误的位置上。"

1863 年的和明商会报告包含了对李泰国的以下评估："他不受事实和论据的约束，对那些怀疑中国海关绝对完美的人表现出最恶毒的敌意；而且，他为了支持自己的观点，反对请愿人，毫不犹豫地同样无视真相和礼貌，歪曲所发生的事情和状态。"

关于更久以后的李泰国-阿思本舰队，李泰国发行了一本小册子；《北华捷报》称，它的腔调是气急败坏的，它的怨恨把作者的水准降到了攻击者之下。"我们真的毫不怀疑，李泰国确实历来备受尊重和敬畏；但他绝不讨人喜欢或受人信任。"

---

[1] 疑为"宝顺"（Paoushun）号之误。

同一份刊物还在更早的时候说过："这项实验从一开始就声名狼藉，它的实际工作和指导，它的所有功德和污点，始终都属于一个人，即英国的资深税务司李泰国先生。无论这位绅士的品位和脾气有什么缺陷，而且，如果他对手是可信的，缺陷比比皆是，他仍然证明自己是一位诚实和警觉的官员，如果这不包括他公正履行自己职务裁量权的谦恭和天分的话；也许，一个像他这样年轻，有他这样机会的人，人们也只能期待他如此行事了。"

谈到他的年龄，让我们想起了包令表达或引用过的钦差大臣吉尔杭阿在 1855 年李泰国继任威妥玛时一段先见之明的评论："我担心李泰国先生的年轻和地位将给他带来很多烦恼，这项服务本身就是令人窘迫的；而且我知道税务司将面临大量的辱骂和反对，不知李泰国先生的地位和力量能否足以应付。任命那样年轻的官员，会造成更有经验的公职人员的怒气冲天，这也许是沾了该机构在中国和（英国）国内都声名狼藉的光吧。"

李泰国 1849 年来到中国，充当领事机构的实习翻译，1855 年 6 月加入海关，1859 年被通商大臣[1]任命为总税务司，1861 年由新设的总理衙门再次任命。1859 年，在因"格特鲁德"号案件发生的某种骚乱中，他和领馆牧师好不生遭受袭击并负伤。袭击发生在打绳路（九江路）上。他在 1862 年充当对付劫匪的志愿者时显然再次负伤。（马士：《中华帝国对外关系史》第 2 卷第 34 页）[2] 这次负伤让他必须离开。他在离任归国期间，接到了组建李泰国-阿思本舰队的指令（见下述），而他对这笔生意的经营，导致了 1863 年被革除海关职务，尽管不失体面。赫德先生（罗伯特爵士）继任了他，但赫德住在北京，个人在上海历史上没有地位。

可以造成罚款和没收的违法行为五花八门：有通过虚假申报等公然规避关税等；有在未开放口岸进行贸易；有子口税问题等，不一而足。条约未开放各口岸的贸易沿海完全非法；然而这必须进行。航运者和商人坚持进行，是因为这有利可图；他们经常得到可从中获益的当地官员的协助。这就提出了这样的法律问题，即是否必须抓获在非条约口岸进行贸易的违法船只，或者，只要装载了货物并试图在中国出售的船只，是否在离港后就要承担责任。英国和美国的公使卜鲁斯和蒲安臣都死板地捍卫中国的条约权利；但随着岁月的流逝和其他公使的到来，境遇解决了

---

[1]　即两江总督、办理通商各口事务钦差大臣何桂清。
[2]　中译本第 36 页。

这个问题；商人们坚持遵守条约的精神而不是文本；腐败的地方官员纵容一切非法贸易；更安全和更快速的外国轮船比中国帆船更受欢迎；中国政府像往常一样，软弱到不能维护自身权利，要由别人来为他们做这件事；而且，外国商人最终如愿以偿，承揽了大部分中国产品和外国产品的沿海贸易。

在条约造成的全面无序状态和海关外国税务司设立的过程中，逐项解决了下列问题：不能因走私而没收英国船只；不能没收没有实际售卖或卸货的走私品；可以收缴逃税的货物，但不包括作为担保品的货物；领事不受理对作为中国雇员的税务司的指控，中国政府不会接受在领事法庭辩论的侮慢。

列举一些案件也许不无趣味，这些案件表明了商人在法律不明确、海关行事警觉、中国官员腐败之时的最初困难。

"宝顺"号案和"威南德"号案很早就表明，外国法庭乐意公平保护华人利益。

"威南德"号在宁波装载大米。华人出口大米是非法的——但外国人出口也非法吗？在英国政府接受中方这种问题上的管辖权之前，可以实行没收等吗？中国官员因腐败而纵容违法，以避免麻烦，但如卜鲁斯所说，不能就此而剥夺中国的条约权利。口岸界线只对外国人存在："威南德"号是处在界线之外，却不在道台的管辖权之外，海关认为自己有权利没收条约口岸之外卸下的货物。但罗伯逊提出质疑，而且表示根据中法条约，只能没收货物，而不能没收船只。这是一团足以费时耗力的乱麻——而且直到六年后仍未解决管辖权的问题。

1861年，一批食盐经官员们的默许从温州装载上船。食盐遭到了没收，但密迪乐坚持认为，未经实际出售或卸货的走私品不应没收，而且道台屈从了这个观点。

1862年，对在非条约口岸进行贸易的"玫瑰"号提出了没收的要求。但政府同意用罚金500两代替没收。

是年，发生了公平洋行被认定逃税的严重案件。道台坚持认为，十二艘船通过了董家渡的分界线；追击了一里，抓住了两艘。汉璧礼抗议说，那里并无分界线，只是停着一艘舢板，他的雇员并不知道它的存在，因为以前所有的海关事务都在岸上办理。一要求停船，船只就停下了。他宣称，他在九年中从未被指控过走私，但现在，价值5000英镑的生丝被两个分赃的稽查员随随便便没收了。他当时发动了一场反对勒索的斗争；他有理由相信，中国政府的怨恨是苛刻和不公正地攫夺他财产的原因。

此事的最后记载是，卜鲁斯在六个月后说，他不会要求归还这批生丝，因为这是明显的逃税案。

同一年，海关放行了宝文洋行的 80 包 2 000 匹灰衬衫布，其实却是 4 000 匹。该企业声称发生了文书错误，只是不幸晚纠正了几天。副领事设法挽救了 58 包，而 22 包货物被没收。道台的案子是申报货物不实，而且是第二次犯规。他已经放行了大部分货物。

香港的大法官在 8 月发布了一份**非绝对**（*nisi*）裁决，命令麦华陀说明理由，为何不应发表一份要求他审理指控宝文洋行违反条约义务的书面训令，大法官并请求卜鲁斯发布应当审理这个未必有把握的案子的书面训令。他已经发布命令，不应受理对税务司作为中国公职人员的起诉，并一再清楚地重申，在这类案件中禁止强迫中国政府服从领事法庭的管辖。

不幸的是，麦华陀已在致宝文洋行函中说了："我完全同意……英国臣民有权利要求没收或惩罚之前的司法调查。中方在争夺这个权利。"卜鲁斯随即对他自行发表可能误导有关各方的观点进行了严厉斥责。由一家英国法庭审理这种案子也许是可取的，但能否主张这种权利是另一个问题。他坚持认为，宝文洋行代理人的违法已经证明了道台拿走所有 80 包货物的合理性。如果对那个商人有"错误"，也是不能证明系存心欺诈；但断言并不存心欺诈，没有证据。他不要求归还；他们可以向外交部上诉，他会转交信件。

在后来的一起案子中，麦华陀被告知："你不能在领事法庭审理该案，但你有权利获得道台审理时转交给你的证据。"后来又被告知："在这种案件中，中国政府不接受，也不能料想会服从一个领事法庭做出的判决。"

回到宝文洋行案吧。书面训令因为仅限于女王的领土而被拒绝了。法院认为，尽管不应怪罪麦华陀，宝文洋行已因双方都付出了代价的长期悬而未决而遭受了苦难。

当年，公道洋行再次未经许可而装载燃煤。这批燃煤已几次转手——每一次都认为它们已通过了海关。一名海关官员几乎每天都在船上，却没有给予缺乏任何东西的提示。道台说，他本来可以没收这批货物，但只要求麦华陀处以 500 两罚金，并在等待期间扣留它。这笔款支付了，尽管提出了强烈的抗议，并保留了索取合法赔偿的权利。夏福礼领事致函道台表示，希望同样承认英国的权利：如果双方都有友好精神，烦恼问题就屈指可数了。

1862年，"水星"号被宣布没收，但恭亲王答应旅泰洋行用2 500两买回该船。在此期间——同一日期，道台已经同温思达领事达成了协议，该船可按他的开价500两赎回。卜鲁斯说，各方都可以庆幸，条件比政府建议接受的更加宽松。道台希望由官方告诉总理衙门，更大的金额如果不是不可能，也将会招致怨恨，这样他就摆脱不愿意执行指令的责怪了。温思达希望公使能注意到这一点，因为应（宝时）道台历来温良恭谨。

这些具体问题的例证都是富于启发性的。我们不再多列举了，但可以得出某些结论和逐渐成形的判断。

蒲安臣指示熙华德称，中方可以制定自己的税收法律：我们只需观察是否符合条约。只有立法者才能豁免服从的义务。只有通过领事才能惩罚外国人。中国政府可以向领事法庭呈控，即使不作为诉讼中的一造。不能强迫它走上领事法庭辩护，因此，海关和领事之间的争端成了外交事务。海关官员在领事法庭中是没有责任能力的；补救办法是由中国政府承担责任。中国政府可以没收违反港口规定而卸下的货物，但不包括未卸下的货物——恭亲王已经承认了这项原则。长江中的镇江、九江和汉口是开放的，在其他地方的贸易应该没收。"我们没有必要通过谈判形成一项国家的条约。"不反对美国人进入中国的文官机构，但非常反对他们参加这场战争。

这堆五花八门的箴言已经给英国、法国、俄国公使看过了，得到了他们的赞同。

我们记下了律师圣殿[1]中柯克[2]、詹姆斯·汉嫩[3]在1862年关于某些海关问题的见解。（1）海关并无义务向英国领事馆提交没收案件；在这个问题上，必须完全无视1853年6月13日的枢密令——唯一应该考虑的是各项条约。（2）只有中国政府拥有没收案的宣判权，只接受英国人（外国人）的政治干预。至于罚款，"我们认为没有英国领事的干预，中国政府就不能对他们实施"。（3）在实行罚款、

---

[1] 原文是Temple，指英国著名的四大律师学院。
[2] 柯克（1814—1865），英国律师兼记者。
[3] 詹姆斯·汉嫩（1821—1894），英国著名法官。

没收之后，（根据第 41 款）[1]中国政府就不能禁止船只离港；但除了该款之外，他们可以拒绝违反海关法律而未能纠正的船只离港。（4）中国政府可以将必须采取的行动通知领事法庭，但不能为重新获得一般船钞或关税而起诉。（5）海关官员不能因官方身份采取的行动而受领事法庭管辖。（6）如欲没收中国水域中英国船只上的物品，只要符合任何中国法律的要求，中国政府均无须英国领事的传票就能予以收缴。

凯莱爵士[2]和斯蒂芬先生[3]赞同上述（1）——中国不是枢密令的当事方。关于（3），他们说，中国政府没有理由不制定这样的规则，即如果不缴纳罚金和没收，就不准船只离港。至于（4），中方作为原告可以诉诸有管辖权的领事法庭——这种法庭应是"中国法庭的辅助机构"。

这些和其他许多观点、鉴定和判决形成了一份完美的杂烩；此处的列举，是为了表明中国海关的建立与外国代理人、中国法律、条约等的经常冲突所造成的困难。很多规则已被废弃，训令已让很多事情合法，新的条约已经签订，已在混乱中建立了秩序；但在取得平衡和某种程度的明确之前，仍然需要时间、耐心，以及很多的法律和很多的相互克制。

本书当然不是对海关机构的全面论述。1858 年的《天津条约》把这个制度扩展到了所有条约口岸。

直到 1894 年，外滩的老式中国建筑仍是海关衙署。是年 2 月，现在的建筑在原来的地基上落成了，没有举行任何典礼。这是都铎式的红砖建筑，面对外滩的正面宽 135 英尺，钟塔高 110 英尺。

---

[1]　指中英《天津条约》的第 41 款。
[2]　凯莱（1796—1880），英国法学家、政治家和法官。
[3]　可能指斯蒂芬爵士。

第 11 章

捐　　税

太平天国叛乱彻底改变了上海的特点，导致了它在统治上的一系列困难。1842
年英国人首次占领上海时，这里尚无外国居民，亦无《土地章程》和租界。1854
年，工部局问世。到1862年，工部局发现自己统治的居民约达100万人，所包括
的穷人和罪犯大于通常比例。迅速发展带来的困难本可迅速克服的，但这不是一种
正常的快速增长，而是一股突如其来的洪水；由于苏州陷落和叛军袭击周边地区，
50万名被逐出家园的难民在租界里避难。如果旧的权力被证明不够充分，如果道
台、领事、工部局之间的关系需要调整，如果褴褛必须改换为成人服装，没有人会
感到奇怪。

即使在1860年叛军首次开始直接影响上海时，外国居民的大致统计人数总共
才569名，其中294名英国人，125名美国人。可以——完全错误的——认为，一
个这么小的社区的自治政府是一个简单的问题。《土地章程》就是为这么少的人制
定的；第十五款禁止华人作为租界房屋的租户；但当三合会在1853年占据县城时，
当后来太平天国叛军在整个地区杀戮破坏时，就不可能阻挡或驱逐无家可归的难民
人群了，于是租界成了拥有大量华人居民和微量外国人的城市。为了应付已改变的
条件，改变统治机构的困难既多又大。

捐税是按照社区的需求而改变的，每年的捐税必须满足每年的开支；当需求随
着社区的发展日益增加和变化时，这个问题就错综复杂起来了；如果发展不是均匀
的，而是痉挛式的或突发性的，问题就更加复杂了。收税者受人憎恨，通常是讨嫌
的可恶家伙。但要是规避了征税者有规律、有耐心提出的增长要求，就只能放弃社

区的一切改善和进步了。因此，对上海这个问题的记载显然必须非常详细。这可以简单地划分为：（1）对租界内华人的中国税收；（2）对租界内华人的外国捐税；（3）对外国居民的外国税收。这种划分尽管清晰，却也说明了这里情况的复杂性和不规则性；在大多数国家里，只有一个分类——居民们对自己的征税。

由于最初的观念就是租界内不应有华人（外国人必要的雇员当然除外），因而没有对华人承担政府的份额或他们的捐税做出任何规定。所以，他们认为同外国人在一起安全，却对所获得的保护分文不付。另一方面，尽管他们处在领事的统治之下，却仍是中国的臣民；而且，他们不但获得了安全，还逃脱了自己政府施加于旁边县城居民的税负，这显然是不公平的。道台非常清楚这个问题，他必须为"保卫上海"筹措大笔税款——尽管唯一的保护显然是外国军队提供的。他看到了城墙之外的大量中国人，其中很多是发财的商人或者有钱的难民；他决定从他们身上获得所能拿到的一切，并在 1862 年建议按照支付能力开征 5 元、3 元和 1 元的人头税。这项税收在城里和郊区征收；但他还建议征收盐税，对中国的商品征税，并提高了鸦片税，这些税都在租界中征收。

这样就引出了一个非常有趣的问题。人们已经逃离了一个不能保护自己的政府，已经发现了另一个政府管辖下的安全和繁荣。然而，尽管身处这个新发现的繁荣之地，他们仍被认为要出钱支撑那个丧失其信任的政府；这个政府除了向他们征税外，显然不为他们做任何事情；何况，税收既不用于他们的利益，也不用于对他们的保护，仅仅用于支撑他们业已逃离的那个政府。如前所述，另一方面也不合理，即他们既享受了安全，却又规避了其他华人缴纳的捐税。道台与英国领事会谈时承认了这些有悖情理，并承认自己措施的唯一合理性是险峻局势的逼迫；他并辩护说，这些钱毕竟是平叛战争的需要，中外双方都希望打败叛军。如果反对他在租界内行使管辖权，那么，正中他下怀的是由外国人来征税，在抵扣军事开支后交给他余款就行了。

在这个问题上，现场的英国领事和在京的英国公使观点并不一致。卜鲁斯非常坦率地写道，道台有权随心所欲地征税，只要与城里相同就行了——条约与之并无任何抵牾。而且，他还严肃地写道，如果条约口岸领事的行为导致了"中方根据你的忠告建立的"高价雇用军的遣散或哗变，就要承担重大责任。这当然是指后来所谓的"常胜军"。

几个月后，工部局加入了这场论战，坚决反对道台为修建军路而企图勒索租界内的华人，即"雇用外国恶棍胁迫人民屈从"。法国人不同意对他们界内的任何干预，而道台说，城里的人民已经被征收了所能承受的重税。

1863年6月，代理英国领事马安报告了法国领事和美国领事都同意的解决办法。道台和工部局总董在英国领事馆见了面。如果税收是相同的，对道台的征税权没有争议，但领事不同意只对英国业主的房客征税。工部局再次表示，不反对征收战争税，而是反对征收的方式，并建议由工部局征收和交付。道台称，对城市和郊区的房租征收20％。然后达成协议，应对租界内的华人征收20％，一半归工部局，一半归道台；这样，县城和租界（的税收）水平就相等了。对这项税收不应有其他附加。起草了规章，由道台签字盖印，并得到美国和法国领事的同意。

这样，拟议中的人头税未能征收；20％的捐税由工部局征收，应在恢复和平时停征。这项征税被法国领事耽搁了，他认为税率过高。他最后同意征收16％；由于马安让道台相信两个租界必须相等，这就成了固定的税率。

这是领事馆的业绩。在领事馆之外，则对此项屈从深恶痛绝。据宣称，中方在保护租界的权力不复存在的时候，实际上也丧失了对它征税的权利。《北华捷报》称，这20％实际上是征在外国人头上。

工部局争辩说，如果准许对华人征税，因为税负已经够重了，就不可能马上开征市政税；这样，就得告别政府管理、卫生设施和其他东西了。它认为，根据1854年的协定，中方无权在租界内征税；现在却居心险恶地主张了这些放弃已久的权力。工部局不对"任何一个国家的代表负责，或者由其控制，无论这个国家多么令人敬畏"，并希望通过租地人的支持来达到其目的。

多数领事站在工部局一边。熙华德支持工部局，称他们确实没有干预中国政府同其人民之间关系的抽象权利，但他们有明确的权利维护过去获得承认的东西；过去，中方已实质上放弃了征税权。以前曾有过两次企图，一次是吴健彰道台在密迪乐时代提出的，一次就是当前，表面上是为了松江的那支军队。现在（1863年3月），租界的心脏地带就有一个税务衙署。《南京条约》第十款规定了缴纳的税费，可以适用。对洋货的征税就是对外国人的征税。

葡萄牙领事魏勃特别强调，自始就未准许过中方对租界内华人征税，或以任何方式干预他们，除非是得到某些欧洲政府的同意；而且，如果在当前居民共计120

万的时候批准征税，最严重的后果就会接踵而至，因为整个管理机器依靠工部局，而中方即使情愿，也不能找到任何替代者，或提供任何保护。

协定订立之后，几乎立刻就出现了**非法征税**的动乱。1863 年 5 月，总巡请求获得指令，因为中国政府正在建立对租界内华人随心所欲征收捐税的衙署；江苏巡抚不顾 20％税率不得附加的协议，在 1864 年初就要求一笔 50 万两的"捐赠"；同时，浙江政府正在租界内的浙江籍居民中筹款。人们想起，麦华陀在最近一次租地人会议上说过，如果法租界也不准的话，他就决不准许此种事情。但法国人对待中国政府总是比英国人更严厉，他们坚持关押所抓到的一切中国征税人员，只要他们征收的捐税未经公董局认可。

公共租界工部局一致决定予以抵制。决定由总办个人对试图向华人居民征税的人员提诉，而且巡捕奉命制止一切未经授权的征收中国捐税的行为。因而，几名声称获得道台授权的外国人因试图向华人征收房捐而被指控危害租界和平，受到他们领事的审讯。

工部局在 1866 年 2 月认为，任何中国的征税都不利于工部局征税，打算将租界内的中国征税问题提交给北京。即便承认卜鲁斯的决定，即租界内的华人像城内华人一样完全服从道台，仍然必须抵制习以为常的勒索。

英国领事和美国领事完全同意抵制，但困难在于如何"减少涉及承认完全管辖权的麻烦"。他们准备避而不谈 1863 年 6 月道台和工部局之间的协议，那个协议禁止超过 8％的税收依然有效；危机已经消逝，基本原则应当恢复；战争已经结束，收税和协议也不应继续有效。但领事仍愿意采取行动，反对非法征税。

工部局的答复称，征税就是勒索，而且比叛乱时期的规模更大，涵盖了租界周边的一切。卜鲁斯的上述公函只提到了朝廷税收；但道台从租界抽取了捐税，而他们认为租界本地的税收应用在租界之内。他们想将整件事情提交给北京，同时也不希望签发更多的拘票。

这里提到了关于拘票的争端，但我们现在只涉及与收税有关的拘票；整个拘票问题将在巡捕那章讨论。

温思达表示，应有一名领事馆的警官在场执行某些征收朝廷捐税的新拘票，他要求工部局不予干扰。但工部局抗议称，领事馆无权派出警官协助中国人收税或逮捕抗拒者；这种行为将破坏整个自治体系。但是，实行了一次一名领事馆警官在场的逮捕，工部局提出了更强烈的抗议："如果租界内的居民屈从这种处置，自治政府获得尊重、秩序与管理获得维护均为不可能之事。……如果再次发生逮捕，必定引起权力的冲突。"工部局呼吁，在北京做出安排之前，不应再采取公然行动。由英国领事馆签署拘票的新制度，危害了整个租界外国人的整体影响。道台确已放弃了房捐，但店铺捐取而代之，河南路的一家店铺每月要付 28 000 文，而对同一房屋的市政捐是每季度 800 文。尽管不再有军队了，1862 年开征的一种军队粮草捐仍在征收。"不用奇怪，在英租界做生意的人，都在城里建造自己的房子。"

领事对此评论说，所涉及的拘票是为了厘金，那是朝廷的税收；租界的华人缴纳了更大部分，是因为他们的生意更大。温思达后来警告工部局说，"妄自尊大只会妨碍自治工作的进步"；再次提起这个卜鲁斯已经如此明确解决的问题，阿礼国简直目瞪口呆。

迄今为止确实如此。但众所周知，中方过于严苛的勒索，无异杀鸡取卵。一个非常正规的制度追踪了每一包货物；对建筑材料的征税达了 10%。在某些情况下，捐税额超过了房租；有一个被引用的案件，一名商人为 80 两房租付了 800 两的捐税，结果是一年的生意净亏损 200 两，此人破产。

1866 年 4 月的租地人会议是上海历史上最激动人心的一次。通过了一项决议："……授权新一届工部局阻止执行通过任何非工部局捕房居间者对华人的拘票。在对这种性质的勒索进行调查期间，必须暂不实行逮捕。"

温思达将此事的合法性问题提交给何爵士，而法官称，"因为所召开的会议超越并偏离了目标，因此没有任何效力或影响力，判决为非法"。决议完全无效，是一纸空文。干预中国政府传票的执行显属非法与不当，而且，他希望工部局会有良好的理性和感受来避免这种干预。

担任会议主席的温思达和熙华德首先表示一切都必须符合条约，并在决议通过前离席了；工部局作为一个实体不能比个人走得更远，干预中国拘票执行的个人会遭逮捕；在任何其他国家，一个商人团体采取这种行动都会被称作狂悖。

霍锦士在讨论中说，温思达的"拘票新办法"已令工部局胆战心惊，他已在报告中表明，英国领事馆的大印已被用于非常可疑的目的。如果在请示北京之前先搁置拘票问题，就可以取消这项决议。如果一位领事能代表自己的政府发布拘票，那十二位领事就都可以这样做。

第11章 捐 税

熙华德说，他的盖印是一个形式问题，并不审核，但他后来修正了这个说法。

温思达退出后，作为丹麦领事的耆紫薇当选为会议主席，这项动议以65票的多数获得通过。然后，邀请英国领事和美国领事回到会议，他们为了避免流露个人意气而返回了；这就是人之常情和智慧的良好典范，租界的事务总是这样解决的。

发现英国和法国领事馆都对写有"彝场"即"蛮夷之地"字样的拘票盖章。

每张拘票上都有"巡捕陪伴并协助中方"执行的字样；但勒索拘票是秘密执行的。该动议就是为了杜绝这种事情。举出的一个例子是，因为要拘捕四人，另外两名华人收到了一张拘票，这就是一个纯粹的"勒索"案。这两人被审讯并遭受惩罚。但因为害怕报复，警方一般很难找到向他们通风报信的人。

但是，租界中的整个中国拘票问题，必须在有关工部局巡捕的那章再涉及。

1875年，会审公堂谳员请求工部局同意对茶馆中的每一杯茶水征税一文，目的是为一个孤儿院筹募善款。他显然是看到应当申请这种许可——工部局落到了小发善心而受到感激的地步，因为，如果中国政府决定开征此税，工部局显然不能干预。然而，反对将之称为税，而建议称为"捐献"；但引起的担忧是这会成为其他捐献的先例，显然会成为勒索；所以，最后决定请领事对这个计划浇一盆兜头冷水。

工部局在1871年再次陷入了麻烦，多少有点自诩为杜步西[1]的史密士先生，对于向华人娱乐场所或茶馆征收捐税提出了抗议。他说，这未经《附则》第三十四条授权，未经纳税人的批准；他认为工部局对造成的损失负有责任——意思是他的行为并非没有私心；而且他威胁要将此事诉诸法律。

汉璧礼同样写道——他地产上的茶馆付出了一笔非法的执照费；比赛特和其他人也提出了抱怨。其实，这是根据连意的意见按照第三十四条征收的；但这被认为也许违法，工部局取消了。

一项对马厩的征税看来也劳工部局费心。史密士和另一人在1871年为此约见了工部局。史密士抱怨说，这笔税款是通过警棍强征的。他的房客付出的执照费比租金还多。并不是反对这项税，而是要提供安全。史密士的态度越来越激烈，对总办大发雷霆。翌日请他给工部局写信，只要是市政事务，任何时候都可以讨论。

----

[1] 美国传教士，中国禁烟会的创立者。

他答复说，表达这种愿望毫无必要，因为他在见过他们之后就不作此想了。"要是你们对我的接待多一点尊重的话，我现在就不必对我用过的某些表达和他们的说话腔调表示遗憾了。"这说得太精彩了，以致人们非常遗憾地发现，这封信因为"超过了官方通信的限度"而被退回了。

鸦片捐必须有专门一章。

1857年，这个方面困难重重。英国领事在4月份报告说，道台对每箱鸦片征税12两，后来每箱22两，并在大礼拜堂附近有一个为此设立的衙署。据解释，这不是朝廷的税收，而是广州人为维持其团练的捐输。罗伯逊领事的反应是，这就意味着毒品的合法化。我们发现，密迪乐领事反对的一个向进口外商已纳税鸦片附加征税的委员，1860年12月仍留在租界。尚在外国船上或仓库的鸦片，通过该委员发放许可证的方式，由意图购买的中国商人缴纳税款；没有这种许可证，租界街道上警觉的探子就缴获鸦片。该委员一度裁撤，但根据《天津条约》而再度活动。侦探的活动意味着促成垄断，如果不予制止，垄断就会像广州那样漫无边际。税额除了条约规定的30两外，增加到了50两，走私由此获得了比过去更大的激励。两个月后的另一份公函透露，目的是防止收货船之外的一切交易，从而防止外国人的联合行动，有些外国人有这种收货船。沙逊洋行和广南洋行已经被"禁入"，该委员发布多份命令，禁止任何人，即使通过收货船向它们购买鸦片。两个月后，领事再次谴责道台不守信用；道台的批准就是蓄意违反条约。委员离开租界时，其代理人和侦探仍在那里继续活动。一家企业因为用2 000两购买贸易权而被驱逐。侦探抓住了一家英国企业的仆人，把他带进城里，杖笞50下。道台不露声色地撒着弥天大谎，说对那个始终在他衙署里的人一无所知。他造成了广南洋行估计"约18 300两"的损失，而且从该商人那里勒索到了2 000两。

然而，来自北京的答复是，外国商人缴纳进口税后，有权将鸦片卖给任何中国商人，而无须更多的手续；在这之后，中方可以任意征收捐税。道台一知道这项决定就立即采取了行动，在外国人的海关中建立了一个分支机构，通过检查的方式，向中国购买者征收所拟的附加税。其直接结果，就是迫使进口商用自己的名义卸下收货船上的鸦片，在他们自己的仓库中向中国买家发货，后果却是道台不但难以征收新的捐税，而且也失去了中国客户以前乖乖支付的28两。他乞求领事发布告示，禁止向收货船之外的华人交付鸦片。

但所有这些，都会在后面论述鸦片厘金的一章中予以更加全面，或许略有重复的介绍。

至于工部局对华人征收的捐税，1866 年为五种：8％的房捐；按照销量计算的鸦片捐；每家当铺的捐；舢板执照费，每月 3 角；售卖酒类执照费。我们会在后面提到这些和其他的执照费。

这些捐税均由穿制服的外国巡捕征收，他们给予印有中英文的收据。发布了一份禁止向任何其他人缴纳的告示。

工部局在 1864 年拟对烟馆、妓院征税，但道台抗议说，这两类店铺都是违反中国法律的。开征了一种对娱乐场所的捐税和另一种对载货船的捐税，但都没有实施。汉璧礼不但反对说，增加捐税将把华人逐出租界，而且通过梅博阁致函工部局称，对公共娱乐场所和让渡给华人的房屋征税 8％，既违法，又僭越了工部局的权力，他并威胁要对董事们采取法律行动。何况，巴夏礼领事说，未经中国政府同意不得开征新的捐税。如业已指出的那样，1864 年的预算因而被搅乱了。

1867 年，据认为法国人已经发布了一项规章（用中文），声称对停在法国地界江面上的中国船只征税。法国领事对温思达解释说，这是"公董局私自订立的规章"，他不知道或者不记得是否批准过。结果仅仅是一份针对舢板和货船颁发执照的章程，但中文是含糊其词的，可能包括了在江上的"停泊之船"。温思达在英租界多年来"根据道台的同意"对船只征税，但由于巴夏礼根据《天津条约》第十四款提出的抗议，工部局停止了对货船为时不长的征税——法租界的规章显然是包括的。这个例子证明了双重市政体制的不便。

1867 年，老闸地区的华人居民向工部局请愿说，他们的生意才挣 20％，或者从来就这么多，捐税却仍在增加。巡捕捐、盐捐、粪捐已经超出了他们的承受力，如果再加上煤气照明费，他们就得离开租界了。必须记住，租界中的华人就像住华界一样，是向他们自己的政府缴纳苛捐杂税的。他们的市政税是附加的，双重纳税对他们非常不利。

现在来看外人社区的捐税。对于工部局合法征税的权利总是存在着怀疑；某些土地投机者总是乘机规避或至少拖延纳税。在 1864—1865 年间，由于难民的离去，由于前述过度建房的浪费资金和后来的商业逆转，违规者的数量急剧增加，直到整个自治政府面临崩溃的威胁，而且自愿承担市政开支应摊份额的社区成员有抱怨和不满的充分理由。因此，威尔斯案的判决对租界的永久利益价值巨大，尽管它仍然保留了愿意争论者的个人权力，他们可以向枢密院上诉，从而让整个问题再次陷入不确定状态；何况，该案并未解决非英国侨民的问题。

在上海这样的新居留地中，经历了太平天国时期华人流入和流出这样巨大而且突然的变化，对地产的估税历来是一个难题。以码头捐为例，指出一些令人失望的实际案例是有启发性的，很多案子无疑事出有因，但没有一个案子不让精疲力尽的工部局心烦意乱。

1854 年的估税额固定为每年缴纳土地价格的 0.5%；房租的 3%；但 1857 年的税率都下降了二分之一。规则是按照市场价值的 75% 估税。工部局向业主和租户发出一份告示，要求他们统计土地价值和房屋租金，但它也委派了某人向领事馆获取详细资料。这两种方式自然带来了很多不同的结果。

万兴洋行抱怨说，他们被估价 20 000 元的土地仅值 5 000 元；泰和洋行问道，为什么他们现在要按 5 500 元纳税，而上一年只按 2 000 元；桑恩拒绝支付，因为他的地产仅为估值的一半；隆茂洋行说，按照那些建筑的造价，他们的估税仅为 30%；大英火轮船公司声称，他们的租金仅为估计的一半；仁记洋行称，他们房子的合同价是 27 000 两，按每年 10 000 两的租金承担房捐是太过分了；而且，这份诉苦的名单可以大大加长。

在福利公司案中，他们抱怨被估值 5 000 两，尽管他们的长期契约是租金 1 440 两，答复是他们通过假合同避税。

海关衙署引起了更严重的问题；这是朝廷的财产，质问工部局凭什么权利对它征税；也提出了英国领事馆是否免税的问题。前面已经提到过此事。

1865 年的《工部局年报》表明，3 185 元的税款只缴纳了 2 049 元。

也许并不奇怪，当 1867 年委任一个地产估价委员会时，15 名受邀请者谢绝了这份荣誉。温思达表示，非租地人有资格进入这个委员会，但所建议的税额应由一次租地人特别会议通过。

这项规则是新的估价不应多于每五年一次，但这并未得到遵循。

当叛军被击退时，享受过上海庇护的难民们成群结队、兴高采烈地返乡了，这造成了租界地产价值的一落千丈。因此，几乎每个地方的估价都在 1865 年下降了。该年的地价总额是 567 万两，1867 年是 576 两。这是英租界；三个租界 1870 年的土地估值仅为 1 400 万两。马安在 1871 年拒绝为监狱缴纳房捐，这是一栋仅为租界利益而存在的公共建筑，尽管他愿意支付土地税。他声称，这栋旧建筑从未缴纳过市政捐，但工部局总办约翰斯顿表明，两项捐税历来正常缴纳，市政捐历来由工程部缴纳。

两年后的 1873 年 6 月，何爵士和麦华陀联合抗议对其建筑的估税，宣称只有领事馆的地基而不是建筑才能合法征税。工部局的答复是，温思达和英国公使已在 1866 年同意进行这项受到抱怨的估价；但遗憾的是，新的高等法院尽管是英国政府的，仍被单独估价为 1 500 两。因此，工部局同意按照所有建筑 3 000 两的旧估价征税。

工程部早在第二年就否认了工部局对所有英国政府官署征税的权利，因为它们并非商业用地或住处；而且它认为工部局对领事馆建筑的估值过高。

1869 年和 1876 年进行了重要的重新估值。1869 年的委员会由亚当士、郝碧梧、米列、古培和庄纯组成。他们请金斯密根据不同领事馆的登记，逐块比较地块的示意图，从而获得了比以前更大的精确度。在对地块估价时，他们先制作了一份相对价值表，将与中心点的距离、进入的难易、建筑的可用性等一并考虑在内。他们据此将地块分级，以外滩地块每亩 6 000 两为基础，制作了绝对价值表。该委员会对土地登记制度的很多缺陷提出了投诉，并建议成立工部局地产处。但由于此事直到 1900 年仍在讨论之中，我们就推迟对它的论述了。

一个重要的案子是 1873 年丽如银行拒绝为其建筑缴纳捐税。该建筑成本 60 000 两。价值为 70 000 两，这是该银行愿意纳税的最高数额，银行愿将此事提交仲裁。连意劝告工部局说，由一个委员会提出、并得到一个上诉委员会确认的估税一旦遭到拒付，仲裁要比法律诉讼好，因为《土地章程》中只有第九款涉及估税，而且尽管有点含糊，却并未规定委任估税委员会，而是授权于纳税人一般会议；因此，英国法官或外国领事可以认为该税没有依据。他建议，如果该案不能仲裁，工部局就用友好方式进行扣押。那样，银行的合法补救办法就是向领事公堂呈控，这就会产生一个对所有国家侨民具有相同约束力的判决。

后来，该银行同工部局的协议成了何爵士判决的一个案例。何爵士认为，关于上海租界政府的整个问题如此重要，必须予以充分的考虑。他说，租地人可以对自己征税，并创造出相应的机构。是这么做了；对过分估税提出了上诉，而这个上诉法庭的判决是终审。这样采取的每一项行动都是纳税人的行动——丽如银行是纳税人之一。"没有一个法庭对这种事情拥有管辖权，除非是根据某些法律，而上海不存在被授予这种权力的法庭。……征税权力是自治政府权力的产物，多数人的意志赋予权力和影响力，是所有自治的法人政府的自然推论。同样，代议制政府的本质是，社区代表者的行为就是社区每一个成员个人的行为，无论他是属于多数派还是少数派。要把征税权力或决定财产征税数额的权力转让给一个法庭或个人，就要放弃自治政府的很多权力，放弃很多作为这种政府原则的代议性质。我不是说，这未尝不是一种方便的办法，甚至权宜之计，但这必须做得清楚明确，因为任何承担这种权威的法庭或个人都将采取非常专横的、完全不讲道理的行动。我会观察授予上海社区征税的权力，也会观察自治政府的权力和它在这里所采取的形式的有限性。至少**就英国臣民而言**，这是一种王权的有限委托，能在任何时候再次推定的……如我所说，这受到《土地章程》的严格限制，限定于对土地和房屋两者征税的特定目的。所有其他征税权力和其他征税目的仍将保留，均由王权任意实行。"判决是必须缴纳所估定之税。

1870 年，很多外人房屋的租金已经低于所评估的数额；而华人房屋的租金上涨了。前者的变化造成了大量抱怨，后者却悄无声息，得出这样的结论，是无须很多人类天性的知识的。

1876 年的清单以 1869 年的为基础，第一次记载了净面积，而不是道契登载的面积。后来至少到 1890 年的清单，均是以 1876 年清单为基础的补充和纠正。

不必叙述七八十年代像六十年代一样的很多抗议了。汇丰银行、刻拉洋行和联合总会都跻身拒不服从之列。刻拉洋行和其他人宣布，工部局没有权力修改估税，1875 年 9 月特别会议的第四项决议已经取消了这一权力。

1886 年 5 月，德国领事馆提出控诉。该建筑造价 54 000 两，租金为 4％即 2 160 两。为何当时被评估为租金 3 500—4 000 两？英国领事馆按 10 000 两缴纳，美国领事馆按 1 600 两，汇丰银行按 7 500 两，法兰西银行按 4 000 两，丽如银行按 7 500 两。

经过很多信函往来后，达成了德国领事馆按租金 3 000 两缴纳的协议。

当然，也有各种非营利机构提出了降低或蠲免的要求——皇家亚洲文会、海员之家、山东路伦敦会等。还有人为的困难，例如詹纳·霍格睡在一所房子里，家具等却在另一所房子里。工部局两处都要征税，这造成了长期的通信。

1866 年不得不宣布，房捐不按照租金，而是按照估计的价值计算。

收税人按照 1 元折合 1 200 文的比率收取制钱，尽管兑换率并不超过 1 040 文。然而不出所料，工部局没有通过这种安排得到任何好处。

1889 年，对《土地章程》第九款中一段文本的理解发生了争论。这是有关房捐和土地税的比例。如工部局法律顾问温赖特断定的那样，章程没有确定两者的任何比例；仅仅是提出了房捐的标准，称土地税**必须**与房捐**相准**。它没有固定比例，仅仅是确定比例的限度。纳税人只能把土地税升到某种最高比例，却没有什么能阻止他们随心所欲地提高房捐。

1890 年的清单是弗朗西斯先生、毛礼逊先生、戈里先生的成就。这项工作比以往更加困难。自 1869 年以来，四分之三的地块发生了变动，必须恳求业主、代理人，并找到所有的示意图和领事馆的登记，才能得到这些信息。有些仍在登记册上的地块因同其他地块非正式的合并，已不复存在；有些地块在示意图上没有位置。从一个领事馆的登记册到另一领事馆的登记册去追踪地块，对道路占地的更正，度量单位从每亩 6 600 平方英尺改为 7 260 平方英尺，肯定是一项令人不知所措的事情。该委员会准备了一份地块图，对每个地块作了市政编号，建议在伦敦进行平版印刷。

亩的新尺度在 1890 年 11 月生效。重要的是记住，此前的亩总是更小。

第 12 章

华人居民

根据巴富尔领事和宫道台[1]的协定，这块地区本意就是只供外国人居住。按照第一份《土地章程》第十五款，不准华人在内购买土地或建造房屋，按照后面一款，也不准外人向华人出租界内的地产。当然，没有卖掉自己土地的华人原业主不受此款影响。

1866 年，对属于华人却登记在詹纳·霍格名下的地产发生了一场诉讼。何爵士拒绝了索赔，理由就是华人不得在租界拥有地产。

时任副领事的李泰国对华人后来入住外国租界的条件做了如下解释：未经获得三条约国领事认可的当地政府[2]的官方盖印，华人不得在租界内获取土地、租赁或建造房屋。欲租赁或建造房屋者，须通过土地业主呈报有关其本人和房屋一切详情的书面申请；如业主系外国人，呈报给该人之领事，如系中国人，则呈报给中国政府。如果没有异议，他要将每个同住者的姓名年龄张贴在门上，并向当地政府登记；第一次违反罚款 50 元，第二次违反取消许可。他必须严格遵守《土地章程》，缴纳一切估定的捐税。

就租界的当前状况来看，这些规定是华而不实的，与其曾经的设想与目的完全不同。就居民而言，它就是一个人口超过五十万的中国城市，其中只有少量的外国人口。熙熙攘攘、形形色色的华人在人行道上闲荡，少数外国人则沿着道沟或马路健步疾行。认为上海将没有华人居民，不过一枕黄粱而已；但是，想起德国人在青

---

[1] 原文误作吴（Woo）道台。
[2] 指工部局。

138

岛实行的那种统治，助长了我们的这种玄想。

导致该条款失效的事情，就是 1854 年叛军对城市的占领。凄惨的居民们不论贫富，都逃出城市，理所当然地进入了外国租界这个最近的避难所。为了挡住他们，就必须使用刺刀，不人道地把他们逐回县城，陷入被敌军洗劫被友军围困的恐怖之中。因此，准许他们占用所能得到的房屋，或者在空地上搭建破烂的棚户，或者露宿。这是他们的临时避难所，并不认为他们会逗留下去。可以说，我们最初是被迫实行了一项善举，然后，我们转向了牟利；土地价值飙升；外国人起造了出租给华人的房屋。这时，就不是简单的慈善或简单的牟利问题了，这成了一种责任和义务；因为平定太平天国叛乱之后，租界发现自己已经转型了，尽管很多难民返乡了，而正是他们的出离造成了地产价格的暴跌和工部局的财政危机；包括最下等阶级比重很高的大量华人已在此扎根了；因此，工部局对一个完全不同于以往的租界，面临着艰巨的统治、警务、征税和保卫的任务；更不用说，我们同地方政府的关系出现了形形色色的新麻烦。

如果说那是过失或错误的话，都是外国人的错。

1854 年的署理道台写道："洋泾浜北建房者，皆向外人租地。房屋土地转租于中国百姓者，章程未允。外人擅自转租，殊为不妥，此种情形，必须制止。"道台同一日期的公函还称："同情不幸民众之苦难，宜准其获暂行安顿之处；俟收复县城，方可如你所请，以有力措施，清理租界。惟原有华人住户，概不准建房，已建者均须拆除……外商却在洋泾浜周边四处建房，租与华人。"他提出了重大的问题："如此等华人违法，其房屋可否充公？"所摘引的函件充分表明了中国政府乐善好施与严刑峻法的美妙结合。领事们把这些信函的意思转达给召开第四次会议的年轻工部局，要求制止外国人将土地房屋转租给华人；工部局却认为，这种事情不在他们的控制范围之内。

我们发现，两年后有一位居民对他住地附近正在建造的华人房屋提出了投诉，他要求注意到那种棚户的可燃性，确实非常危险。但我们再次看到了工部局总董后来的备忘录，他在那里奇怪地表示："按照大多数老居民的证言，华人无权在租界内建房，但现行《土地章程》中并未确认这一点，实际上，华人的简陋房屋一直并正迅速地在某些地段蔓延。"当时生效的章程是 1854 年的新《土地章程》，在当时的实际条件下，其中包含禁止华人入内定居的规定，当然是荒谬的。命运注定胜过规章。

并非未曾尝试改善。工部局拆除了挡路的房屋和危险的草棚；在抢劫太多的时候，发布过不得建造华人房屋的命令。但不管是非曲直，泼水难收，租界变成了如今的性质。

卜鲁斯在一份被经常引用的函件中，对工部局明白指出，是外国人自己做出了选择："由于外国人自己的行为，租界的性质已经彻底改变了。……英王陛下政府宁愿看到这个所谓的租界缩小面积以排除华人，而不愿扩大面积以接纳更多的华人。在我们的地盘里，没有比华人更丰富的冲突根源了。"

福气常常乔装打扮而来。在这个例子中，最初的伪装非常彻底。难民中自然包括了更多的最下等阶级；他们成千上万，占据了空地，在道路上建起了摇摇晃晃的棚户，带来了人们束手无策的遍地污秽与犯罪。从市政管理角度看，准许中国政府来解决这种困难并不明智，也并不可能，因为他们自己已彻底混乱了。然而，我们发现，几年时间就形势翻天覆地了，以致汉璧礼向工部局提出了一份议案，即因担心逐走租界内的华人居民而不应对他们增加捐税；另一份议案则是工部局中应有两名华人出席。

福气不但喜欢乔装打扮，还极少十全十美。如果其中掺入了一半祸害，还能算是祝福吗？准许大量华人居民存在，主要是福气，而不是祸害，但问题依然存在，即**"何人获益"**（*Cui bono*）？如我们将要指出的，对中国居民而言，这是肯定的；对口岸而言，也是肯定的，因为上海的商业繁荣当然卷入了大批中国的商人、助手和雇员等。但如果说他们带来了财富，他们也带来了麻烦；如果说他们缴纳了巨额的捐税，他们也造成了巨大的开支；复杂且昂贵的政府制度是为了他们的利益。谁不知道小户人家日子好过？增加一名雇员就是增加一个造成麻烦的机会。对于城市或国家而言，也许真是**"大有大的难处"**（*Parva domus magna quies*）。

如果是找寻航运统计、进出口贸易、财政收入与支出方面的至善境界，当时的上海在非人格化方面是世界上最幸运的地方之一。但如果我们想到外国人的个人优点，他们都是努力奋斗的，除非一些有钱的商人。如果十英里之内没有华人，外国居民中的"大众"可以更加长寿；他们会呼吸到更好的空气，拥有更多的活动空间，更少听到损害神经的噪音，更少遭受疾病的风险，疾病来自破衣烂衫，来自人行道上的浓痰，来自被当成公用手纸的每一根杆子或突出角揩上的粪便。工资也许会降低，但房租可以更低；整个生活肯定更加甜美、整洁、幸福。不能相信，如今的外国人在本质上好于五十年前的居民。但可以强词夺理的是，那时的外国人非常少，现在外国居民中的"大众"，在同等条件下根本就不会在这里！

很多财富是肮脏钱。英国的很多豪宅是用来自西印度奴隶的利润建造的。许多脑满肠肥的暴发户是由于其领先于社会——不过如此而已，是由于他的世俗乐趣——同胞的血泪，诸如所雇用的血汗劳动者或失败的对手。他们的富有让臭味相投者羡慕；其他人甚至穷人则会对他们感到怜悯，会拒绝在这种条件下致富。

上海的合法贸易提供了大量的财富，最严格的道德家也对之无从置喙。其他财富则来自运气——如买下的土地日后升值了。一批人通过为贫穷的难民建造房屋而发了财。问题是，他们是收取了公平的租金，还是冷酷无情地占了命运悲惨者的便宜？1874 年，认信医生提请工部局注意靠近监狱的一段北京路状况；这是"令人作呕的、触目惊心的、温暖气候中的瘟疫区——单是污秽就高度危险"。他描绘了福州路的建造房屋；这块地有两个月是污浊的泥塘；然后用泥土填埋；在散发出浓烈气味的水塘上建造了一排出租房。

1873—1874 年《工部局年报》声称："仓促建造的出租房甚至不关心其结构的安全，不注意排水，显然是希望在既有的空间建造尽可能多的房子，用最低的成本塞满人群。很多建房的地基低于其毗邻街道，整个街区的房屋鳞次栉比，只有狭隘的出口；弄堂在许多情况下不铺石块，成为一切秽物垃圾的堆放处。

"这种建筑的大多数业主是外国人，许多人并不住在这里。"

这些租界边缘地区的开发者现在会认为，大量的房屋完全不适合任何人类的居住；从有些房屋的颓败状态中，可以看出当年建造的样子，看来很明显，建造它们时并不考虑住户的健康。每个城市都有自己的贫民窟；作为贫民窟居民的华人竟如此远离神的眷顾，尤其恶劣。可以谴责工部局未曾更有力地行使所拥有的权力，但必须记住，早期的工部局受租地人支配，而且就由租地人构成；那些获得了快速发财机会的，就是租地人。

指出这一点不无趣味，即除了一切经济上的好处之外，外国租界对华人的最大价值，历来是充当一切动乱时期的逃城。官员和文人学士无论多么痛恨外国人，却总是乐于获得外国人的保护。在义和团兴起时，在辛亥革命时，在其他时期，没有这些条约口岸，他们能做什么？甚至在和平时期，财产享有正大光明安全的条约口岸也是逃离敲诈勒索的避难所。

第 13 章

货物捐

码头捐是对任何人在租界内通过海关卸下或装载、转运的所有货物征收的（《土地章程》第九款）。最初，此项征收非常麻烦和不完整。存在着私人码头卸下的货物是否征收的问题，后来有工部局是否拥有征收的合法权力问题。还有难以查验卸下货物价值的问题；卸货处的界线问题。总而言之，在租界亟需金钱的时候，只能拿到应收款项的一小部分。

一些例子可以说明其难处。尽管律政司早在 1851 年已指出，私人码头要缴纳码头捐，义记洋行和仁记洋行却想让自己的码头获得特别待遇，它们均建成于公共码头之前。两家洋行向道路码头公会提出交出码头的要约，他们的地块对着低水位线，可按照公会的愿望取消码头。公会谢绝了，各企业就拒绝缴纳码头捐。波斯卫[1]的拒绝，是因为该捐的征收并不公平（这完全属实）——"法律在我这边。"徐蜜德的拒绝，是因为法国政府不承认工部局。琼记洋行拒绝为卸下后给了华人的货物缴纳码头捐。对于卸在虹口码头的货物，惇裕洋行和其他商行均不缴纳码头捐。大英火轮船公司不缴纳转运船只的码头捐。怡和洋行不缴纳日本货物每箱 2 分钱的捐，因为收得太多了。这种故事持续了一二十年；当时的工部局穷得发愁。

该捐一度通过领事缴纳；接着是海关负责征收；当领事和海关都放弃征收时，工部局印了一份通告，要求各企业正式估计其每年应当缴纳的数额——呜呼！结果当然不会令人满意。1865 年的工部局报告称，由于在私人码头上卸货，他们仅征

---

[1] 原文作 Percival，应指 A. Perceval，怡和洋行股东之一。

收到估计 55 000 两中的 25 000 两。

当海关停止征收华人的码头捐时，道台被要求每年代偿一笔总额。他与中国商人协商后，在 1859 年送来了 2 000 元（戳洋[1]），1861 年增加到 2 500 元，后来为 6 000 元。但到了 1865 年，工部局请求领事建议道台支付 9 000 元以上，他给了 14 000 元。然而，工部局在 1867 年表示，由于不能直接向商人征收，损失了 16 000 两。14 000 元也被认为是朝廷对 20 万元市政开支的拨款。

但当多年后建议放弃这笔代偿款，对中国进口商像对外商一样征收码头捐时，这笔所同意的代偿款，却被证明是为了阻止工部局对华人征收码头捐。但后来的那位道台称，最初同意支付该款的官员犯了错。

工部局在 1865 年实行了一次用市政捐代替码头捐的有力尝试，所有经过海关的货物都抽取货值的千分之一。这将取消使用私人码头的私人便利，迫使所有人为共享的好处付钱。在那些愿意享受自治政府一切好处，却让其他人付钱的人们不思悔改的日子里，嬉笑怒骂不在话下。然而，变革没有实现。温思达说，只要与英国人有关，就只能凭借新的《土地章程》，而公使不愿让英国居民承担别国侨民可声称豁免的市政捐或其他捐税。码头捐在 1867 年固定了税率，鸦片捐除外。

这次尝试的失败，却让工部局想到了以码头捐名义收取市政捐的狡猾方式——改变制度而维持旧的名义。因此，提出了新的税则，大致是按每箱货物货值的千分之一收取。这将对海关显示的所有英租界和美租界内华洋居民输入的货物征收，包括鸦片和换了船的货物，但不包括已经征收过码头捐的转口货物。企求的目标是所有货物都能对工部局的金库作一次贡献。

温思达在主持提出这项建议的 1866 年纳税人会议时直接指出，这就是用码头捐代替市政捐；他说，码头捐历来对货物征收，与码头无关，所以，私人码头的业主也许会对新的税则感到困难。如果开征市政捐，他们得到的收入是足够了，但他们没有权力让这个新的名义合法化。议案被一致通过了。1867 年同公董局达成了一项协议，公董局对卸在法租界的货物征收与我们一样的捐税；他们将收入的四分之三给我们；我们则将收入的四分之一给他们。然而，法国人没有征收，所以这项协议落空了。但最引人瞩目的事情是，那年码头捐的进账远远多于预期。

---

[1]　即戳有印记的银元。

1869 年，工部局为出口货物的码头捐在高等法院起诉仁记洋行，输掉了官司。何爵士判决中的关键语，我们将在别处引用。

不能对出口货物征捐，使预期进账少了 30 000 两；因此决定，应将土货的出口商视为土货**真正的**进口商，应向他们征收这种货物的码头捐。

新的税则经上海和明商会修改和批准后，在 1871 年 6 月 1 日生效，它也适用于换船的货物，但不适用于转口或已经缴纳过码头捐的货物。工部局的码头捐处是海关内的一个房间。翌年遭到了反对，因为从价征收约千分之一造成了很大的征收麻烦；经常发生的事情是货物价值低于税则，发生争议。因而，建议并决定该捐不超过所有同类货物**平均**价值的千分之一，这样的税则可由每年的纳税人会议决定。

对工部局诉仁记洋行案的判决，让工部局更怯于起诉违规者，而且连意强烈呼吁他们不要把税收案子交付司法裁判，因为其结果可能是灾难性的。

第九款[1]已赋予了纳税人最充分的征税权力，并防止了蛮横无理的避税。为了充分行使这些权力，连意自己起草了最近一次纳税人会议通过的征税决议。因此，对该款严格的民事解释将保证工部局自己提出的权利主张。但必须记住，这些权利主张的实现，必须在不同国家的法庭上进行尝试。现在，法国总领事已表示打算支持其国民拒绝缴纳，主要理由是，法国的方针是维持租界作为完美的自由港。因此，如果工部局坚持实行此案，他们必须向西贡上诉；而且即使得到了相反的判决，北京的法国公使也可以拒绝继续认可《土地章程》。再者，如果在法国法庭上得到了不利的判决，在德国法庭上也不大会得到有利的判决；况且，这种不利的判决可能会诱使很多别国人谋求这种避税的模式。

几乎不可能存在比这个世界性城市复杂政府更好的样本了。

出现了两个关于码头捐的大难题。因为其他企业凭借在法租界卸货而逃避了此捐，几家著名企业拒绝缴纳；还有，外国人用华人的名义在海关申报货物，因而属于道台代偿款的范围，他们以此为借口而逃避缴纳。

对于后者，工部局试图让道台澄清其代偿的范围，但未能成功，道台的答复像通常那样"含糊其词且令人失望"。因为领事们向他提出，该代偿款应当涵盖国内贸易，即华人从其他中国口岸的进口、华人对其他中国口岸的出口，以及华人对其

---

[1] 指 1869 年《土地章程》。

他中国口岸的转口。不能认为涵盖了外国口岸出口的、由华人进口的商品。

道台做出这种明确官方声明的必要性，可用旗昌洋行的说法为例：轮船招商局不缴纳所卸货物的码头捐，该行就不缴纳其宁波轮船贸易的码头捐。

必须理解，所有从汉口或宁波进口的茶叶，为方便起见，均以运载船只船东的名义在海关申报，然后从茶叶所有者那里收取所缴纳的任何捐税或费用。因此，在达成代偿款协议的时候，就不存在招商局承运的优越性。也可以看到，这家中国企业不缴纳捐税，不仅影响到码头捐，也影响到其业务，使它对旗昌洋行这样的外国航运商具有优越性。

然而，没有这种官方声明的出现。而且，当要求把这项代偿款从 14 000 元增加到 20 000 元作为一种选项时，道台的答复是，他征收到的代偿款没有超过五六千两。

因此，纳税人在 1876 年决定修改规则，对不管由谁运入、所有出口到外国口岸的货物都征收捐税，这样，代偿款就只涵盖原本考虑的国内贸易了。

提出了一项放弃代偿款，直接对中外商人同样征收的建议。此事推进的程度是，请求领袖领事让道台确认，他是否支持工部局向拒绝或规避者收取此捐。

然而，道台宣称，外国人不能向华人征收捐税，所以，代偿款维持原状，既无官方的界定，亦不增加，也不取消。任何事情都不能做。

货物规避码头捐的另一种方式是在法租界卸货，或者通过居住在那里的进口商卸货。

1871 年的规章是向**租界内居民**装卸或转口的所有货物征收捐税。1875 年作了修改——仍载于《土地章程》第九款——加上了文字"租界内任何地方之装卸转运"。这样，通过把对人征收改为对货征收，希望防止住在租界外的居民规避。可悲的是，当时租界内的企业通过让法租界的代理人收货以节省金钱，从而让自己的纳税人同伴蒙受损失。

到 1877 年 2 月，有一份总共欠缴纳捐税 20 323 两的名单。旗昌洋行所欠超过 7 000 两，怡和洋行超过 6 000 两，禅臣洋行超过 4 000 两。当这样的上等企业都不缴纳时，工部局对付较小商人有多大困难，就可想而知了。决定测试一个案件，施内尔哈斯公司被告上了德国领事法庭；判决是工部局败诉。判决的理由是被告实际上住在法租界，不对北边租界的工部局承担义务。工部局没有权力为征收这些捐税对住在租界之外的商人采取行动。如果是对于独立于物主的货物征税，扣押权将只针对这些被发现在征税范围之内的**货物**，而不是针对租界之外的**个人**。这样，即使这些货物被征税，施内尔哈斯公司也不是真正的被告。但除此之外，该公司还否认货物卸于公共租界范围之内。最初确实是卸在虹口的码头，但那仅仅是在去法租界仓库途中的一次临时停放。货物在虹口的码头上，仍属于海上保险的范围，就像仍在船上一样；它们确实在法租界进口。

接着，法国领事法庭审理了库约案，他住在北边的租界，但办公室、仓库等都在法租界。再次判决工部局败诉，因为裁定是"**'居住该租界之人'只适用于住在外国租界并在那里从事贸易之人**"[1]。工部局将此案提交给领事团，以得到领事团对此案曲直是非的看法，并指出，该条款文字清楚，充其量是理解问题，领事团已在与道台的通信中明确使用过这些文字。库约辩称，如果法租界也征收此捐——并没有征收，届时他将按照工部局的主张双倍缴纳；但对此的简单答复是，他是住在公共租界而不承担义务，如果他不愿缴纳那里的捐税，就可以并且应该住到别处去。对于其他居民而言，他的行为当然不但获得了不公平的优惠，而且是正在鼓励一种早期寡廉鲜耻陋习的回潮，即商人们雇用代理人在法租界收货，以规避码头捐。

领事团在答复中提出了可选择的方针：或者从上诉法庭中获得一份类似案件的判决（库约案标的太低，不能上诉）；或者修改第九款。如果采取后一方针，领事团的多数会批准一段将排除任何疑问的文字，"一切住在租界之人"将包括所有住处或办公室在北边租界的人士。纳税人在1879年通过决议，要求有关当局对第九款加上领事团建议的解释性文字。另一项修改是关于鸦片收货船的，将在我们述及鸦片税时再谈。

在同年11月举行的第二次纳税人特别会议上，戈尔迪之结被解开了[2]。十家企业显然贡献了几乎全部码头捐。鸦片商人们正迁往法租界以逃避捐税，而且丝商们威胁要以此为榜样。决议废除此捐，通过增加土地税和房捐来弥补任何收入的不足，并增加某些执照费。鉴于这项决定，领事团未向北京公使团转交所建议的第九款补充。

---

[1] 引文为法文。
[2] 意为难解之结。

当然，下一个问题就是道台的约 10 000 两代偿款了。领事团认为，既然已经废除了货物捐，就不应该再要求他继续提供了。但工部局被提醒道，英国公使在有关修订《天津条约》的备忘录中提出，应当要求中国政府公平地提供外国租界中的码头和卸货地方。而且，在道台和麦华陀的一次会晤中，双方达成的谅解是每年 14 000 元仅是名义上的码头捐，这即便不是全部，也是大部分来自外国人缴纳的额外土地税（每亩 1 500 文，而非华人的每亩 400 文），因为道台不必将此上交给省政府。征收这笔额外的税款无疑是为了地方的目的，很大部分要用于便利住在租界外的外国人的道路、桥梁等。外国人缴纳了土地税，却没有得到回报，因为是工部局建造并维护了这些道路桥梁；因此，工部局有充分权利得到这笔资助。工部局还进一步向领事团指出，道台向法租界公董局提供了这样一笔捐助。

我们非常欣慰地看到，继续这项支付没有任何争议，从那时起，工部局的账目中出现了"道台大人对租界开支的捐助"。

但尽管码头捐或后来所称的货物捐就这样在工部局账目中消失了，却为时不长。

1885 年，建议提高外国人的房捐，并为前一年更大的赤字发行了 59 000 两债券。工部局并不建议重新征收码头捐；他们考虑过，却发现不可能得到法租界中的外国人的合作。

然而，纳税人会议上讨论了一项恢复货物捐制度的修正案，并得到多数人的支持，因此发行的债券减少到 25 000 两。

工部局认定，如果税率不比过去温和，将重演商人们出逃到法租界的一幕。因此，他们将税率固定在千分之一，每箱鸦片是 0.15 两的更低税率。税则获得通过，并得到和明商会的同意，于 1885 年 3 月 1 日实行。第一年就征收了 46 000 两，一段时间内维持在每年 50 000—60 000 两，还不包括道台的捐款。

但战斗没有终结。在结束我们的记述之前，考察另一项重要变化不过举手之劳，尤其因为我们发现，必须重述我们已在本卷讲过的故事。

1897 年，工部局面对着开支日益剧增，试图实行一种立足点全新的货物税。

尽管从来没有官方的界定，代偿款却仅仅涵盖中国商人的国内贸易。征收捐税最初是领事的事务，每位商人缴纳 50 元。1857 年，英国领事请求道台负责征收此捐。道台这样做了，他交给工部局的是所征收到的 2 000 元；此款随着中国贸易的增长而增加，从 4 000 元、6 000 元，到 1866 年最终的 14 000 元，这个数字维持到了 1897 年。

但在 1866 年，挂着中国旗帜并在港口登记的船只达到了 135 艘，总吨位 8 000 吨。1896 年，挂中国旗帜仅从事国内贸易的船只为 1 093 艘，总吨位 890 000 吨。但代偿款依然如故！

工部局尚未打听道台自己付给租界 10 000 两的来源，就被提到，外国人向他缴纳的额外土地税约为 16 000 两，这不必交给上级政府。

因此，工部局的第一个要求是将代偿款提高到 30 000 两。第二个要求是他应公开宣告，代偿款只涵盖国内贸易，不包括对外国的进出口贸易。这项宣告的必要性是，有些外国企业规避进口货物捐的借口，便是进口货物系卖给中国人的，缴纳该捐税将使他们与直接进口的中国人竞争时处在不利地位；而更肆无忌惮的其他人，则实际上用中国人的名义申报货物。对道台而言，界定代偿款不会造成他的收入损失，对工部局而言，却是最大利益之所在。

增加代偿款数额和界定其范围这两项要求，构成了 1897 年工部局向道台提出的最初选项。

如果他以无法从中国商人得到额外款项为由拒绝增加，他也可以采用所建议的另一个选择，即取消这项安排，结束所有代偿款的支付。

届时将由海关承担所有种类贸易的码头捐。道台已在 1866 年拒绝授权、实际上是明确禁止向中国商人征收任何税款；但显然已经忘了，道台在 1858 年送来 2 000 元戳洋时就拒绝弥补这项损失，说"征收（这些捐税）之事，非关本官"。

建议由海关征收该捐的办法是，对国内贸易征收到的半数给道台，其余的，即对外贸易的全部和国内贸易的一半给工部局。

道台同意第二项选择。该捐由海关征收，但总税务司的代表建议，应就此事的联合行动同法租界公董局达成一项谅解。

随后，工部局和公董局的代表在 1898 年 12 月开会，同意海关在总收入扣除道台的国内贸易份额和征税成本后，将其中的 25％给法租界；如果根据对卸货地点收入的分析，表明法租界所得不足，可以增加到 33％。这项协议作为一年后可修订的临时方案得到了工部局和公董局的批准。

1899 年，纳税人批准了这项方案，1900 年的估计额为 125 000 两。

在其他国家，进口货物缴纳进口税之后，就免于更多地征税了，但中国完全相反。即使在叫作厘金的恶税设立之前，货物从一处运到另一处就要征税。国内税对贸易造成的伤害可想而知，尤其在税收不确定和不受中央控制的时候。如果美国不同的州对进入其疆界的货物征收不同的关税，而且贪污受贿不可遏制，纽约或旧金山的进口显然就一蹶不振了。

《南京条约》第十款规定："英国货物……按例纳税后，即准由中国商人遍运天下，而路所经过税关不得加重税例。"

实际上，这些税收[1]的不正规和不确定引起了很多投诉；而根据《天津条约》第二十八款，外国（人的）货物到达内地目的地，子口税固定折合为其价值的2.5%，即关税的一半；这后来才适用于运往口岸出口的中国土货。

但俗话说，条约的签署就是麻烦的开始。如同从法令到遗嘱的每一项法律文书，总是存在着不同解释的可能性——一般都这样。在各方都诚心实意尽量达成协议的时候，麻烦最少；但就算承认北京政府是诚心实意的，也必须记住，中央对各省征税官员的控制非常无力。各省都不喜欢让更多的货物逃过他们的横征暴敛，而不是得到他们的帮助。必须对此补充一句，外国商人并非都完全诚实。

我们需要提到的第一个麻烦发生于 1861 年。当时，道台对中国货物在口岸之间的运送制定了新规则，停止发放免税证书——这意味着增加 50% 的子口税，道台和英国之间对此发生了严重的误会。道台拒绝友好讨论此事，所以麦华陀在一份告示中公开拒绝这些规则，规则立即被取消了。对此，卜鲁斯在公函中规定，英国商人与子口税无关，除非往来的货物有英国财产的证书；出口的中国土货从一个口岸运到另一个口岸，应在第一个装运的口岸缴纳出口税。

各项条约都无意让外国商人获得比中国商人更优惠的条件，都仅仅是同等条件。然而，在某些地方，外国人缴纳的折合税要低于中国人在很多关卡缴纳的税额。由此产生了一种外国人向华人售卖子口单的制度。为了得到这种通行证，外国人必须宣称他是这批货物的物主，尽管他不是；那是他个人良心的事情，如果他有良心的话；但当中方断言华人通过外国代理人逃税时，公使未免在一切谈判中都感到尴尬；如果地方官员予以反对，贸易将总体受损；可以说，我们是在利益的推动

---

[1]　即子口税。

下玩弄了花招，尽管我们同样谴责中方玩弄花招。用正义的名义歪曲特权，一些人为一己私利滥用特权，肯定不是外国政府的荣耀。据说，镇江地区关卡的官员们习惯于严刑拷打子口单的持有者，以迫使他们招供货物不是外国人的。

对于这些问题，公使与和明商会之间存在着一些争端。有些商会会员出面为售卖子口单辩护；公使则说，这种惯例"违背了一切公认的公平交易原则，危害了条约约定的信义"——他希望这个报道是错误的。阿礼国对商会庄纯的一份备忘录指出，这不仅是企图利用条约中专为中外贸易设定的规则，并将之扩展到中国的沿海贸易，而且是企图以虚假的条约权利为借口，取消中国全面的，或者某个不明确部分的土货国内贸易的财政控制权，但"只有女王陛下政府才能确定条约规定的恰当解释"。他进而指出，商人们一直坚持反对唯一的权威即缔约方高层的观点。皇家法律专员（Law Officers of the Crown）、额尔金、卜鲁斯、威妥玛都反对他们的观点。"条约不是私意解释的。"

我们认为，在撰述这些"很久以前的论战"时，厘清整个局势比讲述这些千变万化、错综复杂的观点更加重要。条约所指的货物是来自外国的还是属于外国人的，免税通过子口的货物在抵达目的地之前是否可以再次征税，以及很多临时性的困难，对于生活在更加幸福时代的我们而言，都仅仅是一些学术问题。但斗争本身富有永久的趣味性和启发性。鲁莽的商人们坚称，所有的条约都多多少少支持他们；这个制度从当地官员手里夺走了很多省里的收入，交给了北京；与商业最有关系的美国、英国公使都强烈希望坚持忠诚于条约，却既要对付执拗的商人，又要对付太过软弱以致无法号令各省的中央政府。

然而，完全可以对这个制度是否适用于中国人手中的洋货补充一句话。额尔金的通信没有涉及这个话题，阿礼国在不同时期都表示反对。但如晏玛太清楚表明的那样，奇怪的事情是，条约的中文汇编均称由中国商人支付子口税，英国贸易委员会声明完全放弃这种谋取私利的观点，而中国政府同样如此。这样，我们就遇到了熙华德所说的奇景，做生意的英国单方面放弃了巨大的特权和专有权。屈服于外国人而不是屈服于合法文件的中国可以宣称拥有这些权利。

这种状况得到了逐步的完善。外国商人对其进口货物的子口单权利最终得到了所有省份的承认；子口单的售卖导致这个制度扩展到了中国商人；并进而扩展到运往各口岸出口的土货，有时甚至是并不出口的土货。

第 14 章

鸦片厘金

上海的鸦片贸易问题同厘金、捐税、执照等其他问题复杂地交织在一起。对这些问题的合并论述将牺牲清晰性；分门别类的论述也许意味着某些重复。

本书上一卷已对鸦片做了很多论述。我们必须简单记述 19 世纪最后十年这种生意的背景；这种生意的道义性及对居民身心的影响则并非我们的考察范围。这是一宗生意，受到特殊的规制，具有特殊的困难。同时，对这个问题的厌恶显然已经普遍进入了人们的潜意识；就像这种毒品的臭味令多数人作呕、而茶叶却不会一样；所以，鸦片贩子不像茶叶或丝绸贩子，一般不被认为是具有同等受欢迎**资格**的商人。

除了道德判断之外，这种成见很大程度上来自与这种贸易有关的争论、不法行为、逃税和各种烦恼。正常人都同样厌恶酒鬼的兽性和禁酒主义分子的狂热——"你们两家都不得好报"[1]；鸦片受害者呼吁同情、鸦片贸易的诡计和改革者们的夸大其词也共同造成了一种心慌意乱、焦躁不安的氛围。在上海历史上，鸦片可被视为一种滋扰，如果不是一种诅咒的话；却无人会对丝绸或茶叶感到恼火。

在我们论述时期的开端，鸦片并不是让纳税人非常激动的原因，尽管它已给外交官和条约缔结者造成了足够多的麻烦。在上海，它占所有进口贸易的三分之一，工部局通过颁发烟土行执照，每年收入约 10 000 两；但这尚非与会纳税人非常感兴趣的问题；他们必须全神贯注的是外滩岸线、排水体系、永久性拓宽道路，

---

[1] 语出莎士比亚剧作《罗密欧与朱丽叶》。

151

等等。

1858 年的《天津条约》实现了这项贸易的合法化。美国公使列卫廉当时曾致函额尔金勋爵，对"一艘纽约建造的名义上属于美国人并悬挂美国旗的轮船从事当下最活跃的单船鸦片生意"深表遗憾。吴淞口的六艘鸦片趸船都悬挂美国旗，尽管据说只有一艘属于美国人。无论更为可行的是全面取缔还是规制这项贸易，他都愿意支持额尔金。额尔金答复称，合法化是唯一可行的补救——需求太大且供给如此容易。

因此，我们在条约[1]第五款中看到：

"洋药准其进口，议定每百斤纳税银叁拾两，惟该商止准在口销卖，一经离口，即属中国货物；只准华商运入内地，外国商人不得护送。即天津条约第九条所载英民持照前往内地通商，并二十八条所载内地关税之例，与洋药无涉。其如何征税，听凭中国办理，嗣后遇修改税则，仍不得按照别定货税。"

这里完全可以补充李泰国二十二年后写的如下信件——尽管这本来更应出现在上一卷的：

"可惜，对事实不准确的说法玷污了一项很好的事业。据说，鸦片合法化是从中国人的恐惧中榨取——勒索到的。这种指控完全没有根据，而且我认为这对额尔金的回忆是不公正的，或者对我应注意到的所有仍保持沉默的相关人士是不公平的。我同我国现任驻华公使威妥玛共同充任额尔金使团的中文秘书。我经历了在天津的所有谈判。双方自始至终没有说到过一次鸦片。

"（条约签署后）税则的准备交给了我，中方的渴望不下于额尔金勋爵。当我涉及鸦片时，我询问他们对此采取什么方针。答复是'我们已经决定，在税则中称之为**洋药**，洋人药品'。这就是诉诸敲诈勒索的真实情况。税则未经任何修改就被接受了。在各种压力都消除的五个月后，中国的钦差大臣来到上海，签署了所有的必要文件。中国政府不是在强制之下，而是根据他们深思熟虑的自由意志，承认了鸦片作为一种合法的进口物品。"[2]

从普通角度而论，上述规定看来是清楚的；但从法律角度而论，它引出了很多愉快的讨论。我们会发现，上海的律师多年后尚在真心实意地竭力解释它，尤其在

---

[1] 即作为中英《天津条约》附件的《通商章程善后条约：海关税则》。

[2] 原脚注：（伦敦）《每日新闻》，1880 年 10 月 21 日。

该规定的说法并不表示其真实含义的时候。

担文在 1875 年致威妥玛函中提出了许多问题，其中问道：

额尔金是打算把对进口鸦片无限征税的权力交给中国政府吗？条约的文本确定过这种权力的清楚界线吗？威妥玛对前一个问题的答复是："确实如此。但条约的文本正相反。"我们将有机会在本章指出后一方面的困难。

中方当然必须防范走私；鸦片离开口岸后，他们就肆无忌惮随心所欲地征税。但按照上述条款的清楚文本，该麻醉品每箱缴纳 30 两进入上海就承认合法。然而，他们很早就开始了侵蚀，敲诈勒索的程度与该贸易利润的肥厚成正比。

他们在城市的东郊设立了一个管理鸦片税收的局。该局被太平天国叛军烧毁时，他们就设在英租界的西部。最初几乎无人注意到它，但很快就发现，它除了本身以各种方式招人讨嫌之外，还违反了条约。由于密迪乐的投诉，道台答应迁走它。但他仅仅改变其名称，仍让其充分活动。只有八家中国行号获准承揽鸦片，征收每箱 50 两。子口税不是在货物离开本港后才恰当征收：该局的规章规定，货物进入港口后就征收。

这就是说，他们盯住了所有卸货的鸦片，只要一进入华人手中，就征收捐税。为了实行这种办法，他们有一种可恶的侦缉系统。外国进口商的买办得到官方密令，必须介入其东家的所有售卖；他们要对统计中的任何出入负责任；他们中的一位抱怨说，中国海关的官员打探他的亲戚及其下落，以便能在必要时施加压力；对这种侦探其东家的活动，付给每月 50 两或销售每箱 5 钱的报酬。

为了防止外国商人的联合行动，该局禁止收货船之外的购买，有些商人拥有这种船，有些则没有。沙逊洋行和广南洋行被"禁入"了，即该局禁止烟土贩子向他们购买，即使收货船也不行。有些属于"广南"的鸦片被缴获，必须由来自"公所"的商行成员或一直隐蔽在那里的鸦片衙门搭救。半夜十一点前，外国商行前都有一名监视者。

密迪乐早就对这种行径提出了抗议，要求立即撤销该局和道台已经颁布的一份通告。在那份通告或者告示中，税被说成一种"捐"。八家企业之外的一切交易都被宣布为走私；并给出了实行垄断的老套借口，即有效监管的困难。因为是"捐"，商人们将获得"依新例之名目"。已经指出，道台答应了密迪乐的要求，却没有实行。

然后密迪乐发布了一份通告，表达了这些不满，要求英国商人把可能收到的该局有关鸦片的任何要求转送给他，并对他们的雇员解释，只要被英国企业雇用，就受条约的保护。保护将达到最充分的程度，对他们的任何指控都会予以特别警觉的关注。

但广南洋行在1861年对持续的垄断提出投诉。其客户之一遭受威胁，手下的两人被抓捕；而且我们发现，1862年有两名持有道台所发晚间通行证的外国人在收缴鸦片。而且，方式同样糟糕的问题看来已持续多年了。

有关的大多数问题是领事团、中国政府、海关和律师的事情。当工部局抗拒鸦片厘金差役进入租界时，鸦片再次成为小型纠纷的理由，尽管不是原因，但那是后来的事情。

工部局与鸦片的直接关系是颁发租界内"烟馆"的执照，那里售卖的这种药品应在"场所之内之外吸食"。

他们在1861年决定颁发二十份这种场所的执照，一名据说有不适当基督徒姓名的中国人取得了所有执照，并保证遵守工部局可能实施的任何规章。

1865年，这项收入超过5 000两：骆驼的脑袋正在进入针眼。1870年，该项收入超过10 000两，1880年超过18 000两，1890年32 000两；而在1898年，每月有已颁发的执照1 510份，带来了47 000两的收入。

烟馆数量的增加非常稳定，这总是出现在工部局的报告中，是因为华人居民的增长。1880年，工部局提高了费率，每月每盏烟灯从4角提高到6角；这带来了一次会议上烟馆主们的可怜呼吁：生意如此清淡，旧的费率都几乎缴纳不出了，要不是那时所有生意都萧条，他们宁愿关了烟馆转执他业。工部局答复道，由于纳税人已经批准了提高，他们不能响应这项要求。实际上，尽管费率很高，翌年的烟馆数量仍在上升，工部局比预期多征收到了2 500两。

1891年，中国政府要求法租界公董局禁止妇女经常前往烟馆，而法租界询问工部局，如果公董局制定这种规则，工部局是否也应如此。其实，英租界工部局已在1888年回应过道台的这一请求，给巡捕房发布了命令，但因为发现洋泾浜以南并不如此，这项规定很快就松弛了；所以，实施这项规定只会把烟馆从公共租界驱往法租界。然而，工部局这次高兴地同意与法租界联合行动。结果是减少了申领执照的数量；妇女们常去了茶馆，而不是烟馆；男人们则跟随她们，所以，这种生意严重受损。

我们发现，到了 1898 年，烟馆的数量下降了——尽管执照费仍然超过了 50 000 两；根据谨慎的说法，这是由于某个等级的一批烟馆因在此缺乏保护而迁到杭州、苏州去了。

在回到更激动的七十年代之前，我们可以提到沙逊洋行的古培一份观点谑而不虐的备忘录。内容是土烟的增长及其"有害影响"——对进口鸦片的！对道德的，或经济的，或政治的"有害影响"当然不在考虑之中；但鸦片商的利润是岌岌可危了。四川已在前一年生产了 3 500 担，但备忘录的当年（1869 年）估计价值增长到 50 000 两了。"现在只有富人吸食印度鸦片，而且混合着土烟。进口商持续遭受损失。"有一切理由害怕（标记这个词汇）土烟的改良；指出了挖空心思进口鸦片的"致命"劣势。但公众的铁石心肠从来不会被鸦片商、酿酒商和一些另类人士打动，不会为他们的悲伤痛心疾首。

1869 年 1 月的一份上谕禁止种植罂粟。但当时就传说，这也许并不意味着非常认真的努力。法令被重复了，但并无明确指向；无论如何，它们甚至在省会中都遭到公然蔑视；既没有愿望也没有力量制止这项种植。这种作物的利润六倍于其他作物。

麦华陀在 1870 年承认失败。他已在联合地方官员、洋药公所、鸦片商人维护中国的条约权利方面竭尽了全力，但还是失败了。英国进口商在租界内享有自由，对零售的监管不可能不侵犯这种自由。他将此告诉了道台，所发现的逃税案必须像以前那样按照条约的原则处置，即只能没收被确实证明是华人财产的鸦片，举证的责任属于中国政府。帮助中国人逃税的，无疑是肆无忌惮的外国人。

1872 年，开始了对租界内华人鸦片权利的巨大抗争。焦点是，该货品进入本口岸时完纳了适当关税，在中国政府按照自己的愿望对之加捐后，在运出本港前就不应再对其做更多的事情了。但中方的观点是，进口商将鸦片卖给中国商人后，即使仍在租界中，他们就拥有了权力。

如我们业已指出的，全面涉及的厘金问题是复杂的。中方有权利对进入内地的所有货品征收厘金；但外国人普遍认为，中方不能在租界内征收——工部局强烈反对中国差役入侵租界；因此，发生了领事副署拘票的争端。其他地方也存在这些中方征税和使用拘票的问题。

但鸦片厘金的基础不同，意见分歧。麦华陀对负责征税的官员说："禁止外国人运入内地，是在进口商的门口生效，还是在假定内地开始的某个点生效，整个问题看来取决于鸦片税则的真正意图。由于外国进口商不零售鸦片，如果不准外国人护送自己房子里出售的鸦片，你们的方针看来是很简单的。因此，在租界内中国人或外国人那里发现的烟土，也许就是中国人的财产，因此要服从地方征税的协定。但如果税则禁止外国人携带或护送鸦片进入内地，被解释为仅指离开口岸的内地，情况就更为复杂了。因为非进口商的外国人可以利用这种解释，为华人向租界的所有地方和县城运送烟土，我也不知道你怎样才能制止这种不纳税的鸦片进入消费。"

麦华陀宣布自己没有资格解决税则的解释问题；这也涉及其他国家的人。该官员应当致函领袖领事熙华德。然而，如果当地政府不准备接受外国人对整个厘金与对外贸易问题的要求，领事团不会费心让当地政府满意。

1872年的一份特别警务报告称，征收鸦片厘金实际上操诸洋药公所之手，名义上却由一位大员掌管。公所缴获鸦片，是在不表明任何权威的情况下进行的。如果反抗，有时不用拘票就把人抓到城里。

彭福尔德也在1972年报告说，租界内的鸦片厘金局已经告诉其官员，**入户收缴鸦片**要就近得到巡捕房的帮助，他希望得到这个新程序的指令。如果工部局拒绝，会发生什么事情？他说："厘金是对租界里的外国制造品征收的；配置在街上的官吏们防止未经许可的货物从外国商行运到中国商行。租界内有被授权发放这种许可的官员。当奉命防止逃税者缴获了属于外国人财产的货物时，历来难以惩罚那些人，这不是因为在外国租界中缴获了货物，而是因为缴获了外国人的货物。我不记得曾有在屋内缴获货品的事例。"

卢瑞欧案引起了对这个问题更大的注意。洋药公所的巡丁承包了征税权，逮捕了卢瑞欧手下的一人，拿走了一包已经纳税的鸦片，并将人关押在巡捕房。福勒巡官扣下了鸦片，而以在会审公堂出庭为条件放走了那人，会审公堂却直到领事团开会才做出判决。

卢瑞欧对"一群如虎似狼多半靠没收鸦片过活的巡丁"表示愤慨——不是官吏，而是雇用的"农夫"仆役。

哈华托的观点是：1858年的条约给予了中方权力；因此，逃税是刑事犯罪。在这个问题上，巡捕帮助中方是明智的，"因为一方面，拒绝协助十之八九会让中方通过自己的下属实施法律，并成为对租界内华人进行大量令人厌恶的干扰的借口；另一方面，他们在这种事例中申请并得到巡捕房的帮助，就会形成一种将来对付他们的先例，如果他们今后在其他问题上试图不经过这种合作就规制租界内华人的话。"这只适用于鸦片。他说，至于对外国制造品的征税，合法性更加可疑。在已经完纳子口税的地方，这显然是非法的，在其他情况下，应该抵制租界内的征税。那是领事团的事情。

工部局随即授权捕房执行由负责鸦片厘金局大员发布给该局官吏的命令。道台和工部局达成一项协议，道台给被授权进入租界的差役发放牌照。巡捕承认这些牌照，并按协议予以协助。

这个两厢情愿的程序并未维持多久。人们对中方无权在租界向棉货等征税心满意足，但对鸦片心存疑虑。然而，条约是明确的，涵盖了所有货物。卜鲁斯在 1862 年 7 月给予了一项貌似对鸦片征税的权力，这仍是一个错误。他说，道台可以在租界随心所欲征税。罗素伯爵完全同意（1864 年 4 月 18 日）。条约依然是唯一的权威。对"口岸"一词可能历来存在着一些误解。卜鲁斯认为它仅指岸边城市。

《北华捷报》谴责准许对租界内的华人征税，声称既然让中方摆脱了维持秩序的所有麻烦，就应该有效禁止他们征收任何捐税。另一方面，一名记者说，在外国人的代表尚未正式宣布道台在租界内没有权力时，工部局必须像对待其他国家一样，同样协助道台的官员，必须防止街道上的滋扰。

何爵士在 1875 年 5 月判决，除了条约规定的进口关税外，中方无权在口岸对鸦片征收任何捐税。因此，差役们在当前案子中的行为非法，必须抵制；然后，被缴获的鸦片归还了。官员们利用了公所，而公所利用了巡捕，这是一种令人反感的状态。何爵士的判决倾向于排除租界中所有的中国捐税，不管是什么种类的。十一个人在街上对沃克的中国雇员行凶——他们是何许人？巡捕房奉命不得干预，实际上是协助了他们；鸦片仅仅是一种商品，其他商品受到了密切关注。《北华捷报》希望，现在应该制止这种事情。

7 月，工部局同自己的法律顾问担文商量，接受了法律建议，把他的意见呈递给领事团。担文在这个问题上没有任何疑虑，清晰有力地表达了自己的观点。他面临的是这种形式的困难——何爵士在沃克和麦尔康案中称，工部局巡捕根据厘金差役的请求，协助逮捕被认为携带了走私鸦片的华人时，应把人都带到捕房，扣押鸦片，直到鸦片真正的所有者出场。这个观点不同于迄今为止实行的方针，工部局总以为该方针是符合外国领事观点的。

这不是工部局对条约的理解问题，或是他们判断中方应否对鸦片或其他货物征税的问题；他们的职责是根据领事团的批准，在租界内维持秩序和保护居民。但为了做到这些，必须向巡捕下达命令；由于英国大法官和条约国领事的观点似乎互相抵牾，租界的行政管理会发生极大的困难。因此，他们询问担文，应当按哪一种观点对巡捕下达命令。

他们还认为，如果厘金差役在租界内没有权力，巡捕就不仅应拒绝协助他们，还应认为他们从事了非法行为。

担文的观点是，除了征收常规的每箱 30 两进口税之外，中国政府对租界内鸦片的征税行为没有正当性，而工部局抵制这种行为是正当的。

尽管工部局理论上没有解释条约的责任，却必须为了维持秩序而在观点抵牾时采纳这种或那种观点；他认为，当前情况下没有承认和抵制之间的中间道路可走。

何爵士建议扣押鸦片到真正所有者出现并无可行性，因为这将是把巡捕房变成法庭，由警官进行审判，并判定价值高昂的财产的所有人。

如果中方有权征税，那么工部局的现行方针是正确的；如果没有权利，担文认为，合适的方针应当是逮捕干预携带鸦片苦力的巡丁，并在捕房指控他们当街滋扰；这时，他们如果是华人，就以同样的指控解送会审公堂。如果差役提出是合法行为的理由，会审公堂必须承认其辩词并驳回指控，或者驳回辩词，惩罚被告。

工部局还必须停止颁发牌照或停止在差役的文件上盖章，必须通知政府将不再承认已发的牌照，不准在租界内征税。

他发现，唯一有质疑余地的问题就是"**口岸界线**"——它们在哪里？只要进口的鸦片是**在口岸**，除了 30 两进口关税之外，就免征任何捐税和勒索，而不管其拥有者是洋人还是华人；只有华人而不是外人才能将鸦片运出口岸界线，进入内地；**离开口岸**那一刻，中国政府就可以对鸦片征收认为合适的任何捐税。合理的说法是，口岸界线必定至少包括了外国租界的范围。

历来的论点是，即便在口岸中，鸦片卖给中国臣民的那一刻，中国政府就有了征税权。这就意味着鸦片一失去外国人的所有权，归为中国人所有，即便仍然在上海的仓库中，也已经离开了口岸，进入了内地！

　　承认这种反常的语言，我们就应承认中方的收税者有权监视仓库、收缴货物，承认对我们征税的权利。

　　另一个常见的论点是，尽管根据条约的文本，只要鸦片仍在口岸之内就免于征税，而条约的精神却完全相反。担文却认为，文本是清楚明白的，不管是什么意思，都不需要谈**精神**。这是否是额尔金爵士的意图，他引证了博学的法官们的话，大意是，对任何法律文书，我们都应确定**已知的不需要讨论之处**（*non quod voliut sed quod dixit*），而不是根据对**已知**的解释来确定我们的**应讨论之处**。

　　我们对这场争论的简要表述并不像律师那样精确清晰。

　　工部局将这份法律意见送交领事团时，注意到应逮捕巡丁的观点是以"中方无权对租界内的鸦片征收捐税"为条件的。工部局的多数人同意担文先生的说法，即根据条约中方无此权利；他们同时一致认为，对鸦片之外其他商品的课税明显违反条约；而且，厘金巡丁出现在租界非常令人讨厌，应当使用一切合法手段予以终结；然而，工部局必须接受对条约的解释，接受外国列强代表的指令作为自己的行动方针，因此，他们请求指导。

　　如果判决是应当逮捕巡丁，就请求领事团通知道台，今后不允许这些巡丁进入租界。

　　如果判决巡丁有权利，巡捕就应像迄今为止的那样协助他们，大法官的这种观点将造成巨大的难堪——巡捕大多数是英国人，是否会因执行工部局的相关命令而承担个人责任。

　　至于对鸦片之外其他货物的课税，工部局没有逮捕差役，因为在会审公堂审理时难以提供合法的证明；但他们随时可以实行逮捕。

　　像通常那样，"事情悬而未决"。我们发现，在何爵士和担文提出看法并给予一次提醒的六个月之后，领事团愿意重新考虑这个问题了；但由于当时正在讨论码头捐的问题，似乎不是造成新问题的合适时机。领事团建议**暂时**维持旧的惯例。在此期间，巡丁们对自己的工作兴高采烈，工部局则不知所措。城里一个小官员提出了牌照申请，而习惯是每年发放 12 块。彭福尔德说，如果工部局拒绝在牌照上盖章，挡住巡丁没有多大困难；但危险的是领事团会有不同观点，那时巡捕房就陷入了两难境地。这也会是一件表明警方地位虚弱的坏事。因此，彭福尔德奉命不在授权文书上盖章，也不逮捕巡丁，而是监视和报告。

我们已多次指出，鸦片厘金问题与中国政府对租界内中国商人征收其他捐税的问题、领事对中国拘票的副署问题夹缠在一起。1876年，和明商会在应邀起草一份关于贸易苦衷的报告请求工部局的帮助时，这些问题同时"受到了审议"。

工部局表明，有三名官员在租界内征收厘金，一名针对棉、毛、麻制品，一名针对鸦片，一名实际上针对其他所有交易商品。每箱26两的鸦片税，估计每年达347 568两。

肆虐租界的差役巡丁约有200名，是一支人数多于巡捕的队伍；他们依靠自己的嗅觉谋生，并用最明目张胆和厚颜无耻的方式行事。有些人驻扎在码头和别的地方，有些人白天黑夜在街道上梭巡；张在这块地方的天罗地网，华人几乎不可能逃税。

我们省略了工部局信中与鸦片税无关的其他有价值信息；但其中谈到，对一项逃避厘金的尝试发出了一份知县的拘票，犯人被逮捕，解送到城里。工部局称，这种拘票首先由会审公堂的领事陪审官签署，然后送到巡捕房，由一名捕头陪同差役，监视其执行，以保治安。引用了一个典型例子。从鸦片之外的其他外贸商品中如此征收到的捐税达每年80 000两至100 000两，其罪恶则是分文不用于改善租界，或者被勒索者得不到分文好处。

这里提到的授权把英国领事拉入了搏击场，而且有过一场简短的搏斗。但我们希望把注意力集中在鸦片税方面，这个问题推迟到以后讨论其他商品的厘金时再谈。

1877年2月，总理衙门颁布了新的《厘金章程》，向赫德宣布不在外国租界内征收厘金；领事团决定，租界内所有厘金局均须关闭，工部局并命令巡捕，从2月13日起，概不承认任何洋人华人对租界内外国商人进口并持有的洋货征收厘金；并采取步骤防范征收这种捐税的任何企图。

这么漂亮的结局，就像我们真的接近了本章的结尾一样；但如果这就是结局，那未免太简单了；尽管有点可笑，我们仍毫不诧异地发现，八年之后的工部局还在询问中方派差役进入租界的权力，并请求公使团做出决定。

显然就在总理衙门颁布新规章的同时，当地政府提出了关于租界内外国货物的12条新规则。他们规定租界内免征厘金，除了属于另类的鸦片之外；租界内调查华人货物是一项中方的工作，如有外人庇护华人，将依法罚款。

领事团答复称，这些规则必须呈送给北京，提交给和明商会；他们同意和明商会在达成新的协定前予以抵制。在此期间，载有总理衙门命令的布告张贴了，厘金局关闭了。

但普鲁士公使发表了自己倒霉的观点，称鸦片不在豁免物品之列；道台乘机致函领事团，声称这个意见是有效的，将继续征收如前。

带着些许变奏的混合博弈，看起来就像以前一样轻松愉快。1882 年，道台被问道，他认为将实行的是什么规章或命令，根据这些规章，巡丁是否不经过会审公堂就有权逮捕中国臣民。

道台若无其事的答复是，巡捕房知道巡丁有会审公堂谳员和英国签发的"合法牌照"。他们在界外活动，但有时偶然会跟踪走私犯进入租界；在租界中只征收鸦片厘金以及诸如此类的温和行动。

领事团然后建议说，道台应当让巡丁获得会审公堂的拘票，并在工部局巡捕的协助下拿人。

我们发现，中国政府已在 1885 年委派广州和汕头的公所征收租界内的厘金，想让其巡丁持有盖章的牌照。工部局质疑这项权利，拒绝了此项申请；但结果却是，领事团承认了 32 名巡丁，给他们拍了照，并规定所有犯人须解送到会审公堂。就在同时，工部局请求领袖领事询问公使团，中方是否有权力向租界派出巡丁。**圣洁的天真啊！**

逮捕和涉及逮捕的争执连续不断。洋药局雇用惠尔生和阿奇力两名外国人分任正副头目，涉及外国人时由担文和温赖特代表他们在会审公堂出庭。领事团立即答复道台说，洋药局当然可以雇用自己中意的任何外国人，但任何外国人不能就此获得官员的资格；他们一旦面临任何侵犯袭击等罪名的指控，就得服从适合自己的机构的管辖——所称的官方地位将不能成为借口。阿查理专门要求告诉道台，这对英国臣民是确定无疑的。

在几个月内，因为巡丁们专横的独立行动引起的滋扰，工部局请求领事团暂停巡丁的活动，直到征税的合法性问题得到解决为止。领事团随即收回了刚刚发出的32 张牌照，巡丁们停止了活动——暂时的。

可以记述更多这种令人失望的事情，但有必要吗？中方防止走私的目的完全正当，外国政府不会予以阻碍。但税负如此沉重，试图逃避是势所必然的。当时，公所被指控试图形成垄断；它们降低向自己购买的鸦片的厘金，而对向其他人购买的鸦片充分勒索，并通过侦探和线人骚扰其对手。应该向会审公堂提出的案子，经常被送到进不了会审公堂的地方。案子并不呈交给谳员和陪审官，后来便悄无声息了。无赖们协助巡丁抓人，破坏了租界治安。这些都是无关紧要的小事，与这个话题有关的欺诈、逃税、腐败、孱弱、割裂和背信弃义，何啻百十。但主要问题，即中方能否在租界内对鸦片征税，或者运到内地前的鸦片能否豁免，直到本卷结束之时，仍像其开始之时一样，不曾明确。

在一场板球比赛中，守方把球一个又一个击中门柱或接住，直到攻方的 11 个人全部出局；攻方得分，则比赛继续轮换进行，直到攻方的击球局结束。足球就并非如此了。在胜利几乎十拿九稳的时候，一分钟后就可能在球场另一端发生灾难。运气是在两端摆动；争斗改变着每分钟的局面。

鸦片厘金问题也有这种混杂和不确定的性质。如果本章看起来有点夹缠，是因为这场比赛不是渐进的：有触地得分和并列争球，有时则难以看清球在哪里；还没有球门。

然而必须承认，实际利益都归了中方。当领事团和工部局对此事提出抗议，并争辩是区别还是统一对待时，道台用最令人反感的方式征收到了我们认为是非法的数百万税款。要是没有我们的抗议，他也许还会获得更多，而且肯定更加方便。但正因为这样，他是得手了。

第 15 章

外滩和外滩公园

人人都会承认，租界的主要美景和自豪是外滩和外滩公园——如果那不是唯一美景的话。站在驶入黄浦江轮船的甲板上，上海的第一瞥无疑赏心悦目。可以说，"一切尽在橱窗之中"；美国副领事金能亨在 1870 年写道，外滩作为"上海唯一的美景，总有一天会挽回上海作为东方最丑陋之地的名声"。指出他是在横滨写下了这些话，也许是恰当的。有人曾建议，大礼拜堂应坐落在现称为外滩公园的地方；这肯定会增加租界正面的美感；有些人认为，外白渡桥应当有更优雅的结构；然而，现有的外滩仍被视为上海的自豪。但是，享受着宽敞的外滩公园，或在习习江风吹拂下的夏夜聆听乐队演奏的居民中，却很少有人知道，这个现状曾经历了何等的艰难险阻。一切本可能是面目皆非的。道路两边也许会布满了华人的商行，或者被让给了码头港区，就像法租界外滩那样。尽管称之为"世界上最漂亮的街道之一"肯定是偏爱或井蛙之见，但它的漂亮不容否认，上海完全可以为之骄傲。那里最初，而且自古以来就是一条泥泞的华人纤道，一边是田野，另一边是肮脏的江水。冥想那种情景，再眺望如今外滩宽阔的道路、碧绿的草坪和华丽的建筑，就会理解上海八十年来发展的辉煌。

1842 年英国人占领上海时，苏州河和洋泾浜之间只有普通纤道。在制定计划时，确定临江地块的道路宽 30 英尺。本书第一卷已有叙述。在工部局很早的（1856 年 3 月）一次会议上，就建议增加 50 英尺，使地块前面宽 80 英尺，并准许按五分之二的价格买下前面 20 英尺宽的土地；这样，外滩就宽 60 英尺了。估计铺设花岗岩的费用为 32 000 元，打桩费用为 14 000 元。

由于几名地块业主的反对，这项计划必须修改，但目标仍然是一条 60 英尺宽的花岗岩路面的外滩；业主们应交出 60 英尺宽的土地作为公用，并签署一份有关契约留存领事馆。十六家相关企业中的十一家签署了。《土地章程》第五款表明，已经不需要这种契约了；但工部局仍决定通过这项要求实行双保险。还安排了一次温和的试验性诉讼。美恒洋行（14 号地）的竹篱笆侵占数英尺外滩，留出的车道仍有 30 英尺宽；工部局提出了抗议，领事法庭的陪审官们判决工部局胜诉；美恒洋行上诉了，香港的司法当局仍作同样判决。

这项计划看来经过了深思熟虑，因为在 1859 年 7 月同一名华人签订了 23 000 两的契约。道台提供了 5 000 两，条件是涨滩归为官地，就像租界其他地方一样。工部局也通过告贷筹措了 18 000 两。

但尽管拓宽用了很长时间，却改善不大。碎砖（在叛军和官军退城后，比比皆是）被认为非常不适合筑路，并要求拖轮的船主们为此保留灰渣。但 1862 年，在外滩倾倒了价格为每吨 2 两的鹅卵石——海滩上的小圆石，后来是每吨 4 元，每月倾倒 500 吨。早在 1856 年就使用了花岗岩碎块，但也许不易买到；1864 年却以每吨 1.95 两订购了 500 吨，然后是当年每月 100 吨，每吨 1.35 元。必须获得从苏州运来石块的华人通行证。砖铺的道路每年都必须重修，而用花岗岩碎块修筑的道路五年都破损不大。

1860 年的《工部局年报》中有一份用立柱和栏杆间隔外滩的建议，里面是行车的碎石路，外面是散步骑马的道路。但如将要看到的，外滩成为可爱的滨江大道，还需等上很久很久。

几个重要问题与外滩的历史有关。一个是土地业主建造商行私用码头的权利。另一个问题，是将之发展成富有建筑学美感的通衢大道——如今天之所见，还是像法租界那样，将之建成码头、仓库和装卸场所的岸线。一个非常艰难的问题是涨滩的所有权，连带着填造土地、建房、征税、道契等的权利问题。

根据 1845 年《土地章程》的约定，在四条规定道路即北京路（领事馆路）、南京路（花园弄）、九江路（打绳路）、福州路（布道路）的尽头建造四个公共码头。其他码头由需要更多方便的商行建造。到 1865 年左右，共有 12 座驳船码头，依次为：广东路丰裕洋行的，福州路拖轮驳船公司的和旗昌洋行的，汉口路华记洋行的，杭州路（打绳路）宝顺洋行的，南京路仁记洋行的及怡和码头。

工部局的政策是把所有驳船码头纳入市政管理。这样，当1861年公易洋行希望新建一座码头时，工部局就说将由自己来建造。1865年，由于低潮位时几乎所有的驳船码头都不能使用，工部局决定花3000两将它们都加长20—40英尺长不等。它们都是12英尺宽、有时长12—14英尺[1]的石砌码头，都是与外滩成直角伸入江中的简单道路。1865年描绘的南京路码头为"一座坚固的新驳船码头，从外滩伸出175英尺，离江水仍差10英尺"。

工部局的政策当然引起了争议，有关公私权利争辩不休。普遍情绪是所有的码头都应属于市政管理，但普遍情绪当然与外滩土地业主的情绪不一致。

按照琼记洋行的说法，1845年《土地章程》第二部分规定了私人驳船码头的权利；公共驳船码头应在四条道路的终端。它在被1854年7月新《土地章程》取代前是有效的。"因此，此前的所有地块都有建造私人驳船码头的权利；所放弃的滩地仅仅是那些道路的终端。"领事团后来介入了这个问题。当1868年旗昌洋行建议在他们房子前再建造一座驳船码头时，温思达说，无论工部局是否批准，建造私人驳船码头都违反了《土地章程》。如果不放弃这种打算，他保留就此事与中国政府商量的权利。合法的方式是工部局获得中方的同意，然后建造驳船码头，并为其使用支付合理的租金。

我们这里就有了一个给社区造成了那么多困难的三头统治的例子；领事、工部局和道台都拥有权力或权利；首先，我们必须注意不能违反自己的条约；其次，必须充分维护社区的利益；最后，当然至少必须维护中国的条约权利，而无论其义务是什么，除非是那些旨在妨碍外国人的企图、勒索或怠慢。

旗昌洋行收回了自己的申请，说他们将使用一条浮船；外滩的业主们联名签署了一封信，请求工部局不要未召开公众大会就改变外滩的驳船码头等状况。

1868年6月的一份会议记录表明，工部局已准许旗昌洋行为宁波乘客的上下船设置一座额外的驳船码头和浮船；温思达称，工部局的行为创造了一个租地人应当讨论的全新先例，它决定支持一个私人企业，与上一届工部局对另一个企业的决定完全相反。

---

[1]　原文如此，疑应为120—140英尺。

对于黄浦江而言，驳船码头被认为是不方便的和危险的，工部局支持用浮船取而代之。法租界已经通过码头恢复了正在失去的繁荣。温思达有一项码头扩展的计划，只要使用一些浮码头，吃水 14 英尺的船只就可以在涨潮的低水位时横靠；浮码头每年招标，涨滩归土地业主，有一份在获得涨滩较多者与较少者之间进行调整的计划。

根据这份成本 75 000 两的计划，大约可填造 17 万平方英尺的涨滩，业主享有不同份额，从会德丰洋行的 1 740 平方英尺到怡和洋行的 25 400 平方英尺。

1869 年 6 月，多家企业同意在他们房屋之前"置放新的浮码头"，并"保留他们的私有权"。

1869 年 9 月，对着北京路、南京路、九江路、汉口路、福州路和广东路的浮码头投入使用。经决定，暂时留下仁记洋行、宝顺洋行前面的石砌驳船码头，因为它们尚可在某些潮位时使用。一些建造中的新驳船码头填埋了后方。

驳船码头的次要问题却与保护河道的生死攸关问题与涨滩权利的天大难题密切相关。

外滩地块，或者说沿江地块的最早买家如果对涨滩缴纳土地税的话，拥有的权利就达到了低水位线。但旧《土地章程》已经废除了，何况，每块地产前面的土地已经交与公用，即建造道路。道路之外淤积的涨滩在扩大，低水位线在远去。新形成的土地属于谁？

麦华陀在一份备忘录中解释了这个局面；一开始就规定应在外滩地块和黄浦江之间贯通一条道路；每个业主都交出了一块地，建成了道路。涨滩扩大后造成了三个问题：堆积体属于谁？公众和所有者有什么权利？业主难道不是所有者吗？一般来说，朝廷是所有者，公众只有对道路的权利。"朝廷如果认为需要维护可通航的江河，可对涨滩修筑堤防；但不能使用它或让渡它；不能将它出租给外滩业主，因为公众已通过上述交出的土地获得了权利；不能向其他人出售或出租它，因为业主和公众对它有这方面的权利；也不能卖给公众，因为业主同样有必须获得尊重的权利。因此，必须维持**现状**。"

熙华德认为，麦华陀是误把西方法律适用于上海了；主导的应该是中国法律。外国人诉讼的程序因国家而异。美国业主的主张是已经买下了延伸到低水位线的土地，而且没有在道契上背书正式交出土地。晏玛太据此断定说，外国人缴纳了赋税就应拥有产权，甚至像中国人一样，产权直到江道中间。但他认为，对涨滩的权利实际上可能已在 1845—1854 年间放弃了。

1871 年，天祥洋行反对工部局填塞他们地块前的涨滩，如果工部局不承认他们拥有充分产权的话。对此进行了大量的讨论，何爵士的观点是："滩地的产权以前包含在河流中，属于中国朝廷，但必须服从已经取得的权利。"

这一困难所引发的最重要案子是 1865 年的**女王政府**诉连那士与霍尔茨。何爵士的判决如下：

对在华臣民拥有权力的女王，已毫无保留地承诺，将迫使其臣民尊重中国法律。中国不会"在其国土上的一个外国法庭上以原告身份出庭，让其主权蒙受侮辱"。

该租契名下涉及的土地是 20 亩；被告现有 86 亩地中的 53 亩不受潮水影响；他们没有支付已经提高了的租金。被告没有对自己的行为进行辩护。"那块建造了防波堤[1]的土地显然不是他们的土地。同样清楚的是，防波堤本身是法律所认为的障碍物，也就是一种损害。"对被告的裁定是，防波堤问题应暂时搁置，以便达成一项将之拆除或改进的协议；在获得道台许可之前，工程应停止进行。

1863 年 3 月 19 日的领事馆通告已以所有国家同意为条件禁止驳船码头伸出。这份通告转达了中国政府对侵蚀河道的第一次抗议。但法国人、德国人和美国人仍可以侵蚀，连那士与霍尔茨遂能以此为借口。判决适用了英国关于河道的法律；所征收的船钞应用于河道维护，作为回报。

这项判决据说是对当时社区的一份恩泽；但我们发现，30 年后它遭到了反对，因为它按照的是英国法律，也因为它总被用来反对领事团和工部局；而且有些人拒绝受其约束。

1877 年，纳税人在审议大型船只应顺着外滩系泊的建议时，发生了一场非常有趣的争论。

晏玛太说，英国领事馆地块的正面是一片新淤成的泥滩，英国领事已经请求道台把它作为公用的公园，免除赋税。实际上，道台处置这块泥滩的权利同所拥有的

---

[1]　即驳船码头。

处置或主张一切滨江新成土地的权利**类似**。滨江的中国业主以低水位线为界，如果形成了新的土地，他们就予以登记，并交纳赋税。为了防止其他人捷足先登，他们的登记和纳税的范围经常伸入江面 200—300 英尺。但关于公共公园的安排牵涉到了如此复杂的所有权问题，必须等待领事团和中国政府的决定。

金斯密宣称，《土地章程》称涨滩永远是公共用地；但温赖特请求自己的政府做这样的声明：《土地章程》不能授予租地人对不曾获得过的东西的任何权力。

应该记住，与晏玛太关于公共公园说法有关的是，工部局甚至抗议默认中方对涨滩的任何控制权；它宁可要一份道契，并缴纳通常的赋税。但尽管多次向道台缴纳，却都被拒绝了，如工部局总办所言，中国政府可以因此而主张对这块土地的权利。

1869 年，丽如银行申请租下他们地块前高潮位时被淹没的四亩地，麦华陀毫不奇怪地实行了"怠工"。他答复说，他发现这份道契明确规定，东边的道路和滩地是应交与公用的土地的一部分。他反对向中国政府提出申请，因为这等于承认"此处的土地所有权仍在地主手中，因而，它可以属于公有，也可以属于外滩地块的业主"。

有人在这份公函上批注道："涨滩属于中国朝廷，然而，未经外滩业主和公众同意，它没有用处。"我们在这个重要问题上已用了数页篇幅，因为这对上海租界政府而言，非常有启示性。关于涨滩的权利问题，也常见于其他地方，但一般都是业主和公众之间的问题。甚至泰晤士河的河堤也发生过权利之争。但在上海，这不是地产业主和社区之间的简单问题；这也是外国拥有者和中国政府之间的问题。因而，这是一个特别复杂的问题，据我们所知，从法律角度来看，这至今仍是一个有待解决的问题。

外滩作为休闲道路的命运一度生死未卜。上海总是过于功利。当然可以否认，说并非一切如此；但在租界走马观花一圈，似乎确实如此。早期的例子，就是道路的宽度正好让苦力的担子或一辆独轮车通过。为了让汽车通行而切掉外滩公园的一部分，则是后来的例子。

港务长贺克莱早在 1862 年就建议工部局说，既然贸易需求增长如此迅猛，再多的驳船码头也是杯水车薪；应该沿着外滩延伸一段防波堤，准许最大吃水的船只横靠。有关私人码头的争论业已证明，以前的唯一考量是私人利益；但由于社区中已经兴起了一种更加合作的气氛，这个拟议中的计划变得可行了。普罗思德[1]支持船只沿外滩系泊的计划，而汉璧礼说这只是一个时间问题——必定会实现；这说明，即便最优秀的商人也并不总是可靠的预言家。

但甚至官员们也并不更好一些。英国领事温思达并不为个人利益服务，却如我们业已指出的，曾在 1868 年怀着繁荣租界的夙愿提出了一个勇敢的建议。固定的驳船码头不方便且危险，浮码头或系泊码头是必须的。他指出，法租界已通过建造系泊码头恢复了繁荣。他的建议是进一步向外筑堤，然后建造浮码头，它们可在低水位大潮时供吃水 14 英尺的船只横靠。这种码头应宽 60 英尺，包括 10 英尺的人行道。涨滩应该按一定比例归属业主，浮码头每年投标招租。估计可填造的总面积为 168 763 平方英尺，费用为 75 000 两。

但除了纯商业和功利的观点外，还有人坚持别的观点。最强烈的抗议来自美国人金能亨。他表示，大银行、汇兑商、会计所、保险行等会逃离码头附近，因为这里都成了大港区，上海的美妙将荡然无存；但他还有反对这项计划的更切实理由。外滩长约 2 000 英尺，550 英尺已被浮码头占据，还要求有船只等进入的空间；只有 1 450 英尺可放置九个浮码头，充其量只够两艘邮轮和四五艘船停靠。但上海的繁忙季节是短暂的，那时有十二艘以上的船只同时装卸。得到的追加设施用处不大，因而显然不值得做出这么大的牺牲。还应考虑到形形色色的大麻烦，装卸船只与行驶中船只的相互干扰，没完没了的争吵——租界的一处胜地将黯然失色。应当书上一笔的是，工部局答称完全同意此函的看法。

但甚至开明的《北华捷报》都声称，只要大船不能横靠并在收货的商行附近卸货，外滩就不完美。公众和外滩业主都想要一个码头的岸线，只是谁都不想冒险把钱用在可能属于对方的地产上。土地业主们主张到低水位线的权利，公众则宣称道路已不属于业主了。我们永远会感到庆幸，正是由于这种不确定性和其他原因——不包括强烈的审美情趣，外滩没有成为一个简单的航运码头。

但不管怎样，外滩就在那里，必须决定为它做些什么。我们说"不管怎样"，是因为应当记住，相对于今天而言，它那时还不是现在的香榭丽舍大街或王子大街。它就是一道江岸，低潮时露出一片泥滩，仿佛是曾经的僵尸操演场。泥淖臭水

---

[1] 德国商人，曾任汉诺威驻沪领事。

遍布，藏垢纳污。工部局拒绝把水排干到低水位线。怡和洋行抗议说，他们地块的涨滩被华人用于修造船舶，放在那里的货船曾多达 11 艘。直到 1879 年，整个涨滩的状况仍然丢人现眼；花岗岩碎石七零八落了。至于恶劣天气中的道路状况，我们会在关于道路的那章中描述。

业主们看来普遍认为，人人都能在自己的土地上随心所欲。因而，当花费 200 两巨资用树木装点外滩时，仁记洋行就不准在他们的房前栽树，声称到低水位线的土地都是他们的。怡和洋行宣布将垫高自己的涨滩，在那里建一个私家花园；美国企业丰裕洋行则趁美国领事离沪之际，未经许可就在其滩地上打桩，让工部局不知所措。

工部局在 1869 年建议修筑一道外滩堤坝，打上高出江岸两英尺半高的桩子，后面用泥土填实；并截断越过该线的驳船码头末端；这是对水道的必要清理。由于若干年之后一项可能更加全面的计划，这项花费不赀的工程没有实行。为低水位时的卸货提供了浮码头。显然，码头问题仍被认为尚未解决。

外滩的业主们在 1868 年举行会议，但没有对涨滩应作何用做出决定。他们当然只有否定的权力；没有工部局的批准，他们什么也不能做。米契向工部局提出了后来被采纳的建议，即全部予以填平，作为公家花园的延长部分，用道路贯通各个码头。

1872 年，工部局法律顾问哈华托起草了一种关于填平涨滩和建立堤坝的协议。它保留了业主可能具有的任何权利，但如果他们今后确定了所有权，就将偿还这项工程中的成本份额。同时，不管是工部局或者其继任者，也不管是业主或者其遗嘱执行人，都不准在涨滩上建造房屋。

纳税人提出了一项决议，大意为请求业主的特别许可是不必要和不明智的，因为这会导致以后的冲突；但工部局表示反对，说如果纳税人需要这种程序，他们将在剩下的任期中拒绝采取个人和集体的行动。议案没有获得通过。

工部局与外滩业主开会磋商，发现 13 人中的 6 人不反对这项方案。其余 7 人赞成，但都仅仅是代理人，已向回国的业主请示了。唯一不能确定的，就是中国海关的地块。

在建立堤坝之前，当然需要划定一条线。所要考虑的事情却并非仅是线条的漂亮和这块涨滩的保护。1872 年的外滩宽度是 1854 年的两倍，而且在继续淤积。昂贵的石头堤坝会在几年中陷入淤泥，不得不重建。要争取的目标，应当是所建的堤坝保持着江流的冲刷力，并同时顾及对面江岸所受的影响。而且，工部局工程师已在 1865 年指出过，如果不对上溯到法租界、对着浦东陆家嘴的沿线范围实行某种控制，一切堤坝体系差不多都会在十年之内失效。实际上，这条线不仅要考虑外滩本身，还要把法租界、英租界和虹口的滨江面都考虑在内。对工程师、测绘师和其他人而言，这是一个问题；我们已经说过，这条线是工部局在 1869 年提出的。1875 年，领事团同意了一项建筑堤坝的计划，询问工部局是否反对。答复是兴高采烈的，因为那就是他们的工程师若干年前起草的堤坝线，他们不反对。他们一直盼望建造，但一直没有等到对它的批准！

纳税人对于建造堤坝毫不犹豫，因为目的是双重的，既保护了江岸和防止泥沙进一步淤积，又把肮脏丑陋的泥地脱胎换骨成一个赏心悦目的公园。唯一的问题是如何予以经济划算的完成；最后决定放弃砖石方案，满足于"半堤坝"，即一个简单的斜坡江岸。

翌年，虹口部分取得了一些进展，但由于道台和某些业主不肯同意，整个计划被搁置了。

几年过去了，几乎一无所成。但 1877 年通过了一份拆毁和禁止沿涨滩建造一切棚屋等的严厉决议。一份提到了争执不休的所有权问题的修正案，补充了下列文字："如果本决议被理解为损害了外滩业主权利的话"，另一份修正案则在"权利"后插入了"如果拥有的任何权利"，确认了这个疑问。

最为有趣的是对我们的"美妙之地"、我们的"一个休闲场所"的描绘。地块前面的棚屋是为修缮或建造该商行而搭建的；但承包商把它们当成了数英里之外其他项目的作坊。每天在那里为几百名工人做饭——江边的休闲场所受用了不同寻常的华人饭菜气味。但比这更恶劣的是到处乱扔的泔脚。而最糟糕的是，棚屋后面都是污秽到令人恐惧的厕所。因此，为了总体的卫生，工部局的责任就是撇开一切所有权问题，保持清洁。

1887 年以前，租界的人行道都是碎石路面的。这年，作为一项试验，外滩的部分人行道铺设了混凝土：1 份普通水泥，4 份宁波石块，2 份红沙；路面 4 英尺厚；然后覆以 1 英寸厚的普通水泥与花岗岩碎块 1 比 1.5 的混凝土。成本是每方（fong）7 两。列举这些细节不是因为它们重要，而是因为这种配方和价格今天都太古老、太奇怪了。

但报应来啦！不符合要求。据说，那时优质的混凝土是每方 15 两，花岗岩路面是每方 20 两；而且工部局尝试采用了沥青与花岗岩混合的廉价方式。

至于涨滩，从公园延伸到海关棚屋的草坪在 1886 年 5 月对公众开放，延伸到洋泾浜的剩下部分在 1889 年 7 月开放。准许一切体面的和衣冠整洁的华人进入；但当然，一年左右的时间，就有了对下等华人垄断长椅——当作睡椅的抱怨。因此，发出了傲慢自大的中文告示，尽管下等华人肯定不会去阅读；巡捕奉命严格执行该规章，并看住长椅，只准坐着。这种鸡毛蒜皮、不值一哂的小事，却是不同种族不得不共同生活时政府和社会双重困难的象征。

直到 1890 年，草坪的木制护栏才被铸铁护栏取代。

1895 年之前，从松江路（洋泾浜）到南京路的涨滩前排满了经当局批准的浮码头；翌年，浮码头排到了大英火轮船公司驳船码头。该码头和北京路之间的 339 英尺都向外扩出，北端为 21 英尺 6 英寸，南端为 13 英尺 6 英寸。

工部局在 1873 年要求领事团注意法租界外滩的太古码头，因为这是英国臣民对河道的侵蚀。然而，领事团认为，如果没有得到海军官员或引水员的授权，他们无法干预；他们不知道什么线是"权威制定的，并得到了同意"。

就是在这个问题上，领事团提醒工部局，一个领事团没有权力否决其任何一个成员的诉讼。

1877 年，霍格再次提出一项决议，准许使用外滩、码头或附设的浮码头作为装卸货物的船只系泊处。这以多数获得通过。

外滩公园有一段历史与外滩无关。那就是早期的"领事馆泥滩"（Consular mud-flat），我们可以庆幸这个名称没有长存，尽管"公家花园"[1]也毫无浪漫可言，根本配不上这个漂亮的小花园。但这项评论也适用于仅仅合用却绝不可爱的称谓："公共运动场"和"虹口运动场"。

苏州河以近乎直角注入黄浦江，而没有向北偏斜；因此相汇处是泥滩。既不漂亮，又无用处。1862 年 4 月，上海骑马场的股东们提议，如果该地永久交付公用，就花 10 000 两将之填到外滩的高度。如英国领事所言，该地完全属于领事馆，抬

---

[1] 外滩公园英文名"Public Garden"，中文亦作"公家花园"。

高后将是最有价值的滨江地。因此，仅从金钱角度来看，交出该地就是一个错误，但如果考虑到公众利益，这项计划将是对社区的巨大恩泽，将极大改善租界的这一末端。公使向国内推荐了这个方案，政府同意了，并保留了偿还社区将之改造成"休闲场所"实际费用即可重新拥有该地的权利。

可以言之成理地评论说，如果人们经过并不漂亮的公园桥，就有了一个漂亮的外滩入口，其一边是公园，另一边是英国领事馆绵延的草坪，这是公共租界从这个国家得到的另一项利益；正是这个国家，首先向全世界开放了上海。

看来没有立即采取行动。但在 1865 年，外滩已从北京路拓宽到了威尔斯桥（大致对着武昌路），丑陋的泥滩更加显眼。工部局对此并不懈怠，通过巴夏礼和温思达两位领事与中国政府的商量，道台很快同意了两人的意见。要求运动娱乐基金在当年秋冬完成填埋——当然没有完成；在东方，事情是不可能这么迅速地完成的。填埋的泥土取自洋泾浜，估计挖土费用是 3 800 两，运输费用 1 500 两，排水和"妆扮"费用 5 000 两；或者说总共 10 300 两。

来自上海骑马场股东的 10 000 两由金能亨借给卢瑞欧，而卢瑞欧在 1865 年 12 月破产了。到手并付给工部局的不是 10 000 两，而是 4 800 两。道台分两期给了 2 500 两；公董局和工部局各捐献了 950 两，捐赠款弥补了 1 100 两的亏空。

两年后（1868 年 2 月），报道说填土完成了，一名承包商已在工程中期破产。六个月后有了长椅，公园进展到了可交给拟新建的园艺协会照料的地步。想来也有趣，这块刚刚填完的地方，看上去肯定像一片泥滩，有长椅却没有树木；甚至铁栏杆也仅仅是"沿路"设置的。对它的密切关注已有 50 年了；而且，尽管它很小，与某些规模和富有均不及上海的城市的公园相比简直微不足道，但已经变得相当漂亮可爱了。

公园建成后，转让方面发生了极大的困难。有两种确保这块土地特殊用途的方式。可以由中国政府将整个地方租借给工部局，然后委托工部局建成一座公园。道台反对这种方式，连那士和霍尔茨案已经表明，鼓励自行占有低水位线的涨滩土地给政府带来了麻烦。因此，他采用了第二种方式，宣布作为一件礼物赠予工部局，只要这块地方（30.473 亩）不作为公家花园使用，就马上收回。不用承担政府的地租；如果在那里建立任何盈利性的建筑，将没收土地，即回复到普通涨滩的状况。英国领事馆放弃了先买权。

工部局立即对这项宣布提出抗议，理由是收回条款可适用于其他涨滩土地，它不能承认中方的权利主张。涨滩权利的界定是法院的事情。领事表示，加入这些条款是他的建议，是为了更牢靠地确保这块土地的既定用途，并不涉及一般的涨滩权利问题。他觉察到了这方面的危险观念。尽管如此，我们仍发现工部局坚持送去应有的租金，而且不止一次，道台则坚持拒收。

关于早期的外滩公园，几乎没有多少记载。道路是工部局工程师奥利弗在1867年规划的。承揽平整土地、建造堤岸和栅栏的雷氏德在工程中遇上了很多麻烦。尽管堤岸是砖面的，厚两英尺，大量的泥土仍被潮水冲走。天气与他作对。下一级的承包商知难而退了。福利公司和其他人不准他从陆家嘴取土。奥利弗对堤岸工程不满意——这是"不匀称的工程"；被要求对此作出评判的金斯密表达了同样的观点；雷氏德宣称那完全出于恶意，等等。但那是50年前的事情了，如今的公园非常漂亮。

最初的公园委员会由何爵士、佛礼赐、普罗思德和比赛特组成，他们提议并推荐，以年薪200英镑和一张二等船票从英国聘请一位园艺师。

甚至在1881年扩大之后，公园也一直很小；对于不断增长的外国居民而言，小得令人难受。然而，一些历来被拒绝进入的有权势华人在1881年写了一份投诉信。工部局的答复是，显然不能准许所有华人进入，授权巡捕只准衣冠端正的华人进入。但决定研究华人是否有进入的合法权利。

1885年，这个问题被再次提出。当时，一些过去的投诉者和其他人联名请愿，抗议这种不公平的待遇，因为日本人和朝鲜人都可以进入，而来自其他省份的中国客人却因不能被带入而让他们羞愧。请愿者们建议，每周应有两三天准许携带通行证的体面华人进入；要不然乐队就在外滩的草坪上或跑马厅的入口处演奏，所有人都可进入。

工部局表示同情，建议由下一次纳税人会议审议此事。没有做这件事。

再一次并最终提出此事是在1889年。当时道台支持了一份请愿书。它说，"公家"一词应有其通常的含义；准许华人进入"是对我们作为这块土地所有者地位的正当承认，是客人对主人的礼貌，是国家之间友好感情的标志"。看来无人记得那个事实，1868年道台交出该公园是"给外人社会之用"的。

工部局已发放了"持票人及同伴"门票；这一年的前六个月有46次参观。科纳报告说，自 1883 年以来就试行了门票制度，如果不建造室外音乐演奏台，这没有多大优越性。当时，华人发疯一样参观挤满了外国人的公园和有煤气灯的温室；他们对"自己与同伴"的解释，就是整个家族、子子孙孙，再加上一群仆役。

穿着体面的华人可自由进入外滩，使用那里的长椅；1889 年的纳税人会议决定建立一座新的公园，对华人和外国人同样开放。

将再次提到对着公济医院的殷司涨滩；这是一块荒地，被称为"练马场"。殷司先生慷慨地提出，把它作为公众的公园；工部局准备在上面投入 10 000 两。当时，那些口口声声"客人主人"的华人，实际上在设法阻碍建立这个供他们使用的公园。该地被宣称属于中国政府。接踵而来的是长期的信函往来，包括面积、示意图，等等；如道台承认的，他只能让步，因为这是土地的使用问题。

道台出席了 1889 年 12 月的落成典礼，赠送了一块牌匾，看来不是现在的那块，上面镌刻的文字是"寰海联欢"，他说这表达了中外互信牢不可破、友谊真诚可靠的感情。

第16章

我们的道路

我们可以用布鲁内尔[1]镌刻在克里夫顿（Clifton）著名悬索桥上的那个"**千辛万苦**"（*Vix via fit*）[2]，作为本章的题记。

人们总是到了耄耋之年才为时已晚地发现，要是自己年轻时就聪敏的话，一生本来会更精彩的。不但人们，城市也会因为开窍过晚而受苦受难。如果今天上海的居民获得了六十年前的机会，就会建成一座迥然不同的城市！我们的道路尤其会成为真正的"道路系统"，而不是现在的不成系统。道路的延伸规划会符合租界的发展，并宽敞到足以应对川流不息的车辆和行人。

我们现在可称他们为"鲁莽的小镇先祖"，却不能因为他们不曾预见今天的需求而予以苛责。显然不能指望他们提供汽车的交通；我们这一代也许出于无知，正在给后代留下需要设法补救的弊端，并被他们责备为缺乏远见。

据麦华陀领事的权威记载，最初唯一的领事巴富尔上尉支持宽敞的道路，尽管毫无疑问，他没有想到今天需要的宽度。但商人们想要的，就是一副货物担子能够通过的宽度。当然，最初既没有修筑道路的金钱，也没有轿子和独轮车之外的运输工具；但商人们的鼠目寸光还不仅仅标记在后来建造的道路宽度上。

在冲积土上建造道路是一门艰难的艺术。了解上海周边乡村的人们有时应当想到，租界本身曾是同样的泥地；承载着繁忙交通的坚实道路，是最近六十年或差不多这些时间里外国力量的创造物。可以发现，曾经克服的困难远远超过了土壤的柔

---

[1] 布鲁内尔（1806—1859），英国著名工程师。
[2] 该桥 1754 年动工，直到 1864 年才建成。

软或缺乏石头，这是一种其他城镇几乎闻所未闻的障碍；起点微小，而且进展缓慢。

最初的《土地章程》规定，应当建造四条道路，即现在的汉口路、南京路、北京路和九江路；还不大明确地指出了另外两三条道路。现在叫作外滩的黄浦江正面，当时是一条纤道，命令租地人予以修补，并保持 25 英尺（两丈五尺）的路宽；原称"打绳路"的九江路，与之宽度相同，其他道路则要窄五英尺。1846 年，道路码头公会建立，一直运行到 1854 年才融入工部局。

那时，道路系统已有了很大扩展。租地人为了自己的便利，建造了很多私人道路，并逐渐移交给工部局。工部局在 1854 年决定，应当铺设一条从花园弄（现南京路）东端到抛球场（靠近河南路）的道路。这不表示当时没有南京路，而是没有铺设过的道路。首先是用碎砖块"铺设"，我们可以想象一下掺入砖屑的泥土在淫雨季节的结局。对于水坑泥淖之类，怨声载道。很长时间内，外滩都是最坏的大道，雨天必须穿长筒靴；《北华捷报》的一位记者甚至在 1864 年说，他在河南路驾着双马的轻便马车时，马竟然陷入了泥潭，一匹陷到肚子，一匹陷到膝盖。阿查理则诉说了自己 1868 年登陆上海时[1]，如何在"穿过他们称为外滩的泥泞条状地带时"失去了一只鞋子。

后来，鹅卵石取代了碎砖；还请求乐善好施的拖轮船长贡献出煤渣炉灰，而不要将它们倾入江中；但要到 1856 年才在布道路（福州路）首次使用了花岗岩碎块，这种"铺设"使用了多年。

可以从 1856 年与承包商乾宝（Chee Poi）的合同中看出早期安排的粗陋或者说简单，此人既要维修道路，安置并维护路灯，还要充当巡捕房的翻译；每年费用为 2 650 元！

曾在华人城镇居住过的读者，都熟悉横跨街道的笨重木门或栅栏，它们在晚上和任何危急时刻关闭，以暂时阻挡袭击者、暴徒、嫌疑犯等。尽管在天黑很久之后不可以外出，一名睡眼惺忪的更夫还是会让体面人在晚上通过。栅栏上面沾满了污垢和粪便。上海亦有栅栏，最初是落日后关闭。主要街道上的栅栏是用新加坡木（Singapore wood）制作的，小巷子的栅栏用中国木材制作。在界路（河南路）上，

---

[1]　年份疑误。据本卷第 39 章，阿查理系 1861 年来沪。

靠近宽克路（宁波路）有一个，苏州河附近有一个。洋泾浜和苏州河用同样方式阻塞。东西向的道路在河南路以东有栅栏。一位居民说，河南路和山东路之间的汉口路在雨天不能通行，晴天则栅栏两边积满了秽物。另一个人询问，可否搬走他家门口的栅栏，因为它既无用，又丑陋，还被当作公共厕所。然而，当叛军逼近时，指挥英军的少将说栅栏仍有用处，大马路上的最后一个栅栏直到 1866 年 3 月才搬走。

不了解上海的读者，当然对逐项叙述道路的细节索然无味；但熟稔目前上海租界方位的人会对简要勾勒他们道路的由来兴致盎然。

业已述及，首先修筑的是私人道路：不是出于乐善好施，而是为了方便和提高土地价值：这些道路然后被交给工部局维护。后来的程序是外国的土地业主交出土地，由工部局建造道路，铺设路面，并进行维修。但租界中的华人不可能这样做，因为他们的地块太小。华人是凭借非常破败的房子，违反《土地章程》，占有了租界的大量土地。工部局建议中国政府效法外国人在别处的做法，获得土地，建造道路，然后工部局可以用一般收入予以维修。

《土地章程》被认为不准工部局购买建造道路的土地，但这并不适用于从未把土地卖给外国人的华人业主。工部局购买的第一项记载是在 1865 年——这当然是迟早会发生的事情，当时是为了铺设吠礼查洋行门前的人行道。但两年之后，工部局拒绝为建造一条人行道而买下泰兴洋行前面 6 000 两一亩的土地。我们在此看到了自然的发展：最初，业主建造了道路；然后，他让出土地，由工部局建造道路；再后，他为了得到最高价格，把土地卖给工部局。没有多久，工部局就获得了为公共目的强行得到土地的权力。

结果是，在抵牾的或不确定的权利方面发生了很多争端、讨价还价和交易的失败，其后果让我们至今犹感苦恼。60 年代初期，霍锦士抗议说，未经他的同意，已修建的一条从界路（河南路）到海关路（汉口路）的马路通过了他的土地。他想保留自己的权利，要求把那条道路登记为私人道路。

卢瑞欧抗议说，工部局不能未经他同意就建造穿过他在老跑马厅土地的道路。甚至《土地章程》都未给予这种权利，何况该章程对私有权无效。然而，他因为知道没有希望对工部局采取法律行动，就予以了同意。他肯定向来宽宏大量，因为我们发现，两年之内他和其他人一起提出把香港路和博物院路交给工部局公用，他列名第一。

汉璧礼不止一次写过义愤填膺的信件，因为他在北门街（广东路）的土地被贯穿的道路破坏了；界石被挖起扔到一边，他不得不竭尽全力寻求赔偿；他能找到什么补偿？此事看来交给了仲裁，汉璧礼赢了。

四美司和一些捐助人建造了沿着洋泾浜的一条人行道，从外滩附近到教堂街（江西路），工部局承认的造价是 50 两。法国和英国当局已经决定，洋泾浜应保持 50 英尺宽，但两边仍应建造可通行的道路。

因为广西路和福建路之间华人房屋的阻塞，北京路直到 1866 年才贯通；他们搬迁的补偿是每栋一层的房子 15 元，二层的 25 元。

据 1858 年的报道，布道路已延长到了苏州河；但由于布道路在现福州路上，怀疑这是一个错误的联想，其实是指教堂街（江西路）。[1] 宁波路在 1861 年延伸到河南路，打绳路（九江路）延伸到石路（福建路）；大马路的一场大火之后，有机会建造了一条贯通大马路与海关路（汉口路）的道路。当时，还完成了一条从大马路通往泰勒氏桥的道路，该桥在福建路附近跨越洋泾浜。

大马路延伸到跑马厅也在讨论之中，当时打算朝北（原文如此）直达苏州河。但这不是在说浙江路：这更可能是指通向静安寺的道路，将跨越并不在苏州河上的苏州桥。这条远达静安寺的道路在 1860 年建成，但仅仅是一项灌木和泥土的实验：长一又四分之三英里，宽 15—20 英尺。

必须记住，一些联军部队在上海的时候，建造了很多道路。

尽管其他人不会对我们列出的这些细节感兴趣，了解上海的读者却能借此想象出约六十年前的情景，并对今昔的生活和工作状况作出比较。还应进一步记住的是，不仅那时的道路上没有电车和汽车带来的喧闹和危险，甚至无害的、必需的黄包车也是稀罕之物。尽管有着疯狂的职业生涯早就遭到诟病的经纪人，尽管有着胆大妄为的骑手，当时的上海肯定仍充满了乡村气息和田园风光：我们现在至少可以得出这个结论，尽管我们那时已经在抱怨了。

1860 年，首次使用工部局的经费对房屋编号，1862 年，根据麦华陀领事的建议重新命名了道路。这看上去是一件简单的事情，但可以设问，现在是否比六十年前做得更好。如果一位外国游客想坐黄包车，说去天津路或兆丰路，车夫会听不懂

---

[1] 指报道可能把 Church Street（教堂街）误为意思相近的 Mission Road（布道路）了。

他的英语发音；如果乘客懂中文，用中文发音，车夫不懂也知道可能是在北边。或者是每条路既有一个中文名称，又有一个英文名称，如靶子路（Range Road）或静安寺路（Bubbling Well Road）。

用省名命名南北向的道路、用城市名命名东西向道路是一种行政智慧。但甚至很多居民也不明白九江是城市、江西是省份，而且对游客而言，这种体系没有用处：他宁可知道怎么发出"四川"这个音，而不是知道其含义。

一些外国人以用自己名字命名道路为荣，或者已经争取到了这种荣耀。这些人并不是民族英雄，不像法租界的有些道路那样，那里的霞飞路[1]是一条高雅的大道。公共租界所有用来命名的人物都与地方、领事、租地人、商人和其他人有关。然而，熙华德路[2]的面貌，几乎不能给那位真正可敬的人物带来荣耀；阿拉白斯路和文极司脱路[3]都配不上这两位的大名。实际上，这是在未获充分承认的制度缺陷上添加了一种新的不规则。但毫无疑问，现在不可能简化这件事情了。

1895年决定，虹口的道路应当用杰出的美国人来命名，立即向华地玛和贾逊授予了这份荣誉。按照行名录，这两条道路仍然存在，[4]每一条都至少有一位外国居民。

如果说有人垂涎这种卑污的不朽，那也有人在被兜售时不屑一顾的。当工部局询问毛礼逊是否可以用他的名字命名一条街道时，他说是倍感荣幸，却很快就发现选定的那条街只有25尺长，[5]而且除了一个公共厕所外，别无他物！他聊以自慰的设想是，这个Morrison一般会被当作传教士马礼逊或《泰晤士报》记者莫理循的。他后来买下了吴淞路上的一些土地，在他的新屋接受房客之前，工部局开始在房子前面建造一个公共厕所。他拒绝了这项重复的尊敬标记。但无从抗拒的逝者大多被强加了这项荣誉。

道台在1892年同意工部局建造抵达（老）"靶子场"的北河南路，尽管那是政府的土地。当时的华人们撕掉了贴在他们房屋上的门牌，拒绝缴纳捐税，理由他们已被告知，那里是租界之外。

---

[1] 霞飞是法国元帅。
[2] 一般称为"西华德路"。
[3] 两人正式的中文名分别为"阿查理"和"温思达"。
[4] 即威妥玛路和近胜路。"威妥玛"系Wetmore的误译。
[5] 即马礼逊路。

有关道路的两个大问题引起了工部局的巨大关注：第一，虹口的开放；第二，工部局在界外道路上的权力。

虹口经常被称为美租界，1864 年就同英租界或公共租界基本合并了。那里的筑路是仓促推进的，这部分是因为汉璧礼断定，可在收到威尔斯的英国亲属答复前就建成穿越威尔斯地产的道路。只有闵行路仍然维持原名。穿越威尔斯地产的虹口路宽 40 英尺，在礼查饭店附近、现百老汇路的南端与外滩相交。现在叫德泊路（Derpoe Road）及老关路（Lou Kuan Road）的，那时叫竹行路；宝顺洋行的仓库在其西边竹行路和虹口港边上的宝顺路（Paoushun Road）之间，那时被用作军营。

在建造百老汇路时，拆掉了 40 栋房子，工部局向索要 1 600 元赔偿的威尔斯遗产支付了 500 元。承包商填平泥地、建造 295 英尺道路等的账单是 86.25 元。

关于当时的界外道路，颇多可写之处。中国政府对租界内的道路不置一词；对于租界外的道路则喋喋不休，竭尽阻挠之能事。

工部局在 1866 年请求捐助，以能接管界外道路。1868 年，工部局同意在三项条件下负责照管这些道路：1. 不支付土地租金；2. 修整费用为 4 500 两，养护费用为每年 2 000 两；3. 道台赔偿村民造成的任何损害。尽管其中的第二项非常尴尬地表明，是应由中方承担上述款项；但无论如何，这项条件未被再次提及。工部局1871 年致领事团的备忘录称："工部局早在 1868 年 8 月 5 日就提出，如果中国政府同意全部或部分蠲免土地的租金，工部局可负责照管某些道路；而且中国政府已作出保证，他们将保护道路免遭华人的损坏或侵蚀，这些华人因被要求承担维修费用而气愤。"这里仅提到上述第一项和第三项条件。

所涉及的道路是：

静安寺路（泥城浜到犹太公墓 60 英尺宽，从那里到涌泉 40 英尺宽）。

新闸路或石桥路（40 英尺宽）。

极司菲尔路（15 英尺宽）。

徐家汇路（40 英尺宽）。

吴淞路（52000 英尺长，根据赋税决定；40 英尺宽）。

军路（40 英尺宽）。

这些道路都被农民侵蚀了；军路长度超过 9 英里，从新闸到兆丰花园，再从兆丰花园到徐家汇等，大部分都缩减成羊肠小道，几乎无法通行。军路是戈登建造的，在 1867 年英国公使与道台的一次会晤中，道台看来愿意每年捐献 1 200 两，由工部局予以维护。然而，他后来说，此项捐助只有三年；领事团认为，这无异于拒绝帮助，便劝告工部局不要再敦促任何捐助了。

因此，工部局答应照管这些道路的第二项条件再也不谈了；但第一项蠲免田赋，带来了头痛的长期谈判。道路最初建造时，并未规定蠲免交出或售出土地者的赋税。因此，华人认为土地依然是自己的，公然予以随心所欲的侵蚀，或以切断道路毁坏桥梁作为报复。工部局试图以缴纳某些被拖欠的赋税来安抚他们，但完全没有效果。这无疑是因为农民们从未听说过赋税已经缴纳了！领事团任命三名成员——美国、法国和英国领事组成一个委员会，去要求道台蠲免赋税；但道台宣称这超出了他的权力。"事情悬而未决"，直到 1871 年才决定将此事提交给北京的外交团。

涌泉是对一个不洁之处所起的漂亮名称。我们最重要的"界外"道路绕过了那口井，其旁边就是古老的静安寺。该路的中文名称就取自该庙，但外人的称呼就是涌泉路。这并非世界上唯一有此名称的道路，读者们可以想到吉卜林[1]的怪诞小品《涌泉路》（*The Bubbling Well Road*），但那是另外一个故事。

当河南路、南京路（花园弄）拐角的老公园因居民的不断增加而变得过分拥挤的时候，股东们在 1854 年买下了第二个骑马和赛马的场地，那是在泥城浜以东，与洋泾浜形成夹角。在任何上海示意图上都不难看出，街道的曲线就顺着该跑道的南端。1862 年，受委托人决定建造一条 40 英尺宽贯通该场地中央的道路，把道路两边的土地卖给跑道内或围着跑道的土地业主，作为他们的空地。获得的款项中，71 703 两给股东们，10 000 两用于购置"领事馆前面的绿色"，13 524 两用于购置泥城浜和静安寺之间的土地，建造两英里长的道路。这就是上海驱车场，现在的静安寺路。

第二年，因为该道路被滥用，建造了收费口，每年收取会员费，步行者 10 两，马匹 20 两，马车 30 两。然而，会员费和通行费不够道路的维护，尤其是由于"马车全速通过，逃避收费"，股东们在 1866 年决定把这条或这些道路交给工部局。

上海骑马场、上海驱车场、运动娱乐基金、跑马总会及上海总会之间的关系令人晕头转向。这部分是因为一些档案已经遗失。可是，我们知道，上海骑马场受委

---

[1] 吉卜林（1865—1936），英国著名作家。

托人建造的道路在 1863 年就已经交给了工部局，那些道路是：（1）大马路到泥城浜的延伸段；（它显然始于外面的栅栏，是从界路或河南路西边一点到泥城浜。我们可以庆幸，该委员会在某些地方为了纳入一条壕沟的宽度而额外付钱，以此取直了道路）。（2）从大马路的西端向北延伸到或通向下一座桥的一条道路，（这段道路难以辨识，但从下文可以看出，这实际上是骑马场的一部分）。（3）除了最后提到的一小块之外，骑马场的整个环形跑道。工部局在 1863 年 10 月接受了这项委托，因而，我们拥有了完整的南京路。必须指出，如此取得的道路都在租界范围之内。

1866 年的驱车场或静安寺路的要约则是另外一回事，而且工部局答复说："考虑到他们的市政管辖权局限在租界之内，（他们）必须推迟接管静安寺路。"他们把问题提交给了下一次租地人大会，却在预算中提出了接管静安寺路和吴淞路的方案，即如果要先清偿债务，就对马匹和马车征税，并向居住在那些道路边却不缴纳房捐的人收费。作为一项附加的诱惑，该方案包括了苏州河（威尔斯）大桥免费通行的前景。

租地人同意了，支付了该路小小的债务（932.62 两），股东们向工部局放弃了自己的财产，仅仅规定工部局应为公众使用而保持道路的畅通和维护，不得收取通行费。

人们从 1865 年就开始在静安寺路上居住。我们获悉，直到 1868 年，那里的房屋仍"面对各个方向"。

被称为最好道路之一的吴淞路建造于 1865 年。它作为一条南北走向的道路，最适合早晚骑行，吴淞已经建造了一家旅馆。然而，据说那是一条非常危险的道路，因为桥梁朽烂，路面狭窄，崎岖不平。但它的最大重要性，在于进入上海前的船只实际上是在吴淞卸下鸦片，骑马的信差从那里提前获得消息和邮件。该路与静安寺路的要约同时（1866 年）向工部局提出，条件是偿还债务。但这是 3 000 两的债务，而且没有会员费。

据说，该路和桥梁已经花费了 6 000 两。但获取其土地的方式是可疑的，看来一直是所有道路中的孤儿或弃儿。有人说，土地是买入的，但村民们却说根本没有付过钱，这就是他们不断予以危害的原因；他们或者认为土地仍是自己的，所以侵蚀道路；或者为了报复他们认为的不公正而这么做。道路在提交给工部局时维护良好；1867 年，由于温思达领事的热忱游说，工部局缴纳了两年的地租，以缓解地保对村民们的压力。但尽管道台在 1866 年为道路和桥梁的损坏付出了 500 两，并进行了维修，工部局还是在三个月后再次投诉。1868 年 8 月，在吴淞的港务长报告说，32 座桥梁中，适合使用者寥寥无几。海关税务司提出由用户出钱维护，或者雇用中国更夫报告损害情况；但他后来不愿意提供帮助了，除非是工部局解决了整个界外道路的管理问题。1871 年，这条道路实际上不存在了，桥梁全都分崩离析了。1869 年提出过一个放弃旧路、沿着江岸另建新路的严肃建议；马嘉理、麦华陀和道台讨论过这个计划，但看来没有结果。

1870 年的一次纳税人会议通过一项决议，"只要经费允许"，就将该路维修到江湾。这时，工务委员会报告说，该土地从未交给公用，租地人从未同意接管该路，而且工部局没有承担过照料它的责任。

该报告表明，从虹口到吴淞的整条道路要花费 25 000 两才能达到良好的通行状态，这还不包括购置土地、缴纳赋税等费用，或者说总共要花费 34 000 两；此后，每年还要 4 000—5 000 两的维护费用。估计要包括 32 座铁桥。

金斯密在 1877 年 12 月提出，吴淞路到吴淞电报站为止的报价是每亩 55 两。工部局决定，他们建议的纳税人出价是每亩 40 元。在此期间，他们将接受和维护道路的剩余部分，将作为一条道路予以维护，不转卖给农民。

以前的军路中，1869 年尚存的只有极司菲尔路或石家渡路（San Ka Doo Road）了。霍锦士已经从村民的破坏中挽救了它，保持了七年的通行，尽管他未必比公众使用得多。他告诉工部局，他最近进行了维修，恢复了原先的宽度；但一场暴雨之后，桥梁不安全了，修缮费用高昂：为保持道路畅通，是工部局进行修缮，还是给他拨款 200 两来修缮？同意拨款了。

新闸路（或石桥路）从煤气厂桥、十字路（Cross Road）到米勒小屋（Miller's Bungalow）；再从那里到静安寺。它原是到石桥的华人道路，在 1862 年拓宽了。无人知道如何获得了这条道路——它没有道契。根据测绘师 1877 年的报告，它从未被正式交给工部局，却至少从 1865 年以来就总是被当作公用道路来使用。我们发现，道台后来在 1897 年拒绝让工部局照料该路，命令当地政府进行清扫。当时，煤气公司正想沿着该路铺设管道。通过 1899 年的租界扩张，该路归工部局管理了。

下一个十年，工部局希望麦根路延长，越过（琼斯的房子）特里范查[1]到达

---

[1] 原脚注：我们猜测，Trefancha 这个名称由全家的名字 Treasure、Fanny、Charles 组成。

静安寺，那是在 1873 年。两年后，工部局再次表示支持该道路通向兆丰花园。当时是工部局雇员的夏士表示，1863 年建造的旧军路仅剩几处了，而且都是狭窄的小径；它的绕道达 5 英里之长；因为有一些河浜，因为有些地方被苏州河冲毁，应当花钱维修；他并建议建立一条抵达兆丰花园的直道。但这需要 46 亩土地，工部局给他的 1 100 两买不下来。

道台不会给予帮助，实际上还故意阻挠；1876 年，达拉斯奉命去看看能对此做些什么。他表示，自己不用道台就有希望在 4 月得到土地。为了解除疑虑，麦华陀提出，如果该路或其他道路需要的土地被用于铁路，就归还给原业主。道台尽管非常放心地知道，此路仅仅是重建，答复却令人非常失望；他不仅设法从派去勘察那条路线的官员处得到了一份谴责性报告及当地业主绝不赞成所拟拓展的书面保证，甚至还命令知县再次向人民保证不会征用他们的土地。如麦华陀所言，很难耐心对待这种公然阻挠工部局计划的诡计，也难以知道怎样才能有效地对付他的反对。他认为，没有其他领事的同意，就不应发出书面告示，应当悄无声息地进行必要的土地购买和谈判。

然而，达拉斯不得不在 1877 年 10 月报告说毫无进展，工部局料想，必要的40—50 亩土地价格约 3 000 两，遂决心采取其他措施；但下个月，总督禁止出售一切马路用地，于是，工部局决定向北京的公使团请愿。1878 年 6 月，发人深省的答复来了，北京不反对这条道路，如果上海一条道路都没有的话！

这样，我们就见到了一场耗时五年、了无结果的谈判；要是工部局拥有自主权的话，此事几个月内就能完成。

同一时期，建议建造一条从新坟山（八仙桥）到徐家汇的道路，但后来承认，它更适合留给法租界建造。它遇到了与麦根路-极司菲尔路同样的阻挠；但看来结果是建成了宝昌路，即现在重新命名的霞飞路，而麦根路却从未贯通。

官方的阻挠是那种外国人不得不奋力抵抗的典型作派，更详细的情节富于启示性。人民愿意出售土地，但地保根据道台的命令，拒绝在田单上盖印。关于道路将妨碍耕作的说法是孩子气的，如工部局所说，这不过表明总督"极端希望让外国人败兴"而已。道台称，农民们不会卖地；耕地已经播种了；无须作进一步的调查；"请知照工部局，劝其放弃该计划，以安民情"。对这项答复的质疑是，既然尚未选定土地，或者不知道是哪块土地，而且没有提到过价格，知县何以知道人民不愿出售呢。

这条道路主要是为了愉悦——改变驱车到涌泉的乏味。但道台不能理解，一条损害现有道路和农田的新马路，仅仅是为了愉悦；而总督也不能相信，领事团仅仅为了愉悦就将中方置于困境。他引用了《土地章程》关于建造房屋、教堂等准许购置土地的内容，却说没有关于建造马路的内容，而且他认为既有的马路足够愉悦了。但达文波领事引用了《天津条约》第七款；称取得土地的权利包含了建造道路的权利，禁止出售土地明显违反了条约。他同时提醒工部局说，鉴于道台的反对，买地就不可取了，因为卖主会遭受严惩。

西华德路从天潼路到外滩的延伸，看来也是一笔困难重重、进展缓慢的生意。

它应当衔接公园桥；威尔斯地产将给予土地，拆毁中国人的房屋需要 1 000 两赔偿金。但后来在道路必须通过甘美齐的广东花园（Canton Garden）时遇到了困难，就同意向他支付 900 两。

直到 1876 年铁路问题解决了，道台仍在反对。他翌年声称，未经民众同意，外国人不能获得土地：业主们不愿意，官员就不能强迫他们。这条道路必定意味着惊扰很多坟墓。

另一方面，当时工部局的翻译晏玛太医生称，53 名业主中，52 人愿意出售。搬迁坟墓为每座 10 两，因为跑马厅的每座 3 两遭到了反对；但迫切需要道路，并希望不经过城里政府的协助就建成它。他说，真正妨碍延伸的，首先是赌博团伙，它的活动将遭到干扰。它从 1868 年到 1877 年都在活动。

对界外道路的赋税问题进行了非常漫长的讨论。工部局接管道路的条件是，不征收田赋，或至少要低到农田的税率。

1869 年 1 月，三位领事接受委派，试图让道台豁免这种赋税。麦华陀后来就这个问题起草了一份备忘录，呈交给自己的公使。但直到 1873 年，此事还没有任何进一步的说法。道台也在 1869 年就此呼吁过总督；但也没有听到任何说法。

1873 年，三位领事报告说，领事团已决定请求公使团要求中国政府原则上准许蠲免；但看来再次一无所成。

知县却在 1881 年通过领袖领事向工部局送去了他的账单。

一些董事提出了抗议，进一步质疑这笔债务，或者要求蠲免。提出的建议是，中国政府应向工部局所有的道路发放道契，其地位与（据说）蠲免赋税的华人道路相同。然而道台坚持说，任何蠲免都不可能；田赋是义务，一切短缺必须由他弥补。于是，纳税人决定按照每亩 1 500 文足额缴纳工部局拥有的所有道契的田赋，这是 1883 年。但由于对准确的数额存在争议，预算中没有列出项目，直到 1886 年 4 月才送出支票；数额是 2 679.70 两，相当于 4 153 526 文。这样，外国人在一个争论二十年之久的问题上遭受了失败。领事团确实在 1869 年就警告过工部局，解决这个问题"将旷日持久"！

另一种性质不同的阻挠影响了租界的道路。工部局每年使用 10 000—15 000 吨花岗岩碎块。但在 1874 年，中国政府为修复杭州海塘征用了所有的采石场和小船。1879 年，又有了更为严重、更不合理的进一步妨碍。工部局承包商泰记（Takee）的一名对手获得了在上海开设一个衙门的权力，所有从苏州采石场运石头的船只均须在那里购买通行证。收费是每船 300 担一元，而且采石场的另一项税收是每船一元。钱被认为给了一家慈善机构。但泰记无论出多少钱都得不到通行证，因为他拒绝参与哄抬价格。工部局得到的价格差是每 10 000 吨 1 000 元，那个对手认为翌年将全部实行他的价格。

会审公堂的判决是，为工部局工作的船只可以拥有任何数量的通行证，但该对手仍拒绝给予通行证；在此期间，道路遭了殃。工部局不得不向领事团投诉。尽管其承包商称，这是强行阻止别人以几乎低于对手一倍的价格供应材料，工部局却对该捐税的正当性问题不置一词。领袖领事建议，工部局或泰记应把该对手告上会审公堂，并威胁将向总督投诉。于是，道台的答复使用了常令外国人深恶痛绝的悲天悯人却言不由衷的借口："该善堂向来藉**碎石**行善，运石船只，每艘征收 1 元。"该竞争商人已经潜逃，请工部局放过此"可怜的捐税"。

有趣的是，一条通往胜景即松江北面凤凰山（离上海约 25 英里）野营地的道路，现在知道是温思达首先在 1865 年向李鸿章提出的；1866 年，实际上希望这条道路有可能在翌年完成！

那个世纪的最后几天，再度考虑了"通往胜景之道"，但工部局尽管意见分歧，仍决定不再采取行动了。

泗泾路今天看来相当无害，但它在历史上有过奇特的事情。1874 年决定筑造此路，向史密士购地用了 1 750 两，筑路用了 300 两。

但是，在史密士和上海地产协会之间有一份契约，如果建造的华人房屋面向泗泾路的东端，如果房屋用于邪恶目的，工部局要赔付出 10 000 两。1882 年，旗昌洋行、伊伏生和德和洋行提出了一些书面抗议，但工部局答复称，他们没有理由废除这份协议。

1889 年，对这条街道上声名狼藉的房屋提出了控诉，提到了那份契约。问题被提交给德和洋行的代理人窦达尔和工部局法律顾问温赖特，后者认为，工部局很难贯彻他们的观点。

1880 年 12 月，北河南路上的铁道正在拆除，工部局请求准许修复，并继续推进。人民想要该路，但道台拒绝了，说铁路买回来之后，将作为一条官路永远保留，没有必要予以更改或铺设。但他声称，如果状况很坏，**他的**责任是委派一名官员会同知县进行检查和修整，无须工部局帮忙。然而，工部局向领袖领事指出，已建成部分是在租界之内；已经要求他们开工了，而且出于卫生理由，必须要有排水系统。

八年之后据报道，该路的状况非常糟糕了，旧铁路的桥梁亦复如此；但没有中国政府的许可，工部局不能做任何事情。道台再次宣称，这是政府之地，他如果放弃就大祸临头了；但他后来希望工部局进行这项工程，尽管他不愿这么说并正式写下来。如果工部局建造该路，他想得到一封信，承诺中国政府如想收回，工部局就予以归还。工部局的决定是建造该路，但不写那信。

如果说延长道路是件有点麻烦的事情，那不停的拓宽也许更为艰辛了。最有趣的，或者不如说骇人听闻的，莫过于社区为路宽所付出的代价了，因为最初的路宽是 20 英尺而不是 40 英尺，或者是 40 英尺而不是 60 英尺。这项工程仍在继续。工部局 1912 年发布的一份示意图，用短斜线或一块阴影标示了所建议的拓宽——晚至那时，拓宽仍未完成；很多长长的道路看起来就像是剑拔弩张的豪猪，或者浑似以前单向或双向张牙舞爪的**拒马**。至今令人不胜诧异的是，拓宽了这么多之后，还有这么多显然有待拓宽的道路。除非是一场大火或者一场地震，完全重建这个地方，上海在这个方面是无法令人称心如意了。

列举几个这一时期完成的工程就足够了。

南京路早就被描绘为"狭窄的扭曲大街——比其他任何大街都混乱和逼仄，是两周内发生三起事故的地方"。

1875 年按 12 000 两一亩向琼记洋行购买了土地；1877 年以合理的一亩 5 000

两的价格购买了江西路和河南路之间的土地（"靠近丰茂洋行"）。想拿到路北江西路上的一条土地，但詹纳·霍格不肯出售，他就住在那儿的房子里——以前是德意志银行。所以，霍格也拒绝出售（兆丰）洋行面前的土地，因为他们当时在建的房屋和商店还没有足够的空间。但到了 1879 年，南京路和江西路拐角以 6.6 元的代价划圆了。另一块想拿到的条状土地在同孚洋行前，1921 年那里是普鲁华洋行的商店。

希望在大礼拜堂院子前的江西路建造一条三四英尺宽的人行道；工部局提出承担缩进围墙的一切费用，并保留受委托人对土地的权利，却遭到了拒绝。受委托人称，他们无权这样做。工部局然后提出 532.50 两的报价，但答复是目前的道路足够宽了。直到 1881 年才获得 4 英尺宽的土地。那些受委托人要求订立 99 年的租契，租金 300 两；工部局还价 150 两成交了。

1898 年必须再次啃出一小块土地——汉口路边上的不到半亩地。工部局能够得手的唯一条件是每年租金 282 两，以及拆除和根据要求重建围墙等。

剧院不比教堂好对付。1874 年，工部局向兰心戏院受委托人提出，以 500 两的代价获得该建筑南面的一条土地，以连接博物院和圆明园路。他们出售的条件是，如有必要，可以在该路上方搭建过街楼。工部局不能接受这一点。

同一年，拓宽广东路的土地开价是每亩 4 000 两，而在福州路上，桑恩接受了 1 200 两一亩的价格。地纳建议说，应该接受天津路只有三分之一的开价，尤其是德和洋行，只开价 1 000 两。但德和洋行后来解释说，那个价格是对土地**和房屋**两者而言的。

殷司 1877 年从英国来信，不准把他的任何土地用于拓宽香港路。他补充说——但工部局肯定已习惯了粗鲁无礼——该路已够宽了，捐税也够重了，工部局不应增加这种不必要的开支。

卡特已在若干年前向福建路和湖北路之间的一条新路提供了长 291 英尺、宽 30 英尺的土地。因为这样一条道路不但对公众有用，也有益于他付出很少代价的地产。

早就感到工部局为此需要新的权力。为了提供华人住房的空地，旧商行（在 1876 年）被拆毁了，但如果征用拓宽道路的土地，索的价格就奇高无比。有些业主不愿全部出售；另一些人则声称已经制定了建房的计划，不能更动。工部局起初想获得新的《附则》，但其法律顾问认为，此事过于重大，无从着手，除非是一份新的《土地章程》授予了强行征用土地的权力。1881 年修订的《土地章程》赋予了必要的权力。然而，直到 1890 年，获取土地的代价仍被抱怨高得离谱；工部局这条蠕虫最终转向了，这就是规定：在要求拓宽的狭窄道路上，如果不同意拓宽的要求，在建筑施工时就不得用任何篱笆围住一边的人行道。总董"不明白公众为何应帮助那些土地业主而承受不便，那些业主不愿给公众任何帮助"。

在杭州找到了适合筑路的石头，工部局在 1896 年租赁了一个采石场，以便不依赖苏州。甚至形成了一个阻止工部局获得碎砖的联合体：工部局不得不买一条船，自己派人去收集。

工程师梅恩和总办濮兰德去了杭州，试图通过梅藤更医生得到材料，他因在那里的广济医院而深得人心。但承包商亚记（Yakee）赶在了前面，他们无功而返。

然而，山区到处能找到好石头，而且人民愿意出售土地。在这个案例中，通常的障碍就是"风水"；开放采石会严重破坏风水，以致松江政府不能考虑准许开放。

最后，杭州政府提供了平桥（Pingchiao）采石场，条件是他们获得一定数量的碎花岗岩、排水管等。订立了 18 年的租契，向梅藤更的医院提供了一笔捐赠，以感谢他的帮助。大约必须购买 60 亩土地，价格不超过 1 800 元，将颁发道契。

这次也签订了一份从长崎获得材料的协定，每吨离岸价 75 分，运费每吨 85 分至 1 元。

1899 年，工部局拒绝在马霍路设警，如果不交出该路，莫里斯先生即使出钱也不行。

一条新道路（第 20 号路）先被建议称为白克路，但还是决定称为韬朋路。这也许是用于此处道路的第一个人名。

1895 年，一些居民请求铺设更多的路面来改善静安寺路；因而，其他 83 位居民签署了一份抗议信。工部局反驳了抗议者的基调和所提出的观点。他们反对"为了一二十个居民个人的称心如意"而做出任何变动，提到了"伤风败俗的驾车疾驶如此肆无忌惮"。但那些人提出的理由是，潮湿的季节只能在路上驯马。他们得到了诚恳的答复，但工部局不准任何人拥有使用公共道路作为遛马之地的特权。

该路当时的拥挤状态饱受诟病，因而建议禁止华人在那里驾车；但被指出，华人缴费有助于该路的保养。

第 17 章

我们的桥梁

　　租界的早期历史中经常提到桥梁，因为那时的土地非常像现在的界外土地——布满了有水或没水的河浜沟濠。甚至直到今天也没完全填平。那些跨越河浜的桥梁结构单薄是可想而知的，提到它们一般都与维修有关，更经常与争端有关。因而，1851 年围起来的领事馆地块以一道干沟为西界，这条干沟宽 44 英尺，通向苏州河的"外摆渡"。因为没有适当的道路穿越被围住的领事馆地块，干沟的西边又是中国官地，干沟上的桥那时就已经无用。因此，要求道路码头公会拆除那座桥。公众显然感到恼火，关闭一条小路时，总是这样。于是，当纳税人通过传阅件协商时，做出了傲慢的决定，拆除该桥的费用应由希望拆除者承担。

　　可以顺便指出，上海已没有**干沟**（nullah）一词了，"**滩**"（bund）字尚存。

　　1852 年，工部局[1]用砖桥取代了四座木桥；由于三合会的叛乱，根据威妥玛的命令以 18 元的代价拆除了泰勒氏桥。该桥在今约福建路尽头跨越洋泾浜。它肯定重建了，因为法租界、英租界在 1863 年一致同意拆除它，并由两个租界平摊的 1 300 两建造两座新桥。连接法租界和公共租界外滩的桥的费用同样由双方平摊。

　　在其他早期桥梁中，可以提到一座靠近领事馆的砖拱桥，宽 30 英尺，造价为 220 两。我们会再次提到的一个好斗的捐助人史密士在河南路建造了一座跨越洋泾浜的桥，花了 2 000 两；道台偿还一半，史密士请求工部局给他另一半，法租界也许愿意分担。工部局同意了，只要法国人同意支付其份额的话，而法国人同意了。

---

[1] 应为"道路码头公会"。

191

1867 年，道台在很大压力下，同意支付山东路和福建路上的洋泾浜桥梁造价的三分之一（733.33 两）。

通向法租界的桥梁远多于跨越更宽的苏州河的桥梁；但早期桥梁中最引人瞩目的是所谓的威尔斯桥或苏州河桥，这是在吴淞路上。

1856 年，英国领事告诉公使，"法租界和英租界中所有适用于商业目的的土地都已被外国人占有和建造，外国租界现已扩展到苏州河北岸；因此，为了连接两处，已经建造了一座结实的跨河大桥，将在本月开通"。它的跨度大约 450 英尺，而且被描绘为结构丑陋、古怪、位置不适，它的特许状中有拉起桥面让船只通过的规定；该公司要求一名巡捕在拉起时挡住人们。

这就是后来历史上臭名昭著的威尔斯桥。它多多少少是现在外白渡桥的旁系祖宗。

威尔斯[1]是第一发起人，其他是有兴趣维持与吴淞快捷联系的人，鸦片船进入上海前在吴淞卸下鸦片，那里的消息由骑马信差带来。费用是 12 000 元，大约 12 个人分担了 125 股；但他们之间没有界定权利的书面契约，尽管使用了苏州河桥公司的名称，却没有法律意义上的公司。

大桥最初肯定是少数虹口居民的福泽。他们过去需要过河时，必须站在那里喊叫渡船，或许还是在暴风雨的黑夜里。但在 12 年或 15 年有利可图的垄断之后——1869 年的红利大约是 100％，随着人口的巨大增长，反对垄断和希望清除这个滋扰之物的公共精神兴起了。

据称该桥最初是免费的；但公司解释说，这个说法没有事实根据，大桥在建造期间就一直如此。魏勃（一位原始股东）声称，在收回成本——早就实现了——之后，就打算免除通行费。这并不是一种商业投机。他认为，如果工部局给付了原始成本，股东们就应放弃股份；但汉璧礼反对这种观点，他已经购买了股份作为投资。

完全可以理解，公众不会为过河权利持续支付每人每年 4 两的费用，也无人能够确保消费者口袋里总有通行费——1868 年一位想过桥的行人怒不可遏地攻击了看桥人，被罚款 50 元；但也许他感到值得；而且他无疑表达了公众情绪。领事馆

---

[1] 即供职于怡和洋行的 C. Wills.

历来每年付 5 英镑，工部局付 20 两，都包括了所有的雇员。但最后产生了问题，该公司有什么权利这样对社区征税？

公司宣称，权利来自一位前道台的特许状。但这份特许状的存在长期受到怀疑，它在 1867 年被出示时，合法性则遭到了挑战。道台未与纳税人商量，有何权力准许 25 年的垄断？何况，这是让外国人对华人的全面垄断：大桥应该是公共的，却被准许落入私人手中。

第一份给予 25 年垄断的特许状来自 1854 年；它准许收费"以收回建造所用之款"；但新的特许是 1863 年批准的，该公司的权利就以它为基础。公司获取它的条件是在沙克里路（福建路）建造第二座桥。那次的特许更新未经很多审查就通过了，因为这个地区的叛乱使得该桥非常重要。

温思达查看了文件后宣称，并不存在垄断，而且他不能保证股东们的地位牢靠。阿查理说，旧费率是华人通行费一文，外国人每年 4 两；因为不够，对华人是收费两文，据谅解，该桥将对外国人免费。

股东们计算，最初的成本是 14 000 两，他们希望得到每年 1 900 两的利息等。外国人缴费总额为 800 两，他们请道台支付余款 1 100 两。但道台没有资金，于是，他授权向每个中国行人征收一文。霍锦士承认，1863 年的利润是 12 000 两，但他说，那都将用于老闸的一座新桥，而且，仍然需要一笔储备金重建威尔斯桥本身。魏勃对此答复说，老闸桥收费的承包人已经支付了 6 000 元，预计原桥每年仍能赢利 10 000 两。

第一次讨价还价是在 1869 年。当时公司提出，以每年 1 971 两免收外国人的过桥费；但翌年，他们接受了 1 500 两，公众认为那是"一笔昂贵的交易"。这项代偿将持续十年，公司并进而承诺将在 18 个月之内建造一座新铁桥，筹备的方式由工部局决定。同样的华人通勤费折合问题，使得工部局打算向领事团提出有关该特许状合法性的看法；但这种看法没有表达出来，原因是将来应让领事公堂来审查此事。熙华德领事已在呼吁，由工部局建造一座新桥来斩断这个死结。

该公司的新桥在 1871 年 4 月动工。我们现在不必考虑它建成后的模样了，但我们有英国领事的说法，因为当时正在建造领事馆的新屋，领事馆同意造桥的前提是它必须有艺术感。不消说，这不是现在的外白渡桥。

根据计划，该桥穿过外滩公园，公园因外滩必须外推以对接大桥而扩大了。第一对大梁在 4 月安装，支撑它们的是直径 4 英尺 8 英寸的螺旋柱；20 根这样的柱子支撑整个结构；将有六个边跨和一个从一边升起的中央开合跨；桥墩是混凝土砖块的；金斯密先生和邓厄先生是工程师。

5 月，工部局询问，公司是否能出售在建大桥的任何权利；但一周之后就没有桥梁可出售了；两根柱子垮了，剩下的桥梁结构沉入了河中！

在上海有限的历史中，这肯定是最惊心动魄的一次事故，肯定成了多日的街谈巷议。它发生在下午五点左右，当时的公园里挤满了聆听普鲁士护卫舰"赫塔"号乐队演出的人群；其中的大多数无疑能声称自己目击了这场灾祸。

随后是长时间的沉默，工部局和公司也许都有点不知所措。建造大桥的材料已经发货，但它们仿佛知道不该到来一样，随着"哈里发"号轮船沉没了。公司加固了旧桥，表示 1872 年 3 月之前本来就不会有新桥的。

当然有一场争吵。霍锦士在 1872 年的纳税人会议上说，是应归咎于该公司及其工程师，但工部局及其工程师也同样有责任，因为他们已经审查过该计划。工部局工程师奥利弗拒绝这一说法，因为没有向他提交过详情；他见到的计划仅仅是梗概，而且大桥没有按照说明书施工。他的信件副本表明，他认为如果该工程按照说明书施工是安全的，但每平方英尺的负荷不应超过 112 磅。他要求霍锦士证实或收回自己的说法。

到 1872 年 5 月，事情看来陷入了僵局；工部局不再缴纳、公司也不再收取通行费。何爵士干预了——他是一位伟大的和平缔造者；他指出，大多数的权利和权力必须以彼此忍耐、让步和互惠为基础；时间会做出法律裁决，而诉讼一旦开始就没有止境。

工部局在 6 月决定，如果月底前未获公司答复，就发布一份取消通行费折合协议的通告；他们此后将通过为新桥打桩或开通免费摆渡来测试垄断。但后来因受何爵士忠告的影响，他们同意按照旧费率逐月缴纳折合通行费，并表示希望有一个友好协议。一些有势力的华人在河上设置了免费摆渡，有一些恐惧——公司雇员所称的这将扰乱治安被证明是无稽之谈。

兆丰洋行[1]两个月后称，公司将接受何爵士的建议作出牺牲；他们将为新桥

---

[1] 即霍格兄弟公司。

接受 35 000 两的报价，因而损失 20%。

5月6日举行的一次社区会议已经号召建造一座新桥，通过公司债券来筹措资金。另一次公众会议要求设置免费摆渡船；社区想要公司放弃所有权利，废除所声称的垄断。所以，工部局设置了两条免费摆渡船。

霍锦士代表公司对社区的态度表示痛心疾首，提出以 60 000 两出售所有财产和权利。工部局得到的纳税人还价是 40 000 两，这在 1872 年 10 月被接受了。但直到第二年 4 月，转让仍未完成，因为（该公司并非一家公司）必须获得所有股东的签字，而且所接到的授权书多数有缺陷。然而，公司最终还是像其铁桥一样，在舞台上消失了，只不过不是毁灭而已；11 月 1 日，收费停止了；收费亭被拆毁，工部局最终获得了自由。社区对通行费已抱怨了十年之久，而公司一直坚持对他们收费，最后还卖出了原始投资约三倍的价钱。该大桥最终是免费了，但它已赚取了约 50 000 两作为偿债资金必需的利息，而一座新的大桥仍有待建造。奇怪的事情是，尽管大桥一钱不值，而且人人都说并不存在任何权利，社区还是为这子虚乌有支付了 40 000 两。

工部局最初认为，可以使用铁桥的残骸来完成新桥。如果那仍是公司的财产，就尝试利用它来完成。但奥利弗报告说，得花 16 000 两才能让它有用，而且仍将需要修补，既勉强，又难堪。他强烈建议把它当作废铁卖掉。

这时，事情进展得更快了。耶松船厂承包建造一座新的木桥，造价 19 000 两，并同时维修旧威尔斯桥。该企业以 7 500 两买下了铁桥——也就是那么几件。1873年 8 月，工程告竣。

新的公园大桥[1]（那是它的官方名称）长 385 英尺，宽 40 英尺，包括每边 7 英尺宽的人行道。摩腊婆木（Malava wood）的桥柱打入 20—26 英尺深。老威尔斯桥仅 23 英尺宽；其桥柱是摩腊婆木的，仍然完好无损。但当公园大桥就绪时，著名的威尔斯桥以 610 两被卖掉了！

接着，工部局报告领事团，新桥用去了 12 500 两，并请求道台支付一半，因为他们已用 40 000 两购了不安全且无法修缮的旧桥，"以让华人免缴讨厌的税费"。他们还请求道台支付河南路桥的一半费用，建造费用将是 5 000 两。

---

[1] 中国人称"外摆渡桥"或"外白渡桥"。

195

我们今天对这种恭敬态度略感遗憾，而且我们毫不奇怪，道台拒绝"以积极方式"支付两个租界的任何桥梁费用，他没有这种用途的资金，而且一位前总督已禁止捐助。麦华陀并不鼓励工部局坚持其请求：道台已每年向工部局支付一笔资金，租界内的华人承担了大部分开支；他反对为中国官员提供任何盘剥其人民贸易的似是而非的借口。

工部局让苏州河桥公司接受条件的浮桥或免费摆渡是在上圆明园路——现博物院路末端。它们在公园大桥建造期间承担了所有过河交通，每天有 7 000 人通过。但华人认为这妨碍了行船——它在下游，而且航道狭窄。它在 1875 年被拆除。要是道台同意支付河南路桥的一半费用，它早就被废弃了。尽管道台不同意，但要不是一座卸载大部分茶叶、生丝的码头，河南路桥本来会建造的。拆除这座码头，这些货物将进入"外人区域"，这被认为并不可取；所以建造延宕了。

洋泾浜上的桥梁几乎与苏州河上的同样重要，但由于同法国人、英国人和中国人都有关系，建造这些桥梁不是没有困难。

洋泾浜入江口的桥最重要，它连接着法租界和公共租界的外滩，在官方通信中被称为"一号桥"。由于联合抬高了花岗岩的价格，有关华人承建的主要部分推迟了；这迫使祥生船厂撤回了投标。但法租界公董局和公共租界工部局之间存在着很多困难，信件大量往来。侵蚀洋泾浜 50 英尺航道的相互指控使问题复杂化了。但主要的争执是费用的划分。历来的习惯是对等分担桥梁开支，但法租界公董局在 1875 年 2 月突然决定只付三分之一。这引出了很多往来信函、仲裁建议等。工部局在两个租界平摊费用的原则确立之前，毅然停止了建造新桥或维修旧桥。他们也不同意将此事提交给北京的公使，因为现在是由纳税人决定该花多少钱。

说来奇怪，争执来自关于小车的执照。如我们将在别处谈到的，工部局认为收入的划分不公正，这项协议必须更改。因此，法租界公董局以拒绝不公正地平摊建造洋泾浜桥梁的费用作为反驳。他们提出，公共租界居民因与县城的交往，对桥梁使用得更多；法租界一边居民较少，仅使用桥梁作为进入北边租界的道路。然而，公共租界工部局指出，他们承担了建造苏州河与泥城浜上**所有桥梁**的费用，法租界也从中获益。为了与法租界公董局关系和睦，他们宁可承担全部费用，也不愿以公正和比例公平为由承担三分之二。

这是一场非常优雅的持续争吵，有些事情双方都有记载，不写出来更好吧。最终，法租界同意放弃反对，继续支付一半费用。

外滩的桥在 1877 年开通；这是铁制的，每个租界承担造价约 2 750 两。

我们已在本章开头指出了早期桥梁的某些特性。因为有些事情今非昔比，我们必须澄清对它们的错误认识。最初没有马车，桥梁只需一匹马、一辆小车或一个行人可通行的宽度，宽度无须超过道路。即使很久之后，很多桥梁也无疑只是步行桥；否则，一份报告说的"一座坚固的木桥（洋泾浜上的五号桥）可以用 500 两在几周内建成"，或者史密士与其他人慷慨提供桥梁怎么能理解呢？作为人行桥的四川路桥本来能在 1875 年建成的，但长利洋行、怡和洋行、琼记洋行和其他商行请求建造一座马车桥——宽 20 英尺，并提供额外开支 750 两。

值得注意的是，由于洋泾浜无疑将会成为涵洞，在 1876 年就认为不必在上面建造非常好的桥梁了。确实如此，但那是大约四十年之后的事情了！

石桥[1]是除了公园大桥之外唯一有自己完整名称、不借用路名的大桥。它最初不是作为一座桥，而是作为一道挡住黄浦江水的"闸"。该闸以前就塌圮了，因为失修，进行了重修加高。因此，就有了老闸和新闸。工部局在 1875 年希望拆除已成障碍的石桥，在其原处建造一座木桥：但中国政府不同意，托词或借口是，届时河岸会被冲刷，农田会塌陷。

这里已经足够清楚地表明，照料桥梁是令人烦恼的事情。除了最重要的公园大桥外，其他的不再多说了。如我们所知，这是一座 1873 年建成的赏心悦目的木结构大桥，它到 1889 年就陈旧了。工部局工程师报告说，对它的临时性维修要持续一年半之久。细致的纳税人会发现，维修实际上不仅持续了 18 个月，而且超过了 18 年，一直要到它 1908 年消失为止。它那简朴的、中庸的风格属于过去的时代，取代它的巨大铁桥属于新的世纪，在本卷就无容身之地了。

1889 年，公众对这个问题犹豫不决，不得不召开了几次会议。他们最初同意筹资 75 000 两建造一座铁桥。对它的要求不多——与 1871 年陷落在泥浆里的那座相比，它应有"漂亮的结构"，但决议通过时，并没有绘出示意图。在后来的一次会议上，要求对旧桥的状况提出一份充分的报告，会议并休会一个月。后又再次开会、休会。然后，提交给工部局的报告建议花 10 000 两进行维修，这将能再延长

---

[1]　中文亦作"闸桥"。

大桥五年到八年的寿命。在这些会议上，提出、讨论、否决或撤回了许许多多的修正案；但我们限定于只谈实际做出的决定。应该维修大桥，如我们业已指出的，直到 1908 年亦复如此。

为了准备新大桥的计划，工部局给了玛礼孙洋行、法国辛迪加和金斯密先生各 100 英镑，给了赫得先生和柯尼施先生各 75 英镑。这笔开销也会让纳税人深思熟虑。

第18章

我们的教堂

大礼拜堂是上海另一个略微漂亮之物。

与外滩公园一样，它也是历经早年种种艰苦奋斗的成果。本书第一卷已介绍了早期的教堂及其修缮。到1858年，显然无望进一步修缮了——必须有一座新建筑。

这座建筑无论如何坚固，那时已矗立了十二年，上海已经发展起来了。人们当能记得，房子所在地曾是成群结队来自坟场的野鸡野兔出没之处。这座教堂的大厅有216个座位，走廊里有50个免费座位。1858年的席位费约为3 500两。估计1860年底拥有的余款达10 000两，打算再借入10 000两，并订出剩余席位。但我们发现，对金额和资源有不同的说法。

直到1862年才决定利用老教堂的材料，先建造一栋临时建筑；这造成了6 000元的亏损。当时的材料和劳动力价格都非常昂贵。新建筑的估计费用为54 493两，或者，没有塔楼尚短缺三分之一。英国政府的拨款是每年500英镑，但自1858年教堂摆脱债务以来，就一直没有支付。政府决定不必支付欠款了，但答应为新建筑拨款。该委员会手中仍然有余款，大胆地启动了工程。向公使报送了一份33 500两的预算，并要求得到英国答应的帮助。卜鲁斯表示，恐怕国内政府会对这笔总额感到吃惊；但另一方面，我们有了罗伯逊领事非常引人瞩目的证词，即在东方几乎没有见到过比这里更好的礼拜，或比这里更完美的礼拜仪式了。本书显然不能忽略，上海曾是一个遵守安息日的地方。仍在很多人温柔记忆中的国内安息日甜美圣洁的宁静，也曾降临过上海。来自英格兰的答复是，如果批准该计划——后来是批准了，政府将捐助2 000英镑。在上海得到了19 000两捐款，有些大商行捐助了

1 000 两。但几乎同时，绝望情绪，或因租界价值跌落导致的乐极生悲降临到了委员会头上。看来不可能按照史诰德提交给政府的方案建造了；而且没有希望建造一栋风格合适、满足需求的大型建筑。因为，一座容纳 800 人的教堂的造价是 15 000—20 000 英镑，而手头的资金总共才 43 000 两。

有两项缓解局面的建议：一项是麦华陀领事提出的，即经过政府的批准，出售教堂的土地，在领事馆的泥滩上建造一座新教堂，"荒地够大了，足以建造教堂和公园"：但委员会并不喜欢这个主意。另一项工部局提出的建议是，通过占用市政厅的一半土地，把教堂和政府在物理上结合起来：但该委员会拒绝讨论这类建议。

一年后（艺术确实是漫长的），该委员会认为，得到外交部批准、由新任牧师布彻教士在 1864 年 11 月带来的史诰德爵士设计可做明显修改，节省很多钱。于是，他们让地纳进行修改，修改交给史诰德后，得到了他的同意。在长度上增加了一个凸窗（14 英尺），宽度增加 8 英尺，这样就容纳了 756 个礼拜者。增加墙壁厚度的侧天窗就舍弃了。屋顶将是露梁的，而不是砖砌的拱形，减少了地基的承重。沿着过道的窗户取代了门扇。还进行了其他改变，估算价格由此从 90 000 两缩减至 40 000 两，容量却达到 756 席，而不是 460 席。

史诰德爵士是那个时代英国的首席教堂建筑师，我们本地的旅行指南用这种图书惯常的夸张口气宣称，大礼拜堂"是东方最华丽的教堂"，"据说是这位伟大的艺术家曾设计的最精美的一座"。[1] 对于最初的计划而言，这也许是正确的或不正确的，但当我们记得他的设计经过了本地建筑师的修改，并把开支削减了一半以上时，把这项成果归入他的名下并不十分公平，我们只是希望，要是有了他的而不是现在的建筑，那就美轮美奂了。

这也足以令人浮想联翩，早期的居民经常因未对后来更大的上海进行规划而备受指责——例如道路的宽度问题。麦克莱伦说，甚至该教堂的简化形式都"或许是采用该建筑方案时社区盛行的奢侈观念最具象征性的例证"[2]。今天无人后悔该教堂的恰如其分，也无人会认为该教堂和市政厅可以挤在一块土地上。相当遗憾的倒是竟然处置掉了一小块土地，地基的西端本来是应该建造房屋的。

上海那时生活舒适的一个标志是人们的两次抱怨，即 1862 年旧教堂拆毁时和

---

[1] 原脚注：达文特：《上海》，第 2 版，16—17。
[2] 原脚注：《上海故事》，第 68 页。

1868 年新教堂即将建立时院子里的肮脏。除了苦力们的祸害之外，还有一个 90 乘 40 英尺的臭气冲天的水塘。工部局采取了史无前例的行动，抽干了水塘，树立了篱笆，并为工人们挖掘了一口水井。

在较早的时候，那被描绘为一个蛙声嘈杂、秽物遍地的泥潭；后来仍是野狗出没的丑恶讨嫌之地。

直到 1866 年 1 月，受委托人才决定开始这项工程，1866 年 5 月 24 日举行了奠基仪式；这完全是共济会的仪式，由共济会在华代理高级督导主持。

自 1862 年以来，有恒洋行一直是临时教堂的建造者，但是他们的工作被认为没达到最高水准，这是一个后来被证明错误的判断；于是该工程被受委托人交给了地纳先生，他完全没有名气，却受过最好的训练，拥有最丰富的经验。

就建造而言，我们获悉的规定是 15 英尺长的柱桩 3 400 根，12 英尺长的 2 470 根，5 英尺长的 1 660 根，还有用于塔楼的 15 英尺长的 625 根。总共用了 8 000 根柱桩，并覆盖了一层厚厚的花岗岩。以前建筑的柱桩被发现依然保持完好。选择在东北角建造塔楼，因为那里的土地比别处更好，尽管塔楼并未建成，地基在那时就打完了。砖块和胜任的石匠都很少。砖瓦锯木公司发现自己无法同华人竞争，就在 1867 年 4 月把场地交给了教堂，受委托人就在那里自己制砖。

然而，资金困难并未结束。墙体建到一半时，资金耗竭了。尚需 26 000 两，但能够募集到的捐款总额只有两三千两。必须记住，那是华人难民流入短暂繁荣之后的萧条年份。在资金充沛的年份，这项工程的规划历来奢华无度；但建造时囊中羞涩了。因此，受委托人不得不以每年 1 200 两出租地产的西端，不得不举借贷款，并以租金偿还利息。一位伊伏生先生租赁了该地，它对着河南路的部分深 40 英尺，九江路部分深 65 英尺。业已指出，带绿草坪的教堂没有占据整个区域是如今的遗憾。

在此期间，礼拜在临时教堂中举行，那是一个用旧教堂拆下来的材料建造的不方便且有失观瞻的场所。一位偶然造访者的体验是："近门处有一条长凳，一长排放着破旧的赞美诗的空位子——他不可以进入这些席位；他饥寒交迫，或者在炉边炙烤，他坐着修行，几乎听不清一个句子；他在下雨天浑身湿透。"

为了获得捐赠，进行了特殊的努力——据说，大礼拜堂真正感激的是约 20 名英美商人，该建筑终于在 1869 年 8 月 1 日对公众礼拜开放了。它花费了 70 000 两，开放时仍然拖欠着承包商的款项。它是 13 世纪初期的哥特式风格；教堂正厅是十字形的，南北是通道，两翼是祭坛、拱形圣殿及用于管风琴和小礼拜的两个小教堂。教堂的内部长度为 152 英尺，宽 58 英尺 6 英寸。中央的最大顶高是 54 英尺。史诰德的设计中有一座塔楼，但现在的塔楼是地纳而非史诰德的设计，直到 1893 年才建成。

由于采用了旧地基，圣餐桌是朝西而非朝东，受委托人解释说，他们是执行教会命令的精神而非字面，尤其是因为上海遥对着耶路撒冷的东方。当时并不存在委托书，遂决定起草一份，但看来并未完成，对是否需要它存有疑问。捐赠人选举出了两位受委托人；因为得到了英国政府的资助。英王陛下政府的总领事是当然的受委托人之一。除了来自旧教堂的之外，不许装帧更多的纪念壁画；经过利益相关者的同意，并在资金许可的时候，旧画被置放在新教堂的前厅。它们一直储藏在小礼拜堂里，直到 1873 年才放入教堂的门廊。

根据伦敦主教的推荐，曾任哈默史密斯（Hammersmith）河岸街圣克莱蒙丹麦教堂（St. Clement Danes）副牧师的布彻教士被委任为该教堂牧师，接替因病辞职的史密斯。

工部局在 1871 年负责照管教堂场地，回报是其雇员获得两个免费席位。但受委托人在第二年要求工部局偿还他们用于改善场地的 495.50 两，理由是为了教堂捐助者之外的其他人的利益。工部局拒绝了，因为这会引出缠夹不清的问题。另一方面，当工部局在 1875 年要求以 532.50 两获取一条拓宽道路的土地（按每亩 3 750 两计算）时，受委托人答称，他们没有权力转让这块场地的任何一部分，道路已经够宽了，他们必须把问题提交给捐助人；既然工部局已经得到了席位的回报，公众对该场地的支出就不能提出权利主张了。

十年之后，受委托人呼吁豁免该场地的房捐：工部局是维护了它的秩序，但社区使用了它。工部局不同意，但同意获得一个免费席位，而为另外一个缴纳租金。但到了 1888 年，工部局再次被要求花费 430 两维持该场地的秩序。答复是，他们现在每年缴纳 144 两席位租金，但他们同意向承担这项工作的看门人每月支付 17 元，受委托人这样就可以留住他，让这笔钱得到更好的回报。

1875 年 3 月，克尔哎司先生和贝尔先生当选为受委托人，从各种记载看，他们接奉的指令似乎有点不合时宜。他们被授权出售因为没有塔楼而躺在仓库里默不作声的三口大钟（一口曾被用于召唤做礼拜，一口在虹口充当消防钟）；并提议把该教堂作为禄赐悦里主教的座堂。

如果接受这个提议，教堂和神职人员的法律地位如故；教堂将获得地位上的尊崇，但主教对它并无世俗的或教会的权利：他唯一的权利就是在位。

这个提议被接受了。1875 年 6 月的三一主日，在精神饱满的唱诗声中，圣三一教堂变成了圣三一座堂。[1] 禄赐悦里主教由布彻引导升座，接受了钥匙。主教宣布主任牧师就座，麦克开拉启进了他的正式座位；两人都被授予了钥匙。美国教堂的惠主教和很多牧师出席。一份由受委托人保留"该教堂一切权利、称号与利益"的法律文件被装入木框，挂在小礼拜堂内。

这里的教堂牧师最初属于维多利亚（香港）主教领导，但从 1872 年一直到 1879 年，禄赐悦里主教作为北华主教领导他们。下一年，北华成为分开的主教区，继任禄赐悦里的慕稼谷主教成为华中主教。

临时教堂的简易棚屋保留了下来，作为健身房出租。1874 年，有人反对教堂院子里有一个健身房，但财政状况不允许牺牲这笔租金。

1882 年，一架新的管风琴到达了，它的安放位置引发了一场热烈的讨论。最终，多数人投票决定安放在十字形的北翼。

我们对大礼拜堂最后应当注意的是，1886 年举行的一次会议决定聘用霍奇斯教士为教堂牧师。阿查理主持会议，他拒绝计入两位与会女士的票数。

上海另一座属于英国圣公会华中教区的教堂是百老汇路上的圣安德烈堂。它最初是该差会为黄浦江上的海员用 2 460 两购置的水上**礼拜堂**。一场风暴后，它不安全了，其残骸抵作 200 元，用于装修三桅船"幼发拉底"号，该船是 1860 年用 1 250 两从福利公司买入的。我们获知，该教堂牧师除了住在该船上，每年的收入是用鹰洋支付的 300 英镑，按每元等于 6 先令 8 便士计算。

新的水上礼拜堂罹受了风暴和撞击的双重灾祸，该委员会决定建造一座**陆上教堂**。1867 年，它在陆家嘴附近建成了，现在那里仍留有墓地；它由奥利弗设计，德和洋行承建，工部局提供了地基，造价 3 500 两。

1869 年，该教堂建筑移交给了工部局，工部局充当三个受委托人的监护人。

---

[1] 该教堂因用红砖建造，亦被称作"红礼拜堂"。

但是，因为疏于募集捐款，工部局用市政资金支付其账单；按照受委托人的厚道说法，"由于各种情况的不幸结合"，以致该教堂到 1872 年欠债 6 000—7 000 两。通过捐赠和支付某些欠款，债务减少到 4 815 两，1872 年的纳税人会议拒绝支付该款。

教堂牧师首先是波纳尔教士，他在 1863 年归国，然后是考夫曼教士，他因病于 1867 年辞职。接着是帅福守教士，他在 1873 年辞职。然后，圣三一教堂和海员教堂的受委托人同意，任命一位圣三一教堂的助理牧师，他也执行海员教堂的责任。但主任牧师布彻不同意这种任命，他自己在浦东主持周日下午的礼拜，并在普通教徒的帮助下坚持了五年之久——到 1878 年为止。1895 年，建议出售该地产，以在虹口重建。工部局自称在 1872 年就与它无关了，该道契已经交给了受委托人庄纯，庄纯则把道契送到了英国领事馆；工部局不主张对它的权利，该地基可以出售。对于该建筑而言，拆下来的材料还抵不上拆除费用。圣安德烈堂获得的地基，部分是汤恩的馈赠，部分购自怡和洋行，为此付出了 1 000 两。

浦东的地基造成了麻烦。1869 年，英国领事和工部局总办已成为这块地产依照职务的当然受委托人；但哲美森领事在 1898 年移交文件时称，委托仅限于该建筑；该地产仍在比理先生、金能亨先生和好不生先生名下，而且该教堂和所在地基之间显然没有任何关系，或者说，那块土地没有受过任何委托。为了解决这个难题，又用去一年时间；这时，美国领事古纳签署了一份证书，任命斐伦、施高塔和卜舫济博士作为最后一位前受委托人的遗孀——金能亨夫人手中地产的受委托人。按照工部局法律顾问窦达尔的意见，为了在另一个地方建造一座相同的教堂，他们拥有出售全部或部分土地的充分自由。在那之后的十二年，海员中丧失了有组织的教会工作；但 1891 年，霍奇斯教士开始了重新努力，他（承蒙美国圣公会关照）在百老汇路救主堂中举行仪式，并购置了小艇"阳光"号。

在 1875 年的《工部局报告》中，一个很小却有趣的条目是主任牧师对巴尔福先生和奇塔姆先生"演奏风琴方面的有价值帮助"表示感谢。

该布道团再度拥有了地产，便设立了受委托人和一个机构，取了啰嗦的名称"上海海员教堂与传教会（连同海员传教会）"。

新教徒主要的聚会场所是天安堂[1]，它是租界中最早建立的教堂。伦敦会的

---

[1] 天安堂英文名 Union Church，即联合教堂之意。

麦都思博士在 1845 年就开始为山东路麦家圈的外国人提供服务。

该差会的多位成员多年承担了这项服务，主要是慕维廉教士。然而，来自英格兰、苏格兰、美国和几个欧洲国家的福音派礼拜者在 1864 年自行建立了一个单独的教堂。当年，山东路麦家圈的会众建成了第一个联合"礼拜堂"。1864 年 8 月，该教堂首次用于公众礼拜。这座建筑使用了 21 年，然后会众向中国业主购置了苏州路、圆明园路拐角处的一块土地，建造了一座新教堂。它自 1886 年开放以来就被称为"协和礼拜堂"。1899 年建立了一所主日学校和一个新的牧师住所，教堂则在 1901 年进行了改建和扩大。[1] 现有的管风琴安装于 1902 年。

历来主持该教堂的是下列牧师：

慕维廉教士，1864—1868。

托马斯教士，1868—1877（有一个中断）。

帕尔默教士，1878—1879。

班福德教士，1881—1887。

古烈教士，1887—1888。

斯蒂文森教士，1888—1892。

斯蒂文斯教士，1892—1897。

达文特教士，1899—1919。

罗兰教士，1920—

其他教堂——德国教堂、公共礼拜堂可以归入本书下一卷，而罗马天主教的礼拜场所将在另一章提到。

---

　[1]　中文名"新天安堂"。

第 19 章

厘金、拘票和告示

厘金是朝廷征收的货物税。

领事馆翻译贾禄称，这是田赋之外最普遍的税收；厘金必须解送北京，只有经过特许才能由地方使用。"干预其征收肯定是不公正的。"

这是用于军事目的的朝廷税收，总是解送北京。它有点像我们的所得税，是一项无限期的临时税收。它包括征收批发货物的合捐和征收零售商店的市捐，两者均由从事该项生意的商人自行摊派。威妥玛总是称之为"战时税"（War tax）。

它的征收给公使、领事、工部局和商人造成的巨大烦恼，甚至延续到了今天。它因子口单和拘票的问题而错综复杂；这两个问题别处再说。

所有的贸易路线上都设置了厘金关卡或官员，所有经过的货物都必须抽税——数额随心所欲。内地贸易遭受了什么程度的勒索和什么样的冷酷扼杀，可想而知。

镇江的甘霖仁在 1868 年报告说，镇江到清江浦的 90 英里之间共有七个税卡。税收额度看来取决于走卒喽啰的需求。每件棉货征收 40—120 文不等，总共为 420 文：将近货值的 20%；关卡的巡丁杂役进行额外加征，他们除了勒索商人外，没有别的收入。这些厘金对华人征收，但拥有外国人子口单的货物并不能幸免同样的勒索。

但外国人进行干预当然没有问题。根据条约，外国商人只需缴纳一定的税额，其货物就能免税到达目的地。作为一个整体的商业则必须遭受这种制度的祸害；在地方政府杀死能让华洋均获利益的下金蛋之鹅时，商人们只能怨声载道。

与我们的历史有关的问题是，中方是否有权在租界之内征收厘金。这是一个明确的问题：一方面，英国公使切望遵守条约，坚持租界内的华人不能摆脱其政府的管辖，政府可以像对城里人一样，对他们征税，外国人不能干预。

这个观点中显然有一个公正的因素。如果华人只要从城里搬到租界，就仿佛摆脱了领土管辖权，免除了赋税，且不受其政府的抓捕，这是不可能容忍的。

另一方面，如果工部局总是必须屈从另外一个性质、方式完全不同的政府的命令，它将如何维持对这个城市的艰巨管理呢？

对我们而言，重要的是认清过去诸多争端中双方的难处。我们现在可以根据长期的经验认为，工部局是错的，或者领事团的反对方针是错的；但在两种方针都尚未试行的当时，我们也都会懵然无知。双方都不是居心叵测；双方都是光明正大之人，都想在混乱中建立秩序，都遵守条约义务，都想让中方履行条约责任，都是为了建立外国租界中的有效统治，抵抗对他们权利的侵蚀。但所有的问题在于如何做到这些，如何协调相互抵牾的目标；要是中方有工部局和领事团在争论中所体现出来的百分之一的责任心、坦诚和真挚，上海就会有一段更加幸运的历史，将会是一个比现在更好的地方了。

关于租界中征收厘金的冲突始于 1866 年。

工部局有关此事的第一封信把征收径称为勒索：它提到了工部局、领事和道台 1863 年举行的一次会议，那次会议决定不在租界内开征人头税或类似的税收，也不在现有赋税外开征其他捐税。然而，领事团认为，那份联合备忘录没有约束力，并提到了当时的例外情形。他们承认中国政府有勒索，但这次却不是。然而，这项**断言**（*ipse dixit*）仅仅指厘金本身是合法税，并非勒索：而中方征税没有勒索却是不可思议的。

工部局仍提出抗议。他们没有权力豁免运入的洋货土货在离开租界前的捐税，尽管他们毫不怀疑这个问题。甚至十年之后，麦华陀仍表示中方有权在港口和港口之外对多种指定的洋货土货征税，而且外国公使团**仍未确定是支持还是反对**这种主张。

但不管厘金是否合法，工部局完全确定的是不准华人进入租界征收，他们的争论是因为领事团盖印的拘票授予了逮捕的权力，或者是派了领事馆警官帮助征税。"准许界外机构干预工部局或巡捕房对中国居民事务的责任"，将是"对工部局公认权利的直接侵犯"。"他们不能承认某国领事有权利在这个国际性租界中派遣警官协助中方征税"，等等。

鸦片是征收厘金的主要货物，大多数货物据说也是该捐税的目标；总是有巡丁紧盯着一切转入华人之手的货物。1883 年，在认为租界应阻挡巡丁后，道台说明共有 23 名巡丁征收鸦片厘金，征收"土货"的 8 名，征收土布的 5—6 名，征收中国木材的 1 名，4 名征收丝茶的。

因此，除了对鸦片征收之外，很少提到厘金；但必须考虑租界内领事协助征收的问题。

工部局完全知道，城内政府在租界内抓捕华人的权利会用于勒索和残忍的冤枉。我们不相信董事们的愤慨超过了正常程度，每一个西方人都必定觉得，让一切华人轻易落入官员及其衙役之手都是错误的。对于商人而言，这是一个实际问题：华人进入租界，是因为城里对他们不安全；他们的到来违反了《土地章程》，但他们带来了实业、贸易、随身财产以及恶习和污秽；对他们的某种保护何啻一种普通的责任——鼓励他们的滞留将是租界的利益。

另一方面，上海没有香港的地位；这是一块中国领土，没有转让或出租，绝不可能断言那里的中国罪犯不受其官员的抓捕、享有治外法权。当地的领事团可以同情或不同情工部局的观点；但北京的公使团没有地方偏见；他们忠实履行自己的对华条约义务，强烈反对干涉由适当机构行使的中国法律。其**手段**（*via media*）就是领事馆对一切中国拘票的盖印或副署，拘票据此就能由工部局巡捕执行，或者由一名工部局巡捕陪同中方人员执行。

密迪乐在 1860 年告诉工部局，由中方捕快在租界内抓捕的两名华人被工部局巡捕抢走了。他说，这也许是因为没有领事副署的拘票；但在必须阻止非法抓捕的时候，干预经过了适当机构的中国司法是违反条约的。因此，在有领事馆背书的拘票的时候，必须交出那两名囚犯，今后必须完全承认这种拘票的效力。

就是在 1866 年，这种争执变得尖锐了。那时的纳税人会议通过了如下决议："鉴于中国政府对外国租界内居民非法勒索的惊人增长，授权新一届工部局阻止执行通过中方警方[1]之外任何媒介的对华人的拘票；在对这种性质的勒索进行调查期间，必须暂不实行逮捕。"

---

　　[1]　按照第 11 章（130 页）的引文和文意，"中国警方"系"工部局捕房"之误。

我们已在第 11 章提到过这次会议，但仍需予以更充分的复述。

该议案获得了响亮的欢呼声，但这也许是比某些纳税人所设想的更严重的问题。

主持会议的温思达立即表示，因为他已按工部局的要求向北京提出了这个问题，他的职责不允许他向会议提交这个动议。熙华德表示完全支持他，说工部局不能比个人走得更远，如果个人干预中方拘票的执行，就会受到起诉。在其他国家里，一个商人团体采取这种行为会被称为狂悖。

于是，耆紫薇解释说，其目的是警务规章不应受到干预；盖章后的拘票应送交总巡，总巡可以监督其适当的执行，而不准显然未经授权的中国武装人员拿着一张纸片就进入华人房子，随心所欲抓人。这并不意味着干预已经提交北京的问题，这就是征税问题。

霍锦士说，以前的惯例是领事馆审查拘票的性质，然后将之送到工部局巡捕房执行，这历来令人满意；但温思达一封关于"拘票新办法和由领事馆警官执行"的信件让工部局胆战心惊。

领事们被指控未经应有的审核就签发了所有的拘票；作为一项证据，据说是有一份拘票使用了忌讳的"夷"字。确认方和否认方都有可靠的依据。也枚举了一些用于勒索的拘票为例——遭到了反驳；双方都再次据理力争。华人居民被描述为持续处在鸡零狗碎的敲诈勒索恐惧中。如果未经工部局承认就执行拘票，就剥夺了他们对一切的控制，再花时间和精力保护华人也无济于事。

再者，如果一位领事能撇开工部局发布拘票，则十二位领事都可以这样做；那时将有什么结果呢？

温思达说，他按照指令，不能实行任何损害中方管辖其平民权利的政策。熙华德说，他没有权利拒绝在拘票上盖印——因为这是一个不需要审核的形式问题，他就这样做了；这仅仅表示，该拘票来自适当的政府，不存在任何批准逮捕的问题。

然后，温思达和熙华德离开了会议；耆紫薇主持会议，以 65 票的多数通过了动议。由于争议事项完结了，就向两位领事派出了一个代表团，请求他们返回。两人的个人情绪是不能返回，但出于避免对立的明智愿望和对社区利益的真切焦虑，他们还是返回了，参加了会议的剩余议程。

温思达在公开场合的表达非常谨慎，但在致公使的信中有所不同。他说，他回到会场是因为还有"给那些迷误者带去义务感的其他方式"；他说到了"非法的篡权"，"违法的非法决议"，说"他们狂悖地主张独霸拘票"；他还说到，"一位精明出名的租地人巧妙地占了便宜"——那是霍锦士先生。

双方的态度完全明确。工部局觉得，如果巡捕不能控制中方拘票在界内的执行，自己就不能实行有效的统治。这看来完全合理。但领事们有责任维护中方的条约权利。

"这项所坚持的原则将使工部局成为实质上的'**国中之国**'（imperium in imperio），使得它能控制华人居民同其政府的关系，并有效挫败领事们维护中国政府所拥有权利的努力。"

治外法权自治体（extraterritorial municipality）的精确地位肯定充满了离奇之处。温思达总是渴望尽其所能帮助工部局保护华人免遭勒索；但抵制道台知县确认的正规拘票，抵制商人们心甘情愿的缴纳，就会助长工部局在处置条约义务问题权力方面的错误理念——这更具危险性，因为这来自一个履行公共职能的代议制机构。

工部局希望保护华人居民反对中国政府；领事们希望保护该政府反对工部局，而工部局反对领事们。困难就在于各方都有权利，而这些权利均未得到确切界定；他们互相冲突；而且迄今未找到**权宜之计**（*modus vivendi*）。

必须注意到这三方的行事理念精髓。领事和公使无疑念想着自己国家的商业等利益，但他们关注自己国家的荣誉，小心谨慎地遵守条约。工部局或租地人念念不忘的是建立租界的目的——安宁的贸易，盼望过多或许过快地增加他们的权利，而良好的政府也总是同样有益于华洋双方。用利他主义谴责一个商业社会未免荒谬。他们保护华人，是因为大量的人口意味着繁荣，而勒索将会驱离华人。温思达确实在致阿礼国函中声称，华人房产的贬值才是大肆喧哗的真正秘密。先是过分建造房屋，然后是（华人）出离，然后为了填满空房，准许房客从事中国法律禁止的营生，于是租界成了"一个妓院、赌窟、烟馆的巨大渊薮"。许多人去了城郊，因为租界里的土地、房子价格高昂；所以外国业主必须推进那个理论，即缴纳给他们的房租应让华人房客豁免一切国家义务——华人居住在租界之内，就应蠲免一切中国赋税；而且，鉴于缴纳了地租和某些市政捐税，"各外国政府应提供保护的军队和舰队，应维持法庭和花费不赀的设施，以统治租界内的华人居民"。

这就是温思达的严厉判词。然而，我们不可能感觉不到工部局一以贯之的正义感，良好的管理就是一切目的之所在。

不能说第三方即中国政府曾在这个进程中提供过任何帮助。它的首要愿望，看来一直是妨碍外国人的行动，同时，通过借口、勒索、贪污，捞取所能到手的一切，且极少关心自己的条约义务和国家的颜面，除非是他们的"主权"。

这场争论之后，温思达认为挫败"这种篡权企图"的最好方针是诉诸法律，所以他请求何爵士提供建议。

温思达说，作为最后的招数，他可以申请保护自己和领事馆警察履行职责，但他希望避免这种极端行为，相信英国人肯定会尊敬关于那项决议非法性质的权威宣告。如果那次会议的**真实状况**（res gestae）能成为一项对工部局中英国人禁令的根据，予以证明并不困难；而且，如果方便的话，他准备聘用律师。

何爵士答复说，以那种方式提出和通过的那项决议，是偏离和僭越了所召开会议的目的；因此，它不能实行，在那个意义上就是非法的；它完全无效，没有约束力，实际上是一纸空文。

法律诉讼是不必要的。但他进而认为，完全没有必要认可拘票；拘票作为一方可能的，也仅仅是可能的专制压迫行为，不适合提交给一位外国领事。中国政府自己承担其行为的责任；而且，既然没人有权干涉它们与其臣民之间的关系，所以也不应有人承受风险，分担或看似分担这份责任。

对此的评论是设问，如何才能确保中方拘票的确实性和合法性？可以允许中国政府的勒索和压迫把华人逐离租界吗？

何爵士继续指出，工部局或巡捕干涉这种事务显属非法；英国臣民的公然干涉行为将受到严惩。《祺祥西字新报》[1] 已建议中国政府拟制一份合法征税清单，然后由工部局征收这些捐税，扣除征收的费用。何爵士赞同这个想法。

但再次提出的评论是，以犯罪或违法为借口，行勒索之实的抓捕仍能实行吗？征税不涉及刑事或违警拘票问题；处理刑事或违警的拘票就是直接干涉中国政府对自己人民的法律和领土权力。温思达也认为，征税将交还已缴纳的租金，就像送给澳门的礼品一样，成为租界非国家化（denationalizing）的赏金。

---

[1]　中文亦译作《上海纪事报》或《上海载记》。

在这个真正困难的问题中，还有一个如不指出现在就意想不到的因素，即温思达唯恐英国人取得的任何进展将成为其他国家在同一方向突飞猛进的导火索；也许会形成一批不同国籍者建立的独立国家，就像 18 世纪中叶的胡格利（Hooghly）河畔一样。[1]

一份载有何爵士信件的领事馆通告在《字林西报》上发表了；但几乎不消说，他关于法律诉讼和副署的观点被省略了。

整个争议的无聊记述直到 1897 年才告了断，当时在北京路上发现了一个厘金局，据说租界中还不止这一个。赶走它们的命令立即发布了。但会审公堂拒绝了予以逮捕的申请。

领事团认为，提出这个问题不合时宜，建议工部局继续采取逮捕巡丁的方针。北京正在考虑福州的一起相似案子，因而上海就"不合时宜"了。

1898 年至少发生了两起巡丁在租界内逮捕华人的案件。工部局非常愤慨，威胁要采取措施防止今后发生这种行为。工部局认为，这是一个良机，领袖领事应坚持所有犯人都须先经过会审公堂审讯，不准城内的差役在租界内行使职权。晚至这个时候了，这看来是有点滑稽的。

1899 年，关于非法逮捕问题再次出了乱子。是年的最后一个月，一名厘金官员仍然或再次出现在租界中，这几乎是一件难以置信的事情。接到投诉的领事团说，此事应由会审公堂谳员解决；但工部局用文件表明，收税者直接听从道台的命令，所以谳员无权惩罚他们。

中国政府在租界内张贴告示，是另一个长期争执的核心问题。既然官员是民之父母，很多统治就要凭借告示来实行，以此告知人们的责任，规劝他们的作为，并对他们的不服从施加威胁。可以举出这种家长方式的例子，它有时被称为母系式的，甚至婆婆妈妈的。

"海防同知吴为严切晓谕事。照得上海万商之地，良莠并存。余素知无赖地痞，结伙成帮，多半混迹租界，假冒差役巡丁，初来者未识其伎俩，每每落其彀中。昔日之良家子弟，为彼引入歧途，民众多受其害。查无赖徐阿才（Hsu Ah-tsai,）、程松亭（Tscheng Sung-ting）等，棍痞独眼阿九（one-eyed A-chiu）、黑斑阿福（black-

---

[1] 一条加尔各答的入海河流。葡萄牙、荷兰、法国、丹麦、英国殖民者均曾定居该地。

spotted A-fu）等，或自称胥吏书手，或出示假冒传票，实海上屡见不鲜之事也。余既承乏海防，合行出示晓谕。奸究者应即改邪归正，以免严惩不贷也。"

有效率的政府能否实行"不从者杀无赦"，是一个有争议的问题。然而，不难根据观察形成看法。这种警告就像严禁在电车站台上骑马一样，可让发布者道貌岸然，至少可减轻他们的责任，并让甚至包括罪犯在内的人民感到自己受了多大的眷顾。这种规劝就像殷切叮嘱不要碰撞行驶中的车辆一样，完全有希望获得工部局批准；但告示经常含有与工部局权力抵牾的禁令或命令，这就造成了摩擦。我们再次看到了权力的三角形。早在 1868 年，工部局就抗议过未经其承认和批准在租界内张贴中国告示。另一方面，领事们认为告示应先经过领事团的检查，但张贴前却不必先经过工部局的批准。然而，工部局重申了自己的主张，并在 1871 年发布了一道命令，即所有告示均需经警务委员会的批准，并加盖工部局印章，否则，贴出来就予以撕毁。已发现法租界就禁止未获公董局批准的任何张贴。就这样，当领事团说作为一项原则问题，自己无权请求中国政府把告示送给工部局的时候，告示就再三再四地被撕毁，直到领事团实际上承认这种方式可控制更多事情为止。领事团认为，那些文件交给领袖领事并经其签署就符合了要求；他然后将文件副本交给工部局；但对于这一妥协的尝试，工部局坚持答称，不能指望巡捕去保护未经工部局签署的告示，他们将坚持审查和签署的权利。于是，领事团同意了迄今为止的建议，即所有的告示在领袖领事签署之后，都应送由工部局巡捕张贴，或者由巡捕陪同华人张贴；1876 年 7 月，根据这项新的协议，六份告示被送到了工部局；要求工部局告诉巡捕，必须在张贴后予以保护，而不必加盖引人瞩目的工部局大印或其他印章。这最后一句劝告看来更像是官方盛怒之下蹬出的最后一脚。两年后，中国官员想要发布一份告示，禁止妇女去寺庙祭拜；关闭 30 家假和尚开设的小"佛店"；而最终是反对奢靡之风。工部局向领袖领事表示反对，因为巡捕对那些地方并无抱怨，佛店的真正麻烦是干扰了城内更大寺庙的生意，还不缴纳通常的陋规。工部局坚称，中国政府无权关闭租界内的场所，工部局根据实际上坚持的主张，有权扣住未先加盖其印章的告示。于是，该告示被取消了。

我们搁置一个后面将提及的重大案件，直奔 1884 年 10 月。我们发现，领袖领事质问，巡捕为何撕掉了他签署的告示。答复为这是临时移除，因为 1876 年达成了协议，领袖领事盖印的告示应送给工部局盖印，并由巡捕张贴。在这个案子里，肯定就不应张贴告示。该告示表面上要求华人志愿者为老闸地方自愿募捐：但实际上，一个军方大员已会同地保向福州路附近的店铺提出了要求，说捐款**必须**缴纳，甚至指定了数额。工部局请求遵守1876年的协议。领事团对此答复说，工部局认为告示应由其盖章是完全错误的。档案中的协议只是说，领袖领事签署那些文件之后，应交给工部局让巡捕来张贴，或者由巡捕陪同华人张贴。

这项通信往来表明，不可能维持工部局的主张，即告示应送给它，并由它加盖印章；只要把这些文书提交给领袖领事，就足以保护公众利益了，而且领事团竭力反驳工部局的指责，称这种告示应否张贴纯属领袖领事考虑的问题。在这个事例中，存在着一点对常规的偏差，因为是总巡把告示送到了领事馆，因而被认为已获得了工部局的同意，便没有送回来。然而，所附的一封致会审公堂谳员函声称，人民受工部局巡捕的保护，应向工部局缴纳捐税，而且，领袖领事强烈反对强迫捐献。

一年后，在这个问题显然仍未解决时，接到了一份关于妇女进入烟馆的告示，领事团认为应当公布。领袖领事写道，工部局会议记录给人的印象是，工部局的程序是在告示交给巡捕之前进行审查。如果那样，他请求他们再次注意1876年的协议和1884年的信件，那里规定，张贴与否纯属领袖领事决定的问题。

工部局在答复中提出了一项措辞强烈的申请，要求领袖领事将那种告示退还给中国政府："不准会审公堂谳员干预或规制外国租界中华人的行为。"

这个话题谈论了这么多之后，还是在1886年欣喜地看到了中方在一份有关戏馆等的告示中的厚颜无耻。工部局已经告诉领袖领事，这是不必要或不明智的——巡捕可以维持这种场所的秩序。因此，谳员询问为何还不张贴这份告示；如果领袖领事愿意返回它们，他会让自己的差役去张贴；如果领袖领事愿意，今后应将盖印后的告示直接交给他，而不是交给工部局！关于这个问题历时十四年之久的争论，让中国政府茅塞顿开了。

这个难题延续了多年，期间有关于中国戏馆的告示，关于戏台上穿着现代服装的告示，关于其他问题的告示，都是勒索的方式，无论是加盖了印章还是予以拒绝，或者予以撕毁，都让领事团和工部局头痛。重要的案子就是前面偏离叙述顺序搁置的1882年10月一案。当时，会审公堂谳员根据道台的暗示发布了一份针对棉纱公司的告示，该公司是华人以外国人华地玛（公懋洋行）的名义建立的。但此事更适合在后面一章论述。

这样一个明显可称为国内事务的问题，十五年来不能有效解决。

但确实，要不是离完成本书的时限太近了，我们本可以新设一章来表明，上海的历史不但反复重演，而且都是回归起点。因为我们可以记载，知县如何发布了一份禁止捕捉售卖青蛙的告示；却如何因领袖领事的不予签署而被取消；而整个问题在 1893 年再次出现了，当时华德师担任领袖领事，想要知道为何他已经签署的一份告示还必须在张贴前由工部局盖印——他称之为异乎寻常的程序。

领事团中在此地居住最久的居民——俄国领事赞同此函。当工部局总董告诉他，工部局在租界内所有张贴的告示上加盖印章时，他说，按照领事团的看法，这届工部局僭取了租界太大的权力。

对此，总董从工部局的法律顾问处获得了如下书面意见：

"我认为，工部局是租界道路上能否张贴的唯一权威。对于工部局或者授权给工部局的事务，各条约国领事显然都没有权力。根据《附则》第九、第十条组成的工部局，应当是道路的监察员，并管理街道。"

于是，向领袖领事发出了一份答复，大意是：加盖工部局印章不是为了让告示有效，仅仅是为了保护它；这是自 1876 年以来的通常程序；现任工部局不过袭用了前任们的惯例而已。

工部局态度的坚定堪与早期相提并论；自治政府的独立性和权力始终在增长，答复的口吻还既委婉又得体。

第 20 章

墓　地

如本书第一卷所述，租界的第一块埋葬之地在海关的后面，第二块是仍在山东路的公墓。1863 年 9 月，决定建造一座新的公墓，因为旧的那座"处在危害健康状态"，如果可能，应建在租界之外。第一项建议是建在苏州河石桥的对面；但由卜鲁斯选定并获得的，是现在并入法租界的地方——八仙桥墓地。据报道，那在 1866 年 5 月就准备就绪了；但由于工部局司事（Municipal sexton）戴惠克报告说，英国公墓和浦东的墓地中仍有空地，新的公墓因在大潮时被淹没，需要垫高四英尺，旧墓地一直用到 1868 年 5 月。是年 11 月，新公墓启用；工部局规定，所有新教牧师都可以主持仪式，罗马天主教徒如果愿意的话也可入葬。翌年决定，为将要运送回国的遗体建造一个地下室，保留这种遗体的时限为两年，每年费用为 5 两。然而这被取消了，山东路公墓的小教堂作此用途了。

买下的土地约 100 亩，平均价格为每亩 100 两。公共租界的总开支约 20 000 两，法国人承担了一半费用；通过出售墓穴收回了一些费用，剩余款项预计可由自愿捐赠弥补。

1866 年 1 月，工部局承诺负责所有墓地。

要求新公墓不但安葬英国人，而且安葬新教徒。因此，到 1871 年有七名美国人在那里长眠。美国居民为了表示感激之情，提议由他们建造一条从大路到公墓门口的小道，并建造一座墓地小礼拜堂，而不影响英国人的权利。这是卫三畏致函威妥玛提出的。威妥玛答复说，这项工程应由"我们自己"来完成，但他不能谢绝以这样的理由和这样友善的方式提出的建议。此事向国内请示了。

美国公使镂斐迪致函华盛顿，称英国人已花 3 000 元购地建造了一个新教徒公墓，他们愿意让美国人使用。美国人作为回报，已花了 360 元进行改善，各差会提供了其中的部分款项；他认为全部应由美国政府承担。

对上述说法应做一些解释。该土地据说是花了 10 000 两，或者说英国人至少承担了半数，镂斐迪却说是 3 000 元。工部局公布的财政报告并未将此事说得更加清楚；在 1864—1865 年的《工部局报告》中，我们只看到"公墓，549.02 两"。我们也不知道筹集到了多少捐款。

再者，据说是卜鲁斯得到了那块土地，然而 1864 年的工部局会议却命令总办"决定购入该墓地，并取得通常的道契"。这当然不是难事，但这却让我们向不同时代的读者道出了最惊人的事实：如果不打搅北京的公使，上海的外人将死无葬身之地；而且 360 元的开销需要与华盛顿的通信。不管反对这种领事管理的强烈情绪当时是否表达出来，它确实存在并在增长；在拘票和告示上加盖领事印章的问题上和对领事公堂直言不讳的批评中，都可以看出这一点。

到了 1871 年，对公墓的荒芜状况提出了投诉，于是，由一名照料板球场和花园的人负责照料它。

从五十年代后期开始，湖北路和广东路之间有一块穆斯林墓地；它主要用于安葬印度和马来亚的水手。

位于静安寺路和马霍路拐角的犹太墓地是新沙逊洋行在 1879 年送给犹太社区的礼物。

靠近城墙的英国海员公墓由私人捐助者整理后，与其他墓地一起被工部局接管了。

有第 31 团、第 67 团、皇家炮兵、皇家工程兵、辎重团士兵及很多俾路支人的遗骸。他们都死于战争或霍乱。俾路支营地靠近四明公所。据说有 2 000 具遗体葬在那块墓地，但这无疑夸大其数了。据 1877 年的记载，无人负责维护它，这未免奇怪，因为工部局负责照料所有的墓地。碑文正在迅速漫漶。1880 年戈登来到此处时，他让这块地方得到了照料——人们认为社区肯定备受责难。

这块土地是中国政府提供的，但领事馆没有道契的档案，也许是毁于 1870 年的大火了。

工部局测绘师在 1888 年报告说，三块碑石都漫漶难辨了。它们都固定在城墙上，为了予以修缮，工部局不得不费很多时间请领事让道台准许。然后，花了 80

两，换上了宁波青石的新碑。

1886 年，山东路公墓再次以一种有趣的，也许不足为道的方式进入了我们的故事。当时，一个叫怀特的人写道，他从一位已故叔叔处得到一份约有十一股的契据。这块土地显然是麦都思（那位传教士，而不是领事）作为受委托人在 1848 年登记的。1872 年，该地由麦都思的遗孀、女遗嘱执行人及其儿子转给工部局。怀特有一份该公司 1847 年 1 月的完整股东名单。他注意到，该地被工部局当作一笔非常巨大的财产，然而，他认为工部局仅仅是一家上市股份公司的受委托人。我们发现，那笔"非常巨大的财产"即山东路、浦东和八仙桥三块墓地实际上只值约 3 600 两！工部局的答复是，只有看门人小屋和墓地小礼拜堂构成财产；那块土地其实属于墓穴的所有者们，他们支付了固定的费用。这对怀特先生而言，也许是痛彻心脾的失望了，他找到的十一股一文不值。也许叔叔是知道的！

后来，管理 T. G. 怀特遗产的金尼先生交出了那十一股，条件是如果迁走坟墓，该地也只能用于公益。他也交出了 1847 年股东的名单；工部局认为，如果墓地变成了开放的空地，这份名单是有用的。

山东路公墓的小礼拜堂在 1896 年出租给英国圣公会，用于华人基督徒的礼拜。德国侨民已对它提出了租用要求，并有优先的机会；但当证明他们并不想要时，它以微不足道的租金和预先六个月的告示出租给了英国圣公会。翌年，西蒙斯教士请求准许该差会自己出资扩大这个小礼拜堂。

到 1895 年，八仙桥公墓空余的墓穴已经不多了，由于所有毗连租界的土地都价格飙涨，工部局在静安寺附近购置了 64 亩地，价格为每亩 500 两。

大约同时，布坎南提议建造一座火葬场，1895 年的纳税人会议进行了讨论，并表决通过。

这个公墓、墓地小礼拜堂和火葬场都在 1897 年竣工了，总花费超过了 56 000 两。1897 年 8 月举行了第一次火葬，第一次葬礼是在 1998 年 10 月。

1899 年，日本人想要火化一位日本女士的遗体，并希望在墓地小礼拜堂举行一场葬礼。火化没有遭到反对，但霍奇斯写道，如果墓地小礼拜堂被非基督教的仪轨用过了，他就不能再举行基督教的葬礼了；达文特和慕维廉亦有同感。工部局没有办法，只能召开一次纳税人特别会议。尽管会上有抗议，还是决定承认信仰没有区别。

第 21 章

医　　院

上海在 1862 年有两家医院，即仁济医院和海员医院。它们不能满足日益增长的公众需求，于是建议设立一座公济医院。这是半商业性质的，通过发行每股 100 两的股票，募集到 31 000 两，并任命了受委托人。

他们在 1864 年以 23 000 两购置了西门和四明公所之间的土地，又以 16 000 两卖掉了其中的一部分。

用 4 000 两的昂贵租金租下了一栋作为货摊的房子，条件恶劣不堪。没有驻院医生，没有驻院实习医生愿意负责。该委员会用心良好，却没有专业知识。修女中只有一人能说英语。然而，通过租到一栋更合适的房子，并以年薪 1 000 两聘任了一名采购和记账的秘书，情况很快有了改善。一份后来的官方报告称，它多少是按照私人投机的原则运营的。受委托人是三位有影响的商人，他们的旨趣是获得投资资本的公平回报。账目没有公布，并阻止各领事和其他官员的参观。因为漫不经心的会计工作而陷入某种财务窘境之后，提高了收费标准，结果是贷方余额达到了5 000 元；只是由于英国领事的竭力要求，才非常不情愿地恢复到旧的收费标准。专职医生（Medical Officer）收取 800 英镑的高薪，住在院外，并拥有一家私人诊所。据暗示，病人住院的时间超过了需要的天数。天主教的修女们管理着医院，尽管她们的献身精神毋庸置疑，但她们显然在劝诱人们改变信仰；而且临终改变信仰、对新教牧师进行侦探等的故事广为流传。直到 1868 年 6 月，温思达领事仍未被邀请参加管理，他也不希望为如此窳败的管理分担责任；但股东们就在那个月提出，英国、美国和普鲁士的领事应当加入董事会，他们之间并只有一份投票权！按照温思达的说法，这几乎是一场嘲弄，因为也许三分之二的医院收入是通过英国领事馆支付的。

1868年，本口岸的海军医疗舰取消了，此后的病人被送入公济医院。据认为，这将增强对该医院的发言权。但海军军官们很快就抱怨说，士兵们被巧妙地禁止参加新教仪式，被准许漫无限制地带病闲逛，而且没有一名住院医生。

报纸上的批评当然也不绝于耳。都承认这个机构值得尊敬，修女们都是献身的楷模，但强烈的要求是必须有一名住院外科医生。到1870年，指责已如此强烈，受委托人任命了由三名医务界人士组成的一个委员会进行调查。他们的报告是赞许的，海军医生的报告也是如此。同时，财务状况良好。最初的捐款是31 000两；但五分之四的股份交给了受委托人，剩下的六十余股主要属于信托财产或破产的财产，原始捐款人未得到分文收益。

受委托人拥有13 000两，打算建造房屋。

然而，由于轮船如此快速地取代了帆船，1872年的病人数量持续下降；海员们逗留港口的时间缩短了。这意味着已积累的资金将在两年内用完。有人建议拆除较小的房屋，减少员工数量；但由于这是社区依赖的唯一医院，受委托人采取了请求工部局援助的方针，提出的回报是降低工部局雇员的收费标准、提供一些免费病床。

工部局的回应是，若干年中每年捐款2 000两，但此事在1875年进入了新的阶段。耆紫薇建议，应授权工部局以医院的财产为担保预付35 000两援助受委托人，其选址、建筑计划、还款规定都须听命于工部局。这项动议获得了几乎一致的赞同。然而，工部局在审核时发现，该医院不是一笔赚钱的买卖，因此，他们不能继续提供这笔没有良好担保的贷款。然后举行了一次特别会议，研究受委托人提出的20 000两贷款申请。

受委托人已经购置了离江岸数英里之遥、叫作晏尔吉花园（Endicott's Garden）的地基；对于医院离市中心如此之远的弊端——必须有一名住院医生、对于该地基的卫生状况进行了冗长的讨论。受委托人的管理也饱受批评。会议的结果是打算通过一份修正案，即工部局应与受委托人讨论接管其所有的财产和权利，建立工部局医院。这份修正案有43人赞同26人反对——表决结果是116票对102票。

至于地基，除了已经买下的晏尔吉花园外，还有琼记花园（Heard's Garden）、旗昌轮船公司老宁波码头下面、霍华德码头地基和汉璧礼无偿提供的苏州河边吴淞路西段土地——都遭到他们的反对。

此前的五年中，每年从收费中得到的收入是 12 700 两。即使得到工部局和公董局的补助，也无法自我维持；预计新医院每年将亏损 6 200 两。当时，对修女们的护理工作提出了大量批评。据对报纸的投书说，她们不上夜班——詹美生否认了；另一名记者称，一名路德教教徒临终时改变信仰，通过一位领事向耶稣会付了很多钱（150 元）。另一人写道，一名病人 17 个小时无人理会，等等。

受委托人和仁爱会达成的协定是，将由六名修女管理，如果可行，可以有更多修女。修女执事负责。她们的路费是 2 000 法郎，年薪 1 600 法郎。她们是"住院修女"（sisters of the house），不是为了赚钱。她们不参与梅毒病案或户外工作，死后将用医院的经费安葬。取消该协定，须提前一年通知。

按照医生们的评论，这些修女是最优秀的——问题在于医院是在修女们而不是董事会的管理下。

性病医院更适合在另一章介绍。我们必须在那里论述上海的卖淫问题。

工部局和受委托人的谈判有了明确的结果。受委托人一致反对向工部局交出所有权利和财产——这会违反委托。他们会失去法国公董局每年 1 000 两的捐助，或许还会失去他们为重建而申请的 7 500 两。一些作为董事会当然成员的领事也是如此；熙华德说，不但他自己，麦华陀也认为，自己的行为不应受到纳税人的批评。他强调了"公济"（General）一词：这个医院不应失去法国人的支持。受委托人也反对登载在《工部局报告》中的《年度报告》。

另一方面，工部局既不能违背纳税人关于所有财产和权利应移交给工部局的明确意愿，也不认同对受委托人的上述批评；他们认为公布账目没有任何贬损之意，觉得公众拨款就包含着公众在管理条件等方面的权利。

然而，最终的协定是，领事团每年委派三位领事，连同四位英国纳税人和二位法国纳税人作为受委托人；工部局提供 5 000 两、公董局提供 2 500 两的赠款。

新董事会以 9 000 两（损失 3 000 两）出售了晏尔吉花园地块，买下了苏州河地块，医院现仍在该处。[1]工部局补助的 7 500 两、一些小额的捐款、来自埃梅

---

[1]　今乍浦路桥北堍，当时称头摆渡。

里的13 000两贷款和一笔托管财产（免息的3 000两）抵付了全部土地和建造费用，但开支的细目不详。这样，医院在1877年3月启用，负债13 000两。卖出这块土地的汉璧礼支付了1 500两家具款，并支付了一年的药品和外科器械账单。

工部局和公董局继续给予每年2 000两和1 000两的拨款；但对应的是医院承诺接受工部局和公董局送去的穷苦病人，而且在警方的报告中相当可笑地发现，一年中竟送去了这么多的穷苦病人，住院的天数"相当于一名病人住院1 876天"。他们按每天一元计入工部局、公董局账单；对工部局雇员这种方式的服务，几乎完全抵消了拨款。

1878年，起草了一份转让合同，受委托人随后被称为董事；如果需要转让财产的话，另外三人被任命为受委托人。

对于我们正在谈论的这个时期，几乎没有什么事件过程的记载。1882年有过投诉，是关于收费的，关于厨房遥远饮食不便的，关于处方错误的。有些争执是由信仰问题引起的。董事们准许早晚诵读短祈祷文。

公济医院仍不能满足社区的需求。它拒绝收治性病或急性狂躁症，1894年发生瘟疫恐慌时，提前决定了不收治瘟疫病人。1883年，工部局为天花病区拨款5 000两，以取代此前一直使用的华人房屋；但若干年后仍因病房不够而必须拒绝天花病人。至于霍乱，山东路医院隔壁山东路2号的一位居民在1895年致函工部局，抱怨"五具死尸就摆在院子里，靠近我家厨房的窗户。昨天再次发生了同样的事情，我今天看到那里仍有死尸"。工部局总办对那位绅士的保证不过是聊胜于无的安慰："你目前的房子尽管已作为住宅三十多年了，却从未发生过霍乱"——洋洋得意的补充是，尽管过去的霍乱往往比现在更严重。至于投诉所称的隔离医院，可以稍后建造，工部局说这要用两三个月的时间，届时霍乱可能已经结束了。然而，还是发布了不应乱放死尸的命令。

还在数年前，伯奇医生就提出并强调过传染病医院的问题。但亨德森医生应工部局之请提出的忠告表明，这种项目的困难多得难以想象，于是它被否定了。

1898年，在施高塔路建造了一所只在暖和季节使用的临时隔离医院，用于治疗脚癣。工部局一年前买下了该地，有人建议马上建造一所永久性的隔离医院，尤其是因为山东路的医院已宣布不再收治霍乱病人了。

1899年，史笪来强烈要求建立一所华人天花患者的隔离医院，并鉴于位置和其他方面的不合适即过分拥挤，建议出售福州路上的性病医院。他认为，隔离医院和性病医院的合作既合算又有效。

被称为"华人医院"的仁济医院是 1844 年雒魏林在城东南角创建的，在那里办了两年半。然后在北门外买了一块 3 500 元的土地，从 1847 年起设在那里。合信接替了雒魏林，然后来了韩德森。1861 年，该地基被出售，在山东路麦家圈建造了一栋新建筑。七年后，该建筑被拆除，向伦敦会租用了一栋石造建筑。

该医院与宗教团体没有关系，仅仅是房客和业主的关系：它向伦敦会租赁了一块土地，25 年为期，有权续租。1873 年，它因为经费拮据，从华洋两方募集到 3 000 两，并从工部局获得 2 000 两拨款。25 年来，它为社区提供了大量的免费医疗——所有街头等事故中的人员均被巡捕送往该院；所以，这不是在请求工部局帮助一个慈善机构，不是一项历来遭受诸多反对的惯例。经过大量讨论后，通过了一项修正案，如果工部局不能实行性病医院的方案，就同意拨款把性病医院并入仁济医院；因此，后来付出了 2 000 两。1874 年落成的新建筑至今仍在使用。

这么多年来，该医院除了无可置疑地让华人获益和有效粉碎华人的偏见猜忌外，还提供了一种很少被记得的服务。已知疾病的各种当地变异特点，只能在这样的机构中得到充分研究。例如，可以在韩德森医生的报告中看到很多当时新鲜的、有价值的观察，它们是否已成为老生常谈或者是否遭到证伪仍是有趣的问题。例如，他说从未发现鸦片吸食者遭受麻风病的攻击；他声称，所有的华人都完全了解电鳐鱼（Torpedo fish）或电鱼的鱼子里——仅仅是鱼子里——有剧毒，而任何外国毒药著作都未提到过。

同仁医院是属于美国圣公会的一个重要机构。它由汤蔼礼教士用收到的 100 元"绿票子"[1] 在 1867 年创建。他和玛高温医生用每月 5 元的租金开办了一家小诊所。后来，詹美生、辛、亨德森、麦克劳德、则架厘等医生轮流提供了帮助。它最初被称为"虹口医院"，1880 年搬入现址。1880 年，一位费城的希尔兹小姐偿清了它 1 740 元的债务，孙罗伯医生把它交给文恒理医生照管；1883 年，李九明和一些朋友资助了约 10 000 两。

1882 年，郭士立医院与它合并，有 16 张病床称作"郭士立纪念床"。工部局

---

[1]　即美元。

对两家医院的拨款都继续拨给同仁医院，为每年 400 元。

1886 年，该医院提出了特别建议，即它的资金应通过对每辆领照黄包车每月抽取 30 文的税收来筹措。工部局当然无权同意这项主张。

宁波路上的郭士立医院靠近老闸捕房，历来由詹美生医生主持。1872 年发生了财务困难，亨德森遂建议工部局予以收购，当作性病医院。然而，詹美生医生却宣布它将继续存在，它是本地最好的医院！可以看到，这两位医生并不彼此友爱。詹美生医生在 1877 年说，因为历来入不敷出，他绝不会公布账目。这是荒谬的，因为没有账目，公众就不会知道需求。

就是上述这家医院在 1882 年与同仁医院合并了。

第 22 章

工部局巡捕

我们现在必须进入工部局控制公共安全的三大武力机构即巡捕房、消防队和万国商团的历史了。首先是最早出现的巡捕。

工部局的第一次会议就建立了道路码头和巡捕委员会（斯金讷、费龙、金大卫）；并决定招聘月薪分别为 150 元和 75 元的总巡、副总巡和 30 名月薪 30 元的巡捕。必须切记，那是非常动荡的年代，或者说，本来不应该要求这么大规模的。董事按姓氏字母每周轮值，审讯被捕的犯人。董事们经过审问，予以驳回或交付法庭。但立即发生了权利和权力冲突的斗争。领事团进行了干预，工部局感到气愤，不承认"任何领事当局对工部局捕房的警务责任有发号施令之权"。于是，领事团建议把这支武力交给他们。工部局拒绝了，却决定在一份送给各领事的备忘录中列举他们对自有权力和警察权力的看法，要求得到批准，或者对非法之处予以修改。1855 年 2 月，朝廷被认为已在上海重建了政府，撤走了水师。巡捕被告诫应小心谨慎。英美领事阿礼国、马辉告诉工部局说，让巡捕拥有枪械没有任何道理，因为他们都不是宣过誓的警察。法国领事爱棠也列名了后来的一封信。该信强烈要求解散当前的队伍，尽管领事们现在已不肯承担他们数月前曾应允的责任了；他们的责任已经过多，领袖领事不希望加重自己的负担；如果社区的下一次会议仍决定需要一些巡捕，并仍要让他们拥有合法的装备，他们就应由领事团直接控制，租地人会发现领事团乐意提供一切帮助的。信中提到，巡捕们仍然携带着武器，这也许是对上一封信并非故意的藐视，领事团被迫重申，这构成了一项违法，那是他们必须服从的法律。就是这些以及更多的冠冕堂皇说法。

但工部局还有第二项非法行为；领事团对无视这样的事实感到惊讶，即除了治安官之外，没人可以抓捕和审讯人犯，或者释放他们。

领袖领事打算起草一份以"威廉四世第五第六国会法案第 76 项"（Act of Parliament 5 and 6 Wil. IV. c. 76）为基础的照会，以说明工部局关于巡捕独立性和治安官职权的观点，何等严重地违反了英国的法律。工作的压力阻碍了这份照会的起草；但既然现任工部局将在一个月内下台，"接替者看来未必如此"，这也就无关紧要了。

就此事而言，工部局的权力必须由领事团确定，如业已指出的董事充当治安官的非法性；有趣的发现是，甚至领事本人的司法活动也面临着公使的猜忌目光，总是被提防着不应侵犯中国政府的权力。罗伯逊在 1857 年两次去信解释，他一年中审理了 500 个案子是一项谅解的结果，即除了发生在别国侨民院子里的案件之外，警方应把所有案件都交给他审理；他简单地听取证言，把更重大的案件交给知县，其他犯人则由他判处镣链或警告后释放。同中方知县达成这种协议的理由是中国的监狱人满为患了。他声称不大情愿把小偷小摸案件送到知县那里去，并经常要求减轻过于严厉的惩罚。

恢复和平后的一个月即 1855 年 3 月，领事团解散了巡捕，因为城市已不再被叛乱者占领，文官权力恢复了。道台最终为派出的巡捕每月支付了 500 元，领事团代表中国政府宣布，目前形式的武装力量实质上已经结束；禁止官兵们未经中外当局许可的行为。结果是，"英国领事副署了警务令，受工部局雇用者可以根据命令和授权采取行动"。警务令称："在英王陛下领事面前适当宣誓之后，你和你所指挥的下属被赋予以下权力"等，为了防止骚乱行为，为了防止滋扰行为等，"均应耐心并断然处置"。如果是上班时间，所抓捕之人应立即由一位领事审讯。我们在这里看到了工部局在领事团和道台面前的不确定地位；看到了领事团对待道台权利的小心谨慎。三方的冲突是一个长期的问题：工部局也许过于张狂了，外交部也许过于胆怯或者过于拘谨了，中国政府则像通常那样，过分坚持了他们无法捍卫的权利，过分蔑视了他们不能或不愿行使的责任。

这支队伍的人数当然多寡不定，却与租界的发展并不直接对应。犯罪的增长、华人难民拥入造成的混乱和工部局可支配资金的状况，历来是相关的其他因素。

那年（1855 年）仅有 6 500 元警务经费，只维持了八名巡捕；总巡的薪酬削减到 100 元，加上其他工作才达到 150 元。工部局还请领事为那些停职早于自己预期的人提供帮助。第二年，由于华人劫案如此繁多，人员增加了九名。对他们每周检阅一次操练，工部局每次开会都集合，禁止周日打牌！1857 年又增加了六人；他们都佩带武器，夏季炎热的三个月中每天都出勤。1860 年设置了奖励基金，所有的罚款进入基金，每个季度在最有功人员中分配。当时共有 20 人；他们都反对每天操练，操练就中止了。但他们被告知，晋升等就取决于操练。作为对三小时操练的抗议，整个老闸分队在 1863 年辞职。准许他们到法定时间辞职，但在剩下的三个月中，命令每天操练六小时；由于叛军就在附近，工部局坚持要求这些人掌握步枪射击知识。每天应向工部局总办提交一份所有见闻的报告。

1860 年之前，有一支军事性质的骑警。准将[1]在那年把他们调到北方去了。只留下了四人，这支队伍销声匿迹了。

在 1864 年叛军出没、华人挤满租界时，巡捕力量是 130 人；有人建议，必须从当时将运回国内的第 67 团中得到十多人。然而，1865 年和平恢复了，进行了大幅度的裁减；首次使用了华人巡捕；共有 34 名华捕和 75 名西捕。两年后是 53 名西捕和 45 名华捕。工部局被授权雇用多达 10 名得到华人居民担保的华捕，他们月薪 10 元，应穿着制服。一项记录在案的古怪事实是，夏季需要的巡捕少于冬季。

1861 年，为了有助于巡捕留在营房内，决定建立一个图书馆和阅览室；但两年后，图书馆仍有待建造——图书馆似乎总是难以问世的。后来在每个捕房设立了义务学校。从英国订购了一支六人乐队的乐器。因为人员经常流失，这支义务乐队并不很令人满意。1868 年，总巡建议每年花 1 500 两建立一支可以到外滩演奏的优秀乐队；而工部局翌年为此列入了 3 000 两的预算。

1868 年，向每名西捕提供一顶遮阳帽和一把雨伞！更严重的是，虹口分队总是带着来复枪外出，那并不是他们的配备。他们的工作是危险的，四个人在吴淞路被刀扎了，那里酒馆众多，每逢周日就狂乱不已。一名巡捕在逮捕一个广东人时负伤。一名华捕被一伙窃贼谋害。那伙人同仍在该地的凶暴的法国士兵有很大纠纷，犯下一宗命案后被禁止进入租界。

1863 年，他们接受工部局每月一次的检阅，而不是每次会议的检阅；1869 年

---

[1] 指当时的英国对华远征军统帅格兰式准将。

改为工部局每次更替之际检阅。

薪酬屡有变化，当然总是在增加。1860 年，巡捕中开始出现普遍的、没完没了的加薪叫嚷，那是所有职业中都有的、以前不会一无所闻的声音。那时，每人月薪 30 两，加上部分服装，但病假期间的工资降到每天半两。

工部局建议增加工资。但是，六个月中有 30 人认为自己不会被开除，拒绝出操，其中的 28 人想要更多的工资。1861 年 1 月 1 日，有 21 人再次提出此事，1862 年 10 月有 40 人因为显而易见的原因，想要每月增加 5 两。他们当时的工资 44 两；提供了退职金——服务两年之后有回国旅费；五年之后有回国旅费和一年的工资；十年之后，是回国旅费和二年工资。1865 年的工资是从三等巡捕的 35 两到巡官的 85 两不等，加上制服和服务三年后 200 两的退职金。他们还有一个利息 10% 的银行。因为租界政府的不确定性质，没有抚恤金制度。当时工部局支出的所有费用为每人每月 65 两。

那时，征募到的巡捕是任何地方能找到的合适人员，其中很多是原来的士兵或水手。他们都直言不讳，为了自己的利益不会在职更久的。他们多数是水手，总能在船上找到工作。他们指出，由于加入了这支队伍，多数人丧失了获得退职金和回家旅费的希望。他们现在是没有前途，没有年金，没有退职金，甚至没有回家的路费。

总巡彭福尔德为了让队伍中的这些人在职更久，在 1875 年建议实行一种新的退职金办法。那些人的生活毫无乐趣；每年工作 365 天，遵守令人厌恶的纪律；只要什么地方能给付同样的工资，他们就不会留在此处。他还想把巡捕房建设得更加舒适，让职级悬殊的人能够共同生活，工夜班者能在白天安静入睡。捕房越好，离职的巡捕就越少；杂乱无章，肯定会让他们远走他乡。有人在 1880 年指出，侦探队应当获得特殊的工资待遇，因为他们必须经常购买情报，并易于接受贿赂。巡逻的巡捕则仅仅是警卫而已，他们的犯规只是放走犯人或勾结入室夜盗的窃贼。我们发现，四年后彭福尔德再次为手下提出要求。他们的生活枯燥乏味，不会说中文。他们的工资是 45 元，扣除 5 元到服务结束时发放，还有每月 15 元服装等费用，而五年服务之后，他们得到 471 元和一笔回家旅费。可是，他支持的这项申请主要是新来者提出的，遭到工部局的一致反对，几名董事把这项要求说成荒唐可笑的；但六个月之后，工部局被八个月内八起擅离职守事件触动了，决定停止扣发 5 元，发还已经扣除部分；同时，制定了一项公平服务的优惠办法。据称，一个慎重的人每月可以积蓄 20 元。

1877 年，因为纳税居民如此稀少，工部局已决定不启动抚恤金办法。但 1883 年根据何利德的建议，做出了实行抚恤金的新决定。何利德是年着手整顿巡捕；他宣称，那是非常过时的做法，是出自不幸阶层的诚信观念，尽管他们的诚实都无可置疑。当时有一名总巡，一名正巡官，九名巡官，15 名探长[1]和 24 名巡捕。数字说明了这个制度的错误：八个月中有 10 人被解雇和离职。他的计划是从英国招募 20 名巡捕和 10 名巡官，同时，提前六个月通知斯特里普林和其他人，因为他们的工作可以由更廉洁的巡官来承担。他计划把租界分成五个警区，必须都建立一个捕房；他强烈要求雇用更多的西捕，印捕则从事交通管理。这项追加开支是 10 000 两。

至于华捕，服务 20 年后即将退休的彭福尔德是一味的赞扬。1865 年首次招募他们时，外国人正在害怕日益增长的抢劫和敲诈将把华人驱离租界。结果却截然相反。更早些时候，团伙抢劫和暴力行为频仍，所有的外国人都携带左轮手枪；但在 1885 年，上海像世界上任何城市一样，是安全的居住地。

1884 年 3 月，麦克尤恩接替了彭福尔德。立德禄是这一职位失败的申请人。现在揣度他如何建成了这支队伍，是很有意思的事情。他们活跃而且爱好体育运动，并受过良好的教育，还具有文学才能，这也许一直就是比勒尔在爱尔兰大臣任上同一事务中的失败（由小见大的比较）。那时有 1 名总巡，9 名巡官，10 名外国探长，85 名西捕。侦探队中有 1 名华人探长，8 名巡捕和 2 名翻译，总共 297 人。麦克尤恩对八人的离职非常高兴，认为他们的愤愤不平毫无道理。他说，与别处将提供的条件相比，他们其实有更私密和更舒适的住处。但是，他建议为巡捕建一条保龄球道，为华捕建造营房。来自英国的巡捕最初比本地招募的更难管束。如业已指出的，其中的 12 人在抵达后的数月就离职了。他们发现，尽管是在"苏伊士以东"，生活却不符合他们的预期。"喝上一口"毫无难处，真正的酩酊大醉却在队伍中丢人现眼，而且是许多人被解雇的原因；但人们不知道的是上海生活的代价；他们反对操练和罚款，而且在受聘时并未承诺使用武器；他们没有其他城市中可以得

---

[1]　俗称"三道头"（sergeant）。

到的友情和乐趣；他们不会讲那些丑陋的人们的语言，却必须维护秩序；他们因而焦躁不安，心怀怨恨。

除了增加工资、制定退职金抚恤金办法和发放奖金之外，工部局还用其他手段让他们更加称心如意。有一家提供8％或后来6％利息的储蓄银行，尽管只有三等巡官及之下级别的人可存款。业已说过，还有某种类型的图书馆和一支乐队。但至少直到本卷结束的时候，不满继续存在。他们是否获得了麦克尤恩提议的保龄球道，没有记载，但他也建议提高学习中文者的工资，那将成为一种有利可图的消遣。来自国内受过培训的人得到5英镑或后来15英镑的奖金。但甚至葬礼也让他们不满。他们反对与水手和遇难的外国人葬在一起，葬礼的费用超过了死者的影响力——一次葬礼高达77两。准许他们把一半的工资按3先令9便士兑换一元的汇率汇到国内。但后来在1890年，不满增长到了罢岗和拒绝出勤的程度。罢岗者们与领事见面后屈服了，除了丧失罢岗期间的工资外，未受惩罚。

不管早期的西捕是否均系水手或被遣散的士兵，这支队伍的祸害和麻烦就是酗酒。例如，某人被解雇，是因为执勤时四次饮酒和在营房内四次喝酒，六次缺勤和两次执勤时睡觉；除此之外，还有四次被领馆监狱收押。另一人是因为饮酒，也许醉得手舞足蹈，从一家肉店中拿着香肠逃走了。所有人都看到了我们文明可爱的连贯性：领事团和工部局增加了酒馆的数量；然后因为犯罪的增加而需要更多的巡捕；然后因为酗酒而必须解雇巡捕。

还有不那么明目张胆的其他歪风邪气。1861年，当某些巡捕未因暴力等原因而被解雇时，几乎没有举行过工部局会议。彭福尔德在1877年建议制定一项新规章，任何拥有一名情妇或常去妓院的官员，都应被认为不适合任职；这种人应接受纪律惩罚。勒索和受贿也不罕见，彭福尔德说，纵容夜盗是家常便饭。1865年，一名西捕因为勒索获刑六个月，查清了一项敲诈妓院老板的计划。华捕当然谙熟于敲诈勒索。然而，如果他们有更多的这种案底，也并不奇怪。他们是在本国，说本国的语言；西捕来自下层阶级，是在既不害怕、也不喜欢他们的民众中执法。麦克巡捕在1883年制作的账本表明了华捕收受贿赂。像通常一样，辩护词是与之对立的故事。彭福尔德认为，这些账本并不真实，无论如何不是足以定罪的证据。但两年后，麦克闯进了更高的赌局：他指控正巡官卡梅伦贪污14.20元和伪造账目。工部局介入此事后认定，其根源是个人对立，并解雇了麦克。他当时在担文的帮助下，向领事公堂提出了 5 000 元的人格伤害主张，拿到了 1 000 元外加诉讼费 120 元。

工部局把钱交给领袖领事时，用庄重的语气抗议这份干涉他们对工部局巡捕裁量权的判决，这支队伍是社区每位华洋成员人身财产安全之依赖。"如果领事公堂认为，他们可以随心所欲地告诉工部局，它无权按照目前负责这支队伍的有经验人士的意见处置巡捕，各条约国公使就必须对工部局拥有的权力范围达成一些谅解。"这段话堪与第 225 页上的说法相提并论，可以看出，工部局对自己的地位更有信心了。

这项司法判决表明，领事公堂不支持原告的行为，同时认为不适当承认他以前的服务就予以解雇不够公正。这肯定是一个没有说服力和无效的推论。那年年终，前巡捕麦克实际上自己提名为工部局董事候选人，但由于每年缴纳房捐不足 50 两，他被证明为不够资格。

鉴于漫无止境的争执，有人在 1890 年建议，巡捕均应服从《警察法案》(Police Act)，以让工部局对他们实行更有力的控制，而且，既然来自国内的巡捕不是被解雇，就是一有机会就离开队伍，将来就应该在上海或从香港招募人员。法律顾问温赖特说，只要涉及的仅仅是《警察法案》中的罚款或处罚，就应当体现在巡捕的雇用协议中，这根据英国或别国的法律肯定是有效的；但涉及关押的条款，就不会那么有效了；或许没有一个法庭会强制实行一种人们自愿丧失自由的契约。签订让自己进入监狱的强制性契约的人，不会多于自愿走上绞架的人。因此，一些工部局董事强烈反对雇用更多的国内人员。

档案中有一批案件，是巡捕因职责界定不清而犯了错。至少有两次是因为他们不知道如何对待中国大员而发生的麻烦。1855 年，有人在栅栏门挡住并一度拘留了巡抚。阿礼国将那人关押了三天，并为惩罚的是那人而不是向他发布命令的人而表示遗憾。1862 年，巡捕挡住了骑马通过租界的道台随从，道台不得不去捕房释放他。道台在那里被告知，他无权未予告知就通过租界。但密迪乐规定，中国官员任何时候都有权通过租界，不得妨碍。1860 年，他们再次"抓获"了道台的一些士兵和一名饰有白衣扣的大员，但这看来仅仅是一次意外事件。

1863 年，一名没有拘票的巡捕闯入了葡萄牙人名下的一些房子，葡萄牙领事致函工部局称，任何进一步的控诉都必须直接向他提出。当我们记得当时的领事中有三位是另类的、还往往是心怀鬼胎的商人领事时，工部局及其职员、巡捕的难处便可以理解了。熙华德也致函彭福尔德表示，巡捕已经拘捕和谨慎地释放了西人：那是一种新的程序。这种和解是在"酩酊大醉"的案子中应马安的要求实行的。对所有外国人的处置都一视同仁。但彭福尔德答应，今后将把所有酩酊大醉的美国人交给其领事馆。港警（我们尚未谈到）因囚禁海军船厂总监手下的船员而陷入了纠纷。沙德韦尔舰队司令官要求道歉，并对海关当局下达了严厉的禁令；他不承认港警干预皇家海军船只的任何权力。

1894 年，一名印捕把一个不肯说出姓名的男人送到了捕房。那人的违规是驾车疾驶，而且是一位领事，但仍然不知道其姓名。

工部局的理论是，除了自己的巡捕，不准任何人在租界内抓人。然而，这却是一个争执不休的问题，因为中国政府和外国领事们对此都不以工部局为然。1863年，一些充当侦探的中国士兵被命令离开租界。翌年，一名奉命协助彭福尔德的中国官员和一些高级官员被介绍给工部局，以劝说工部局实行积极的惩罚，而不要局限于逮捕。1866 年，对以微不足道借口实行的非法逮捕提出了控诉。汉口路上有一个中国会捕局。据信，他们在六个月中没有抓过一名窃贼，却进行了大量的敲诈。道台命令所有的逮捕均须要求工部局巡捕的协助。

对巡捕执勤的各种要求表明，这是租界内一支必要而且有效的力量。广东路上的十二家商行在一个月内遭受七次夜盗之后，要求得到更多的巡捕保护，那是在1863 年。同一年，鉴于一名解送城里的华人窃贼被华人护送者救走了，马安领事要求每天向领事馆派出两名西捕——这说明每天都要解送罪犯。静安寺路委员会准许雇用两名巡捕维护该路夜间的秩序。熙华德想要一个班作为处决威廉士的卫兵；料到会有麻烦，需要 20 个人。一个月后，他再次请求 25 人参加处决巴尔克利。卢瑞欧已沿着百老汇路建造了 400 幢房子，请求巡捕保护，他为此提供了设施等。西部的丝业会馆也在 1861 年提出设置栅栏，为 20 人支付六个月的费用。另一方面，遭人嫌弃的史密士则反对巡捕监管他在老跑马厅拥有的私人道路。他说，巡捕的干预是把华人驱赶出租界的几项原因之一。

华捕在 1866 年约为 40 人，只发生过两起轻微的不法事情。但在 1877 年，三人因为不报告正在发生的某些赌博而被解雇——也许是接受了贿赂；还有两名巡捕因为一栋未住人房子里 34 块表遭窃而被解雇，发现两人都戴着一块表，其中的一人盗劫时正在巡逻。还有一名华人探长在突袭行将开始时向赌徒们通风报信。但鉴于何利德的下述观点和指控完全不同于彭福尔德，还有威尔森五年后的一封信说，何利德进行整顿时，警务委员会"受到了他们绝对信任的警队下级人员故意的恶劣欺骗"，人们对这些事情的记载或讨论未免深感绝望。威尔森的信是难以理解的；他说"一项对虹口赌徒及其巡捕中支持者的指控，是用三个月时间精心捏造和策划出来的，涉及包括西捕在内的约 70 名巡捕；**而且委员会决定不继续调查下去了**"。

这种告发和反噬的阴谋诡计，在外国人的仆役群中是层出不穷的；对付的模式是两种。一种是信任仆役的首领，总是相信他的说法，根据他的意愿解雇或保留其他人；他将脑满肠肥。另一种是不征询或不听取不计其数的对立证据，不存找出真相的奢望；更简单的是立即"大批解雇"。

彭福尔德非常信任自己的手下；何利德认为他受骗了；但按照威尔森的说法，何利德也上当了。真相是什么？存在腐败吗？确实存在；但确认这种事情需要知识渊博的法官，需要掌握证据的专家，拥有召唤证人的权威和惩罚伪证的权力；警务委员会的三名商人委员也许根本不可能做出比"不继续调查下去"更好的决定。

这支队伍历史上最重要的时刻是 1883 年。其时实行了业已提到的整顿。何利德是发起人和主要的发言人。他在 1883 年 2 月纳税人会议上提出的决议是废除巡捕的退职金制度，代之以一份正规的养老金，今后十年每年积存 5 000 两。

1865 年已经建立了退职金办法，每名欧洲人每个月在账户内计入 5 两，利息为 5%，如果服务五年并行为记录良好，就作为其退职金。这笔资金被认为是工部局的债券，仅仅存在于账面上，退职金在工部局资产内列支。封闭的资金已经讨论了一段时间。

何利德解释了他的结论。他说，在工部局年报中可以看到警务委员会关于此事的一份报告。我们从他的发言中获悉了一些始料未及的事情。看来，这支巡捕队伍一直是纳税人多年来严厉投诉的话题，它最终已差不多成了一项公众丑闻，如果还不是绝对丑闻的话。何利德为成员之一的警务委员会已彻查了整件事情，决定必须予以彻底整顿。警队中每个西捕的诚实都无可指摘，他们人数不足，都是外行，都是把未卜的命运寄托在黄浦江畔的天涯浪子。

10 月，召开了一次纳税人特别会议，工部局总董梅博阁建议接受并落实警务委员会起草的整顿工部局巡捕队伍的计划。但《工部局年报》仍默不作声。他怀疑

会议把这个计划当成警务委员会而不是工部局的了。工部局已经命令，警队中的
20 人来自英格兰，聘用一位总巡接替彭福尔德，因为彭福尔德将在服务 20 年后离
开；但这些都与那项计划无关。何利德再次成为主要发言人。一个经过了大量讨论
的观点是雇用锡克人。如果不利用他们，就必须大幅度增加华捕；但我们惊讶地听
到何利德断言，他从最可靠的来源获悉，华捕不但无能，而且比无能还坏；而另一
名发言人说，一个不断惹是生非的华人，比无能的还坏。该计划执行了，但一项修
正案否决了雇用锡克人。

上海的交通管理，甚至在第一辆汽车出现之前就一直令人头痛。街道的狭窄和
车辆的五花八门，外国人的鲁莽冲动和苦力们的愚蠢笨拙，横冲直撞的经纪人和轻
举妄动的黄包车，绝不左顾右盼就穿过人头攒动马路的乡下人，一切都共同构成了
交通的危险性。彭福尔德在 1883 年认为，应当公平选拔管理交通的华捕；麦克尤
恩在 1890 年建议，应有一支由一名西籍巡官和 16 名华捕组成的特殊队伍处置道路
交通。他说，没有巡捕，规章的实施将事倍功半，因为将彻底陷入黄包车夫和小推
车夫的"争吵之中"。估计一年费用为 2 000 两，工部局同意了这个建议。

道台甚至在 1864 年就说过，无论如何要用"孔夫子"号和别的武装轮船巡守
黄浦江。1866 年 1 月，警务委员会安排了两人充当港警，并同海关商量建立一支
正式的港警队伍。税务司费士来非常乐意帮忙。总巡建议配备一名西籍官员和 8 名
西捕、9 名华捕和 9 名船夫；乘坐舢板巡逻。税务司请求道台从海关缴纳的款项中
每月提取 1 000 两，却被拒绝了。所以，这支队伍的创建不得不推迟。此事也遭到
阿礼国一封北京来信的阻碍，信中表示，他正在同恭亲王商量建立一支水上巡捕的
事情。我们发现，英国领事温思达反对由工部局管辖这支力量，因为届时法租界就
会想做同样的事情，将会发生比以往更多的管辖权冲突。他认为，此事最好由港务
长、海关和会审公堂来管理。

1869 年 1 月，一队港警到达了。他们最初隶属于工部局巡捕房；斯特里普林
奉命将他们组织起来，并有合并两支队伍的考虑。然而，港警隶属了海关，这样，
未将法租界包括在内，就有了一个管辖权割裂的可悲例子。彭福尔德在 1870 年报
告说，经常要求他解决盗窃船上物品的事情。到那时为止，他已在不涉及国籍和管
辖权的情况下，尽了最大努力；实际上，他从未听说过关于窃贼的管辖权问题。如
他所言，如果工部局巡捕接到请求时不予帮助，有谁会来接手此事呢？还有其他追

踪抓获黄浦江上作案窃贼的办法吗？在英格兰，市镇警察和县警察可在彼此的管辖范围内交替行动，划定上海警权的范围却将非常愚蠢。警务委员会的成员们同意，削减权力是危险的，但对立应予制止。港警哈里斯显然已经妨碍了工部局巡捕。一艘船倾覆了，一些啤酒桶在江上漂浮。工部局巡捕抓捕了一人，一名港警又将他救了出来，该港警则遭到如果再次干预就予以逮捕的警告。因此，我们看到了美妙的管辖权分割，即工部局巡捕的权力止步于低水位线。如海关税务司狄妥玛所言，他从来不想建议，万一罪犯试图逃跑，工部局巡捕的追击应止步于低水位线。上述案子与此不同。

最初的中央捕房在河南路11号。1883年时它已非常破败，仅仅修缮就用了一年的时间；到1885年，它被认为无法修缮了。然而，直到五年之后，金斯密和艾根生设计的新建筑才获得批准，新房子位于河南路和福州路的拐角。那时，其他巡捕房已经设立了——老闸捕房、卡德路捕房和杨树浦的捕房。有些人对达拉斯是否有能力完成老闸捕房的设计表示怀疑，但完成后他们表示满意。然而，在建造中央捕房时，人们却表示不希望重犯老闸捕房的错误。老闸捕房的大多数房间是给六名西捕的，16名印捕挤在一个房间内，16名华捕是在一个小牢房中。表决通过的老闸捕房费用只有30 000两，需要的款项却是41 000两；召开了一次纳税人特别会议，授权拨给45 000两，款项由发行债券筹集。在开挖地基时，发现了一条旧河浜，因为必须填埋，造成了一些额外开支。该捕房在1880年1月落成。

1884年，西区大约有80个外国人的住处——是因为别处过分拥挤而被迫去那里的。那里终日只有妇女和儿童，然而，守卫租界的计划（同法国的战争正在进行）并不包括这个地区。对这个问题进行了讨论，认为应从香港引进额外的巡捕，三个月的工资就是2 000两，而静安寺路委员会只肯保证每月200元。然而，工部局同意承担这三个月的费用。雇用了十八名印捕，卡德路上的"本杰明小屋"（Benjamin Bungalow）用作捕房。三个月之后，这项安排继续有效，尽管每月的费用是480元，而不是过去的95元了。翌年年初，（静安寺路委员会主席）华地玛对一名西捕、一名锡克探长和15名印捕的尽职表示非常满意。工部局已经宣布的取消将是不明智的，住户们已为继续实行这项安排筹措了2 000两。工部局同意了，但是坚持认为，如果居民没有支付款项，该委员会必须承担责任。预料私人捐助者将每年支付约2 500元，而该委员会则拒绝承担责任，只答应将尽最大努力弥补没有支付的捐款。

卡德路捕房在 1886 年得到了 5 000 两。工部局的法律顾问（乐皮生）表示，《土地章程》并未禁止购买界外土地，尽管根据其第六款中的任何名目（游玩怡性等）都几乎不能设立捕房。他认为，既然预算中没有用于此项目的的款项，这块地基最好还是维持旧的条款；于是工部局按每月 30 两租赁该捕房两年，两年后再作选择。

1889 年 7 月，杨树浦的营地饭店（Camp Hotel）向工部局提出作为捕房的要约，开价 5 500 两；但这被认为超过了其价值，于是决定就近寻找另一块地基。下一个月，以 2 200 两买下了属于福利公司的地块，福利公司拥有沿着河浜到其工厂的通行权。

老虹口捕房在闵行路上，以 1 500 两的价格租赁十年（1865—1875）。然后按月租赁，工部局想从美国圣公会手中买下它。

至于巡捕队伍的长官，头衔改变了多次。前面已经指出，服务 20 年后的彭福尔德在 1884 年退休，由麦克尤恩继任。麦克尤恩工作优秀，直到 1894 年亡故。麦肯齐接任，根据其他的记载，他遭受了"变故"，部分是由于自己的过失，部分是由于碰上了不幸的年代。他是副总巡，同时担任万国商团的副官；他随之辞去了后一个职务，成为总巡；他担任过短时间的万国商团司令官，后来再次成为副总巡，而帕蒂森在 1897 年 2 月就任总巡。他看来行政能力不足，因不幸的小车捐骚乱而遭受责备。

现在来谈巡捕。1894 年，新老巡捕都要求增加工资，以弥补白银跌价的损失。但这次——而且是暂时的——遭到了拒绝，理由是他们在储蓄银行中存有 22 000 两，应给他们的 15 000 两延期支付了。

（1897 年的）一项整顿计划增加了 28 名西捕和 34 名印捕，西捕和任职较久的华捕工资提高了 15％。增加的费用是每年 60 000 两。最终，增加了一名交通巡官，他率领 8 名西捕和 24 名印捕。表决通过的经费是 31 000 两。

1897 年发现，有些侦探是钱兑店铺的老板，一起勒索案子必须进行调查。

1897 年做出规定，此后禁止巡捕加入万国商团。为巡捕开设了学习中文的课程。

印捕在 1897 年以四项抱怨为由而罢岗。他们在雨天接受训练；巡官在训练时虐待他们；他们的工资比以前少，服装比以前坏；无人听取他们的抱怨。

以前曾用微不足道的罚款宽恕过他们一次，这造成了恶劣的影响。工部局同意，如果他们继续执勤一段时间，会考虑他们的投诉；其中最恶劣的 15 名犯规者将被解雇，所有不返回岗位的也将被解雇。结果是除了那 15 人之外，所有人都屈服了，继续工作而未受惩罚。

向巡捕下达了命令，当道台在街上露面时，应当向他致敬。一位巡官写道，"是的，如果他们想到了，如果他们认识他的话"；据说，老闸捕房的所有人都持这种态度。工部局认为，如果准许这种情绪的话，纪律就荡然无存了。他们实际上通过了一项解雇的决定，但总巡出来斡旋，说仅仅威胁一下就足够有效了。

两年后（1899 年），新任总巡帕蒂森力主在英国招募受过训练者，因为"对那些从各处流落到此的流浪汉来说，喊叫和商量都没有用处"。

值得细说一下曹锡荣案，因为这既充分证明了中国司法的可恶方式，又表明了工部局在这种事情上难受和几乎绝望的地位。要不是中方很久很久一成不变的成功阻挠，一切早就迎刃而解了。这个特殊的例子完全可以在另外一章讲述，放在这里，是因为受害人系工部局的巡捕。

曹锡荣案

1883 年 7 月 14 日，一群华人将华人侦探曹锡荣拖入会审公堂，指控他造成了臭名昭著的无赖王阿安死亡。曹因 11 日在路上遭到王的袭击而逮捕了他。

王获得了保释，直到 14 日才死亡，所以会审公堂谳员应总巡的要求，准许将曹带回中央捕房。

15 日，谳员要求将曹送往芜湖路参加对王的验尸，却遭到了拒绝，因为那里聚集着一大帮穷凶极恶的家伙，打算抓走他。

16 日，他被解送到会审公堂，当时的英国陪审官和谳员判定，由于该案件不能在那里审判，应由巡捕房将他押送到城里的道台衙门；这项判决立即执行了，**工部局并不知情或者批准**。

工部局一致认为，曹是他们的雇员，不应交给中国政府，此外还有充分理由相信，对他的指控是捏造的，王是死于自然原因；工部局决定致函领袖领事，要求他与道台联系，把曹交还给工部局捕房看管，直到他在租界内接受审判。

8月11日，道台通知领袖领事说，知县不想让外国陪审官或工部局法律顾问出庭，他不能坚持自己的做法，因为知县对他有很大的独立性。

知县审讯了曹两三次，却不能够对此案做出任何判决，所以，曹被关押到11月之后，又被押送到松江由知府审判。据报道，对曹提出谋杀指控的王的亲戚向知府承认，他们的说法并不真实。

12月，工部局总董致函领袖领事，希望调查此案，不再拖延判决，但没有得到答复，曹仍然是囚犯。

1884年初，道台通过领袖领事申请，将另两名侦探交给他送往松江，理由是曹已经指认他们殴打了王，并造成其死亡。工部局拒绝了，但根据领事团的建议，提出将他们送到会审公堂去接受对他们指控的调查，并答应，如果他们应受审判，就交出他们。

从道台那里得不到这些人进一步的消息了，不久，根据他们自己的申请，他们获准从巡捕队辞职。根据谅解，他们自己同意去松江府，知府调查了案件，由于不能证明而释放了他们，曹声称自己从未指控过他们。

曹被松江知府判处死刑，被解往苏州等候巡抚的核准；但在9月，作为总董致函北京外交团首席的结果，根据总理衙门的大臣们的指示，两江总督中止了执行，对案子再度进行调查。

曹作为工部局巡捕的工资照发，工部局继续努力让他获释，没有成功。他们在1885年1月30日询问领袖领事，中国政府是否采取了什么措施来落实总理衙门重审此案的指令；他们2月6日得到的答复是，他没有接到将在何时何地重审的任何通知。

工部局然后获悉，1月28日和4月29日在苏州重新调查了这项指控；结果看来是他被诱使承认失手打死了王，这样，就没有更严重的蓄意谋杀罪了。没有得到过判决书的副本，但据报道，法官说将把他押回上海，必须在那里监禁相当时间，但由于他是独子，父母的唯一支柱，不会对他进行其他惩罚。他于5月12日被押回上海，允许他在从苏州到上海的途中往访中央捕房。总巡见到了他，发现他身体健康，状况良好，没有抱怨苏州关押期间的待遇。

他被监禁在知县衙门中，巡捕们经常去那里看望他，他们总是报告说，他并不抱怨待遇的恶劣或食品的不足，看起来他非常舒适。

　　1886 年 10 月，总董致函领袖领事，请求他利用自己对中国政府的影响力，让曹保释，但这项赦免未获批准，直到翌年 5 月都杳无音讯。从当时起草的一份声明来看，他自从 1883 年 7 月被关押以来，他一直每月收到工部局的工资，共约 710 元，给了他母亲 160 元，以便帮助他获释。

　　看来非常可能的是，只要他继续每月收到工资，他就没有多少机会获释，于是决定该月月底后停发他的工资，并将此项决定函告领袖领事，请他从道台那里查明对曹做出的判决，以及能否尽早释放。领事答复说，按照道台的说法，极刑实际上被免除了，但在接到北京的正式命令之前，不准释放，甚至不准保释。

　　1887 年 9 月，曹在中央捕房现身，表示他已经获释，并希望知道工部局对他的想法。读者应该注意的关键是日期：这个案子已经持续了四年多。

第 23 章

万国商团

克拉伦登勋爵在 1855 年 1 月写道:"如果上海处在动乱状态,欧洲居民的安全不能得到女王陛下和其他欧洲列强的军队或清廷合法政府的保障,居民们就有权联合起来自卫;然而,由于这是一项独立于中国政府的假设权力,女王陛下的商务监督或领事们作为这种联合的加入方是不妥当的。"

这个观点无疑受到了欢迎,但社区没有奴颜婢膝地等待:商团已是**既成事实**(*un fait accompli*)了。本书前一卷已经论述了它在 1853 年的建立(第 305 页)。它的诞生日期确定为 1853 年 4 月 8 日,就刻在在福州路新操练厅(Drill Hall)入口处的石头上。

1860 年叛军逼近上海时,危险增加了,商团却似乎已经消失了。8 月 11 日,在英国领事馆举行了一次会议,考虑组建一支军队,任命了一个委员会来决定其必要性;委员会由魏勃、惠托尔、安卓布、李大卫、怀特罗和其他人组成。危险每时每刻在增加,来自租界内部的危险甚至大于外部危险。

当时志愿者的总数是 107 人,未将他们分成"单位"。武器是不够的,尽管武器走私源源不断。此后,看来大约有三年时间不曾提到对他们的使用了,尽管他们肯定为社区提供了一种安全感;但是,我们发现他们在 1863 年 5 月"苏醒了"。我们发现,两周后在一个宽敞的帐篷里为"浪子队"举办了一场**精心的**冷餐会;步兵们有一顶帐篷和自己的午餐,但他们列队行进,举办了一场大聚会。步枪队就在"虹口场地"底部[1]开会,当时戈尔布思赢得了浪子队奖。奖金是由入场费构成

---

[1] 即靶子场。

240

的。我们知道，浪子队因为其制服的漂亮、行动的迅速和正餐的精美而声名显赫。

在白齐文叛变后 7 月的一次会议上，提到了亟须招募人员，每支部队应有 200—300 人。安卓布已当选为司令官。

当年即 1863 年的《北华捷报》报道了 11 月在吠礼查洋行一个新仓库举行的一场舞会。这也是有奖的，当时颁发了"挑战杯""告别杯""卫戍杯"各一尊。然而可以理解的是，尽管对少数那时的幸存者而言，这段远去的历史格外有趣，却不可能列出获奖者的姓名和其他细节了，因为万国商团本身的历史就能写成一部书。

1864 年 4 月，魏勃正要离开上海，向他赠送了一件礼物。他说，商团早在 1853 年就三次参战，得到了英国政府的感谢；而最近，浪子队也数次与叛军对阵，并履行了大量巡逻和守卫责任。

1865 年，已经骑马的浪子们组成了一支骑兵，这样，省下的开支可用来征募人员。指挥他们的是"约翰尼·马安"[1]。

一些退役军官负责各小队的日常指导，但普遍的抱怨是训练太少，武器的效率太低。军官们希望的是一支总数 450 人的部队，拥有骑兵（50 人）、炮兵（75 人）、一队骨干工兵（25 人）和四个步枪连（300 人）。于是在总会举行了一场募集商团基金的音乐会。

4 月，在"总会（club-house）"举行了一次巴夏礼主持的会议。除了主持人发表的重要演讲外，可记载的是梅博阁说，他一到上海就听说共有 50 名成员，但在检阅时从未超过 12 人。这次会议后，有 25 人加入。

5 月，巴夏礼当选为司令官，安卓布为副司令官，这并不符合上述克拉伦登信件的要求；但时代已经变了。

我们接着看到了以立德禄为名誉秘书的"浪子剧团"。它举行了一场帮助浪子队筹措资金的演出。立德禄对史默维特[2]的滑稽模仿尤其惟妙惟肖：巴夏礼随后招待了一顿晚餐。

1865 年 7 月持续三天的一次会议令人吃惊地宣布，这支部队因太平天国恐慌期间的开支，亏欠魏勃 11 892.73 两，尽管上一年已经认为偿清了债务，达到了平衡。会议确认了债务，但决定应由社区而不是这支部队来承担责任。叛军进攻期

---

　[1]　可能是英国领事约翰·马安。
　[2]　狄更斯小说《荒凉山庄》中的人物。

间，宝顺洋行的魏勃一直是司令官，当时的商团日夜守卫着河南路以东的路障。

何爵士当选为司令官，马安仍然是浪子队的队长。

阿查理说，一旦遭受变乱，领事的权力终结，就将由海军和陆军当局保护租界。因此决定更改一项规则如下：

"倘若发生变乱，他将让部队听从届时负责保护租界的海军或陆军首要军官的命令。"

会议根据阿查理的建议决定，队伍中的军官和个人一旦发生纠纷，违抗者将停职，等候调查。"逮捕某人"将让军官受到民事诉讼。

这次会议持续了"让人精疲力尽的三天"，通过了《三十四项议事规则》。作为市政厅的工部局显然没有为这支部队做任何事情。

因为士兵们不参加检阅，军官们在一年后辞职了。除了浪子队之外，还有108名志愿人员，但只有53人是"现役"，几支队伍均面临解散的危险。然而，决定继续维持下去，让士兵们接受训练。但魏勃的欠账不能支付，尽管它已经削减到6710两了。呼吁公众偿付，却只收到了75两！

这个商团制度的弱点，就是财务自给——不动用整个社区的公共或私人财源。何爵士建议开展一次公共募捐，这样，加入的年轻人除了制服外就没有其他开销了。他宣布自己就不会参加一场穿制服的舞会，并提议，夏季的制服可以是一件马甲，冬季也可以用；而且如阿查理所说，这更加漂亮。商团愿意把"靶子场"、"主卫所"（Main Guard）和所获的租金交给魏勃；但梅博阁说，位于大礼拜堂院内的"主卫所"的所有权尚有争议。

1865年，海关组建了一支炮兵队；他们有自己的账户，军官均由海关主管提名。

由于过多的训练和过大的开支，队伍逐渐涣散了，直到1867年8月的解散。然而，还是称作"蛰伏"为好。它通过出售步枪，偿付了债务，把亏欠300两变成了盈余463两。工部局代管了"主卫所"，靶子场一度交给海关队和新改组的来复枪总会，后者确实包含着已消失商团的精华。然而，魏勃的债务仍未偿清；律师们称，由于所花费的款项未经授权，债务是无效的。

它在蛰伏、暂停或死亡三年之后，于1870年作为天津惨案的后果而复兴、复苏或者复活了。何爵士主持召开了一次会议，进入会场的有60人。建议成立一支来复枪队、浪子队和一支消防队；消防队的 150 人被要求成为商团的一部分。一个月内，商团在册 200 人，还有浪子队 50 人；消防队作为一个明确的分队，危急时能出动 400 条壮汉。而法租界当时有一支在册 71 人的步兵队和一支炮兵队。

决定恢复商团后，应注意到的最重要事情是其控制权交给了工部局，"工部局将通过总董决定该组织的一切问题，并将全面控制商团的行动"。工部局在社区会议上接受了这项责任，购置了 500 支施耐德（Snider）步枪，建立了一个军械库；他们为炮兵购置了两门 12 磅的榴弹炮，提供了整支军队所需的一切武器装备。

这支军队的实际构成不同于建议，而是：

1. 炮兵队。

2. 浪子骑兵队。

3. 步兵队：

　　　三个步枪连；

　　　灭火龙队；

　　　虹口第二消防队。

经过三周的工作后，参加检阅的总共是 405 人。所描绘的制服是：步枪连，阴暗忧郁；消防队，风格轻松，对比强烈；浪子队，漂亮而实用。似乎所有人的蒂罗尔帽（Tyrolese hat）都在左边卷起，并饰着羽毛。夏季需要一顶头盔。桑德斯拍了一张照片。工部局总董狄思威向他们致辞，他们用刺刀顶着帽子欢呼——给华人的印象是，帽子代表着华人的脑袋！

这很快就达到了 650 人。然后建立了一支巡逻执勤和看护妇女儿童的民兵（Home Guard）；它将自己提供武器，几乎不进行训练。但对此没有更多的记载了。

最初的商团旗帜是一位女士在 1854 年敬献的，她的丈夫参加过泥城之战。1870 年敬献了新旗，那是浅蓝色的双面丝绸，一面是环形的文字"防卫而不挑衅"（Defence not Defiance），另一面是环形的日期"1854—1870"。熙华德夫人[1]代表上海租界女士们敬献该旗。然而，它毁于数月后的领事馆大火。

随着对惨案的激动逐渐平息，热情消退了，尽管 12 月的野外演习日提供了茶点，参加者却只有 60 人。

---

　[1]　原文误作 Mrs. G. F. Steward。

工部局最初为万国商团的开支是 13 205 两，大约一半用于武器。但魏勃的债务仍未解决。在纳税人会议上，据说魏勃为靶子场花费了 4 000 两，为"主卫所"花费了 3 000 多两，那还是其价格的一半，另外一半是由大礼拜堂的受委托人支付的。这个问题再次延宕了一年。但在 1872 年，工部局奉命还价到 4 000 元；这被接受了，尽管七年前商团的一次会议已承认 9 254 两是确切的主张。

有一些年份，除了军官和武器的更换、颁奖运动会等之外，几乎没有其他记载。可以提到的是，在 1872 年的运动会上，二等兵格拉斯的成绩何等斐然，以致需要一辆小车运走他的奖品！而且，他在此后的比赛上仍继续告捷。但武器和型号的更换，使得这里记载多达几十次的射击比赛纯属多余；例如，用梅特福步枪（Metford）的塔克以 44 比 43 的一发之差，击败了用马蒂尼步枪（Martini）的邓曼；格拉斯则使用惠特沃斯步枪（Whitworth）射击。这些武器都与弓箭一起被尘封了。

工部局决定用 300 两为浪子队购置卡宾枪——这些人将为每支枪支付 9 两；马蒂尼-亨利步枪（Martini-Henry）取代了施耐德步枪。确认了万国商团遴选军官须经工部局批准的原则。首任（指挥官）布鲁尔是上校和商团的副官；他在 1874 年辞职，少校衔的赫得被选定为继任者；而布鲁尔成了第一队的队长，直到翌年由霍利迪接任；通过改革，该队建立了制度，每年年费 4 元，连续两次缺操罚款 1 元，而缺操六次，将收缴步枪；同时，另外三个队都决定采用红色的巡逻夹克衫。

但由于缺乏危险和激情，志愿服役丧失了乐趣，除非是那些能够射得"挑战杯"或"金十字架"的人。法国队已在 1874 年消失了。炮兵队完全缺席 1875 年 10 月的检阅，司高德队长不得不重组了它。谈到了一支 30—40 人的德国队，工部局高兴地接受了这个要求，却因很多显赫的德国居民反对而无法实现。成员为葡萄牙人的第三队，因没有操练或练习打靶的兴趣而解散了，军械库的报告说，他们交回来的步枪都锈迹斑斑。

赫得少校因这种冷漠去询问工部局，是否可以做些什么事情来提高兴趣。

他认为，面对有组织的进攻，没有一支志愿者军队能守住这块地方。伊伏生建议堰塞洋泾浜和泥城浜作为防御措施，但赫得说，没有足够的人力来守住它们。讨论了向海军人员发送信号的问题，决定重新实行夜间通行证制度，工部局对采取任何可能向华人透露我们弱点和焦虑的措施，都小心谨慎。

第23章　万国商团

1878 年，据说万国商团已经不得人心了，提出了补救的建议。认为应召开一次社区全体男性的会议。工部局在 10 月召开了一次全体会议。会议表明，第三队已经瓦解了，第一队有 31 人；灭火龙队是 35 人；炮兵队是 12 人，而他们的三门大炮却需要 30 人；第二队有 60 人，但这些人常常不能像其他队一样方便地出动。

商团运行的制度遭到了指责。何利德指出，士兵最初隶属于商团，后来却隶属于连队。他认为，工部局承认灭火龙队为单独队伍是犯了错误，他呼吁实行单一化、统一制服。塔克也称，军官们最初任命到商团，后来却任命到各队了。他本人就是在第一队时被挑选到第二队去的。

休会一个月后，决定除了炮兵队和浪子队之外，还应有两个队，而且工部局应该决定一种制服。这时，担任第二队队长的哈维招聘士兵参加"万国商团——第二队，那是仅剩的一个团体"。他致函担任商团司令官和工部局总董的赫得，声称"现在看来，灭火龙队和第一队已经死去。第二队将称为万国商团"。但这立即遭到工部局的抵制，工部局一直认为这个特权属于自己；他还被告知，灭火龙队、浪子队、炮兵队和第一队仍是商团的组成部分。他答应服从，并被告知不得再犯。

钟爱奖杯之类的风气由来已久了，但现在的新制服是一个诱惑：红色的外套，红色条纹的黑格子呢紧身裤，一顶白色头盔。（裤子无疑是格子呢紧身裤的替代品，完全是高地格子呢的。）些厘公司 15 元的投标被接受了，福利公司以同样价格向炮兵队供货。每个购买制服的人都签字在 18 个月内参加 15 次训练，或者每缺勤一次缴纳 1 元。

1879 年，第一队的军官们对《字林西报》上持续发表的贬损和恶意评论提出投诉，并将他们与主编的通信送给工部局；这被交给了工部局的法律顾问梅博阁。

1880 年 1 月举行了第一次教堂巡行，有 100 人参加。

5 月，因有 28 名成员愿意服役，建议恢复浪子队。他们将在成立时为自己的制服出钱，工部局仅在接管这支队伍后才付钱。工部局表示，希望每位成员尽量使用同样的马匹。耆紫薇是队长，克拉尔克和惠蒂是他的助理。翌年春天，该队是 27 人，工部局像对其他分队一样，给了他们制服，他们从那时起被称为"轻骑"，而不再是"浪子"了。

1881 年 4 月，工部局按照通常的条件，接受了里达建立一支隶属于轻骑队的马拉炮兵队的要求。成员们将自行提供马匹。

1882 年万国商团有了第一批隶属的医生。亨德森被任命为军医长（Surgeon-Major），麦克劳德隶属于轻骑队，斯隆隶属于炮兵队。

霍利迪 1881 年回国了，4 月份为他举办了一次致敬晚餐会。工部局总董立德禄主持，前司令官麦克连致辞，说自己已经穿过了多少制服——黄色的、浅蓝色的、深蓝色的和绿色的，却没有穿过最新的红色制服。

有人建议组建一支绝对戒酒队，霍利迪为此主持召开了一次会议，却没有做出决定。那时有 18 名绝对戒酒者参加了训练，要是建立这样一支连队，就会提供一些饮用酒精对射击等有价值的证据。

1881 年 11 月，何利德出任司令官，但他不到一年就辞职了，谦卑地扛起了士兵的来复枪。他因为毫无兴趣而灰心丧气，而且他不愿意继续充当士兵。如他后来所言，他本以为自己指挥了一支组织完备的军队；但他发现，军官们几乎毫无例外地对自己的工作一无所知，士兵们亦复如此。存在着一种要命的冷漠，以及比比皆是的误解、嫉妒和口角。

不管或者就是因为他清楚的说法，他在 1883 年再次当选。两次当选之间是由达拉斯指挥。

1883 年 4 月举行了第一次官方检阅，为了实行随后的对抗演习，跑马厅在这样可恶的天气中被踩踏得七零八落，他们都通过劳合路走了。来自香港的哈拉汉少校进行了检阅，他参加过罗克氏要塞（Rorke's Drift）之战。[1]

我们再次发现了一支法国队的训练。中法争端已经开始，1883 年 7 月 14 日出现了即将发生骚乱的威胁。万国商团对此做好了悄悄的准备。但何利德因万国商团"大多数成员最近可悲的不称职状态"，发布了一份通告，坦率地承认了对最近未来的巨大担忧。他随后建议实行一项每年训练一个月的方案。

我们将在论述上海报刊时再谈 1885 年 2 月取消对莱克斯的委任和解雇巴拉德一事。五年后，莱克斯几乎以全票再次当选；存在着三项异议；但工部局意见不一致，推迟了做出决定，并试图让莱克斯取消自己的提名。然后达成了一致，由莱克斯担任炮兵队第二助理。

---

[1] 1879 年英国与非洲祖鲁王国战争中的一场战斗。

第 23 章　万国商团

1886 年 3 月，中央捕房的院子里举行了一次欢乐的集会。当时，何利德少校、各队队长和工部局全体董事相聚，阿查理赠送了外交部提供的一组大炮。他回想起了 20 年前一个非常美妙的早晨，13 名"浪子"队员遭遇人数 200 倍于自己的叛军，击溃了他们。

中法战争期间，广肇公所建议组建和装备 1 000 人的中华队；但由于万国商团和巡捕足以保卫租界，这个要求被谢绝了。直至 1907 年才建立了一支中华队。不久，日本人提出组建一支 60 人的日本队，但由于中国政府会理所应当的反对，工部局也再次谢绝了。1891 年，一支约 60 人的德国队建立了，当时各省出现了大量的排外骚乱，导致了上海的动荡。

1886 年 12 月，毛礼逊接替何利德担任司令官。被提名者是毛礼逊与何利德的兄弟霍利德。表决是毛礼逊得 60 票，霍利德得 59 票。毛礼逊在 1889 年 4 月辞职，但 6 个月后再次当选。

1888 年 6 月，发生了一件在中国习以为常的事故——也许是因为人口的稠密。靶子场的一发跳弹划伤了一名华人后，打死了另一人。这激起了华人强烈的情绪，靶子场的界石被拔掉；死者母亲要求以命抵命，或者是 10 000 两。一段时间内不得不射击停止，土丘显然应该堆得更高些。实际接受的赔偿金是 500 元。

靶子场是旧的那个，现在的靶子路就以它命名。拔掉 20 块界石是抗议继续使用它，并非因为它多么危险，而是因为华人误以为土丘之间的土地未被买下，未付过款。

1890 年提出了有趣的问题，即巡捕队的成员可否接受万国商团的职务。很多巡捕已经为商团做了很多事情，并在两年前将它从崩溃中拯救了出来。卡梅伦巡捕一直是炮兵队的有用之才，并当选为助理。但巡捕的首要责任当然在巡捕队，要升到商团的队长职位是不可行的。工部局根据这些理由决定，巡捕不能接受万国商团的委任。

1889 年 3 月再次提出了退伍军人或民兵的问题，其原则得到了工部局的批准。任命了六位第一助理；英国领事馆和斜桥总会被选作必要时的避难所；连意爵士并不反对同样利用高等法院。

有一段时间的事情没有记载。但我们发现，1897 年杜德勤指挥步枪队时进行了改组。同时，决定把重机枪手登记在"C"队，并征募一个队的人员。

霍奇斯 1892 年辞去牧师职务归国时，工部局决定不填补这个空缺，认为商团不需要任何牧师。但霍奇斯返回后，重新获得了任命。

何利德少校因为时间不够用，已经在这年年初辞去了司令官职务，军官们遂建议工部局说，既然生意人都不可能有时间承担司令官日益增加的责任，就应该聘用一位有薪给的副官，以大幅度减轻司令官的工作负担。纳税人同意了，而且鉴于这项协助，何利德再次当选为司令官。于是，一个特别委员会决定，应当委任的有薪给副官，同时也应是巡捕房的副总巡。然后，对于该委员会所指的人选是否为"军人"，出现了不同观点。而且，由于何利德强烈反对"军人"，而该委员会的多数却不反对，他于是再次辞职了。

1895 年初，麦肯齐队长作为万国商团副官和副总巡，代理何利德的职务。

但是，困惑的历史学家和疲惫的读者要跟上此后的变化，都会晕头转向的。克拉尔克队长、毛礼逊少校、麦肯齐队长相继担任司令官：然后霍利德在 1898 年再次当选。克拉尔克在 1897 年 8 月辞职时，万国商团想要麦肯齐担任司令官，而不是副官。但不得不考虑到，他是副总巡，而一旦发生骚乱，作为司令官的地位要高于总巡——这是一个不可能的位置。工部局决定，万国商团必须选择其他负责人。在麦肯齐成为总巡的时候，工部局认为，把巡捕和万国商团的指挥权授予同一人是不明智的；麦肯齐辞去了后一个职务。耆紫薇队长，然后是克罗斯队长担任副官。

1898 年，莱克斯再次变得令人讨厌——他和射击委员会的资深成员写了一封违抗何利德少校的信。何利德辞职了。工部局决定，所有相关人员必须签署一份道歉信，否则就解除他们的职务。被开除的军官们要求由一个特别委员会举行听证，但工部局不会重新处理这个案件；他们认为，莱克斯给报纸写信，批评自己的上司，必须永远不让他得到万国商团的职位。然而，看来是有过一次调查，而且璧利南领事、蒙哥马利队长和布朗上校都认为，莱克斯违抗命令有罪，但应该举行一场听证；那些人应该先道歉，恢复职务，然后辞职。这次冒犯约六个月后，这些都做到了，但尽管如此，莱克斯仍抱怨宣告他辞职的通令的措辞。

莱克斯看来一直是那种并不美妙的圣洁之人。他对一切自己认为正确的事情都热情洋溢，无所畏惧，要是他有更多的处世手腕，也许已为国家做出了伟大的贡献。即使在万国商团这件最后纠纷期间，他仍敦促工部局采取措施，阻止租界内华人房屋的大量增加。

本章就以各种杂事中的以下这件收尾吧。德国队获准佩戴饰有字母"P. H. v. P."的肩章，以纪念普鲁士亨利亲王 1898 年的到访。

第 24 章

消防队

对消防措施的最早记载，看来是在 1856 年。当时，在布道路和界路（福州路和河南路）拐角上建造了一个"消防箱"（fire tank）。那年还相继建成了六个，每个 90 元。巡捕们接奉的命令是不必忙于灭火，而是要维持秩序和防止抢劫。

1863 年，从美国订购了一台灭火机。它的气缸直径 6 英寸，活塞冲程 16 英寸；水管、车身、绳索等总共 2 300 元，这台引擎"比波士顿用过的任何引擎都强大"。

翌年，皇家火灾保险公司引进了一台灭火机，他们提议，如果工部局能够予以保养，就交给巡捕房使用。

1866 年，工部局董事小海思提议组建一支消防队；工部局将出资 1 000 元买下琼记洋行的灭火机，出资 750 元为一支钩梯队购买装备。这项建议立即实行了，建立了两支队伍，共 80 人；一支钩梯队被称作"灭火龙队"，队长是罗伯茨，霍尔库姆和布莱森是第一、第二领班，钩梯队的领班是亚士利。巡捕有时会召唤消防队，大钟挂在大礼拜堂院子里，并从一艘船上鸣炮。消防队员们应穿着醒目的制服。总共有九口消防水井。大多数保险公司都为建立消防队捐助了 100 两。后来每年维护设备的开支，都由各保险公司按照所承担的风险分摊。消防队被认为不是工部局的事务，甚至是属于保险公司的事情。

向宝顺洋行购买了一台新的蒸汽引擎"阿莫斯克亚格"号，我们可从其名称中猜到是美国货；价格为 2 000 两。九口消防井和一个蓄水池供水，还需要更多的消防井。还认为需要一座消防钟，教堂的钟声传得不够远。也没有巡捕拜访消防队员住处的适当规定。提出的建议也许是走向了另一个极端，除了一座新的警钟外，港口内最大的军舰应鸣炮三次，港内的所有轮船应在发出火警时鸣笛 15 分钟。消防队员们显然不想错过火警。在虹口捕房建造了一座钟楼，教堂受委托人出租了一口闲置的钟作为消防钟，他们一些年后出售了它。

虹口尽管仓库码头星罗棋布，1872 年前却仅有一台小型的手动灭火机；当时，火政处请求用 1 000 英镑购买一台蒸汽灭火机；请求工部局提供三分之一款项，而且，据说虹口的业主们和保险公司肯定会提供三分之二，该引擎将成为火政处的财产。

旗昌轮船公司为保护自己的财产，获得了一台强有力的水上蒸汽引擎；它总是处在待命状态，为火政处提供了有价值的帮助。

一种扑灭小火灾的早期装置"灭火器"（Extincteur）在 1871 年被引入火政处，建议每栋房子都配备一些。要是英国领事馆数月前就有了这种防护，树立起了好榜样，也许早就方便地躲过了 1970 年 12 月的毁灭，因为很早就发现了起火。

应当注意，火政处或 1873 年以后所称的火政委员会并不隶属于工部局。它自行选择官员，得到工部局批准，并得到工部局和公董局的"捐助"。在这件事情上三个租界是团结一致的。除了捐款之外，工部局还支付了建造消防井的费用，那是火政委员会看来从不够用的。到 1879 年有了 61 口井，深度从 11 英尺 9 英寸到 19 英尺不等，水深从 7 英尺 6 英寸到 16 英尺 7 英寸不等。这种自我管理的后果之一，就是该委员会报告并不总受《工部局报告》的约束。有一年，该委员会用掉了 940 多元，多于纳税人同意的数额，工部局支付了超过部分。但他们另一次的赤字达到了 600 元或 700 元，工部局就拒绝支付超预算部分了，说该委员会必须去找保险公司。但这难以做到。尽管开始就说过，此事属于保险公司，而不是工部局，但还是发现，得到保险公司的捐助谈何容易，以致有人实际上建议说，就让大火去烧光那些不肯捐献的公司所承保的财产吧。保险公司看来是认为，他们每家在组建消防队时拿出 100 元之后，就不能指望他们再出钱了。有些公司坦率地拒绝支付更多；其他公司则借口自己在请示国内上司之前没有权力。例如，"皇家"保险公司在 1875 年称，它不认为这种捐献属于保险公司的业务范围；至于他们承保的财产，他们将与其他公司按比例分摊总额，但不能单独行动。这不由得让人想起了《大卫·科波菲尔》中斯本罗先生的一名合伙人约金斯先生。

鉴于一封信及"向英国火灾保险公司提出的支持上海消防队的捐款申请被谢绝"的决议，工部局准备了一份备忘录。

备忘录表明，工部局在1866—1873年间已捐助了20 129两，超过了纳税人在预算中授权的数额，在后来审批年度账目时，除了用于消防井的5 401两外，也批准了这笔开支。更公平分担的时刻已经到来。由各保险公司承保的财产总值也许是900万英镑。然而，对消防队的捐款只有开支总额的23%。根据国会法案，伦敦的每家公司必须按每100万英镑承保总额缴纳35英镑。

纳税人向各公司缴纳了沉重的费用，还被要求为公司的利益进一步支付维持其有效运行的费用，这是显而易见的不公正。如果社区停止捐助，这些公司将不得不维持一支独立的队伍，可能还没这么有效，费用却要超过现在。

华人的会馆公所也应该捐助了1 500两，但该委员会在征收这笔款项时遇到了很大麻烦。

一场火灾后，业主捐献100元或把钱给消防队，看来还是一种相当常见的惯例。

为了灭火，应当有充沛易取的水源。当时可用的只有消防井或消防蓄水池（两者有区别），经常发生的事情就是水井太远，或井里的水不够用。因而，1875年赖德舰队司令官派他三艘军舰上的人参加灭火时，由于黄浦江落潮，大马路上的水在最需要的时候断供了。必须使用大礼拜堂院子里的水源；却被指出，水井应该深到各种潮位都可使用；而且，为了避免打开水井的延误，应该有消防栓。不过，舰队司令官却厚道地说，驻扎中国期间，上海有关安排的出色是有口皆碑的。

在我们现在必须追本溯源的其他安排中，包括抓来体面的华人，强迫他们去压动泵浦。白敦呼吁关注这件他目睹的事情；这被制止了；发布了一份通告，帮助泵水的苦力将付给工资。1873年，"洪水"队请求用苦力代替骡子拉动引擎，准许他们雇用40名苦力。

香港总督轩尼诗1879年来到上海，消防队为他倾巢出动——除了第二队。领班不准引擎停止，因为晚上有受潮的危险，这种品味不仅愚昧，而且可笑。他还有其他不满意的理由，但遭到了工部局的谴责，第二队的军官显然因此而全体辞职。

他当然不是害怕引擎受凉，但通知是简短的，仅有两名消防队成员做好了准备，而且他认为，使用"仅由苦力操控、对付夜晚下雨的"引擎毫无用处。他的过错是未就应该由谁做出这个决定与总机师沟通。

工部局直接把谴责信送给了他。他服软了，有风度地声称，总机师是他应服从的唯一人物，沟通应该通过总机师进行。"我不知道工部局有权力或权威就这个问题给我写信。"他显然由此扳回了一分。

那年更早些时候，举行过一次消防队的列队游行，其中没有什么滑稽事情，却有一场悲剧。消防队员们的激动和危险时刻本应在火场上，看来奇怪的却是，几乎唯一的外国人执勤死亡竟然是在火炬游行的欢庆时刻。

这场盛会是为了向显赫的访问者格兰特将军[1]致敬。游行在外滩今横滨正金银行所在地方举行，当时有物品爆炸——显然是大英医院[2]供应的一些发出蓝色火焰的火药；谋特里和另外两名外国人及两名华人受了伤，人行道和树木受损。谋特里发誓说，他有两听从老德记药房获得的彩色燃烧物；这没有用过，而且测试时表现正常，没有爆炸。谋特里一两天后伤重不治。从工部局、火政处和一些个人那里募集了 510.50 两用于治丧费用和寄给谋德利。

1880 年，决定从美国购买一座打算廉价出售的钟——原价 5 000 元，只卖 1 500 元。它挂在中央救火站 100 英尺高的塔楼上，以代替虹口救火站那座没用的钟。

1892 年，八家主要的华人会馆公所用非常幼稚和奇特的英文写信建议说，他们每家制作了 20 件印有其名称的夹克衫或背心，那些服装应由"贵处"盖章，这些会馆公所然后将之发给愿意在火灾中拯救他们财产或救援他们濒死朋友的人们。"在拯救生命财产方面，历来常有误解。"对此的答复是，如果华人让执勤的巡捕相信他们拥有这项特权，总是能够得到通行证进入警戒线的。

火政委员会的规则仅在三个租界内实行。但华盛纺织总厂在 1895 年询问，万一他们位于通往周家嘴道路上的纱厂失火，火政处能否帮助。1892 年显然已经有过一场大火，[3]机器织布总局随后询问过，如果工部局把市政管理权扩大到他们的财产上，是否要缴纳通常的捐税。工部局规定了明确的必要条件——于是事情结束了。工部局在 1895 年提到了那次通信；总厂认为，这些条款是不可接受或不可

---

[1]　曾任美国第 18 任总统。
[2]　一家药房。
[3]　火灾发生于 1893 年。

能执行的；工部局不得不遗憾地答复说，他们不能安排任何消防队参加该厂的灭火。

1899 年，在纵火案得到荒唐的轻判和火灾保险公司提出投诉时，工部局致函道台。他是一个和蔼的人，却发布了一份告示，其中提到，火灾之后，保险款应当均等三分，一份给消防队支付其费用，一份赔偿邻居的损失，一份给投保者！费尔特飞火险公司不得不指出，这是误会了目标——他们仅想对付纵火犯；但这份告示一度减少了保险公司的生意。这是官员慈悲为怀的一个绝妙例子。

火灾并非轻松幽默的话题，但我们还是再发现了一个笑料。1892 年的一场火灾发生时，虹口救火站两名更夫正在熟睡，三名苦力善意地自己去打钟。他们的激情不可思议，把钟都打破了，不得不花 130 元买了一口新钟。

工部局一度（1899 年）决定在国内投保所有的火险，因为费率更好。但这项决议很快被废除了。然而，翌年对保险公司征收了新的捐税——每年保费净收入的百分之一。

第 25 章

肉类和菜场

我们现在来看地方政府一些细小却总是非常重要的职能，它们涉及社区的舒适和道德，而不是生命和财产的安全。

对于在屠宰、种植、购买和烹饪食物方面都依赖华人的外人社会而言，没有比卫生的菜场等更重要的事情了。但也许因为要做的事情太多，这并未成为应予注意的首要之事。

第一个菜场看来开设在大马路上。我们发现，那里在 1861 年是上午九点到下午四点之间准许售卖布匹，但商贩们"被鼓励"在第二个栅栏以上售卖货品；而且这显然是这种事情的全部规章。那里也售卖食品，在路边设有小摊；所实行的第一项改善令人发噱，那不是因为担心瘟疫和死亡，而是因为难以进入跑马厅！汉璧礼在 1865 年呼吁关注大马路早晨的拥挤状态对跑马厅观众的妨害；他说，摊位上的垃圾落入了阴沟，买卖双方都挨雨淋；他慷慨地提出，如果工部局能提供棚顶的话，天津路上的五亩地可作为菜场。

1868 年，基尔被任命为菜场等的稽查员。从他早期的报告来看，那时而且无疑多年来向社区和船只供应的肉类都瘦得令人反感，那是牲畜年老、役劳过度和饥饿的结果。

工部局授予稽查员收缴臭肉的权力；但当他这样做的时候，华人肉铺向英国法庭提出了赔偿主张。判决是原告不能收回那种不适合人类食用的肉，但由于被告行为违法，必须支付费用。他没有权力按照《土地章程》或《附则》的任何条款进行收缴——根据的仅仅是工部局的一项决定。应该制定一项附则，同时从道台处获得

255

所冀望的权力。工部局当时抗议说，这种事情应由领事公堂而不是英国法庭判决，并提议进行反诉——基尔诉明记（Minkee）售卖臭肉。当时，除了法律因素外，还掺入了个人因素，因为高易代表其他肉铺写信，暗示基尔"从事与肉铺类似的买卖"。工部局制定了一条附则，但阿查理又说，领事团只能批准或否决《附则》，却并不能授予其权力；必须召开一次特别会议。他建议工部局暂且获得道台的授权。然而，当这项权力获得时，却发现它的中文本存在着若干缺陷，因而继续耽搁。整件事情表明了工部局管理环境的特殊性；租界内的外国人必须依靠一份县城官方的中文文件才能获得优质肉食，真是咄咄怪事。

翌年（1873 年），当农民们因收缴臭肉而停止出售牲口时，造成了更大的实际困难。如果我们挑三拣四，就什么都没有！

曾发现一名工部局雇员——肯定是华人——在割取也许被收缴的臭肉卖给华人。当然严厉制止了这种行为。

1872 年的收缴，除了鱼和野味外，肉类总计为 5 027 磅。华人尤其偏好售卖臭肉，因为这是一场对商贩非常有利的博弈。被查到的风险很小；如果被发现，他不过损失了无用的东西而已；如果未被发现，利润也许是百分之六百。

除了稽查肉店外，也稽查屠宰场。租界内当时有 11 家屠宰场，都是肮脏污秽，既无供水也无排水。肉类在供应店铺之前，就多日储存在那里，裸放在浸透血污的地面上，里面的臭气简直像为积肥而存放粪便的猪圈；更别提还有人粪了。这简直难以置信，但稽查员说，屠马场甚至更加恶劣。那里对浑身脓包也许死于某种致命血液毒素的牛、患鼻疽病的马、死狗和其他病死的动物进行剥皮分割；打算给外国人食用的牛也经常在那里屠宰，而且肯定使用同样的工具。

当想到这是租界设立三十年后的事态时，我们不得不对自己前辈必须获取这种不卫生和危险的食物感到震惊。每个荤食者吃下的东西，肯定远比家喻户晓的"烂污泥"（peck of dirt）和更肮脏的东西恶劣；即使素食者或饮用乳品，也未必安全多少。但那时尚不知道杆菌的邪恶。

对这种可怕事态的救治，就是规定发放肉铺的执照和提供一个公共屠宰场。前者按照《附则》第 34 条实行。1867 年提出了建立屠宰场的建议，工部局工程师适中的估算是 2 000 两，包括棚子和 10 亩土地。然而，什么事情也没有做，直到 1873 年才为此通过了一项决议，以债券方式筹款 5 000 两，建造或租赁一个场所。

但仍然出现了如何防范别处宰杀的病牛的问题。法租界的合作可以信赖，但中国政府的帮助是可疑的。道台确实对购置新闸煤气厂附近必要的土地制造了困难。

"事遂悬而不决"，直到 1882 年 12 月。公董局当时提出，如果工部局能够合作，在其界内的领事馆路西端建造一个屠宰场，规定洋泾浜以北的屠夫都将牛送到那里宰杀。

此事亦无下文；实际上"悬置"到了 1889 年。其时公董局再次提出了那项建议；但工部局在他们新的测绘师到达前，再次拒绝讨论。

又是两年的无所事事；然后，工部局宣布愿意考虑这个问题。两个租界的工程师首次见面讨论屠宰场的合适位置。但是发现，两个租界共同出资只建一座屠宰场并不可行；尤其因为拟议的地点是在两块租界之外。所以，公董局接到通知说，工部局乐意采用共同的规章，而将在虹口建造自己的屠宰场，它在那里有一块合适的地基。

13 家向外人菜场提供牛羊肉的肉铺表示，愿意在拟议的屠牲场中宰杀自己的牲畜，并遵守工部局的规章。然后工程师拟制了计划和预算。外人平均每天食用的牲畜为牛 25 头，牛犊 10 头，羊 70 头，猪 10 头。所有建筑和设施的报价是 12 207 两。

收费是如此低廉，肉铺付的钱并不比过去多。但那地方建成后，他们食言了；他们通过道台投诉，并一度抵制该设施。然而，工部局坚定不移。它不能阻止肉铺在自己的地方宰杀，却能通过执照控制售卖。肉铺被打败屈服了。

屠牲场建成后，因为惊人的完美和优良的规划受到了赞扬；但是，最引人瞩目的是，它建成于上海的"五十禧年"：社区食用出自前述屠宰地的肉类已经五十年了，这种状态显然结束了。一位稽查员确实在 1868 年后查看过华人屠宰场地，但它们都在租界之外的八仙桥，除了道义规劝外，无能为力；这当然与在租界内出售臭肉就予以收缴相结合。但是，不得不在 1887 年向公众发出一项特别警告，因为担心影响牛里脊的市价，牛柳不是来自检查过的牛；它们几乎都来自马肉铺子，所有的病牛都在那里宰杀；为了避免检查，肉铺直接向这些马肉铺子订购牛柳，这样就几乎不能被查到。

这些所谓的马肉铺子（knackers' shop）也被称为油膏店或炼膏店。华人消费的所有牛肉均出自那里的宰杀，因为除了上海之外，中国政府不准全省任何其他地方宰牛。它们共有 18 家。

检查之后的肉类，盖上"工部局屠牲场宰杀"字样的标记，牛肉为圆形标记，其他肉为三角形。仅准许在摊位上销售的劣质肉，盖上"摊贩"字样。

以霍尔为首的肉铺反对收取牲口费（1899 年 5 月）。然而，工部局为获得牛羊做好了安排，罢市因此立即失败了；肉铺缴纳了该费，也接受了工部局的牛肉和羊肉。

1897 年，对于（因牛瘟）不准八仙桥的牛进入工部局屠牲场的命令，发生了预料中的争执；要是发生抵制的话，已准备了 5 000 两到乡下去买牛。理所当然的必然结果，就是肉类价格上涨，并显然持续到了如今。

霍尔先生因为让华人牛贩子无视工部局的规定，他的肉店执照被取消，他不得不在 1898 年送出道歉书。他显然宁可被取消，因为我们发现，一个月后他因无照卖肉而被传唤。

大马路的菜场在 1865 年就受到投诉。因为投诉不断，工部局在 1877 年将之迁移到湖北路。1881 年即汉璧礼投诉十六年之后，由于赛马期间的尤其不便，工部局再次被要求考虑搬迁的明智性。但不能找到更好的地方，依然没有行动，仅仅派了巡捕维持道路中央的畅通。

1882 年，纳税人命令工部局用债券筹措 50 000 两建造一个公共菜场。他们在购置"反感最小的"今市政厅和南京路菜场后面的土地时遇到了一些麻烦。这块地为 7.5 亩，开价 25 000 两。据说当时大马路每天早上平均有 484 个摊位，售卖家禽、鱼等——大多数供应华人，此外还有 150—200 个流动蔬菜贩子。河南路另有一个菜场，有大约 150 个摊位和 100 个流动小贩。大多数虹口的居民使用天潼路上的一个菜场。至于船只、旅馆、总会和大多数外国商行，都由史密士菜场供应。就是那位史密士，他的菜场在河南路东部与广东路相交的拐角上。它存在了多年，历来因为肮脏而饱受诟病。

提出了在北山西路和其他地方开设菜场的要求，但都遭到工部局的拒绝，它不想要更多的马路菜场。尽管 1882 年决定了新的南京路菜场，戈里先生的计划获得了 500 元奖金，但有洞察力的读者对它直到 1899 年 1 月才启用不会感到奇怪。下一次 1883 年 2 月的纳税人会议就决定工部局不必建造了，部分是因为成本（77 000 两），部分是因为地点不适合，尽管金斯密预言家般地说过，那里十五年之后才需要一家菜场。于是，工部局决定把那块地方当作一个露天菜场，由此清出了道路。像往常任何时候一样，任何变革都遭到华人的反对。首先，那里没有遮蔽；于是工部局盖上了草席。有些摊贩去了福建路和河南路，有些则坚持在大马路上。巡捕驱赶他们，有些人进行搏斗，逮捕了十人。谳员请求给华人几个月的宽限，以便适应这个想法，但工部局不肯同意。谳员于是请求使用九江路。

同时，会审公堂的英国陪审官对带来一件撕破的衣服和一名囚犯的麦克巡捕说，工部局的这种行为历来霸道蛮横；麦克的破衣服必须自认倒霉——那囚犯太穷了，赔不起。这场小小的冲突差不多要报告公使了，但事态平息了。

英王陛下领事馆的丹尼作为道台方面的友好中间人，以非官方身份与工部局商讨。道台希望双方让步，使用了一个有名的字眼——互惠。工部局说，让步就意味着今后的麻烦，但丹尼认为，要是最初就同中国政府磋商了，本来是不会有麻烦的。

这引出了一个重要的问题。一个公共代议制主体，是否有权利不经过中国政府就对非官员的华人居民发布告示。条约和章程都未对此做出规定。已废止的 1843 年《土地章程》有一款规定，市场是领事和道台之间的事务[1]；但当然，根据这份章程，还没有工部局。普遍的看法是拥有这项权利，但由于《土地章程》未获中方的正式批准，不发布中国政府不赞成的规章是明智的；同时，只涉及华人的告示应由中方发布。

10 月，工部局请领袖领事通知道台，必须从 1884 年 1 月 1 日起使用新菜场。何利德反对请求道台发布告示，那就好像工部局不能实行自己的规章了。但他未获支持。

这个菜场是有顶棚的，房子建成之前不收取租金，而且根据领袖领事的忠告，启用时间是中国的大年初一而不是外国的元旦。显然没有更多的动乱。河南路上的史密士菜场在 1896 年关闭了。达成了协议，在南京路菜场就绪之前，商贩安顿在湖北路和北海路上。

建造了新的菜场（连同操练场），1899 年 1 月 1 日向公众开放，这也让金斯密成了预言家。有 466 个摊位，总造价为 100 000 两，方案是格拉顿制定的，他得到了戈里和工部局工程师梅恩的厚爱。现在建筑物上记载这些人名和工部局董事的铁

---

[1]　指 1845 年《土地章程》第 16 款。

制铭牌，花了 460 两。

1890 年的工部局发现了天潼路上白天菜场的不便，着手建造一个虹口的公共菜场。用 12 000 两从汉璧礼手中买下了汉璧礼路和文监师路之间的六亩地——尽管因为他的其他相邻地产会因此增值，工部局希望他接受更低一些的价格。包括土地在内，总成本估计为 25 000 两。该菜场在 1892 年一帆风顺地落成，并且非常成功，很快就证明对附近的需求而言是太小了。

1892 年之前——租界建立五十年之后，工部局没有关心过牛奶供应；我们那时得到的照料是多么可怜，我们完全可以对半个世纪中有多少人被变质乳制品感染了伤寒感到好奇。当时，工部局要求外国奶商接受检查，并提议发布经过检查的乳制品名录。但直到 1898 年工部局才对其供应实行全面控制。1895 年就建议，没有获得执照的奶商不准在租界内销售牛奶。这是因为当时牛瘟非常流行，尽管亨德森说，来自瘟牛的乳品、肉品从未危害过人类。1897 年发布了一项告示，禁止没有执照的奶商售卖牛奶。这份告示必须经过领事团批准。他们先对措辞进行了一些修改，以更清楚地表明，这些措施并不意味着超越工部局的"制度和疆域权力"，执照不用花钱，仅仅是要求清洁与合适的环境。

下一个麻烦——因为总有下一个——是华人奶商认为，他们没有足够的资金达到工部局的要求；所以给了他们三个月的宽限，并预支了他们需要的资金。

数月之后，讨论了工部局应否实行或坚持牛奶灭菌的问题；卫生委员会同样意见分歧，麦克劳德并指出，作为乳制品的黄油和奶油存在着同样的危险；事情于是没了下文。

第 26 章

卫生事务

上海从未像早期的香港或瘟疫年代的孟买那样，遭受过重大瘟疫。统计甚至可以证明它是一座健康的城市。但它早期的和现在的环境显然很不卫生。这是一座建造在泥滩上的城市；整个地区就是一块看上去很不卫生的沉积物平原，流速缓慢、混浊肮脏的河浜沟渠不计其数，纵横交错。必须走上很远才看得到干净的水源或一星半点石头。那时，成千上万的华人居民——没有冒犯之意——没有卫生习惯。天气，尤其是溽热的夏季，也被认为不利于健康。因此，近年来的记载那样称心如意，很大程度上必须归功于卫生处警觉而且有效的工作。

1862年有1 500—2 000名外国人被天花、霍乱和热病夺走性命；他们大多数是军人和海员。詹美生医生认为，本来可以通过必要的预防措施挽救其中一千人的。整个夏季的天花和整个冬季的霍乱，对在沪外国人造成了比太平天国叛乱更为致命的惩罚。那时，英租界和美租界的卫生状况都很恶劣，尽管都在逐步得到改善；依然到处是散发出恶臭的水塘和干沟。福州路的两边都围绕着很大面积的绿色积液，那既不是水，也不是泥，而是来自附近新房屋的污秽——泔脚、旧衣服、死猫，等等。虹口的情形更加恶劣，甚至在大马路上，一边的阴沟也因菜场摊位掉落的臭鱼烂菜而有害健康。毫不奇怪，英国军医机构负责人报告说，"上海的不健康因素铺天盖地"。

1869年，詹美生医生对租界的卫生或不如说不卫生状况提交了一份长篇报告，他在其中要求注意天气的有害影响，不受控制的妓院，劣等的酒馆，散发出屎溺恶臭的周边土地，污染了空气和水源的肮脏县城，租界中一些地方的拥挤状态，供水的短缺和不洁，以及迟迟不掩埋的尸体。

至于县城，他的描述是"确实可怕"，肉铺里挂着的肉经受厕所臭气的熏蒸，城壕就是一条共用的阴沟。

至于我们直接汲取饮用水的黄浦江，每条支流都带来秽物，那是不计其数的沙船排入的；外滩、洋泾浜、泥城浜和苏州河的四周，退潮时都一片狼藉，阴沟口都高于低水位线。道路垫高了，房屋建在相对低洼处，所以排出的水就蓄积在下面：据报告，894 栋房屋的底层下面有积水。

这些都是在自来水厂建造之前；直到 1872 年才禁止供水的苦力在阴沟口或其近处取水。"在同一个驳船码头上，苦力汲取我们饮用水的地方，就是一个老妇人涮马桶的地方。"一名作者在 1872 年的《北华捷报》上哀号。

宣布土地相对于海平面而不是价格的抬高，并未获得当时居民的多少喝彩，尽管我们可以为后代而庆幸。但卫生状况是改善了，经济由此而繁荣；到 1868 年，几乎没人再希望阴沟里淹死一名董事了；到 1874 年，"上海热"（Shanghai fever）实际上销声匿迹了。这是一种致命的，至少极其严重的热病，经常被误认为与其症状相差无几的重度斑疹伤寒。它来自低洼地的死水。

1873 年的南方霍乱对上海推动很大，发布了很多命令——所有的垃圾必须运走或者掩埋；华人饲养的猪等必须逐出租界；对有病害的肉类、屠宰场、华人的过分密集、其土地的垫高与排水等问题进行了很多讨论。臭肉问题看来要到很久之后才让食用者感到担忧：他们也许因为没有办法，面前放什么就吃什么。我们在介绍菜场时已提到过这个问题了。但这里可以提到，工部局董事贾逊与卫生稽查员、菜场稽查员在 1890 年进行了巡视，稽查员们报告说，清真屠宰场脏得无法形容，一头牛的胴体就挂在一个公厕上面。病牛的肉块、舌头被卖给外国人。

疟疾被认为来自我们住地泥土中的一种毒素，是潮湿土地的热作用引发的。没有这方面的证据。但因为医生对此事的看法，工部局在 1882 年决定应在 5 月和 10 月之间停止开掘地面铺设管道，等等。同样，中国政府禁止倾倒涨滩的泥浆，禁止用苏州河烂泥填筑乍浦路。

必须始终记住，不管对租界的监管如何严密，租界之外总有大量完全不讲卫生的居民，他们就像对我们的榜样无动于衷一样，根本不受我们规章的影响。对庄稼施肥的方式和处置死人的方式不仅令人作呕，而且危害着所有人的健康。据报告，

1890 年的四明公所有 1 800 具尸体，很多是霍乱病人；四郊有更多的棺材堆，棺材经常被烈日晒裂。后来，不大新鲜的空气又遭受了很多工厂烟气的进一步污染。

1882 年，租界道路上发现的死尸是 47 具。惯例是通知地保，并在照例的讨价还价后，支付 600 文搬走尸体——在此期间，尸体常常令人非常难受。

蚊子同现在一样多，卫生处定期发布灭蚊劝告，却显然没有效果，因为灭蚊行动一般都没有效果：可以争辩说，灭绝无数蚊子，就给无数幸存的蚊子提供了更好机会。早期的蚊子数量是更多还是更少，不得而知，因为那时还没有想到它们的罪孽；例如，在对积水和导致发热的经常性抱怨中，无人提到过蚊子。我们发现，它们直到 1893 年才遭受指控，那时的麻风正在扩散！在我们的历史上，苍蝇也不是凶神恶煞，尽管按照现代科学，它必须对很多疾病和死亡承担责任。

但如此令人憎恶和致命的天花，很早就得到了关注，通过牛痘法取代有害的人痘法，对天花进行了很好的战斗。

亨德森报告说，他 1868 年抵达时是接种人痘，华人能够种牛痘的唯一地方是山东路上的仁济医馆，而且没有痘苗的定期供应。道台已在城里的豫园开设了一个种痘室，仁济医馆的医生在那里接种牛痘。1869 年 5 月，亨德森和詹美生接手了玛高温在 1867 年开办的没有牛痘的虹口医院。租界和城里约有 30—40 名接种牛痘的华人实习医生。1869 年间，城里种牛痘的人数增加了，租界的却在下降。詹美生 1869 年 9 月的报告（1870 年 3 月发表）首次注意到了人痘的危险，亨德森引用了这项谴责，表示同意。1869 年 12 月，他就这个问题向工部局提交了第一份备忘录，1870 年 1 月提交了第二份。道台发布一份告示，禁止在租界内接种人痘，敦促接种牛痘。为此批准了 1 000 两的预算。1870 年 8 月，亨德森在大马路上开设了诊所，詹美生就任助理。没有强制性的要求。

1871 年 6 月，玛高温对正在实行的接种牛痘计划表示不满。按照亨德森的说法，玛高温想自己控制此事。玛高温没有说错，事情并不完美；1870 年 9 月开业的诊所，直到 1871 年 3 月尚未正常运行。玛高温认为，应该有外国人的指导，这件事对华人助手而言是过于重大了。亨德森同意，说历来就是由他本人或詹美生亲自接种所有的牛痘。玛高温从未去过那里，亨德森和詹美生也从未陪他去过。接种是在手臂上。他们建议向每个有一只"完好手臂"的回家者发放证书。玛高温想要一名说汉语的医生。亨德森认为没有必要，但尽管如此，詹美生懂汉语。玛高温对这项计划获得成功的愿望，不见得比计划的发起人更为强烈。

玛高温已在 1869 年说过，存在着一种对接种牛痘的强烈反对。例如，一个村庄中有一名接种过牛痘的儿童死于融合性天花，那里"就会长期拒绝这种恩惠"。

1876 年 1 月，因为哲美森完成了一切工作，他们决定关闭郭士立医院的牛痘室。三个月后，鉴于山东路医院承担了郭士立医院未完成的额外种痘工作，工部局同意把对它的拨款从 200 两增加到 600 两。

我们发现，1894 年呼吁道台制止**已被 1871 年告示禁止的人痘**，足以说明上海历史的重演是多么诡异。会审公堂谳员随即发布一份告示，让华人知道工部局的种痘站免费接种，劝告将所有儿童送往那里种痘。

非常凶险的霍乱看来得到了特别注意，不是因为它在上海的死亡率清单上有多大的数值，仅仅是因为它太凶险了，历来是很多预防措施的目标。这种病因为突然、凶猛、痛苦和快速死亡，令人生畏是非常正常的；一个早上还生龙活虎的健康人，入夜前就会挣扎着死去。因为华人已习惯的不卫生环境，预防尤为必要。

1862 年的上海挤满了难民，卫生状况特别恶劣，英国军队严重受害；我们发现，两个团中死了 200 人，皇家海军的"欧律阿罗斯"号上的乘员三分之一染病，一天内死了 20 名士兵和两名军官。1863 年，韩德森医生估计华人每天死亡人数在 700—1 200 名之间，据说 7 月的某天死亡达 1 500 人，外国人也严重染病。

在 1865 年的公济医院报告中，"霍乱"项下为 22 个病例，13 人死亡；翌年没有此病报告，但 1867 年有 15 例，其中的 11 人"不幸以非常快的速度"死亡。

1867 年以后，看来直到 1875 年，外人社区都没有真正的或亚洲的霍乱了，尽管观察到了所谓的假霍乱（cholera morbus）或不列颠霍乱（British cholera）。新加坡和曼谷 1873 年流行此病时，有过一阵恐慌；热心卫生事业的亨德森医生向工部局提出了租界抵御这种流行病的建议。

直到 1875 年才有病例出现。当时九名外国人死于霍乱，大多数是在船上；亨德森再次要求工部局同意发布一份通告，他尤其警告人们不能饮用未煮沸未过滤的河浜水或江水。他讲述了上一年一个华人粪便把头的可怕故事。此人因受下雨的妨碍，害怕失去收入，就把几条船上的粪便倾入了苏州河。不能认为这是绝无仅有的事情。

1877 年，似乎有 16 人死于霍乱，亨德森将之称为一种流行病——有些人表示反对。也有人质疑这是否真正的亚洲霍乱。细菌学的进步当时还非常有限。亨德森称，很多政府承认，除了相对死亡率外，最严重的假霍乱同亚洲霍乱没有区别。直到 1885 年，麦克劳德医生和米勒斯医生才对上海的霍乱杆菌进行了研究。

第二年又有 16 人死亡，此后到 1898 年，每年的霍乱死亡统计数分别是 2、2、13、15、23、2、25、23、18、5、1、32、23、0、0、0、20、10、0、0。在这些年份中，亨德森拒绝宣布任何一年发生了流行病；而且每年都向租界和私人住宅重申不卫生的警告。大多数病例发生在船上，那里的水手把烈酒掺在直接提取的江水中饮用。亨德森强烈反对检疫隔离，部分是因为把霍乱病留在船上，就意味着毒害我们的饮用水。除此之外，该病是地方性的，鉴于准许华人船只自由行动，用巨大的不便和代价隔离外国船只其实无关紧要。不能忘记，租界中的华人几乎每年都有大批的霍乱患者，有时达数百人之多——1885 年死亡 522 人；据称，1887 年外国人中零星的霍乱病例总是与华人中的流行相吻合，第一个病例总是出现在华人中。但这与所公布的报告看来并不一致；我们记得俗话说过，统计能证明或者否认任何事情。但无须统计就能表明，华人的不清洁习惯是对外人社会的威胁。菜园用要命的粪便做肥料，我们厨房里的蔬菜由华人厨师洗涤。伤寒和霍乱即由此而来，其他病疫则因其他不洁方式而来。难以控制租界内的大多数居民和对界外完全缺乏控制是主要危险之所在；由于担心我们提到了亨德森所谓的华人"特别肮脏的习惯"招致过大的怨恨，我们姑且在这里引用麦克劳德医生 1886 年的一封信，那是关于一所有七人染上霍乱的外国房子的：

"应麦克尤恩上尉的要求，我今天检查了花马太先生在吴淞路上的'美国人之家'，昨天那里发生了一例霍乱。业主告诉我，他现在有 27 名房客。他给我看了上层的 23 个或 24 个铺位，有些是两个人住的。有一个房间大约是 15 乘 10 英尺，有 15 个铺位。后院的一楼，实际上是一个棚子，用于做饭、储水、厕所、仆人睡觉，还圈着两口猪。人们可以跨过阴沟口的厨房垃圾，从厨房走进厕所，那堆垃圾的两英尺之内，就储存着整栋房子和厨房的用水。湿漉漉的地面，湿漉漉的院子，被厨房泔脚和猪圈垃圾浸透的泥地，所有地方都藏垢纳污，狭窄空间里的一切都被阳光暴晒，还有一个很大的厨灶。即使我们排除这种环境造成昨天霍乱病例的嫌疑，至少必须认为，它们提供了这种传入疾病流行扩散的丰富机会，并构成了过分拥挤的被收容者及邻居的巨大危险根源。"

霍乱是卫生处统计的最重要传染病，一直是超过诸如肺结核、伤寒、天花等一切其他疾病的死亡根源；我们无须对此详尽论述。

一些狂犬病的病例时常让社区惊恐，并让工部局采取行动。1876 年，病狗、野狗以每条 100 文的价格被送到老闸捕房杀死，工部局的拨款达到了 50 元。但是，一个华人慈善机构请求照料无主之犬，以免它们被杀。工部局对此项建议不无疑惑，但同意了，条件是应在这些狗的耳朵上打孔，以便再次抓到时辨识。两个月后，一条疯狗咬了十二条别的狗和一名华人妇女、一名儿童；在亨德森做了关于该收容所的报告后，决定不再将无主狗送往那里，而是必须将它们全部射杀。然而，这项决定当年又变化了，除了那里的狗必须做标记、限定于 200 条外，超过此数的狗还都必须送到乡下。六个月后，由于没有遵从这些条件，决定不再把狗送往那里了。

上海这样的地方，不可能开列确切的死亡率清单，也不可能将它与其他城镇做比较。首先必须区别居民和非居民——如果算上后者，则城市死亡率就会被不恰当地抬高。当时，除了人口统计年份外，仅能估计居民的人数。再者，男人、女人、儿童的相对数量不像西方城市那样正常。最后，年轻人的比重很大，病弱者和年迈者往往回国了，是筛选过的人。我们写作的年代至少是这种情况。

我们根据大致正确的数据制作了表格，发现 1870—1898 年间，外国居民最低死亡人数是 67 人（1875 年），最高是 135 人（1896 年）。仅对居民而言，1880 年后每千人的死亡率如下：

1880	25	1890	23.8
1881	24	1891	24.6
1882	21.2	1892	16.9
1883	23.7	1893	15.3
1884	14.5	1894	19.3
1885	19.3	1895	17.1
1886	18.6	1896	18.2
1887	22.5	1897	14.5
1888	19.9	1898	16.2
1889	17.7		

特别不幸的是上海附近没有卫生的避暑地方。日本口岸的人们在郁郁葱葱的山间或蔚蓝色大海的近旁，也许有半打地方可作为轻松旅行度过周末的选择，它们都有干净的住处。希望逃避家里溽热的上海居民，却必须乘坐将近两天的海船才能前往一家外国人旅馆。他可以去杭州或者苏州度周末，住在华人通常的肮脏之处，或者前往吴淞或周家嘴，享受混浊的黄水和一望无际的沼泽风光。

如今，只有一两个差强人意、不易抵达的地方，上海的人们可以摆脱沉闷丑陋的街道，进入几天竹林；但应该指出，这些度假胜地都是外国人营造的成果。中国人从未想到过提供有魅力的舒适地方，以薅取有钱游客的羊毛。除了中国之外，日本、瑞士和世界上的任何地方都是这样。相反，进取精神和资金都是外国人的，华人历来只有蓄意阻碍。外国人在这个问题上所能得到的一切，像在上海本地一样，都必须经过奋斗，而充其量的结果是妥协。从北京到广州，没有一家华人旅馆能让一名外国人安顿下全家，甚至能让他自己舒适。

既然中方总是这样令人失望，上海的居民很早就开始找寻躲避沼泽地带溽热的地方了。1864 年，对于把普陀山作为理想的避暑地产生了很多想法，那是舟山群岛中著名的佛教之岛。它也许不错，尽管这个想法六十年来没有进展。当时建议每周行驶轮船，过去几年中，每周的轮船一直在行驶。后来，四礁（Raffles Island）获得了青睐——作为建议；一艘载着领事、法官、报社和有关部门代表的轮船眺望了它；但今天几乎无人知道它的名称了——它没有出现在理查德的《地理》中（Richard's *Geography*）。这是杭州湾外帕克群岛[1]中的一个岛。1874 年，吴淞和杭州是受欢迎的理想地方——仅仅是理想而已。然后是谈论一位传教士发现的离宁波四十英里、2 400 英尺高的大岚山。那山无疑仍在那里，但不是作为疗养地而知名。很远很远的牯岭在 1895 年露面了；但是，1889 年及之后，用了很大的力气才让马鞍列岛[2]深入人心。莫干山是目前唯一近得足以短期拜访的地方：这已经是传教士的主要避暑地，而且如业已指出的，它是由外国人而不是中国人建设的，并遭到了华人的很多反对。

1870 年首次实行经医生同意的死亡证明；而且在 1872 年建议，如果没有例外情形，**总是**应该邀请医生出席葬礼。领事团同意了申请工部局墓地的规章，不向穷

---

[1] 嵊泗列岛的一部分。
[2] 嵊泗列岛的一部分。

人收取费用。

然而，一直未能严格执行这份规章，因为该墓地的殡葬承办人戴惠克夫人未得到测绘师的许可和医生的证明，就在 1879 年安葬了谋特里（格兰特将军访问期间发生的爆炸案遇难者）。她受到了工部局斥责，但翌年 9 月又重犯。因而，不足为奇的发现是，詹美生在 1886 年宣称当时颁发的死亡证明实际上并无价值。因此，工部局请求领事团达成一项全面谅解。有些人拒绝得到埋葬证书。有一次，一名西班牙夭折儿童长期未获安葬，直到工部局被迫支付了 25 元尸检费。该规章称"如无医生或领事的证明"，但如果领事拒绝出具证明，就意味着无法迫使医生出具证明。工部局表示，它以后会向有关领事提出这种事情，领事必须承担责任。

第一份卫生处的报告是亨德森医生在 1870 年提交的。他已被任命为"工部局医官和卫生官"，年薪 500 元。那时是节俭的年代。他看来放大了自己的职务，做了很多挣钱的事情。他和其他人的工资当然都不曾停发。我们发现，他为工部局工作的最后一年，薪酬是卫生官 500 元和工部局医官 1 000 元。

他的第一份报告非常充实，而且他还为工部局准备了一份最有价值的报告"上海的卖淫"。

在任命他之前，只有一名"卫生稽查员"（Inspector of Nuisances）。但早在 1864 年，就已经有一个"卫生委员会"了，1867 年，再次有了"卫生处"的预兆。

根据下面的记载，亨德森本人或者在他后来的合伙人麦克劳德、米勒斯协助下持续担任此职，仅有非常短暂的中断，直到现在（1921 年）担任此职的史笪来医生的到来；所以，上海五十多年来只有两名卫生官。

1896 年，租界的发展使得必须修改这项制度，要聘用一位全力以赴承担这项责任的人。亨德森的公司"百医生诊所"[1] 要求提供的人能在他患病或度假时保证承担他的工作，并在对他不满意的时候取而代之；每年的工资是 8 000 两；有些人不满意这项安排，因为卫生官应该直接受工部局领导，但工部局达成了一项年薪 7 000 两的五年协议，百医生诊所因此雇用了一位格兰特医生。他于 1896 年 7 月抵达，并在当年提交了第一份——也是最后一份报告。从 1897 年预算的来看，他的工资或者说付给百医生诊所的总额是 7 000 两。

---

［1］ 即亨德森、麦克劳德、米勒斯公司。

但不幸的是，1897 年 7 月有一个调查太古洋行支付健康证明费用的特别委员会；该委员会的结论是"对卫生官的解释感到失望"。他与工部局见面，也不能令他们满意；他们并决定他应在七天内提交辞职报告（有两人持异议）。他拒绝这样做，于是在 8 月公告撤销对他的任命。公众对此非常感兴趣，要求为此召开一次纳税人特别会议；但会议的有些发起人后来公告取消了自己的列名，会议没有开成。

与百医生诊所的五年协议经双方同意取消了；决定从英国新聘任一位资质充分的卫生官，在他抵达之前，百医生诊所仍行使过去的责任；同时，订立了一项该公司今后三年继续充任工部局医官、照料工部局雇员的单独协议。

新任卫生官史笪来医生在 1898 年抵达，当年提交了第一份报告。小亨德森医生或该公司的其他人在史笪来离开时承担责任，代理工作的日薪为 16 两。

亨德森和麦克劳德在 1890 年向工部局建议设立一个巴斯德研究所，估计费用为每年 2 000 两，独立的小港口应该予以捐助。但工部局并不认为应当承担这项事业。米勒斯医生当时在巴黎的巴斯德研究所工作，亨德森强烈要求决定此事，这样，米勒斯回来时就能带来必要的活性物质。

我们发现，若干年后卫生处决定资助巴斯德实验室的工作了，但这不是亨德森建议的单独机构。它后来被恰如其分地称为"公共卫生实验室"。

1895 年发生了巨大的鼠疫恐慌，上海花费五六千两进行全力以赴的预防。幸运的是，灾难没有降临，否则华人居住区的过分拥挤和不卫生状况早就遭受了可怕的天谴。

浦东的检疫站遭到了附近人们的强烈反对。看起来尤为反对的是占用了教堂，但始料未及的不满原因却是地板只高出瘴气弥漫的土壤两英尺。

史笪来医生就在抵达的那年，去日本考察了巴斯德研究所和同类设施，他带回了开展这种工作的热心计划，并毫无疑问地增长了很多见识；但他也带回了各种细菌作为启动其工作的材料——鼠疫、霍乱、斑疹伤寒、丹毒，等等。这些东西轻而易举地通过了海关，没有问题；但在上岸时，活将先生立即要求烧掉鼠疫病菌。史笪来恳求让其存活，声称这种毁灭是倒行逆施，如果鼠疫侵袭上海，就解除他的职务。按照麦克劳德医生——一位科学研究热心分子的说法，在玻璃器皿中培养的杆菌处于完美的控制中，危险微乎其微。然而，在对动物接种的时候，危险变得非常大，除非人们都充分知道这一点，并能够进行预防。因而，必须由史笪来本人独自处置这些动物及其垃圾、注射器、笼箱等，特别要防范老鼠、昆虫接触受感染动物或其食物等。麦克劳德赞成准许培养；活将确实指责了他的危险性，即如果不许在公共卫生实验室培养，医生们就会在自己家里培养；他的信肯定让工部局胆战心惊了，他们坚决不肯同意。

但我们遗憾地指出，工部局不止一次地放弃了其最强硬的决定。那年年底，麦克劳德描述了在印度的成功接种。"医生们把有机组织放入一个盛着合适培养液的玻璃器皿中……然后注射了该毒液"，等等。"在上海的实验室中制备这种制剂，实际上承受的风险并不比其他培养物大。工部局应该准备这种注射剂。"而且，看来工部局同意了这项建议。由此来看，而且从没有任何销毁或火化的记载来看，我们断定史笪来医生的杆菌获得了缓刑，其后代也许仍在实验室中享受着培养液。

至于洗衣店，麦克劳德医生报告说，几个洗涤外国人衣服的地方肮脏得不可思议；而很快就开始履职的史笪来医生说，六十多家洗衣店中，他凭良心建议颁发执照的不超过两家。

这并非五十年来首次提到外国人承受着不卫生洗衣店的风险；事情显然在1895年提交给了工部局，但已经算过了，提供足够的场地需要花费100 000两；所以，没有说些或做些什么就不足为奇了。

1896年，纳税人同意建立一个"小型护理院"。已经认为不可能把它与公济医院安排在一起了。从英格兰克卢尔（Clewer）的修女中聘用了三名护士，条件是七年内不结婚，昆山路61号租给她们居住。她们立即发现，病人多得照料不过来，而且她们立即想要在里面获得护理病人的房间，并安排培训实习生。1898年，因为这个机构的开支巨大并同医院竞争，活将提出了抗议；但工部局其他人认为，他的抗议晚了三年。

我们必须在下一卷提到，这个"小型机构"发展成了"外国育婴所"。

如果读者能阅读本书有关卫生、滋扰、执照、菜场和医院的部分，可以发现更多影响租界健康的事项。

第27章

执　　照

1843 年《土地章程》[1] 规定，任何人开办饮食店铺或向外人出租房屋，都须先由领事颁发执照（第十七款）。1854 年《土地章程》称，未经领事发给执照，华人洋人均不得售卖酒类，或者开办公店（第十二款）。在建立工部局的 1854 年 7 月租地人会议上，阿礼国发表了重要演说，谈了很多工部局的征税权力，却没有专门提到执照问题。

因而，我们发现密迪乐在 1860 年写道，他希望工部局**事实上**管理执照事务，因为他密迪乐不能向任何主体移交作为领事所获得的各种权力。

1862 年 3 月的租地人会议再次声称，工部局前两年已两次就执照问题致函英王陛下公使；但均未得到回音。

不管怎么样，工部局根据《土地章程》第十款授予的权力继续颁发执照，看来没有产生任何麻烦。

最初，只对外国人开设的小客栈、旅馆及售卖烈酒的华人颁发执照。1861 年，要求舢板领照，每年收费 2 元（后来是每两个月 1 元），发一块编号的船牌。一名外国人也许是在一条舢板上被杀，这导致了所有舢板的领照。道台问巴夏礼，工部局是否妄称自己有权对舢板船夫征税，或者关于执照捐的通告是否系某些个人的作为。工部局得体的答复说，这并非主张黄浦江的管辖权，收费是因为使用工部局的码头，是对它们的交通管理。但如巴夏礼所说，这个办法应在实施前得到官方批

---

[1]　系 1845 年《土地章程》之误。

准。1863 年有 1 700 艘舢板。轿子也颁照编号，那年有 152 乘。当时认为对烟馆、茶馆、妓院、戏院、赌场和华人夜行也适宜颁照。1864 年前，英租界不准沿街叫卖；那年准许在河南路以西叫卖，每月的执照捐 1 元。一两年内，烟馆、货船（20 吨以下 5 角，20 吨以上 1 元）、当铺和寄宿公寓都颁发了执照；但最末的那项没有收费。

做成的事情很少不发生争端，第一次执照争端是 1862 年关于轿子的。轿夫行以一个葡萄牙人和一个意大利人为首。他们试图造成垄断，并对较上等的妓院每年索取 10 元；还试图贿赂总巡。

英国领事决心尽量打破垄断。同时，由于中方认可垄断和上海轿夫的凶暴骄横，他要求工部局让道台支持他们采取的一切行动；领事将乐意建议道台放弃颁照，因为工部局有新的更好办法。工部局就在那时设置了轿子执照；但 1865 年马安把犯罪头目送入会审公堂时，再次出现了同样的争端。这次争端显然有知县衙门一个要员的撑腰，尽管英国领事的看法相反。

1868 年，工部局不得不反对道台提出的组织驳船码头苦力的计划，即苦力们将由华商支付薪酬，并服从防卫委员会的命令。其目的是防止苦力（即他们所谓的"野鸡"）抢先登船揽活。对此的异议是这将让中国巡丁进入租界。这肯定会导致垄断和恶习，何况 1865 年已对此做过某些尝试了。彭福尔德说，他在两年中只听说过一次码头上的失窃案件，尽管中方非常乐意报告这种事情。如果需要什么补救的话，办法就是加强警务。

另外一个必须阻止的计划是上海货船公会。代理人法布里斯写道，该公会已经由道台颁照，希望得到工部局的批准和帮助。它收取佣金，担保装船的货物，并实际上承担一切水上警务工作。驳船已经查验过了，都登记在法布里斯名下。但一切均取决于工部局的支持。华人商业区南市已经试行了这个办法，如果英租界予以批准，它将扩大到法租界。

港务长贺克莱说，这是一项涉及四家华人商行的垄断。该公会将负责所有招揽生意的华人驳船，但后来做了修改，准许船主选择是否将驳船登入该公会名录。

1869 年对马厩征捐，1870 年对小车征捐。后者的每月 500 文由工部局和公董局两家征收；在经过一些误解和争执之后，同意由两家平分所得。但是，工部局在 1874 年 4 月希望停止这项协议，他们说，只试验六个月，由两个租界分别征收并获得各自的收入。法租界说，在这种情况下，他们就不承担洋泾浜桥的一半费用；为了解决这个问题，进行了很多耐心的通信。法租界在 1875 年决定独自行动，对每辆小车每月征收 100 文执照捐，当时的英租界工部局是征收 200 文。

一位莱因先生代表一位中国买办提出，每年缴纳 1 500 元获得 450 辆小车执照的专有权，每增加一百辆，每年再缴纳 500 元。

每一种执照当然都会导致某些人的不满和抱怨。例如，老闸的店铺商行因担心生意被驱逐，在 1874 年请愿蠲免对华人货船收取的驳船码头费。工部局表明，这项捐税的回报是提供卸货的便利、照明和保护，没有驱逐生意，而且还有常见的华人非法勒索问题。

一些年后，当会德丰洋行拒绝缴纳未使用码头的船只费用时，争执出现了。工部局最初的答复是，如果不缴纳该费，巡捕将阻止这些船只使用码头；但法律顾问后来认定，如果无执照的船只使用了码头，唯一的方针就是起诉，并对《附则》进行修改，授权工部局对所有进入工部局码头的货船收费，税率为载重 20 吨以下的船每月 1.5 元，20—100 吨的船每月 3 元。

华人的酒馆在 1873 年宣称，他们太穷，不能承受该捐税。但彭福尔德表明，华人的醉汉十年来一直在增加，他提到的一个酒馆一个月做了 8 000 元生意。税率为售卖外国烈酒每季度 30 元；如果只卖本地酒，每季度 1—3 元。在法租界，所有的酒馆每月缴纳 3 元。

对马车执照也有争执。收费是每月每匹马或每辆车 200 文到 1 元，1875 年，詹纳·霍格作为龙飞马房业主、克劳夫兹-苏治（一位华人）公司的代理人，拒绝缴纳。他以龙飞马房地处租界之外为由赶走了稽查员；该公司当时在今西藏路和大马路拐角处。会审公堂的判决是，如果马匹和马车使用了租界的道路，就必须缴纳执照捐。然后，霍格从道台处得到了一份反对工部局向界外华人课税的**一面**之词，但工部局坚定不移，翌年，苏治公司同意每月缴纳 7.5 元。

1888 年，未领照车辆使用静安寺路发生了同样的困难。尽管该路在租界之外，却是工部局的道路，他们认为可以禁止未领照车辆使用。

实施所有公共马车应该醒目显示车牌的规定，也有同样的困难。

无论工部局如何根据法律顾问的意见谨慎行事，都不能迫使马厩为每一匹马或每一辆马车办照，而是只能防止其无照揽客。根据意味深长的说法，德国人对善钟[1]的马厩感兴趣，德国领事将决定反对工部局。所以，卡梅伦巡官奉命机智对付善钟！1899年，对私人马车征收执照捐。两个租界同样进行，执照在两边均有效力。

但是，这类事情最大的本地轰动，却是由非常卑微的独轮推车[2]引发的。

对这项不可避免的滋扰历来进行了很多立法。早在1869年，就不准嘎吱作响或华人听来声音犹如天籁的独轮推车进入河南路以东的租界了。当时，下午七点到上午六点之间都不准它们进入整个租界，犯规的车子在白天锁住。但工部局的每一项行动都受到束缚。在有些居民看来，工部局没有权利干预华人的习惯，他们应当向中国政府证明那噪音是一种滋扰，并应依仗中国政府的权力进行补救！

到1870年时，两租界每个月的执照捐是500文。如前所述，收入的分配引起了法租界和英租界的龃龉，妨碍了桥梁工程，并几乎让法国人在通信中表现出了法国式的粗鲁。这都是那种不起眼的小车引起的。

后来，公共租界单独征收该捐200文；但1877年涨到700文。[3]那些人曾威胁要抵制，但很快屈服了。1888年制定了新的规章，载重量以600磅为限，尺寸也做了限定。

是年，纳税人决定把捐税从每月400文提高到1000文。理由是小车数量大大增加了——那时有约2200辆，它们都超载，结果是增加了维修道路的开支。该捐在4月1日立即实行。

最初，车夫们请愿反对加捐，理由是他们穷苦之极。工部局总董然后会见了知县和会审公堂谳员。租界的开支和车夫的贫穷是双方仅有的论据；但知县说，如果工部局今年不能降低该捐，他就请求道台为此捐助5000两，否则他就自己付出该款。

然后，道台根据两个会审公堂谳员的禀呈致函领袖领事——因为法租界也在加捐。该函提出了一些观点，理直气壮地声称"租界各事虽由洋人经理，而所定租界章程并未奉有中国大宪允准明文。且华民之事，自有华官"，[4]应与中国官员协

---

[1] 华商陶如增号"善钟"。
[2] 俗称"小车"。
[3] 据下文应为400文。
[4] 所引中文据1888年4月10日《申报》。

商；却甚至不征询他们的意见，工部局的独断专行不可容忍。两位谳员宣称，如因此事审讯人们，他们将不会做出违背自己正确理念的判决，或采取压迫这些穷苦华人的行动。他们担心会发生骚乱。

工部局从领袖领事处收到了道台更多的信函。根据领事团的劝告，工部局决定在年底前维持原状。

这显然是一种有趣的态度。工部局经受不起退让，尽管他们有权力征税，却除非通过领事团或者在华人案件中通过中国政府，自己却无力量实施。领事团却根据公使团的指示，想要解决此事而又不引起**原则问题**的争论；而且工部局发现，进一步向北京呼吁会阻碍新《土地章程》的通过。所以，尽管曾试图以执照捐 700 文、执照数 1 500 张为限妥协了事，最后还是放弃了这种态度。获胜的小车行进如故。其数量每年在增加，尽管道路并未变宽；与无害的黄包车相比，它们的执照捐低了很多，从它们那里获取的收入，根本抵不上它们对道路的损害。

到 1895 年，每月领有的执照是 3 563 份，工部局测绘师宣称它们造成了无法忍受的滋扰，希望限制其数量。

翌年，曾试图通过一家华人车行设立雇用小车的站点，但并未得到工部局的支持。

前面一次斗争的十年之后，工部局再次决定增加捐税，但这次只加到 600 文，而不是 1887 年[1]的 1 000 文。这看来是不可思议的，但必须记载的是，车夫们继前一次胜利之后，又获得了一场胜利，工部局第二次完败。

1897 年 3 月的纳税人会议通过了这项决议，这个月，小车执照已经达到每月5 496 张。只有毛礼逊表示反对，他反对的理由仅仅是这并非广泛修改捐税计划的组成部分。

在要缴纳更高捐税的 4 月 1 日，车夫们举行了罢工，两三天内发生了一些小骚乱。5 日，一群暴徒穿过法租界外滩桥进入公共租界，制造了一场骚乱，巡捕莫名其妙地未做好准备。警钟响了，皇家海军的"林纳特"号的四次开炮召来了万国商团，来自皇家海军"林纳特"号、"普洛弗"号和美国海军"蒙诺卡赛"号的陆战部队登陆。骚乱在隆隆炮声中被驱散了，当天和翌日，上海均由水兵和万国商团守

---

[1]　据上文应为 1888 年。

卫。但在骚乱的第二天即 6 日，宣布工部局已经让步，做出妥协。7 日，举行了一次义愤填膺的抗议大会。这是上海到那时为止举行过的最大、最狂热的会议，对工部局的行为表示了最强烈的愤慨；外国人和许多华人都认为，五十年的威望毁于一旦了。工部局对大会的要求没有做出直接答复，而是发表了他们的记录，表明6361 份执照已经按照旧的税率发出了；所以，4 月 21 日举行了一次纳税人特别会议。这肯定是这种会议中最特别的一次了，发言者坎贝尔、立德禄、霍利德遭到了最激烈的抨击。然而，工部局总董普罗布斯特不但对工部局的作为进行了辩护，还将之称为一场胜利。领事团显然一致同意调来军队，并决定由领袖领事与道台商议。那位官员说，他无法让车夫们立即服从；他为他们辩护，并建议对他们作几项让步。最后同意推迟加捐，条件是他正式承诺在推迟的时间予以实施。向他发出了一份最后通牒；他必须发布一份告示，命令车夫们服从宽宏大量地把加捐推迟到 7 月 1 日的工部局；告示应有这样的表示，他将对任何进一步的骚乱承担责任；他必须在接到通牒的第二天上午十点半前表示同意，否则必须承担后果。最后通牒被接受了，普罗布斯特声称，租界一旦给道台划定了界线，就永远防止了法律上的模棱两可；这就承认了我们以前历来严重遭受质疑的征税权力，并避免了更多或许更严重的骚乱。道台已同领事团达成了一项不容后退的协议，工部局没有放弃原则，已经获得了一项不容置疑的权利。

这项解释之后的决议表示，"最大的遗憾是工部局竟然如此无视社区的利益和尊严……同意接受这项妥协"，但纳税人同意，已经达成的协议必须履行。提案者和附议者均不宽恕工部局，说他们应当随之辞职——不希望公共职位上再有像他们那样的人；他们在照料排水管和煤气灯方面、在其他枯燥乏味的事务方面向来是优秀的，但在这次要求更高的时候，他们导致了工部局权威可怕的崩溃。工部局没有权利达成违反纳税人表决结果的任何协议；他们没有必要召唤海军，从而失去了对局势的控制，这说明他们已经丧失了理智；让万国商团执勤两天两夜，是"对他们的愚弄"。

这份决议是一项尖刻的谴责，但获得了几乎一致的通过。工部局全体辞职，5月选举了新的工部局——无须说，是全新的。道台的告示按时发布了，推迟实行的加捐没有更多的麻烦。

那时也许没有上海的外国居民感到需要典当铺——我们肯定不会承认的；但在

华人的社会生活中，这些机构扮演着重要角色；既然租界几乎完全由华人占据，当铺肯定有其历史地位，本章可作适当论述。

这种店铺有两类，中文分别是"当铺"和"押铺"。前者也被认为是"大店"，是无论多少钱都能垫付的殷实企业，中国法律要求他们至少保留典物三年。另一种或较小的是"押铺"，提供小额贷款，很少保留典物三个月以上。"当铺"稳定，利润却不高，而且经常损失惨重。它每年向政府缴纳小额赋税，而"押铺"缴纳一次赋税，得到政府的纵容。

如通常一样，对待租界内典当铺的一切难处，就是管辖权割裂；只不过领事团不必对这项争议多加介入而已。1869 年之前，租界内的所有典当铺都是押铺。就在这年，山东路和福州路拐角上开设了第一家领有政府执照的当铺。它拒绝缴纳工部局的执照捐，直到会审公堂下令才服从。而押铺兴起于太平天国时期，其时租界的华人如此众多，下等外国人也光顾它们。他们更便利更穷的人们，但也比更大的当铺更不诚实；其中最坏的，至少在当地被称作"打雷店"（thunder-striking shops），在租界中约有 30—40 家；1872 年，每一百个居民就有一家典当铺。其利率是每十天 3％，预扣 1 000 文；或者利率 2％，预扣更多。它们营业到午夜，而不像其他店铺一样晚上八点关门。所有典当铺都须领取工部局执照，中国政府认为，较大的应缴纳政府赋税或者附加税。1871 年，试图对所有类似的典当铺征收政府捐税。城里的差役造访所有的典当业主，以不按照业务量向知县缴纳 50—100 两就予以拘捕相威胁。在那之前，无人对这种规则表示过反对，但这时，山东路当铺得到了一张政府执照，并拒绝缴纳工部局执照捐，不许其检查账本。据说，它是失窃案件的主要案犯。但工部局坚持自己的权利。翌年，两家新的当铺拒绝缴纳**政府**捐税。

1883 年，试图对租界内的所有小型典当铺征收政府捐税；会审公堂谳员的命令是，不缴纳就关闭；典当主们拒绝服从公堂传唤时，遭到了逮捕的威胁。受害人向工部局呈送请愿书，工部局致函领袖领事，请求对道台干涉合法生意提出抗议。道台的答复是，因为较小的典当铺实行了利息更高、当期更短的制度，盘剥了更穷的人民；那项命令仅仅是要求他们改成缴纳捐税的较大当铺而已。

租界内的主要不满是失窃的财产没有赔偿。中国所有的典当铺都接受赃物，从不询问来历。在城里和城郊都不查验账本，如欲认领赃物，就须偿还已经支付的抵押款。租界里正相反，典当铺必须提交账本供定期检查，发现赃物时，物主和当铺业主都必须在会审公堂出庭，物品无偿归还原主。这导致了一种两本账的新方式，即可疑物品记录在不对巡捕出示的另一本账上。

工部局当然没有权力搜查城里的店铺，然而这种权力非常必要。租界内的店铺接受定期检查，是对犯罪的巨大威慑。因此，工部局在1879年要求赋予他们这种权力。领袖领事吕德劝他们不要提出，因为这种搜查权力是一种主权，肯定会遭拒绝。知县们三十年来一直拒绝搜查从外国人处窃取的财物，尽管中国市民受到法律的充分保护。[1] 按照中国法律，知县自己应搜查价值40两以上的赃物。工部局当然不能主张搜查城内店铺的任何权利，而是建议告诉政府，他们早先的行为并不友好，现在请他们作为一个善举，准许工部局巡捕在他们官员的陪同下进行搜查。然而，这项尝试失败了；官员们坚持主权的主张，不准租界巡捕干预。

这里唯一值得一提的有关典当铺的其他问题，就是1888年给了一名外国人——一名意大利人在河南路开设一家当铺的执照。华人钱商强烈反对，道台当然也发函反对，说条约没有准许的规定；工部局对此的明确答复是，没有条约的规定禁止这样做，或者禁止任何合法商业。然而，由于某种原因或其他原因，这家当铺仅仅开设了几天。

道台在1897年询问了关于典当铺的巡捕规章，希望取消有关赃物的条款。信件是"无礼的，令人不快的，满口诋毁巡捕房"。领袖领事宣称，工部局在坚持曾得到中方承认的特权方面，总能指望领事团的帮助；只是（多么讨厌！）在担心有碍租界扩张前景的时刻，必须"有意怠工"（ca'canny）。道台的函件一度没有得到官方答复；工部局当时的一份备忘录声称，"道台没有权力在租界内征收或管理捐税，或颁发执照，纳税人不会予以承认"。

---

［1］ 此句费解。疑应为中国市民并不受法律的充分保护。

第28章

恶行、酗酒和某些补救

华人大量拥入租界时，出现了长期与我们对立的广州人，出现了大量诚实的或不诚实的、在职的或逃亡的水手，而工部局权力有限。记住这些，就不会对早期一直存在的有别于职业犯罪的大量恶行感到诧异了。

任何海港的上岸水手都会是一个麻烦，但可悲的是，商船船员的举止要好于海军的水兵。1856 年对香港的投诉是准许水手们乘船去上海，结果是各种如虎似狼的铤而走险者涌入上海；二十多个这种人曾同时被关入了监狱。1859 年，一些水兵在虹口的一场争吵中打死了一名华人，罪犯没有找到。这除了给居民们带来烦恼，也让官员们头痛。因为海军军官认为领事们偏袒巡捕。麦华陀说，海军人员给岸上造成的麻烦大于任何其他人。1857 年，一名法国水手在虹口海员公寓被打伤，一伙外国水手去那里擂门，打死了第一个开门的人。当时那里没有巡捕。遵守安息日的动机是不同寻常的。水手们在那天上岸了，闯入所有开门的商店，拿走他们喜欢的一切；因此，多数商店那天关门了。

就在新大桥（？）[1] 北边，外人和华人发生了一场斗殴，一个村民被打死，另一个重伤，同日（1858 年），水手们闯入法租界的一栋华人房屋，重伤了一个居民。据记载，1860 年水手们攻击了一名巡捕，该人被认为伤重不治。

上海和任何地方一样，无论是出于公心还是其他目的，在对大批人群有特殊诱惑力的方面，从来没有做出过充分的规定。那些人历经枯燥闭塞的船上生活之后，

---

[1] 原文有此括弧及问号，系表示不确定之意。

279

一旦怀揣钞票上岸，就会发现不难找到烈酒铺子、劣质酒精和各种邪恶的诱惑物，好一点的诱惑物却非常有限，且并不很有吸引力。上海的水手之家将在别处陈述。

但除了上岸水手之外，还有其他外国无赖。因为铤而走险的外国人众多，1864年1月的《北华捷报》谈到了在周边地区旅游的危险。这些人在穷愁潦倒、沦落至乞讨食物时，经常参加广州匪帮在租界内外的劫掠。约有七十至一百人同华人住在一起，靠小偷小摸为生。有些人充当赌场的门卫，一些更绝望的人则成为内河的海盗。1864年9月的统计表明，租界内有360名下等外国人，其中的216人无业，其中的50人多月没有工作。这些流浪汉多数是英国人或美国人，但也有来自马尼拉的西班牙人。

工部局要求领事团注意此事，认为一项针对所有在此表现恶劣的华人外人的监禁和劳役制度将能有效制止犯罪。但巴夏礼认为，只要涉及英国人，各《流浪法案》（Vagrancy Acts）和他驱逐那些不安分守己者的权力，连同巡捕的努力，就会很快减少无赖的人数。我们发现的1865年统计也许就是其结果，当时无业的外国人只有44名了，差不多都是英国人或美国人。

1864年有一起可怕的报复案件。当时三名德国人和一名英国人去湖州参加常胜军，因为抢劫家禽而遭到村民们的严厉处置，然后遭到官员们的严重虐待，一人竟发疯而死。他们被赤身裸体捆绑多日，直到一名德国人设法咬断绳子逃到上海。其中的英国人墨菲后来到达上海作证说，一名普鲁士人在遭关押的第四天就死了，他们四天没有食物。墨菲自己非常悲伤，第二天就死了。

阿查理说他们都是无赖，其中的一人有护照。他们已经晃荡一阵了，正在按规定抓捕他们时，他们因偷窃家禽而在马庄（Matsang）被抓获。三名华人在斗殴中受伤，其中一人死去。官员们躲避了责任；所以那些人被剥光衣服，捆绑手足；暴民踢打他们，朝他们吐口水，用烟锅烫他们，没人过问。最后，他们从马格里的一个手下那里得到了5元钱，雇了一艘船；他们把同伴的死尸裹在芦苇里，来到了上海。

存在着一种把每个犯下暴行的外国人都看成海盗的倾向。农村正在从叛军的蹂躏中复苏，"唯一的污点就是我们在路上遇到了很多外国无赖，以及我们无论在何时停下，他们的暴行都会不绝于耳"。当然，这些外国人中的很多加入了叛军，实现和平之后，他们的所作所为更加惹人显眼。

《北华捷报》建议说，应认为中英《天津条约》第十六款在这种案件中无效，无赖应交由中国发落。"这种药方是可怕的，但这种毛病就该这样治。"然而，巴夏礼把这个特殊案件中的过失全部归咎于官员。他们对条约一无所知，苏州知府甚至必须写信到上海索取条约副本。

1864 年的《北华捷报》谈到，几乎每天都有夜盗和其他犯罪的记录，说晚上出门不带手枪就不安全。加利福尼亚和澳大利亚的掘金地是有盗窃和袭击；但只有在上海，盗贼猖獗到了劫走轮船的地步；这种盗窃接连不断——"萤火虫"号、"生丝"号，还有其他。而且看来没有一个人受到惩罚。

那年，一个广东人在大马路杀死了一位多尔先生。为抓获杀人犯悬赏 500 元；他被抓获，由中国政府及时处决了。

我们将在本卷的其他地方论述水手之家和戒酒协会。这里必须谈一下酒馆。

不管我们是不是绝对戒酒者，都不得不承认酗酒恶习已经戕害了很多人，而且仍然是西方国家的一种社会诅咒。严禁酒类——强制性的全面戒酒，是一项值得尝试的实验；但除了个人自由问题之外，人们在最后审判日之前也许都会寻欢作乐的；很多人认为，规制比禁止更为明智。商人们会认为自己的葡萄酒很不错，赛马手会在跑马场上维持很高的道德标准。但如果上岸水手**要**喝酒，社区唯一可行的，就是看到他们有安全的饮酒地方，不会中毒。为此，工部局就像对妓院一样对酒馆、客栈、旅馆等颁照，这不是为了收入——因为从酒馆中得到的收入越少，警务开支显然就越低；工部局是通过颁照来维持对这些地方的控制，至少能够缓解和制止一种对整个社区不可容忍的祸害。

1857 年的《工部局报告》指出，给洋泾浜的一个商户颁发了售卖"健康烈酒"的执照；这个地方"相对遥远偏僻"。很快出现了因管辖权不明确而产生的常见争执。葡萄牙领事魏勃写信表示，"如果工部局不反对的话"，他将给一名葡萄牙人颁发执照。但当西班牙领事准许在虹口销售烈酒时，工部局就只能礼貌地建议他遵守"各条约国和其他国家领事接受的明确惯例，对这种他们普遍适用的自由，向工部局提出申请"。

收取捐费也非常繁难。熙华德说，他没有权力按照《土地章程》强制征收；如果没有表明销售烈酒造成了骚乱，他甚至不能予以禁止；亟须一道特别法令。当时，虹口有 12 家酒馆，英租界则有 10 家。虹口的酗酒与日俱增，以致需要设置专门的巡捕监督。熙华德在 1868 年起诉了一批酒馆，说它们卖了劣酒。可是开办威贞同药房的马丹医生分析了样品，说其质量与最好酒馆中出售的相同。这份鉴定既可理解为低等酒馆的出色，也可理解为最好酒馆的恶劣。

工部局法律顾问连意认为，在新的《土地章程》制定前，执照无论如何不会令人满意的。在他看来，这些执照似乎都不合乎规范，因为那时执行的《土地章程》第十二款规定，执照应出自领事团或多数领事，但执照在形式上只由一名领事签发。

截至 1863 年 9 月 30 日，工部局从外国酒馆或烈酒店铺征收到执照捐 6 450 两，从华人酒铺征收到 4 200 两。前者是英租界 17 家、虹口 26 家；后者分别为 11 家和 17 家，颁照的都是论瓶售卖洋酒的酒铺。执照捐的捐额从华人餐馆的 6 元到外人大旅馆的 200 元不等。这些数字在若干年中非常稳定。但是，警务委员会在 1869 年建议，两个租界的颁照酒馆不应超过 20 家，而华人酒铺执照的数量应尽可能减少。由于工部局显然照此行事，翌年的执照数量和执照捐收入都大幅度下降了。

1871 年的纳税人会议提出了一些有趣的事实。人们可用一法郎在华人店铺中买一瓶杜松子酒，然后在街上喝掉它，或者带到妓院里去；而有时，由于来了小卖艇，船上的一半人没上码头就已经酩酊大醉了。一家每季度缴纳执照捐 30 元的二等酒馆必须在晚上十点关门，而缴纳 50 元的一等酒馆则可每周全天营业，这也明显不公平。

《附则》有关执照的第三十四条瑕疵众多，必须不断完善。到 1883 年，它已经修改多次了。

虹口的七个主要店主因为售卖供堂饮的烈酒被送上了会审公堂，但谳员拒绝对他们做任何惩罚。因此，工部局取消了这些执照，每张 30 元的押金罚没了；但后来，表达了忏悔，缴纳了新的押金作为担保，执照重发了。

我们已经指出，工部局在 1863 年对这些执照征收了约 10 500 两。尽管居民人数在增长，但很多年的一般收入减少了 5 000—6 000 两；如果以 1893 年作为我们这部分历史必须论述的最后一年，我们发现，外国葡萄酒和烈酒零售商的执照捐是 909 两，华人零售商的是 2 063 两，华人酒铺的是 2 701 两。这比三十年之前的收入数额少了很多。一直以来的趋势是外国人的执照越来越少，华人的执照则不断增多。

上海全面禁酒或戒酒协会的历史因海员之家而错综复杂。

1857 年，罗伯逊奉命准许竞争性的海员之家重新开放。在本书第一卷第 356 页中可以找到对某些事情的解释。1857 年的一名访问者评论说，商业巨头们的住处富丽堂皇，水手们如果不想去虹口恶劣而又昂贵的海员之家的话，除了华人的酒馆外，就无安身之地了。过去的几次尝试均管理不善，已经予以放弃，不再试图控制了。工部局和领事团的目的，都是尽可能不颁发公寓执照，以避免其必然造成的警务成本的诸多烦恼。

1859 年，沙德韦尔海军上将在图书馆主持召开了一次会议，宣布提供一块靠近老船坞的 320 英尺乘 90 英尺的滨江地块。建造 100 人的住处需要 14 000 两。据认为，在一名由委员会监督的有薪经理管理下，这个地方能够自己维持开支。可以销售啤酒和烈性啤酒，但不得销售烈酒，而且不接受施舍。资金通过面值 100 两的债券筹措。

该计划按时实行了，海员之家在 1860 年开放。当时为 200 名英国法国水手举办了一场宴会，"蛮横"号在中午时分向海员之家的旗帜致敬。

公众的冷漠和听天由命的习惯最终导致了这项改变海员命运尝试的失败。1866 年，这个地方陷入债务，被抵押给耆紫薇。当时的马来亚船主凯利以每月 200 两（后为 200 元）租赁它五年；有人则以 120 两租下了它；英国领事馆的航运职员泰卜后来写下了该海员之家 100 页的历史，他认为租金是偿付抵押款的。但债券持有人没有得到偿还，实际上没有关于他们的记载，一段时间内没有账目。债券总额是 11 000 两，手头的余额是 2 000 两。泰卜提出了一个被采纳的新办法；看来是保证 10％（的利息），让很多债券持有人看到了希望。

但是，事情在 1874 年仍然或者再次令人失望了；经理亏损了 1 341 元，想要获得赔偿。裁减了职员，但到了 1877 年，有十二个月的租金没有支付，认为必须把滨江地带以 10 000 两卖给怡和洋行。这家企业一开始就善待海员之家，后来又给予它很多帮助；所以，发现泰卜显然因为对该滨江地开价过低而打算提起诉讼，就不无悲哀了。

温思达在 1867 年说过，如果不能保证海员不成为公众负担，就一个都不准离船；在上海，这就意味着由海员之家承受负担。阻止身心俱惫的海员们到来是不可能的——有些人必须从街头抓到海员之家去。温思达多亏了泰卜在这个问题上的经

验和警觉性。1874 年，麦华陀在一份为海员发放体检证明的建议中说，每年约有
1 000 名离船上岸的水手。

1869 年，詹美生、帅福守、玛高温和布彻显然根据布莱森主持的戒酒协会的
安排，在虹口进行了室内的戒酒演讲。但在 1873 年，上海海员戒酒协会的新会所
在四川路 21 号 A 落成；布莱森声称，该会成立于 1871 年圣诞节；当时皇家海军
"莱文"号的总工程师和一些人在山东路华人小礼拜堂的一个角落里开会，建立了
一个"禁酒协会"。日期越吉祥，事情越顺当；但让有些读者吃惊的是，圣诞节并
非建立这样一个协会的吉祥日子。他们每周开会，除非夏季；经常发现那礼拜堂太
小了。名册上有 212 人，为了开会、就餐、打桌球等，花费 2 000 元建造了一座新
的会场，它带一些卧室和一间阅览室。

然而，该协会在 1874 年得到了汉口路上正对着大礼拜堂的一处房屋，里面有
包括卧室在内的 15 个房间；而且当时提到，该协会是**在虹口**的一条小道上发起的，
后来才搬到山东路，然后再搬到四川路。这就把"禁酒协会"和上述演讲的"戒酒
协会"联系起来了。就在搬迁到汉口路的时候，397 人立下了誓言，大多数是
海员。

1875 年，这个不甘寂寞的协会在虹口设立一个分会后，再次呼吁资助，以在
南京路建立一个新会场；当年，一场音乐会启用了新会场。它被描绘为像以前的英
国邮局。它每月的开支是 112.5 两，但房间转租给"机务总会"、基督教青年会和
"善良戒酒会"了。然而，该协会翌年发现自己已负债近 3 000 元，并因管理不善
而不得不关闭了虹口分会。我们发现，1877 年的《北华捷报》还在质问，该协会
拥有 16 000 元的收入和价值超过 6 000 元的家具，是否超越了它的活动范围。答复
是，这是在海员中开展的一项出色工作；给他们的床位，显然每晚只要一角钱。

我们首次见到"善良戒酒会"是 1877 年的记载。他们当时在"戒酒会堂"
(Temperance Hall) 举办了一场晚会。约 150 人出席了他们在上海第四会所（No. 4
Lodge Shanghai）的 1878 年年会，其中的三分之二绝对戒酒。翌年有一次"戒酒大
游行"，队伍由骑在马上的布莱森领头，连同善良戒酒会和全国戒酒联盟的马车；
英国领事和工部局总董加入了游行队伍；晚上是一场招待会，翌日是特别布道。

该分会 1880 年的成员是 373 人。那年，妇女们在港口内乘坐"超过两艘"的
帆船，升起"善良戒酒会"的旗帜，这种庆祝仪式会有什么意义倒无所谓。70 名

海船的船长出席了这个仪式。

同一年，提出了建立一支万国商团禁酒者队的建议；当时有 18 名绝对戒酒者参加了训练。此事没有实现，尽管霍利迪主持召开过一次正式会议。

5 月的步枪运动会看来是有一尊鸦片杯和一尊禁酒杯；后者要求射中 18 次，唯一获得此杯的绝对戒酒者是兰宁。

这些协会就像事业未竟就去世的人们；终生奋斗，陷入债务，呼吁帮助，出售财产，寿终正寝；然而，它们目的已臻，社区因它们的努力而获得了改善。绝对禁酒主义和节制饮酒无疑在上海取得了进展；所有的居民都会感谢它们；社区风气的某些改善必须归功于这些现已逝去的协会，即使它们也许死于债务。

第 29 章

形形色色的滋扰

在消灭或减少疾病的时候——如我们希望的可在地球表面消灭肺痨或癌症，似乎总有新的瘟疫取而代之，出现我们的先辈不曾遭遇过的烦恼。

我们认为上海的先辈们不得不忍受的滋扰就是如此；我们已经消灭了很多滋扰，但未必就是事情的好转；嘎吱作响的独轮车并不比轰鸣的汽车更加刺激神经，何况还没有危及性命、肢体安全之虞。

但早期滋扰的清单肯定令人生畏。靠近外国人住所的棺材、舢板船夫们整天的喧哗、鞭炮锣鼓的嘈杂、黄浦江里各种腐烂程度的浮尸、独轮车的嘎吱作响，不过是备受煎熬的前辈们抱怨的一小部分事情而已。抱怨的人们现在都缄默了；他们毕竟幸免了工厂汽笛和电车的喧闹。

最严重的滋扰影响着健康，我们已在其他几章中涉及了一些。不卫生的恶习比比皆是。臭味弥漫当然是因为缺乏公共厕所等，但除此之外，据 1869 年的报道，还有 894 幢低于路面的华人房屋泡在房子下面的污水里。詹美生医生指出，虹口巡捕房的下水道向虹口医院的院子里排放。1862 年战争期间，几乎每次潮水都带来浮尸。北门街（广东路）两边的华人把所有的污秽扔到路中央。一份工部局会议记录称，在街道上发现死亡和患病的西人，必须在查明身份后交给有关领事。科格希尔医生说，洋泾浜作为一条被阻塞的排水沟，非常有害健康。这些不过是危害健康滋扰的一些例子而已。

此外，神志清醒的人要遭受很多无赖和醉汉的危害。虹口有十二家领照酒馆，尤其是周日水手们上岸时，"醉鬼"众多；上面提到，一个安息日就有九人被逮捕。

华人尤其是广东人的无赖，大量犯下抢劫和谋杀罪行，而且有穷愁潦倒的西人加入。一种更加出奇的滋扰叫作"绅士恶行"（gentlemen rowdyism）——过多香槟酒鼓起的膨胀性；打碎路灯，捅破窗户等。早期的领事们历来满足于私下的警告，但巴夏礼宣称，这些"鬼鬼祟祟的路灯打碎者、懦弱卑劣的村庄入侵者，凭借歪曲事实而逃过了直接的伪证罪，都将受到不留任何情面的判决"。

一位皇家炮兵的军官在一场关于"皇冠与铁锚"（Crown and Anchor）掷骰子游戏的诉讼中，勾勒了当时租界下层外人的生活图景。他说："灌入我们耳朵的詈骂、亵渎、下流和恶心的语言根本无法容忍。这种语言极端粗鄙野蛮，是最具冒犯性和最粗鄙的。"

"老旗昌"——当然有多种拼写法，是一个得到特别关注的地方。旗昌是罗素公司的行名，很早就建立于福州路以南的外滩。但该企业在福州路以北的四川路、江西路之间也拥有土地。这些地块后来都可以叫作"老旗昌"。然而，本书第一卷（430 页）里把老旗昌说成在"南京路上几乎正对着丰茂洋行房子"的地方。认为老旗昌的位置靠近南京路的任何地方看来完全不对；不用说，试图通过提到另一家企业来确定某个地点是徒劳的，因为另一家企业的当前位置五十年后就可能籍籍无名了。

"老旗昌"由旗昌洋行转给了新沙逊洋行，还一度被用作美国领事馆。它当时就作为盗贼总部而臭名昭著，巡捕不带武器不能冒险进入。1871 年，对它的描绘是"一个邪恶的渊薮，整栋大房子被分割成一个个小房间，每个房间都是一个赌博、鸦片或者姑娘的地狱"。它汇聚了每一种可能的邪恶，是一个社会的、道德的、卫生的祸害，是租界清白名声上的一块污渍。它让邻居们在晚上担惊受怕，无法休息。达文波领事和谳员停发了执照，要求这个地方保持清洁，午夜关门；沃尔夫为此代表业主宣称，新规则会缩减资产价值 15 000 两。翌年，元芳洋行对该处的污秽状况提诉，要求实行严格检查。亨德森就此提交了报告，业主新沙逊洋行请求过目这份报告。工部局称自己已经做了力所能及的一切（1872 年），将对业主进一步采取法律行动。

《北华捷报》在 1875 年写道，应当摧毁这个嘈杂、肮脏、臭气熏天的贼窝。

1879 年的一次巡捕突袭后，新沙逊洋行提出了 50 两的损害赔偿，但由于损害是逃跑的赌徒造成的，工部局拒绝付钱。

它在 1888 年被拆除，那条太别有滋味地称作"处女弄"（Maiden Lane）的道路不复存在了。

至于卫生系统，曾经十分活跃的美国副领事金能亨在 1861 年说过，工部局应为没向华人提供摆脱垃圾的手段而受责备。收垃圾的推车应每天梭巡城市，花费约为每月 800 元。他尤其指出，对于中方"没人向他们提出过要求"。工部局在 1863 年清除多年堆积的房屋垃圾时，完成这项工作尚缺 2 000 元。

八年后，詹美生医生描绘的卫生状况可称为胆战心惊。他说到了空气和水源的危险性，有害的气候影响，不受控制的妓院，劣质的掺水酒，发出粪便恶臭的田野，一座污染空气和水源的肮脏华人城市；每条支流都把污秽带入了黄浦江，大群舢板再火上加油；涨滩上的阴沟口都在低水位线之上。

一切都表明，60 年代的上海尚未成为生活甜美、整洁舒适的"模范租界"。

就卫生而言，中华文明必须被称为原始的；我们自己也曾好不了多少的辩解，改变不了这个事实。当成千上万的华人带着已经成为他们第二天性——也许更应说是天性，即不卫生的观念和习惯聚集在租界时，过去和现在的问题都是如何保持城市的清洁和有益健康。一座百万人城市的污物处理系统，在最好情况下也困难重重；但上海还必须考虑到华人的习惯和这块土地的自然特征。对华人而言，倒入耕地的粪便大有价值；无论在城市或乡村，可以说都涓滴不弃。1864 年的一份工部局通告称，承运粪便已交给陈华同（Tsun Wo-tong）和其他人；翌年，这被当成一项每月 505 两的资产了。但如同一切改革一样，工部局给自身造成了新的烦恼。上海的农民抗议把合同交给宁波人。卢瑞欧表示反对，他认为这是道台的一项计划，敞开了无休止敲诈的大门。史密士看来一直是名副其实的以实玛利[1]，他不让自己苦力之外的其他人为他的很多房子运粪。工部局后来发现自己因人们的私下交易而失败了。它建议收取小额的运粪费。这时，五家拥有华人房屋的企业拒绝缴纳，因为他们打算自己运粪。于是，祈求了庄严的法律援助——在这样一个问题上；何爵士宣布，他认为没有任何权力可对人们因不让工部局运粪而造成的所谓滋扰征收税费。他指出，租地人没有授权征收这种税费，工部局所能做的，就是制定运粪的严格规章。

---

[1] 意为被社会唾弃者。

工部局制定的一项非常合理的规则是，运粪必须在晚上九点和上午八点之间。1921 年没有实行这项规则，也许从来就没有实行过，然而，这可能多少会安慰一下有耐心的纳税人，他们会认为，发布了命令，事情就做成了。这是一种暗示疗法。

装运垃圾的船只因停泊在洋泾浜，每一艘都是祸害。1886 年，工部局花费 1 800 两疏浚洋泾浜，以便船只的耽搁时间不超过一次涨潮。当时，每月从粪便中获得的收入是 340 元，这扣除了清除粪便、打扫街道等每月 854 元的总投标额。

工部局从 1894 年开始坚持使用金属粪桶，尽管由于木粪桶更便宜，承包人可说是紧抓木粪桶不放。一个代表团乞求总董说，华人的"天性"不应被这种容器亵渎。当然，工部局同意他们涂抹一下。

一名承包了多个地方粪便的老年妇女煽动苦力们罢工，目的是反对购买新的粪桶。她被送上会审公堂，被判决在一周内悔改。

1897 年，对运粪的无序性提出了投诉；开列了一份有权承运的 19 家企业和个人的名单。有人强烈要求完全由工部局负责运粪；也存在着很多反对，但通过报纸上和纳税人会议的讨论实现了这个目标。

清扫街道是一天一次，但清扫过后当然扔出了更多的垃圾。锱铢必较的工部局犹豫了，但仍在那年决定一天清扫两次，无非每月多付 148 两和购买一些新的推车而已。担粪的桶是敞口的，如果不遵守规则，桶会被没收；但这里再次遇上麻烦，因为会审公堂谳员是华人，无法让他理解惩罚这种违法的必要性。

受害人提出了对上百种其他滋扰的投诉，没有充分行动自由的工部局则尽可能予以规制。燃放爆竹罚款两角被证明不起作用——一个在爆竹声中出生长大的中国谳员难道会实行这种惩罚吗？嘎吱作响的小车较易对付——依法扣押。如今更嘈杂的汽车则不扣押了。这会令人不安地想到，应该有一部用于富人的法律和另一部用于穷人的法律；但对上述另一种滋扰的恰当答复是，租界是划归外国人居住的。因此，如果外国人选择自己制造的噪声损害自己的神经，他们可以这么做；但这不等于他们可被华人的喧闹逼疯。

打铁声，锯木声，叫卖声，汽笛声，华人演戏的锣鼓声，银炉的烟气，恶臭的水塘，轮船的黑烟，这些都多多少少引起过工部局的注意；但我们仍须承受其中的某些，并加上新出现者。1881 年，港口中发生了 30 起不受港务长和港警控制的鸣笛。虹口到处可见洗衣工使用的水塘，乍浦路上现昆山广场（Quinsan Square）所在处的一个水塘尤其令人作呕。工部局威胁业主们说，如果他们不自己填平，工部局来填平就由他们出钱。保安善堂在老靶子场附近有一块墓地，每天接受六七具尸体。其臭味在 1878 年遭到了投诉。但结束本章这个臭烘烘部分的一个更恶劣例子，就是被称作"美国人之家"的公寓。它有 15 个空间为 15 英尺乘 12 英尺乘 10 英尺的铺位，在霍乱流行时期污秽不堪。11 个患者从这里送往医院，3 人死去。这是 1886 年的事情。工部局感到遗憾的是，《附则》中除了下令清洁外，没有授予这方面的权力。我们在关于卫生的那章中提供了此事更多的细节。

如果我们就此结束这个题目，却不是因为不胜悲哀无话可说了。确实可以设问，我们现在的情况是否好于我们的前辈。我们重申，一项滋扰消失就会有另一项取而代之；一切依然如故。例如，1892 年尝试祛除一些嘈杂的习气，禁止工厂用汽笛召唤工人。这项命令显然未被理会，因为我们发现，两年后工部局要求 33 家工厂停止使用汽笛。这项要求再次无效，因为 1899 年发布的通告，仍然禁止是年 8 月 1 日之后租界扩展区的工厂使用汽笛。有些地区居民那时早上承受的苦难表明，有些事情是工部局无能为力的。

在英格兰，尤其在大教堂附近，乌鸦属于和谐安宁的景象；但看来乌鸦是触犯了我们的商业神经。一位欧弗倍克先生如此恼火，以致对乌鸦开枪，差不多被罚了 10 元；但工部局在翌年即 1896 年决定，不准许乌鸦打搅商业。后来由于一场关于大礼拜堂院内和工部局院内的乌鸦（或曰乌鸦的天性）的诉讼，工部局砍掉了树枝。能被禁止扰乱商业城市的，仅仅是野鸟而已。商行却迟早得承受汽车喇叭声和电车嘈杂声。

苦力们除了重荷的吆喝声之外，在夯打地基时还有一种特殊的号子。工部局在 1899 年试图制止这种滋扰；但苦力们表示的为难倒是有趣的，他们如此畏惧不唱这种老歌或号子所带来的死亡厄运，宁可不加工资也不肯放弃；而博易律师公馆称，如果不立即修改指令（他们要求制止**一切**噪音），他们将采取行动迫使工部局这样做。

最初制定的规则是呼号必须极弱（*pianissimo*）——苦力们的呼号应像鸽子啜水那样细声细气；后来的一次会议则予以完全禁止。博易提出抗议后，举行了一次以企业和建筑师为一方、工部局总办和测绘师为另一方的会议，达成了一项"可行办法”。

在中国，马匹甚至小马都是一种高雅的动物，然而，某种情况下它们也算一种滋扰。租界早期，它们就像现在的汽车一样，是除了对其主人之外的所有人的大麻烦。它们必须练习，而问题是在何处练习？例如，九江路（当时叫打绳路）的住户抗议下午五点到七点在那里遛马的数量，"任何其他主要道路都不准遛马"。两名苦力被撞死，每天都有事故。看来当时的马匹至少像今天的汽车一样凶恶，或者马夫像现在的汽车司机一样漫不经心。发布了一道禁止上午九点之后在公共道路上遛马的命令。租界内禁止违规骑马和驱车狼奔豕突[1]，遛马在规定界线之内。最初的领事馆路（北京路）很少被指定为遛马之地；但后来，上下圆明园路之间的一些荒地与汉口路福州路（西端）之间的老跑马厅获准遛马。再后来到 1869 年，向 30 家企业和个人发布的通告宣布，靠近兰心戏院的倍尔福路与苏州河之间的荒地已经围上了栅栏，作为练马场地。

投诉表明了当局对此事的热忱。夏尔德备好了鞍具在门口等待的马匹被巡捕带走了；耆紫薇的马是在从马厩到跑马厅的路上被巡捕带走的。

一般认为，犬类是对除了主人之外所有人的滋扰；但在上海这样的地方，无主狗和病狗成了公认的祸害和危险。

1874 年的一个狂犬病死亡病例看来造成了工部局的行动。它为此拨款 50 两，每条送到老闸捕房的病狗或无主狗给付 100 文，这些狗当然都在那里处死。

但在 1883 年，一个中国慈善机构请求由他们照料那些狗，而不要杀掉，工部局犹豫一阵后同意了，但要求在那些狗的耳朵上打孔，以便再次抓到时能够识别。那个收容所靠近南门。亨德森医生报告说那里自由放养了 450 条狗，看上去是健康的，但每天要死掉两三条。他强烈建议工部局不要支持这个地方。他目睹一条疯狗咬了一个男人和一个儿童，并咬了约 12 条其他狗。

他的建议一度被采纳了，但很快就送去了更多的狗。根据那里的条件，收容的狗不能超过 200 条，剩下的狗就送到乡下。然而发现，被送到山区释放的狗返回了租界，那项安排就没在 1884 年延续。

到了 1892 年，狂犬病的数量使工部局宣布捕捉一切无主狗，7 天内无人认领

---

[1] 原文作 pig-driving（road-hogs?）。

就处死。看来惯例是在狗脖子上系一条绳子，带上标签，宛如待运的邮包。

是年捕捉了 4 457 条狗，杀了其中的约 3 700 条。但这时，得到 50 位著名华商支持的仁济善堂又一次提出呼吁；他们认为，不到万不得已剥夺生命是一种罪过。工部局记得先前的经验，起初予以拒绝，然后又同意了，但提出了严格的条件。该善堂在 1895 年接管了 1 800 条狗，将之送往苏州的养狗场。但根据兽医的报告，工部局在 1898 年再次放弃了这项安排，仍然实行杀狗的计划，只是改变了方式，用放在笼子里溺毙取代射杀。可以说，这里的"既得利益"像通常一样明显：仁济善堂指出，每杀一条狗，苦力就得到两角钱。

1873 年决定对车辆征执照捐时，曾试图在同一决议中加入对狗征捐，却没有成功。1874 年，试图产生一项对狗征捐的《附则》，该动议也未获通过。直到 1899 年，经过很多修改的《附则》第三十四条再次进行修改，狗才进入了颁发执照之列。收费一元，不是为了增加收入，只是登记的费用；未去登记的狗主人将罚款 10 元。一个更激烈的补救办法是派出携带枪支的万国商团在早上射杀无主和无口罩的狗。

如果没有某些规章，上海的乞丐将泛滥成灾；上海的富有，华洋人士对乞讨轻率的慷慨，连同租界周边真正的贫困，让这里成为获取博爱的最幸运之地。但是，1856 年的简单惯例就是将他们集中在巡捕房，用摆渡船送到浦东。看来，除非要他们付钱，他们没有理由不回来；如果驱逐几次，他们肯定会沮丧。不明白《北华捷报》为什么要把这说成"野蛮的惯例"。

据记载，按照米契先生 1868 年的再次动议，工部局决定把乞丐挡在租界之外。显然有人建议为他们开设一个收容所，但由于道台不会对此给予帮助，他们再次被送往浦东。翌年，尝试把他们交给城里的知县处置，但他们立即就返回了；送去了 290 名，有些人就当着送他们去的守卫的面回到了租界！至于 1879 年尝试把他们送到会审公堂，但他们在那里就获释了，还每人拿到了 100 文！

上千人住在寺庙里，其中的一半是职业乞丐；他们犯有很多偷鸡摸狗的罪行，巡捕没有权力抑制他们。直到今天仍不能说这项恶习已经销声匿迹了。

华洋人士当然都努力救济过安分守己的穷人。三合会占领之前，县城里慈善机构的名录表明，有一个"救生局"，一家育婴堂，一个提供棺材的善会，一个流浪汉收容所，几所义学，一个开展多方面活动的同仁堂。大员和会馆公所是大捐献者；但叛乱发生时，当然一切都荡然无存了。

早在 1849—1850 年间的一次危难时刻，雒魏林医生就救助过大批受难者，向他们提供了食物、衣服和庇护所；1860 年，外国企业向中方提供了不规定用途的难民捐款 7 325 两。

布彻牧师和圣公会的汤蔼礼教士在 1868 年建议为流浪华人建立一个收容所，以停止杂乱无章的施舍；结果是建立了新闸的栖流公所，它由一个街区的十九栋房子和一个大院子组成。提供食物，但禁止吸烟！因为适用于囚犯，这项工程完成了。第一次提到它的状况是，已经容纳了 401 人，33 人已经死去，死者的棺材系华人善堂提供；到那时为止的总开支是 1 400 元。在租界外面建立这个栖流公所的公开目的，就是清除我们街道上的乞丐，只不过采用了一种人道方式而已。

可悲的是，经过三年实验之后，巡捕房宣布这个机构是鼓励乞讨，吸引窃贼；工部局决定不再予以支持，它被交给中方管理，来自会馆公所等的捐助转给他们。同时，希望使用囚犯从事适当的劳动。

上述都是关于华人乞丐的。悲哀的是，在租界中也有一批穷愁潦倒甚至走投无路的外国人。他们大多无疑属于社会下层，容易沦落成罪犯。他们包括"马德拉斯人[1]，结结巴巴的黑人和骨瘦如柴、饥不果腹的英国人"。他们最清白的职业就是在戏院门口向中国富人乞讨，但他们也偷鸡摸狗，晚上带着武器在租界周边窥伺，而且如我们已说过的，几乎每天都盗窃。他们有时结伙袭击华人的村庄，或者强征捐款，进而成为内河上的海盗。例如，1866 年，约有 10 个外国人在苏州河上划着两条四桨小船，从一艘华人船上抢走了 9 000 元。

做过一些帮助他们和减少滋扰与丢脸的尝试。巡捕定期进行失业统计，可疑人物受到了严厉处置。1865 年建立了以耆紫薇为主席、布彻牧师为秘书的"上海穷困外人救济会"；但因为缺少资金，该会 18 个月后解散了。在各巡捕房，穷困外人总能得到食物和晚上借宿。

阿查理关于会审公堂的报告（1866 年）自夸，公堂把"粗野的希腊人、智利人、秘鲁人**等**，清除出了租界"。据认为，领事馆的登记对抑制不受欢迎的英国人也有一定的作用。

---

［1］ 马德拉斯曾是东印度公司在印度的重要据点。

第 30 章

社会恶习

中国人的嗜赌举世闻名；甚至只有一文钱买棒棒糖的小男孩，都宁愿用这点钱去博一下，或是得到更多的甜食或是什么也得不到。1864 年，租界有过一次镇压此种恶习的激烈行动。四年前就发出过警告，第二次违法的赌徒将解送给道台。但是，工部局在 1864 年需要资金，并看到了法租界对赌馆征税带来的 30 000 两到 40 000 两的收入。因此，有人建议英租界用同样的方式筹措资金，而且道台表示，"他总体上同意这项建议，把数量巨大、危害外国租界的赌馆妓院置于颁照制度的约束之中"。当时，英租界有 106 家赌馆，虹口有 38 家。但这位道台走了，继任者翻转了台面，要求镇压大马路、老闸地区的赌馆，并发布了一份风化告示。巴夏礼要求工部局讨论此事，但他对道台的答复是，有关租界和平与治安的一切事情，中方都没有给予过协助，他未经协商，不能宣布新的措施；尤其中方的巡丁以不诚实执行这种措施而声名狼藉。他坦率地指出，衙门前面就是一处聚赌之地。道台表示，大马路的商人们已经要求采取措施；赌馆的大门有守卫，众多劫匪却躲开了他们；而且他是出于好心，如果外国巡捕不喜欢这份工作，中国巡丁可以充任。

工部局不是不同意取缔这些赌馆，而是认为全面禁赌实际上没有用处。它是想通过一种执照制度，首先控制和监督这种恶习，同时也能带来收入。然而，它同意禁赌，强调的却是以下两点：(1) 鉴于准许中国巡丁在租界内活动非常危险，只能动用工部局巡捕；(2) 它不愿意采取这种全面肃清措施，如果这是必要的，则所有租界和城内都应采取同样行动。事实上，法租界就增加了可观的收入——据说每年甚至达到 60 000 元，办法是不与中国政府商量就对这些赌馆实行包税；而且可以想知，如无补偿，它就不会放弃这项所称权利。至于臭名昭著的县城，所有地方的官员都向赌窟妓院搜刮，同时却假仁假义地发布最道貌岸然的告示，反对嫖赌。无论出于什么动机，工部局坚持整个地区应一致行动，无可非议。

巴夏礼对工部局关于使用巡捕的条件答称——这个细节表明了这种三方游戏的艰难——中国巡丁正不断在租界内捉拿犯人；他并再次引用了卜鲁斯的说法："租界内的华人，除了受雇于外国人者外，与华界的华人同样处在中国官员的完全管理下。"

除了法国领事外，所有领事都同意**整个**上海的禁赌，因此，道台发布了自1865 年 1 月 15 日起的禁赌告示。很多赌馆料到法租界不会亦步亦趋，简单地搬到了洋泾浜的另一边。但这边的商行店铺向道台请愿，要求那里也禁赌；法租界接奉法国公使的命令，也实行与公共租界和县城一样的法令。

取缔的一个直接后果，就是无赖分子增多。很多人历来充当看门人之类，有些是外国人和外国人的鹰从，他们都失去了工作，四处游荡。他们精通上海生活中的犯罪门道，无论何时逮到其中的任何人，都会发现其武器精良；因此，他们还未真正令人头痛，不过是尚缺乏技巧和经验罢了。

不能认为这项恶习就被禁止了。1876 年，工部局"据所获情报"对总巡说，赌馆没有得到足够警觉的关注。但彭福尔德否认存在着捕房浑然不知的赌馆。工部局接到的这种报告，仅仅是在设法败坏拒绝受贿的广东侦探的名声罢了。

我们再次发现，彭福尔德和福勒在 1878 年突袭一家赌场时，被指控攻击了一位西班牙臣民。1879 年，斯特里普林再次报告说，知县释放了一个戳瞎了其对头双眼的著名无赖，该人是一伙赌棍的首领，现正住在高昌庙。赌棍一般是广东人，其周围都是报告警方行动的望风者。因而，如工部局预料的那样，这项恶习是被驱赶到了晚上和隐秘之处；因此，一种执照制度将使它处在光天化日和监督之下。

赌窟是窃贼们的欢聚之所，严重威胁和平和治安。后来一种伤风害俗的抽彩赌博，危险性却要小一些。

彭福尔德 1871 年的报告称，共有 11 个彩票馆。工部局根据领事团的一致同意宣布，所有业主都必须关闭公开的彩票馆，否则将在其法庭上提诉。英国和葡萄牙法庭受理了两三个案件，结果是彻底禁止了这宗生意。只有吕宋票[1]是例外，西

---

[1]　原文直译为马尼拉彩票。

班牙领事拒绝禁止发售彩票。

因此，彩票一度是垄断的，上海每月的销量达 100 000 元，投资的利润为每月 25％。别的彩票当然再次反弹，"被严禁的生意"很快就像以往一样春风得意。

1871 年的领事团会议已宣布彩票是一种应当取缔的滋扰。1879 年，会议记录被送给葡萄牙总领事，建议关闭一位罗萨里欧的彩票馆，终结其对法律的规避。翌年，该官员命令一律关闭与其国民有关的彩票馆。大约同时，道台发布了一道同样苦口婆心的告示，反对博彩与喝雉呼卢！

否认葡萄牙历来是这个问题上改革的主要阻挠者是荒唐的。葡萄牙与中国没有条约，因此，中方不承认其领事，即便他们还是总领事。葡萄牙人处在西班牙人的保护下，大吕宋票是西班牙人的。工部局与西班牙领事协商，但他只提出了销售彩票的特定条件，工部局却拒绝这个问题上的任何妥协。人们必须欣慰地获悉，汉堡彩票可是厚颜无耻或者直截了当地要求工部局批准的。

一份告示禁止了白鸽票和其他彩票；它们的彩票和奖金均按照吕宋票的中奖号码。有些被称作"发财票"，以家具或金钱为奖品；这些多数与葡萄牙人有关。该告示禁止这些彩票，或者禁止分销吕宋票。

1880 年 12 月，会审公堂谳员在一份告示中声称，他已同西班牙和葡萄牙领事达成了协议，关闭所有华洋彩票代理机构，代理人将具结今后不再售卖彩票。这肯定并未完全奏效，因为领事团第二年就任命了一个下属委员会，以"对租界中限制和规划彩票销售的最好办法提出报告"。彭福尔德在 1882 年报告说，英租界有 59 个彩票销售点，虹口有 1 个。其中 56 个是华人的，3 个是葡萄牙人的。最便宜的彩票是 120 文。有吕宋票和各种私人彩票。

我们进而发现，一家葡萄牙彩票店在 1882 年发生了一场小型骚乱。一名外国人坚持清点抽出的彩票，发现有短缺；那华人要求去另一家商店清点；遭到拒绝后，他们发生了争吵，一些人被送上了会审公堂。

一年后，道台给领袖领事写了一封中文信，宣布他打算禁止华人销售吕宋票。"阁下幸为领袖领事，一呼百应，各领事（与我）素相和睦，当能助我一臂之力。"他后面的意思似乎是已经发布了一道禁售吕宋票的上谕。

会审公堂无计可施，因为送来的案件均由葡萄牙人承当。领事团也宣称不能再多做一些什么了。中国政府有权力禁止吕宋票，因为这不是一宗合法的生意。他们应向各领事法庭起诉那些人员——西班牙人无疑会被判无罪，而英国人、美国人和德国人则会遭受惩罚。于是，道台发布告示宣布，他将查禁除总督批准的江南彩票外的所有彩票。但我们发现，三年之后他仍在声言将采取措施反对这项恶习，并要求商人别让彩票商借用他们的名义。呜呼！有一个用了葡萄牙姓名的彩票商是在兆丰洋行的一栋房子里。

1893 年，美国总领事佑尼干经过审讯后关闭了"金票投资公司"，工部局是该案的起诉人。这不过是一件彩票案。但不久之后，另外两种私人彩票刊登了广告，工部局再度**最后一次**请求领事团取缔所有私人彩票，禁止在租界销售任何外国彩票。随后，信函往来不断。领事团指出，由于华人的性格和中国法律在区分"赌博"与"彩票"方面的不确定性，难度很大。"彩票"受民法规制，而不受商法或条约规制，因为一般认为彩票没有真正的价值，所以不是商品。在上海租界，准许销售得到任何政府授权的彩票，只要销售者获得其领事同意，或者得到工部局的执照（《附则》第二十二条）并纳税。提出了三项建议：（一）禁止销售未经某国政府授权的彩票；（二）经某国政府授权的彩票，不得向禁止彩票国家的人民出售；（三）禁止彩票国家人民和不禁止彩票国家人们之间销售经过某国政府批准的彩票的协议，不构成违法。最终，巡捕应当认真稽查未经领事许可或无工部局执照的彩票贩卖者。

值得指出的是，写了这么长解释信的领袖领事，正是葡萄牙总领事。

工部局在复函中指出，修订中的《附则》第二十二条尚未得到批准，且其中并无关于彩票的内容。他们认为，领事团的建议还不够彻底，因为吕宋票和可称为政府彩票的澳门彩票都同其他彩票一样居心不良；他们认为，应该禁止租界内的所有彩票。我们可以认为，他们的结论带有某种奇特的天真或对上海历史的茫然无知：**"对此有效的简单方式，应是请求道台发布一道告示，禁止一切华人购买任何样式的彩票，因为这将有效解决这个问题。"**这里的粗体是我们标出的，以表示我们对这项建议的天真与乐观的惊异。

领事团答称，他们不能冒昧请求道台发布告示禁止华人在租界内发售未经中国政府授权的彩票，即便是禁止他们以欧洲人名下企业之名发售。

随后，一个叫机利士的葡萄牙人因一种非法彩票被罚款 3 000 雷阿尔（reis）；该彩票的业主之一、华裔英国臣民甘时雨被高等法院罚款 10 元，以此明确了英国臣民不得参与任何种类彩票的原则。

我们必须用一张令人愉快的便条结束这宗不可救药的生意了。1897 年，工部局起诉了一种由德国代理商发售的新彩票。德国总领事施妥博的答复是，将在上海发布书面通知，宣布不准德国人发售彩票。

但这种恶行仍像上海花园里夏天的杂草；它们从不根绝，园主稍不留神，必定疯狂蔓延。我们的下一卷无疑将对此予以更多的关注。

进入普通赌窟这个话题吧。就在租界外面的里虹口，赌徒们自 1895 年以来几乎每天鏖战不休。

工部局建议总巡，应让其中的一些人进入租界，然后予以逮捕；但总巡说，赌徒们的间谍系统太出色了，这不可能做到。他认为应当获得中国政府的许可，以便在任何可能的时候突袭他们。但由于刚刚举行了跑马，认为等上一个月或者等到下次跑马开始之前再提出此事是明智的，这是为了避免遭到尴尬的质疑或尴尬的比较！这是一项肯定会引起尴尬想法的决定。

道台拒绝赋予工部局巡捕在任何地方逮捕赌徒的一般权力，但说他将在虹口和闸北建立一支特别力量，一个外国样式拥有华洋官员的会捕局。但他说，赌徒们的组织如此严密，要出其不意抓捕极其困难。领袖领事施妥博称，道台不会授予一般拘票的权力，拘票只能由政府发出。但工部局暗示，告示并未表明官员们的真实意图，差役们是把赌棍视为一种合法收入的来源。道台希望，他的差役实施逮捕时得到工部局巡捕的协助，这是毫无意义的事情；因为差役们绝不会亲自袭击，尤其在赌徒们拥有武器并决心抵抗时；不准许差役参加是理所当然的，请求一名差役陪同巡捕袭击，官员就直接向赌徒们通风报信了。这样，再加上会审公堂的轻判，事情就越来越糟糕了。

另一方面，吴淞路的一栋房子尽管有工部局编订的门牌并交纳捐税，中国政府仍在那里抓捕了赌徒。那些人被罚款和殴打。如工部局指出的那样，如果继续发生这种事情，两者必居其一的是：或是工部局巡捕与差役之间发生严重冲突，或是工部局取消对一个界内地区的所有控制。

妓　　院

另一个巨大的恶习是卖淫，它像赌博一样，总是受到取缔而总是生机勃勃。

1864 年，道台准许工部局对妓院烟馆征税，后来却说，他不能"承认"前者，因为中国的成文法禁止它们。熙华德已要求把它们打发到小巷中去；但道台在 1865 年以一纸通告示取缔了所有妓院！《北华捷报》负责任地宣称，当时的 10 063 栋华人房屋中，有 668 栋是妓院，或者说，除了烟馆之外，12 栋房子中就有一栋是妓院。

会审公堂也在 1869 年发布了一份告示，"在本月"关闭公共租界的这种房屋，命令姑娘们回家。只能认为，这种告示就像电车上禁止人们在站台上骑马的通告一样：它们仅仅意味着发布者的自我满足、自我保护。因为我们发现，工部局只是在下一个月提到了征收执照捐的困难。华人征收者不可靠——有些人因为舞弊被判处 3 到 4 个月的镣链；必须由西捕陪同他们。该告示把很多妓院业主驱赶到了法租界，那里不准张贴这种告示。1870 年，规定必须对外国人常去妓院的妓女每周体检，必要时应将她们送入医院，直到痊愈为止。此项收费为每月五角。

1869 年 1 月，英租界有 36 家妓院 107 名妓女，虹口有 61 家妓院 204 名妓女。一年后，数量均不到一半了。这部分也许是由于那些告示，但更确定的是由于 100 名妓女被出口到加利福尼亚去了。华人的娼寮是 424 家，妓女 1 703 人。

主要的考虑当然始终是保护外国人的健康和防范犯罪。但对妓女本身的状况也给予了一些关注。我们发现，警务委员会在 1878 年接受了法律顾问对一家烟馆的看法，该烟馆出于不道德的目的收容妇女，如果她们抗拒卖淫，就买卖和折磨她们；如果工部局予以关闭，该烟馆会有反抗工部局的权利吗？

对付这种恶习的第一次明确尝试，是由于工部局卫生官亨德森 1871 年提交的报告。他用 28 页的篇幅详细论述了整件事情；他表明，上海对水手而言是一个异乎寻常危险的口岸，建议采用严厉的方式予以改善。公济医院六年的统计表明，性病入院者的数量高于任何其他疾病，占所有疾病的 16%；发热和痢疾分列其后。必须记住，这是指住院病人，当然是外国人。

英租界妓院和其中妓女的数量如下：只服务外国人的，27 家 92 名妓女；只服务华人的 382 家 1 352 名妓女。另外 35 家 131 名妓女，经常华洋兼顾服务，都在虹口。这些都是最低等的妓院，一般都是水手光顾之地。略早一些时候，估计法租界有 250 家妓院 2 600 名妓女；其中只有共计 90 名妓女的 24 家被认为是外国人光顾的。

从健康的实际角度来看，大量仅为华人服务的妓院并不位于租界之内，**城墙之内也几乎不见其踪影**。但把这归功于更高洁的道德或更优良的政府当然荒唐可笑。埃克塞特厅（Exeter Hall）的演说家可以利用这个惊人的事实，因为他们也可以证明，要不是外国人的刺刀，中国人本不会接受鸦片；或者在腐败的西方到来之前，中国本来没有赌博罪孽。所有的生意，无论良莠，都面临着被官方捐税和属吏舞弊扼杀的危险；妓院像其他行当一样，都能在租界中找到它们铭感于心的相对自由和公正。

但无论如何，因为"既得利益"，几乎不可能考虑起诉妓院。只有审判之日才会知道邪恶带来过多少财富，有多少西方的钱财奉献给了东方的泪水和堕落。除此之外，工部局的收入将蒙受惨重的损失；最终，医疗和警务资源完全不足以承担规制这种场所的艰巨任务。

但对于 62 家服务外国人或华洋兼顾的妓院，预料不会有困难。建议对妓女实行强制性的定期体检，并强迫患病者住院；这当然涉及建立一家性病医院的问题。

早在两年前，总巡彭福尔德就拟制了一份由工部局卫生官负责照料的"收容所"计划，患性病的华人妓女可由一位华人医生送往那里；该医生去各妓院检查妓女，月薪 30 元。收容所最初设在河南路，运行了约两年，但随后关闭了，主要原因是接连试用的三名检查者都不中用。

上海的医生经常差别很大，在玛高温和亨德森之间有过一场交锋。玛高温认为，收容所必须有一名说中文的医生，而亨德森认为，该病本身的症状是足够清楚的，妓女的自诉完全没有价值。

亨德森表示，开办一所适当的性病医院需要 1 500—1 600 两；工部局手中有一小笔通过妓院得到的 1 100 元捐款，1872 年又向纳税人申请了 1 000 两。但此事被一系列困难耽搁了；预料法租界会合作，但没有讨论就什么也做不了；最初提议的建筑被亨德森认定为根本不合适；金斯密提交的方案因太奢侈而被拒绝；年度开支估计为 2 000 两；警务委员会宣称这个计划不可行；"事遂悬而不决"，直到遇上了一些外来的压力。

皇家海军的赖德舰队司令官为此事在 1875 年 8 月致函英国领事。工部局在答复中询问，英国政府能否出资支持这样一家医院？如果能的话又能出资多少？舰队司令官的另一封信表示，希望工部局不要放弃既有的态度，而且要坚持下去。他即将回到英国，会把海军部对一家性病医院的年度拨款作为自己的**第一**责任。

7 月，工部局与赖德舰队司令官、麦华陀、毕顺（法国医生）、亨德森和皇家海军"冒险"号的戴维斯医生开会。连意首先否认中方曾经批准过《土地章程》和《附则》；那时的《附则》中就包含着妓院。麦华陀表明，中国政府通过会审公堂中的执行，实际上已接受了这个法典；他说，妓院就在第三十四条中的"游玩之处"名目下。他不同意把这个计划呈送给强烈反对承认任何妓女的中国政府；但他认为，可以指望得到他们默认的合作。赖德带来戴维斯作为海军遭受这个恶习祸害的证人；赖德认为，如果上海的努力获得了成功，英国政府会拨款的。

会议决定医生们拟定一个两租界当局合作的方案。连意仍不能确定工部局有关的合法权利；而且他建议，这项计划应在纳税人提出基于道义的强烈抗议之前悄悄地执行，道台也许会加入这种抗议的。

这样，按照工部局、公董局的命令，新性病医院在 1877 年 1 月 1 日启用了。妓女们最初拒绝进入，情愿关闭自己的妓院，有些人甚至离开了租界；但六周之后，她们开始进来了，而且人数稳定增加。到 1879 年 7 月，名单上有了 115 人。工部局和公董局达成的协议是，收费为每人每月 2.5 元，其中的 1.5 元归医院，1元进入市政基金。体检的妓女不超过 100 人时，医生的工资是每人每年 500 元。后来，两位医生每人都得到 600 元工资，收费则减少至每人 1 元，由工部局和公董局平分。

詹美生医生在《海关医务报告》（*Customs Medical Report*）中对该医院的工作提出了一些指责，亨德森、则架厘、加尔三位医生在 1879 年的《工部局报告》中发表了一封信作为答复。该信的最后说道，詹美生的批评因为粗鲁，不值一驳；统计表明成绩显著。海军医生报告说，自从实行体检以来，士兵们的健康有了改善。但另一方面它又断定，该医院减少了船上的病患，却增加了岸上的病患；金斯密致函工部局称，就他所知，强制检查弊大于利。他没有得到答复。

看来法租界在 1880 年一度拒绝了合作，因为当时准许妓女们在彻底治愈之前就离开该医院。

1879 年 3 月的纳税人会议对这个问题进行了一场格外有趣的讨论；但愿今天也有这种演说。

詹美生医生否认该医院当时的作为有任何益处。检查造成了虚假的安全感，如果检查是粗枝大叶的，安全就更岌岌可危了。即使检查是恰当的，能够保证未受体检者中没有病人吗？如果检查和发现了病患，那些妓女是被拘禁到痊愈为止，还是出于谨慎而解雇？一个烂醉的水手会向妓女索要证书吗？或者会在昏暗的灯光下用证书上的相片比对她的脸蛋吗？甚至据说工部局曾殷勤地把那些相片送上军舰，以作为士兵们安全而不是贞洁的指南。确实，为外国人的安全起见，关押有病妓女是唯一的方针；但中国政府会同意这项制度吗？

他还进而质疑是对某些而不是所有妓院实行体检。日本妓院被豁免，一些中国妓院无证经营。

白敦引用了赖德司令官的建议，总办不记得了，但马上在1876年的《工部局报告》中找到了它的副本。它的说法是，"任何时候呈请中国政府予以关闭都没有问题。我毫不怀疑，这种对妓院业主的**威慑**（*in terrorem*）权力将轻而易举地迫使他们遵守《土地章程》"。白敦追问这种告发的威胁是否适用，却难以得到某种答案。他于是指出，性病更多是由男人而不是女人传播的，只有男人不会接受侮辱性的检查，他因而建议，"如果为一个检查嫖客的机构提供一笔同样的款项，才可以在预算中拨出款项用于性病医院"。

这时，连那士轻蔑地提到了赖德舰队司令官的承诺，即他回到英国的**第一**责任就是实现政府对我们性病医院的每年拨款。政府已经取消了对这里新教教堂的拨款，从不为罗马天主教和提出了申请的公墓拨款；没有为用于海员的海员教堂或戒酒会堂拨款，也没有为英国侨民开设的精神病院拨款，尽管英国领事提议过；舰队司令官和工部局肯定都知道前者的承诺是荒谬的。海军部在浦东的补给站就有一大片土地——为何海军医生不去照料村庄里的中国妇女，以让租界摆脱烂醉水兵的丑闻呢？

工部局的报告中列入这样一封信，难道不是想让别的海军强国也给予同样拨款吗？土耳其和日本会认为工部局将对他们的士兵作出特别规定，就像对英国士兵一样。"毕竟赖德舰队司令官在短暂的访问中做了应做的事情"，等等。这是一次充满了诸如此类言论的有趣会议。

我们用如此长的篇幅论述此事，是因为这有助于说明上海早期的社会生活和政治生活，是因为四十年后的今天，仍在讨论同样的问题。

第31章

自来水厂

黄浦江或苏州河的河水，不管在城市的上游还是下游，也不管在何种潮位，几乎都不能被认为是卫生的饮用水。不说也许无害的泥沙吧，水里的垃圾除了来自县城的污物外，还有来自上百个村庄、上千条沙船和用人类粪便施肥的大量耕地的排放。租界很早就建立了排污系统，通过阴沟或管道直接把水排入外滩；挑水苦力担着水桶向外国人供应家庭用水。尽管后来采取了一些改善措施，但租界要在四十年之后才建立自来水厂，还是匪夷所思的。

确实，自来水厂在建立前的约十五年就谈论到了；但奉命考虑此事的委员会劝工部局打消念头，因为这意味着举债50万两；这可由私人企业来承担，对于公共财政来说是太多了。

这个问题当然被再三提出了；讨论过一个计划，是将泥城浜北半部分的2 620英尺用于自来水厂。这是指南京路和苏州河之间的地方。

1872年的纳税人会议上提出了这个问题，但也提出了填平外滩、引进轨道车和购买威尔斯桥的问题，提供清洁水源的计划必须让路。

1880年，与一家已组建的公司达成了协议，德兴洋行开始铺设水管。向用户收取的费用不得超过房租的5％，工部局五年后有权租赁水厂，十年后有权买下。超过8％的投资利润在客户中分配。

水塔建造在江西路，从1883年4月开始供水。

谨慎的人物有趣地说明了对公众健康的影响。彭福尔德两年前已经报告说，巡捕饮用的江水或河水未经任何煮沸或过滤。而亨德森在有关霍乱的报告中说，未经煮沸的河水是主要的危险根源。因此，人们在 1883 年供水时可以料想，社区的健康状况会有明显的改善，啤酒或葡萄酒的销量则会大幅下降。

一年后，净水被认为对华人与对外人一样必要。这个观念也许部分是出于博爱，但显然也是出于保护自我的私心；华人更加健康，即意味着外人也有更好的健康机会；即使现在，我们仍能看到华人清洁程度的增加对外人社区的巨大利益。

他们取用的水肮脏龌龊；尽管有些人会煮沸或使用明矾，但他们无疑有很高的死亡率。对工部局而言，唯一的补救是向他们供应该自来水，而收取一小笔费用。

最初是建议询问公使团，《土地章程》或《附则》是否可以授权工部局向华人征收一种自来水税；如果不能，是否可以取得卫生官提议的这种特殊权力。但后来决定不向公使团提出了，《土地章程》并无这种权力。

华人倒没有对自来水抗议鼓噪，却自己被自来水有毒、或水被雷电劈过、或有人在水塔中淹死等离奇谣诼所困扰。会审公堂谳员不得不发布一道解释的告示。

就在公司成立的第一年，工部局遇上了要价过高的诉讼。它最初拒绝在公司和客户之间做出决定；或者是不受理任何案子，除非是起诉人不承担合法的费用。然而，当案子越来越多、公司收取某些房租 10％ 的费用时，工部局坚持认为，按照契约的规定仅应收取房租的 5％，并建议由仲裁来解决"普通家庭用水"一语的含义问题。公司不同意工部局的意见，但愿意由仲裁来解决房租 5％ 的费用供应多少水的问题。它自己的盘算是准许每个外国成年人每天用 20 加仑水，每个华人仆役 5 加仑水；但工部局从未同意过任何限度。

工部局当时的决定是不诉诸法律，而是劝告起诉方缴纳其房租 5％ 的费用，拒绝缴纳更多；如果遭到起诉，就予以辩护。于是，自来水公司屈服了。

市政用水按每天不超过 15 万加仑计算，工部局同意每年支付 8 000 两。

但是，1888 年订立了一个新合同，每天供水 20 万加仑、每年支付 12 500 两，如果当年的每天用水量不超过 15 万加仑，就削减 10％ 的费用。

在约定时期即将结束时，考虑了收购该公司的问题。工部局的估算价为 66 万两，认为收取房租 3％ 的水费获得 40 000 两的收入，就足以支付所有供水的开支。但公司在 1893 年开价 200 万两，由此引来了社区中的一阵嗤笑，甚至出现了讽刺诗。

于是，市政供水合同在三年后更新了。先前的协定历来是最大日供水量 20 万加仑、每年净支付 12 500 两。然而，工部局认为自己在冬季支付了所用之水的双份价钱。经过大量往来信函后，订立了新合同，6 个月中每天供应 10 万加仑，另外六个月翻番，水费为每 5 000 加仑一两。

公司于是声称，他们的利润仅为 5.4%，他们一些年后引证的数字是，1884 年以来每年为资本额的 5.1%，而不是工部局说的，并认为应由公众共享的 8%。

1892 年，乳白色的自来水引发了一场警报。反过来说——是水一样的牛奶，人们已习以为常了。由于对管道的反复冲刷，导致了泥沙等在龙头或尽头的积累；被当成牛奶，或许是因为云母粉。在香港进行了一次分析，报告称原因是高岭土悬浮液。这种水除非进行过滤，不适合饮用。

规定应每月进行水质分析。

第32章

道路照明和排水

　　租界的人们最初在经过昏暗的道路时，不得不满足于油灯的照明。1855年的道路承包商认为，照亮租界的燃油为每月12元。

　　1861年首次提到了煤气。上一年，皮克沃德在晚上抵达上海时，对道路黑暗和商行明亮的对比感到惊讶；1861年初，他向社区推荐了煤气灯，建议设立煤气厂。工部局看来马上就得到了估算和计划。

　　当年，先是格伦然后是记里布向工部局提出了生产煤气的计划。格伦说，他想要普通的设备和一份垄断的保证书，每天的产量将是35 000立方英尺，工厂的造价为50 000英镑。第二位当然提出了更低的造价。

　　大英自来火房建立了[1]，并在1864年3月通过其代理人高易请求准许铺设管道；年底，他们打算安装的煤气灯同工部局当时规定的油灯一样多。但租地人显然担忧这项特殊税收的必要性：调查了200个居民，51人赞成对煤气的评价，50人反对，剩下的人不确定。这样，如果大家都同意的话——这是一个难题，有七个人会缴费；六个人完全不愿意获得煤气；三个人反对——我们只能猜测他们的理由；有些人认为过于昂贵，一人坦率地说他付不起。于是工部局考虑，使用同样的路灯，可否用煤油代替食油；但发现价格是三倍。我们由此推测，租界的昏暗照明是用了某种植物油，也许是当地的豆油。

　　在1865年的公众大会上，煤气灯方案被抛弃，继续使用油灯照明。但委员会

---

[1] 直译为上海煤气公司。

建议，为了说服公众，工部局应当建造一些样品灯；也许是这么做了，因为我们发现，就在当年即 1865 年的 12 月 18 日，第一批煤气灯在南京路点亮了，道路"明亮辉煌"。6 个月后，签订了整个租界煤气灯照明的合同，费用确定为房租的 1.5%，估计收入为 4 000 两。

但并非人人都兴高采烈。我们甚至在油灯时代就发现了油灯照明很糟糕的抱怨：灯光"细小黯淡，相距百码"。煤气灯时代的叫喊则是"照明费简直蛮不讲理，因为没有照到我的街道，我就不缴纳估定的费率"。很多人则什么都不说，仅仅是享受新的优越性，而让别人去付钱。

大英自来火房对每盏灯收费 61.21 元，为外滩设置了一些特别漂亮的路灯。但法租界外滩的煤气照明早于公共租界。

该公司起步于金融窘迫的年代，很快陷入了困境。有利银行威胁要为 33 000 两债务卖了它，当时其资产仅为 9 000 两。它的收益仅够支付债务的利息。但它的烦恼很快结束了——暂时的。它在 1867 年发行了利息 12% 的公司债券；但到了 1870 年，有一次反对其收费的强烈抗议和引进法国（租界煤气）公司管道的威胁。

1873 年，工部局就该公司拒绝降低路灯收费一事指出，因为公司的窘迫状况，在每月每盏灯付费 5 元的时候，一直以象征性的条件准许它使用道路铺设管道。工部局现在请求纳税人给予指令，向该公司收取每年 1 000 两的道路使用费作为照明街道有效的和经济的手段。

公司当然反对这种估价。他们说，他们在租界内唯一的财产就是虹口的煤气罐和地下管道。它们的成本是 60 000 两或每年 6 000 两，正确的数字应该是 360 两，而非所说的 1 000 两。何况他们铺设管道经常只是为了公共照明，那些地方并无消费煤气的居民。

事实是，工部局为每盏路灯每月向公司支付 3.75 两，道路由公司任意使用，股份中的保险费占 38%，有些股东住在英国，上次纳税人会议就打算收取 1 000 两。工部局有鉴于此，不愿意接受 360 两的开价，但准备与公司和解。公司于是表示，如果工部局能放弃征税的权利，愿意把价格降到每盏灯 3.63 两。直到下一次纳税人会议，这项协议才告达成。

上海显然要到 1878 年才看见第一盏电灯，当时毕晓普展示了一道来自草坪路（Lawn Avenue）的绚丽光芒。

然而，直到 1882 年才提出租界电力照明的建议。当时，立德禄获准使用工部局的灯杆并树立其他杆子试验电刷系统（brush system），这比煤气灯便宜。同时，瑞生洋行向纽约电力公司申请设备；而工部局告诉他们，迄今尚未做出采用电力照明的决定，企业应该有机会进行试验。

6 月，准许在外滩公园的室外音乐演奏台展示一盏样品电灯，当然是一片赞美之声。

然后，公司[1]获准为广东路上的一些华人房屋架设电线。上海总会和法租界的某人也想要电灯；工部局准许架设电线的条件是，它们能在接到通知后的三个月内拆除。

但电灯遭到两方面的反对。道台强烈反对。记住这样的事实颇为重要，即使现在的情况似乎完全不同，中方的思想看起来如此开明。这不是古代的历史——当时的很多居民如今仍在我们中间。事实就是，租界如果在这件事情上一直由华人支配，就像在别的一些事情必须如此的那样，则我们也许至今没有电灯。

道台是个忧心忡忡的人，如他在致领袖领事函中所称，他反对立德禄的计划是因为知道电光会杀人，会破坏房子或者毁灭整个城市。现在料想将会发生麻烦，烧毁房屋，摧毁宝贵的城墙，把价值连城的财富和千百万人烧成灰烬。"本道台暨贵领袖领事既司理此地……采取措施，予以防范，为余之职责，阁下职责亦同。如阁下不禁电力，电祸将至也。"这段动人的呼吁并非刻薄的幽默家杜撰出来嘲笑中方的；这是中国的官方信件。这当然是幽默的，但当时并不幽默。领袖领事就像用扫把迎击大西洋的帕丁顿夫人那样[2]，禁止了电力。这段**历史**插曲的价值是：我们至今（1922 年）仍希望彬彬有礼地自称为中国的"客人"（更恰当的说法是做了所有家务并付钱的客人）；存在着一种废除治外法权的强烈希望；华人正急切地谋求参加租界政府。即使不说这些令人沮丧的事情，外国人也必须记住，"客人"克服了多大的困难，才蜗行牛步赢得了自己的幸福地位，并获得了如此这般的欢迎。我们的历史表明，中国政府没有做出过任何努力来让客人舒适，让背井离乡的人们的生活环境得到改善；从来就没有殷勤好客的表示。相反，他们迄今为止总是用自己的权力推动干预、妨碍、限制和束缚。电力照明例子的本身并不重要，其价值就是

---

[1] 即上海电光公司。
[2] 用拖把迎击海浪的英国传说人物。

东道主对客人态度的一个非常简洁明了的样品。

电力学说让道台魂不附体当然无关紧要；实际的麻烦却是他禁止租界内的华人使用电灯；他们不会购买灯泡，却会拆走已经在用的灯泡。"油灯蜡烛非常方便"，这位父母官写道；他除了派遣差役去告诫子民浇灭这致命的灯光外，还在所有的华人报纸上发布了禁令。

他被礼貌地告知，他一直误解了危险，而且他的禁令是"对销售合法商品的一种干预"，违反了条约。于是，他当然让步了，但他仍在重复他读过的有关电力危险的可怕事情，特别提到了俄国叛乱分子试图用电摧毁圣彼得堡；以此表明自己的知识相当摩登。至于生意，他料定这种买卖无关紧要。他取消了禁令，解脱了承担任何可怕后果的责任。

我们说，上海的电灯有两个对手。道台之后是煤气公司，但那仅仅是一个竞争的对手——竞争者，而不是敌人。

这就像对道台一样，是生死攸关的事情——但这是公司本身的存亡危险。斗争在 1882 年立即爆发了，但煤气公司设法生存到了今天，很大程度上是依靠煤气的其他用途，而不是点灯。

1882 年 5 月，煤气公司请求在采取有关电力照明的任何明确步骤之前，考虑一下它的权利主张。它在提供租界照明方面的态度比任何人都好，迄今为止拥有的 14 英里道路管道仅用于公众照明。翌年，它们抱怨一直被晾在一边，并在困难的时候帮助自己的对手。它的地位肯定是最难堪的。电力照明最初并不十分可靠，必须求助于煤气灯；然而，承诺将会非常成功，届时煤气还有什么用处呢？煤气公司会成为什么呢？他们提出了为租界照明的条件，当工部局劝他们将此事提交给纳税人会议时，公司只是以徒劳的威胁方式坚持要求工部局自行做出决定。

这一时期的电力照明并无进展。它没有鼓舞人们相信未来的光辉灿烂；灯光或明或暗，还要熄灭，不得不用煤气照明。它最初的成本是煤气的三四倍。本地的设备功率不足，有时必须停止照明。电灯点亮时的好处说不明白，熄灭却是家常便饭，以致工部局一再威胁要取消合同。为了确保照明，必须在合同上附加一项刑事条款；当毕晓普被工部局委任为路灯检查员时，他的报告是否定性的。

最初的建议是从三座高塔上为租界照明；一座在英租界，塔高 250 英尺，装八九盏 4 000 支烛光的灯泡；两座在虹口，装八盏 2 000 支光的灯。将沿着外滩安装

20 个 2 000 支光的。当表明照亮外滩、南京路和百老汇路每年只需要 3 748 两额外支出时，工部局就同该公司签订了一年合同；公司秘书立德禄宣布将从 1883 年 6 月开始照亮这些道路。

我们在《北华捷报》第 26 卷（1881 年）上找到了两篇关于在西方尚处实验阶段的电灯的文章，但只字未提在上海使用电灯的可能性。

1884 年底，公司请求工部局买下它的工厂；但对此的说法是等于申请一项体面的葬礼。公司一直没有提供令人满意的照明。这项失败部分是由于员工和创办人缺乏经验，部分是因为使用的机器不合适。

在 1885 年的纳税人会议上，对这个问题发表了一些非常活泼的演说；人们知道，现在会议的趣味性确实比过去逊色多了。工部局有很大的赤字，希望发行债券。为了节省约 5 000 两，一项对预算的修正案否决了与该公司的续订合同；后来，续订合同的决议差四票未获通过。除了经济问题外，据称该公司并未满足合同的任何条款，灯泡远远不到 2 000 支光，等等。何况，它们还总是半个小时就熄灭；这不管是单个还是全部，都让交通非常危险。有一次熄灭了 31 盏灯，两个晚上都整夜漆黑；这还是在中法两国发生麻烦之际。由于一些热心人，上海实际上过于新潮了。电灯在西方也不完美。推迟几年，在国内取得圆满结果后再将它引入远东，无疑更好一些。

该公司历经纳税人会议的两次杀戮却仍不咽气。纳税人没有表决，还很多华人向工部局请愿，反对倒行逆施。应 27 名投票人的要求，召开了一次纳税人特别会议，这是完全正常的；但要求它撤销一般会议的表决，就是不同寻常而且成问题的程序了。双方自然都有一些强烈的说法，但结果是，曾以 128 票对 124 票输掉的议案现在以 151 票对 145 票通过了。这样，续订了一年 60 盏灯 15 000 两的合同。社区的整体愿望无疑是让公司进一步试验；但以 4 月份的特别会议否定 2 月份的一般会议，方式是危险的。

尽管该公司被一名发言者描绘为"每况愈下"，它的年报还是相当漂亮的，并偿还了一些债务。但在 1888 年，它把工厂等都转让给了一家继续按照原条件为租界照明的新公司。[1] 1889 年，铁杆取代了木杆。1891 年的合同是 76 盏灯，每盏

---

[1] 即新申电气公司。

灯每年 210 两。

地下电线问题是工部局仓促发布的命令之一，必须修改；1892 年，命令除外滩之外的所有架空电线必须埋入地下。今天，架空电线或不妨说电线杆森林是交通的巨大障碍；上千根杆子占据着所有或差不多所有的狭窄人行道，行人被逼入了排水沟。但也许不断开挖地面埋设地下电线依然是一种滋扰。当时的电气公司表示反对，这项变更将花费 80 000 两，为他们全部资本的 1.5 倍！工部局发现自己太过热情了；他们起初准许电线"暂且"保留，然后宣布他们不愿制定妨碍电力照明发展的规则，然后宣布，只要电线离开建筑物七英尺就满意了。

后来估计，铺设外滩地下电线的代价是英租界 7 000 两，法租界 5 000 两。

1893 年，工部局以 66 100 两取得了电气公司的所有工厂和业务。电气技师普赖斯先生以月薪 220 两留任，但他是"一个难以相处之人"，当他违反协议收取外面工作的报酬时，却被准许了；他知道他的服务不可或缺，少了他会引起麻烦。

当他在 1898 年初辞职时，工部局决定电气处与测绘处分离，由工部局直接控制。可悲的发现是，一位董事声称普赖斯如不辞职，就必须以不胜任予以解雇。

在上海租界这样一块雨水充沛、不讲卫生的人口稠密的泥滩地上，排水和排污是件难事。外国人最初占据时，这块地方多多少少还是一片沼泽，由通潮汐的河道排水；但作为建筑用地时，每块土地的业主都会只着眼于地产价值或自己的便利而挡住水道，或者予以填平；因此出现了水塘和地表积水。

1862 年，一个奉命考虑排水方案的委员会提出了两个计划。第一个是，东西向的道路均抵达界河，即后来所称的泥城浜，并开辟两条与福建路平行的新路，连接洋泾浜和苏州河。沿着两路的中间开挖排水沟，暂时让水通过。福建路上一条已有的排水沟在秋季到来之前用厚木板覆盖。通过适当交叉的排水沟，将把河南路以西租界的积水排净。河南路以东部分已在那个秋季有效地排净了。全部费用是 37 600 两。

为了整个租界彻底的排放，他们还有另一个计划；但因为估计花费 132 000 两，没有人建议采用。也没有人鼓励接受史密士先生 250 000 两的竞争方案。委员会的第一个计划作为临时措施获得了通过。

利息 10％的排水系统贷款和利息的 10％偿债基金提供了 18 200 两，一笔临时排水系统贷款是 31 068 两；但 1863 年的开支是 55 451 两。

但一位工程师（克拉克）在 1864 年接手了此事，按照他的说法，迄今为止实行的计划既散乱零落，又总体上糟糕。既然已经花费了 65 000 两，他将尽量予以执行；但他强烈推荐"干线系统"（arterial system）。这将涉及 250 000 两费用，工部局不能考虑这种昂贵的方案。

工部局测绘师奥利弗接替了克拉克。詹纳·霍格在 1870 年非常尖锐地表达了对该排水方案的怀疑，"如果是有一个方案的话"。奥利佛解释说，原来的体系是卡莱尔的，克拉克和他自己进行了改善。它已经花费了 80 000 两，还要为中继管道花费 28 000 两。据假设，潮汐会冲刷管道，但自来水厂建成后，我们发现，夏季的数月是用消防栓里的水来冲刷的，一个夏天的用水就达 800 万加仑之多。但是，在这么低矮的平原，冲刷是一件难事；在 1873 年的霍乱时期，奥利佛建议冲刷时加上消毒剂和石灰。

1881 年，亨德森医生要求注意阴沟通风的必要性。尽管粪便不通过阴沟，然而有这么多非常肮脏的华人厨房、洗衣房等的脏水通过，使密不透风的阴沟味道非常难闻和有害健康。工部局已在 1873 年试验过一种用燃烧木炭的托盘进行表面通风的试验，但没有下文，这部分是因为代价，部分是因为干扰交通。亨德森提出警告后，他们建造了建筑物业主同意的通风井，第一年建造了 12 个，后来的数量就多了。

《附则》第六条要求，所有的水沟"均要做盖及各项妥善之法，勿使秽恶气味四散溢出"；据报告，所有水沟的孔洞都在 1865 年封住了。《附则》的前八条都是关于排水沟的，但后来的抱怨是，其中的有些不起作用，甚至不能实行。

1894 年之前，外滩沿线没有污水管；由于当时发现《附则》的第二条似乎有此要求，便进行了讨论。每栋房屋分别向江中排污。决定花费 11 000 两在东边建造一条污水管。

第 33 章

电报和铁路

中方对电报的态度，在表明华人头脑的可怕愚昧和外人在上海生活中引入某些改良的艰辛两个方面，都极富启示性。

早在 1851 年，玛高温医生就首次建议架设当地的电报线路，而且在 1863 年重提了一次。打动总理衙门是没有希望的，但认为仍有可能说服道台。在美国人舒费特船长经马格里医生的帮助拜访两江总督的时候，麦华陀正在汉口尽力而为。但玛高温不得不放弃希望，他确信中方只会在能够控制电报的时候才引进。

不能忘记，1865 年这里见到西方文明已将近四分之一世纪了。当时，连那士架设了一条从浦东到川沙、上海东部靠近九段沙灯塔和灯船的电报线，直线长约 16 英里。它的效用是显而易见的。但它很快就被村民们捣毁了。实际上，那些杆子是"翌日早上"就不见的。我们不知道连那士是怎么考虑他的行动权力的，但看来他没有请求政府的准许。当向道台提出呼吁时，道台说他只知道由于扰乱了**风水**而有一人死去了。按照中国以命抵命的规则，应依法处决连那士先生，但道台仁慈地放弃了这一点。至于领事要求的再次树立线杆，他说在得到通商大臣的指示前什么也不能做。连那士的赔偿要求直到 1881 年仍未实现。

一年后，旗昌洋行得到工部局许可，架设了从（法租界外滩）金利源仓库到美租界旗昌的线路；而且这是中国开通的第一条电报线。

1869 年，和明商会就一条抵达九段灯塔的电报线向领事团提出申请；他们担心正式向中国官员申请没有用处，建议首先试探乡民。由于长江口沙洲的移动，上一年发生了十次船难；因此，这条电报线最为有用，而且一切必要的物资都是现成的。

道台对各领事联名函的答复是，条约里没有任何引进电报的规定，这将亵渎民众的情感，等等，等等……而最终是"中国并不需要电报"。他后来引用两江总督的说法，称此事"全无先例"；并补充说，木头电杆有碍**风水**，有损农业利益，并已经造成了死亡——没有什么其他理由抵得上丧失人命！在蒲安臣出国"履行疯狂使命"之际，中国的官员们就是这种脑筋。

阿礼国在 1869 年忧伤地说，几乎没有乐观的理由。竭力主张设置电报的玛高温确信，会对此事作最大限度的逼迫，但所有项目都必定败兴而终。迄今为止的条约都规定而不是商定——修约须在完全不同的条件下进行；不会同意任何违反中方意愿的事情。

1870 年，铺设了一条香港与上海之间的电缆，它在两个终点得到的不同待遇意味深长。在南端，这条线路是宾至如归——或许还宠爱有加；在上海，它却像被敌视和猜忌的无家可归的偷渡者，必须悄悄潜入。协定是，该电缆的终端不得上岸，而是要接在租界外锚泊的船上。线路的任何部分不得经过陆地，终点必须安放在该公司有办公室的每个港口的一艘废船上。这种防范电报的措施，要比中方防范霍乱或瘟疫严密多了。

到达上海的电线，最初的终端在舟山群岛的东福山岛[1]以南 25 英里的海上锚泊，从那里经过大戢山抵达吴淞。一条小电缆从吴淞顺着黄浦江通到上海，在虹口上岸。那艘废船应停在上海锚地的边缘，但电线看来是秘密地上了岸。实际上，下达了尽量少与中方谈论完整业务的命令；麦华陀观察到了这么多的机密，以致怀疑当地政府是否也猜疑到了正在做的事情。我们发现，这无论如何没有挨过两年，一位新任道台致函十三国领事提出抗议：电缆是在吴淞上岸的，又建立了一个电报站；他说，这必须立即停止，电缆必须以外面锚泊的船只为终点。总理衙门也向丹麦公使投诉说，该公司[2]未经许可就秘密地建在吴淞岸上。

在这个案子中，中方无疑绝对符合到那时为止的法律文本；但也没有比这更大的规避这项限制的诱惑了。电报的有益无害如此显而易见，中方的排斥或阻挠纯粹出于幼稚无知的憎恶，真是荒谬绝伦和冷酷无情。上述那位宽宏大量留下了连那士

---

[1] 东福山原文作 Videa，应为 Video。
[2] 指丹麦大北电报公司。

首级的道台，实际上十年之后就不管**风水**，在福州推进了一条电报线，并惩罚了阻挠分子；与此同时，另一位道台则实际上摧毁了吴淞铁路。一些年后，另一位道台对电灯的进入大发雷霆，还有一位则试图从电车那里拯救他的国土。这些事情现在被忘得太快了，但这些都是富有心理学和社会学价值的事实。

然而，电报即使对中国人有利也不能强加于他们，领事团不得不以正式认错的方式安抚道台，表示歉意。丹麦、美国和英国的领事与他见面，询问他的公函在什么范围内有效。他说他坚持协议，他的职权让他的抗议有效。已经指出，电报线一开始就在该公司的院子里上岸，因此，反对为时已晚；但鉴于要保密的命令，这个说法肯定是矫饰可恶的。道台对此的答复是，他不受前任失误的约束。结论是，因为事实已众所周知，必须进行抗议，而领事团起草了一份免除该道台责任的公函。

麦华陀致函道台，提出了三个观点。(1)根据条约，有权利实行电报通信；其根据是贸易的权利包括贸易设施的权利，电报是不可或缺的设施。(2)外人希望行使这种权利的合理性；这里的论据是他们可以做自己喜欢的任何事情；电报站和电杆都在他们自己的土地上，领事团丝毫没有强行拆除的权力。(3)承认这项权利的好处；如威妥玛和总理衙门的协议所承认的那样，电报总体上有益于社会。

新的电报怪物凭借这种礼貌和歉疚的方式在中国国土上立足了。而且，此后很快就准许沿着吴淞路树立电杆，该路完全属于外人土地。这是一个必要的改变，因为河床中的电缆经常断裂。一帧 1878 年的地图表明，电线穿过老靶子场，经过 12 个地区，离 22 个村庄一箭之遥。

除了政府方面的困难之外，与民众也有常见的争执。1875 年，大北电报公司约 1.5 英里的电线被盗；1879 年，该公司向吴淞路沿线的多名地保每年支付 144 元，以制止经常发生的劫掠电线和电杆。

1883 年，会审公堂谳员通过领事团请求巡捕保护一条从轮船招商局办公室到徐家汇的线路；同一年，大东电报公司的电缆延伸到吴淞 5 英里之内，而大北电报公司从上海到大戢山的电缆长度是其两倍。到这时，中方已经彻底转变了。这是因为对俄国事务的一团乱麻让他们看到了电报的必要性。

1875 年，轮船招商局仿效旗昌洋行，获准建立一条从其汉口路办公室到虹口仓库的线路。

各电报公司在 1869 年的租地人会议上首次**亮相**，当时工部局获得授权，承认私人在租界内铺设线路的权利。这份决议经过了一些讨论才获通过，对道路上已建线路的煞风景进行了评论。对效用的考虑淹没了这种早已产生的感觉。工部局确定，这种线路的年租是 5 两，但翌年就降低到每年 1 元了。同一时期，可以说工部局自己开始浸淫其中了。它花费 128 英镑连接了 3 个巡捕房，建立了一条从虹口捕房到消防站的报警线路。工部局的预算包括了维护这些线路的 360 两，根据工部局电报工程师毕晓普建议购买更多材料的 670 两。到 1874 年，只剩一条私人线路了——大北电报公司的线路，其他线路都使用了工部局的电杆，因为它们的使用费为每年 50 两。除了电报之外，还建立了一个完整的电力火警系统。我们发现，到 1877 年，维护所有线路的合同额是每年 1 500 两，而私人线路业主使用工部局电杆的总付费是 500 两。

1879 年建造"靠近静安寺路斜桥"的斜桥总会[1]时，该总会委员会主席担文请求工部局准许在龙飞马房和斜桥之间竖立电杆。一旦发生火灾，这条线路是有用的。这获得了准许，条件是该工程由毕晓普监督；但进一步的要求是不缴纳租界内现有电杆的通常租金，这被拒绝了。

1890 年出现了争执，因为各电报公司（大北、大东和中国电报局）投诉称，后来成立的电光公司架设的电线过于靠近电报线，造成了危险的感应。工部局拒绝干预，仅仅是劝告各公司的工程师们一起讨论此事。

电报之后来了电话。1870 年，大北电报公司获得了其电缆与一条穿过租界街道的线路相连接的许可。1881 年，它获得了为一台电话总机架设电杆和线路的权利，付费为每年每杆 1 元。这笔生意后来转让给了中国东洋德律风公司。1897 年，工部局宣布这项服务瑕疵严重，是"公众很不方便的根源"。鉴于那是唯一可用的电话，这项批评是严厉的。但全世界的电话系统在不能抛弃的时候，似乎都令人憎恶。工部局决定必须实行某些改良，而该公司进行了长期的辩护。由于割喉式竞争，他们 14 761 英镑的投资没有任何回报。1885 年，每周呼叫是 1 612 次，而 1897 年为 18 683 次，使得服务更加困难。但很多的低效率是由于用户的原因。用户用企业或个人的名称呼叫，而不提供号码；他们接听呼叫过分从容不迫；他们因不挂上听筒而耗光了电池，等等。在讨论这件事的纳税人会议上，奥伯格实际上对公司

---

[1] Country Club，直译为乡村俱乐部。

的情况撒了谎；他对收入、支出和资产做了一个非常冗长和复杂的估算，极其详细地表明，公司不是没有对 14 000 英镑给予回报，而是对 27 000 两的资本回报了 14 600 两，或者说回报超过了 50%。当然，秘书波特否认了奥伯格某些数字的准确性。

工部局于是为建立一个有 30 年专有权的系统邀请投标，向投标者发出了一份列有一切必要信息的小册子。

中国的第一条铁路是著名的吴淞铁路；它生不逢时，而且名不副实——它开通时并未延伸到吴淞。

很早就试图建造一条到苏州的铁路。1863 年，27 个多半为英国人的上海商人请求李鸿章准许建造它，但这项申请被拒绝了。

怡和洋行是吴淞铁路的发起者，在 1873 年购入了土地。《北华捷报》称，众所周知，建造者获得的承认，是以那系一条马路的谅解为基础的；但同一份报纸称，三年后，同意购置土地的道台知道了目的，却说："继续建吧——我不会干预，铁路建成前我就离任了。"非常可能的是更高级的官员非正式地知道此事。

最初是把它说成一条轨道路（tramway）。并未向北京申请许可，因为答复肯定是直截了当的拒绝。民众普遍支持铁路，但官员们反对，一个把土地卖给公司的人被殴打致死。本地报纸《申报》称，已经购买了土地的发起者无须准许就可在自己的地产上建造铁路，还贤明地补充道："盖支银由西人，而中国得以亲自考核其实在优劣——何必哀怨也？"[1]

道台以职分所关，不久就开始对报载内容表示惶恐。这对于他的个人颜面和避免官方贬黜是必要的。威妥玛对道台的惶恐表示遗憾，说这个事件再次证明了我们一意孤行或太希望获得中国政府关照的危险。他希望当地的报刊不要忘记这个教训。

1875 年 7 月签订了各项协议。费用是 50 000 英镑，施工费是每天 20 英镑。发行每股 20 英镑的股票。铁道是每码 26 磅重，轨宽 30 英寸。

1876 年 2 月打下了跨过（老）靶子场的第一座桥的第一根桩子。由于成群结队的人前去观看机车运送物资，打靶必须停止。第一台机车是 2 200 磅的"先

---

[1]　引文系编译《申报》1874 年 8 月 26 日社论。

锋"号。

当然同农民有通常的争执。发生了冲突，也许是因为妒忌，因为村民们想要工作和工资。在江湾站，站长因为搭建一块竹篱笆而挨了打。

最终在 5 月，它首次被称为铁路，7 月，铁路正式通车到江湾，共 4.5 英里。160 名客人搭乘由"天朝"号机车拉动的 6 节车厢，用 17 分钟到达了江湾。麦华陀就这些中国有史以来所见过的最重要事物发表了演说！可怜的人儿！可怜的中国！

三个月后，因为一个人被撞倒引起了激动，威妥玛请求暂时停止通行。机车司机被控过失杀人，案子被驳回；停用了两个月的铁路再次通行。铁路继续通行期间，对主权感到担心的中方进行了买下铁路的交涉。1877 年 10 月，"总督"号、"天朝"号机车前拉后推了最后一列火车。一群华人在那里看了最后一眼——他们再次见到这种情景要在二十多年后了。然后新任道台拆毁了铁路，他觉得自己受了铁路公司和李鸿章两方面的蔑视。

这条玩具铁路在短暂的生存期间为每列火车每英里付出了 4 先令。中方买下的价格包括所有的建造和初始费用；总价格中，单是旅客交通费就占了 11%。

和明商会尽了最大努力来避免拆毁铁路，150 人联名呈请公使团干预。人人都要使用铁路，它给很多人带来了便利，创造了新的产业，沿线的所有地产都增值了。但那样的常识文不对题：政府不想要铁路，不想要电报，不想要外国的任何东西，尤其是外国人。

半数股东是华人——商人们无疑懂得外国人，有着与官员们完全不同的见解；但他们中的很多人因为害怕地方官员而不敢签署请愿书。

工部局也做了努力，如果铁路被接管，就把那条道路作为公共道路，并提出支付其维护费用。道台的答复是，土地不能如谣传的那样再卖给原来的业主，那条路将作为一条普通的大道保留。

这像更多的例子一样，实际上是一个被抛弃的典范。中方希望从外国人手中夺走这条铁路是可想而知的；但慷慨大方地买下"继续经营"的所有权之后，他们本可以继续经营的；对它的摧毁显示了一种奇特的思想状态，这只能被为描绘为中国式的自负、无知和猜忌的杂拌。

有些人喜欢说这里的万事皆不如意并不比稍早前的西方更甚——这是一种令人

恼火的轻率说法——而且他们还会马上就接着说，英格兰的铁路也一度困难重重。但区别是明显的。1825 年，一台机车就是世界上的新事物，人们不相信它可被谅解。在 1878 年，铁路已延伸到中国之外的所有国家了，只能把对它的不信任或敌视归结为愚蠢和不可饶恕的蒙昧。

不知为何，金斯密提出要按每亩 55 两的价格把道路卖给工部局，条件是不得铺设铁路。按照所确定的吴淞终点，长度应为 8.25 英里到 9.25 英里，工部局考虑了这个建议，算下来的代价为 19 000 两到 21 000 两。我们说"不知为何"，是因为有一处说金斯密"被授权"，另一处说"中国政府通过金斯密提出"，然而，道台否认授权任何个人提出过这项要求。

直到 1898 年，上海才有了一条抵达吴淞的铁路。

当时，北方已建成了数条铁路，盛（宣怀）道台[1]委任锡乐巴和一位蔡（汇沧）先生作为洋华监督，建造了这条铁路。它并未沿着旧的路线，而是有所不同，据说这是为了让官员有更多的舞弊机会。1898 年 9 月，该路开通。

我们说过，1876 年的铁路最初被称作轨道路。但早在 1872 年 3 月就讨论过租界真正的轨道系统了，工部局被要求对它发表意见。包括立德禄和米契在内的 14 名纳税人签署了致工部局函。这条单一线路是从虹口的旗昌洋行老宁波码头开始，沿着主干道连接沿途的各码头，然后进入百老汇路渡过苏州河，公司将建造一座高于威尔斯桥的新桥，然后沿着英租界外滩、法租界外滩到旗昌洋行的汉口码头、天津码头，终点在东门附近。其"当前"的动力是马匹。纳税人授权工部局考虑这个项目，并获得详情。

到那时为止，做广告的是"上海与虹口轨道公司"，但它在下一次纳税人会议之前就消失了。

后来，吴淞路轨道公司在 1873 年表示希望建立一条租界内的线路，该建议遭到纳税人的激烈反对。很多不满是由发起人采取的半机密态度引起的，发起人中的 6 名据说握有 140 张代理投票，而整个会议共 350 票。引出的问题，就是纳税人的权力将对这种覆盖在道路上、舍弃公共功能的私人企业轨道做出让步。也考虑到了狭窄的街道不适合轨道系统。论据是轨道并不缓解交通，而是增加了交通不便，获

---

[1]　时任铁路总公司督办。

益的仅仅是中方。对自诩为**"前所未有的优异之物"**（*omne ignotum pro terribile*）进行大量讨论后——现在的纳税人会议引用不了这么多拉丁文了，事情被交给了一个特别委员会。我们未在该委员会的报告中再次见到该计划。

然而，怡和洋行在1881年宣布，如果纳税人许可的话，将成立一家轨道公司。召开了一次特别会议，经过长时间有趣的讨论之后，工部局最终获得了给予许可的授权。

领事团乐意给予批准，道台却提出了抗议。后者提出了不出所料的同样可笑的论据：这肯定会撞人；而且是一项新的发明。他乞求领袖领事禁止该线路，命令该公司放弃计划；"为华洋利益起见，亦增双方既有之友谊。"领事团的最终答复是，他们不会干预纯粹的市政事务。

然而，这项计划搁置了。按照《北华捷报》的说法，这是由于华人的反对。不管怎样，《工部局报告》中不再提及了，轨道像铁路一样被推迟了几十年。

第 34 章

黄包车

　　人力车或黄包车——这个名称可以有六种都正确或都不正确的拼法——是1874 年引入上海的，并很快成为一种滋扰。第一次提到它们的工部局账目是截至1875 年 4 月的年度预算，收入的捐费是 1 000 两，上一年则仅为 60 两。捐额最初是每月 2 钱，翌年提高到 400 文。

　　它们在 1 月份首次现身上海，因为气候寒冷，用处不大。只不过几个月，就有了对"黄包车蜗行"滋扰的投诉。一人因为招揽生意而被铐住。18 个月后，工部局因为车辆失修等原因不得不没收了这么多的执照，以致租界有时几乎见不到巡捕的踪迹，他们都去会审公堂呈控黄包车夫了。对于车辆肮脏和车身松垮的投诉也很常见，逃避执照捐和执照欺瞒改动则司空见惯。

　　当然，那时尚不知道充气轮胎；有两人坐的黄包车；但 1879 年 2 月之后，就只给单人座的发执照了；如果不是两名车夫拉车，禁止同时搭载两名乘客；座位必须宽 41 英寸，车篷必须至少高 40 英寸。

　　1875 年制定的规章限定法租界和公共租界的车辆总数各为 500 辆。发布了十张执照，每张可经营一百辆"东洋车"——一个中文仍在使用的名称。六张发给了一位米拉先生，他早在 1873 年 5 月就"为租界内洋人和华人能够舒适便捷的出行起见，披露了一个两轮小车企业的方案"。他请求十年的垄断，但工部局没有同意此点。

　　上海客车公司化 10 000 元从日本购买了 400 辆车，平均每天出车从 75 辆提高到后来的 150 辆，它只缴纳这些车的费用。

1875 年 3 月，执照捐上升到 5 角，尽管在同一个会议上，对更多危害道路的小车的 400 文执照捐遭到了批评，因为这对可怜的小车夫来说是太高了。

翌年的数量达到了 1 500 辆，鉴于它们在公共场所走走停停的滋扰，会审公堂谳员应工部局的要求发布了一份告示："决不姑容。至为紧要。切切特示。"

1879 年的纳税人会议再次把执照捐提高到一元，结果是收到的申诉表明，业主每个月每辆黄包车只有 500 文的净收入。

何利德在 1882 年说，他得到的信息是捕房的两个主要人物持有几乎所有的执照。进行了调查，彭福尔德报告说，大约 180 名华人持有执照，没有一人持有 50 张以上，而 21 人是持有 1 张。当时的执照价格约为每张 15 元。

一位外国人比德维尔在 1882 年建议改良黄包车的样式，但像大多数创新者一样，他既不受公众，也不受官场的喜欢。工部局坚持发放有效执照不超过 1 500 张的决定。他们在 1875 年最初设置黄包车执照时，就拒绝了创立垄断的诱惑。但比德维尔表明，1 500 张执照实际上是垄断。执照经常以每张 40 元易手。工部局每年收到 9 000 元，"他的朋友"情愿多付 50%。因此，合适的方式是把执照交给出价最高的投标人。

一次纳税人特别会议做出了这项决定。工部局法律顾问乐皮生说，按照已经制定的规章登广告招标，没有异议。道台却因此而抗议说，向公共投标者发放执照会剥夺现业主的生计，引起麻烦，而且也会造成令人非常不安的垄断。中方时而反对垄断的热情是众所周知的。

同时，改革者比德维尔一度如此窘迫，不得不请求巡捕的保护。他在大马路上被车夫们起哄，一大群人围住了他的办公室。"垄断分子"威胁要咬死他，烧了他的房子和住宅。他们也请求工部局不要取消他们的执照，因为他们愿意缴纳所要求的 1.50 元。

华人的黄包车主向领事公堂请愿，要求暂时中止工部局有关招标的行动；领事公堂的判决是工部局没有权力实行黄包车执照的公开招标。于是，工部局决定通过以 1.50 元的价格无限制颁发执照来打破垄断，但是车辆必须完好，并应该表明牌号，每月查验一次；当发现车夫不称职时，就没收执照。

该年将近年底时，车主们向工部局请愿，要求恢复 1 500 张执照的限额。当时的黄包车超过了 2 000 辆，却没有足够的车夫，受雇者层次低下，经常一天挣不到

100 文；而且他们也呼吁反对每月的查验。然而工部局拒绝了，但决定每季度查验和每季度收费。随后发生了一场温和的罢工，车主们数日不让黄包车上街。1884年，发生了一场反对每季度查验车辆的罢工，因为这损失了时间；多数车主数月没有拿到执照，于是屈服了。执照数量持续稳定增长，但工部局多次发布过有关车夫和车辆肮脏状况的告示，一年中因为各种违规没收了 8 700 次月度执照，暂停了17 900 次执照。1891 年，一个业主协会提出抗议，说应该惩罚的是犯规的苦力，而不是通过暂停数日的执照来惩罚业主。该协会的业主们保证提供完好的黄包车，他们的车夫穿制服，他们的雇员患病时，协会的公积金将为他们提供医药费用。

一位华人致函工部局，建议通过他自己已有的 200 辆黄包车来改善车夫们的不幸命运，对受雇者实行某些乐善好施的规则。但他的建议不受鼓励，因为巡捕说，这仅仅是试图让雇主和车夫多挣钱而已。

对我们文明社会这些卑微、有用却令人恼火的附带部分的历史，再赘言几句吧。1883 年的上海总会为一位每天 8 小时管理门前黄包车生意的巡捕每月支付 10元。同仁医院建议，向每辆黄包车征收 30 文来支持医院基金；但工部局当然没有同意，那是纳税人的事情。

汇丰银行经理的妻子嘉谟伦夫人在 1887 年试图通过工部局总董为"我的朋友们"黄包车夫建造一些收容所；但有着慷慨大方声望的上海租界，搁置这种家庭慈善事业（home-charity）达三十年之久。

1889 年，工部局拒绝承认一种外国人乘坐的改良型黄包车的特权；而在翌年，有人鉴于车夫的肮脏而建议强迫车主为车夫提供制服，工部局则认为，这只有同时降低执照费才能做到。

1892 年，一场真正的改革开始了。一家公司引进了一种有辐条式车轮、橡胶轮胎、防水挡板和改良车篷的新型黄包车，其车夫们有雨天穿的油布外套，禁止食用鸦片、洋葱和大蒜！它的车资更高，数量却在一年中从 74 辆下降到 54 辆，因为公众并不像所料想的那样欣赏它们。

买办们和其他人发行车票来代替现金——必须记住，那时还不知道我们现在所用的整洁的铜元；但工部局在 1898 年发现，车夫们敲诈的数额有时达 25%，因此决定由自己发行车票，每张票收取一文。那年，执照数量已经增至每月平均4 308 张。

一位华人在 1890 年向工部局提出，以每月 7 000 元垄断 4 000 张黄包车执照，为期三年，每月每辆车比工部局当时收取的费用多 25％。给予垄断是不可能的，因为工部局只能收取纳税人会议通过的执照费。

第35章

学校和教育

工部局直到 1891 年才在上海建立了学校。这里的外国儿童最初当然非常稀少。共济会成员在 1886 年建立了共济会学校，它在 1888 年陷入了很大的纠纷。该委员会发现自己负债 1 200 两，想让各会所支付，并给予进一步的捐赠。但各会所没有热情的回音，显然是因为《北华捷报》说的："事情发生之后，依靠作为一个团体的共济会员的支持或忠诚友善并不明智。"召开了一次非常轻松的会议，金斯密和傅兰雅却非常严肃——站在相反的立场上。正在开办的学校每月亏损超过 225 两，或者如达拉斯所说，是 127 两。有人建议将该学校转让给达拉斯先生和达拉斯夫人。经过很多争吵后，这个动议通过了，然而，该委员会仍保留了某些影影绰绰的权力。

该学校于是成了"上海西童公学"，以兰宁先生为校长。1890 年，请求纳税人拨款 1 000 两，让它有更加安全的基础。有人指出，尽管可以强调"它现在或过去都是"一所共济会学校，它确实是一所对所有人开放的公共学校。它拒绝品行不端的儿童入学，不向确实贫穷的儿童收费。在兰宁的管理下，学生的数量从约 54 人增加到 94 人。拨款获得了一致同意，翌年又拨了一次，但一项拨款 2 000 两的动议无人附议。兰宁先生在报告中大声疾呼，一所充分有效的非教派学校需要工部局的担保；他在一年后建议，当时存在的那所学校应成为工部局公学的核心。

文恒理医生早在一年前就建议说，工部局应该建立一所学校；但是，我们确实可以提到，《北华捷报》已在十三年前建议兴办一所完全世俗的公学了；但它也建议社区通过募股筹集资金。

我们回到 1892 年的纳税人会议吧：建议的拨款是 3 000 两，而不是历来的 1 000 两。反对的意见是，那所学校因受某些关于入学规定的限制，并非严格的公学；而且建议提出一个适当的方案取而代之。随后，对《土地章程》是否授予工部局在这方面花钱的问题进行了冗长的讨论，兰宁先生表示，他执掌该校三年来已经尽了自己的责任，花去了自己的每一分钱，这不是个人的投机，而是始终怀着这可以转化成一所真正公学的理想。

申请的拨款得到了；根据谅解，这纯属宽宏大量的表决，工部局可以支付 3 000 两，也可以根据自己的决定减少数额。

是年的下半年，工部局接手管理该校；委任了一个委员会；全额支付了 3 000 两，下一年是 4 000 两。它仍被称为上海西童公学，将只是一所走读学校，并对所有阶层的儿童开放，但该委员会保留了拒绝或开除被认为表现恶劣者的权利。

1893 年，共济会学校基金和工部局签订了协议；共济会的财产由此保证用于公众，作为回报，四名共济会儿童有权免费在该校接受教育。兰宁先生继续担任校长。学校当时有 164 名小学生，预计很快就能自给。

当时的校舍在北京路和河南路拐角处。在 1893 年的纳税人会议上，有人建议通过募捐筹建一所学校，作为当年银禧庆典的一部分。在庆典之后的下一次纳税人会议上，决定为此拨款 45 000 两。讨论了三块地基：北京路上的 6.5 亩 40 000 两；江西路上对着大礼拜堂的另一块地只有 3 亩；第三块是文监师路和乍浦路相交处——约 26 000 两的 10 亩地。讨论的结果是同意最后那块地。建造的投标是 13 413 两——墙体必须足以承受必要时加盖的第二层；又花了 2 000 两铺就沥青地面的操场。

新学校在 1895 年 3 月开学。

以上所述，主要都是关于欧美儿童的教育；但在更早的 1882 年纳税人会议上，金斯密就建议委派一个委员会去调查整个租界的教育问题。看来是有 200—400 名儿童，其中的 100 名因为穷困没有受过教育，有些是华人，有些是欧洲人，有些是欧亚混血儿。他建议批一笔钱给该委员会，用于资助较穷的机构；但是，一项修正案抛弃了决议的这部分内容。在讨论中，巴尔福表示强烈反对今后任何学校混合欧美儿童与欧亚混血儿童。

该委员会召开了会议，建议工部局从受委托人手中接办欧亚混血儿学校。

《北华捷报》早在 1869 年就指出，社区有责任为欧亚混血儿提供寄宿学校，平等对待他们，不让他们在纯白人面前感受任何歧视。

翌年，一位邦妮夫人在虹口可爱的波特兰公寓（Portland Place）7 号为他们开办了一所学校。收费是走读生每季度 12 元；供应西餐的住宿生每季度 50 元，供应中餐的 30 元。

一年后，汉璧礼先生提供了一栋显然为此而建造的有 10 个房间的房子；募集了约 1 000 两的援助款，并委任了一个以盖德润为荣誉秘书的委员会。学校由吉尔夫人负责。当时约有 12 名住宿生和 20 名走读生。1876 年，学校由波尔夫人负责，该委员会呼吁得到帮助。

1882 年汉璧礼提出将该校转让给工部局，条件是只对混血儿开放，名称叫作"汉璧礼欧亚混血儿学校"。

上文提到的教育委员会建议接受这个要求，工部局为此在预算中列入了 2 500 两。这引发了纳税人会议上的一场热烈讨论，牵扯到了宗教问题。天主教学校设施完备，租界中欧亚混血儿的双亲却几乎得不到任何帮助。

下一届工部局认为，它不能马上接受这个方案，但同意每月给予不超过 60 元的所需资助。当教育委员会因此而威胁要辞职时，尚不准备承担那所学校责任的工部局，同意了每月 100 两的资助，尽管实际支付的数额往往只有 80 两，后来才达到 100 两。

到 1889 年，该校大多数时间由兰宁夫人负责。这时，"欧亚混血儿学校"和新建立的"儿童之家"合并成了"汉璧礼学堂和儿童之家"，该学校财产交付给工部局的信托契约也被接受了。契约规定应该设立一个管理委员会，其中的四名委员由工部局委派，八名由学校捐款人大会产生。汉璧礼先生也在这次规定，这项财产应该用于欧亚混血儿**和其他**儿童的教育。

从那时开始到现在，工部局的年度教育拨款实际上持续增加。不用充分论述，列出 1888 年和 1898 年的数字就足够了。前一年份的拨款是：

法国孤儿院	1 000 两
欧亚混血儿学校	873 两
	1 873 两

后一年份的开支是：

汉璧礼养蒙学堂	1 500 两
法国孤儿院	1 000 两
圣方济学堂	1 500 两
上海西童公学	4 000 两
设备特别拨款	3 500 两
	11 500 两

虹口的圣方济学堂建立于 1874 年，比西童公学或汉璧礼学堂都早，并有更多的学生。1893 年，神父们第一次申请资助，纳税人会议同意拨付 1 500 两。到那时，该校已接受了 875 名学生，四分之一是英国人或美国人。309 名孤儿男孩中，80 名英国人或美国人分文不付或只付很少钱，对有些人则是既提供教育，又提供衣食。这所学校的能力不成问题，尽管一份"轻佻的修正案"要给每所学校同样拨款，会议却没有讨论这个宗教派别问题，而是以该机构从事着有价值的工作和需要帮助为由，同意了资助。

该校由耶稣会照料了一些年后转入圣母会之手。1897 年提出了资助增加到 2 500 两的要求，但工部局拒绝了，理由是其他同样有价值的机构也将会提出增加的要求，而预算的赤字估计达 120 000 两了。

1897 年的纳税人会议进行了一场重要讨论。学校委员会（School Committee）已在 2 月致函西童公学的欧亚混血儿家长，告诉他们这一学期结束后将不再接受其孩子了。

他们是在执行上述准许他们排除被认为有损学校利益的儿童的规则。他们辩解说，除此之外，接管该校，并委派他们组成该委员会的目的，就是将该校发展成一所欧洲儿童的高级学校。由于社区每年出钱维持学校，特别是欧亚混血儿学校，几乎难以想象他们在为西童公学拨付大笔款项时，会进一步考虑帮助那种班级。因此，该委员会认为自己要执行纳税人的意愿，剥离该校的欧亚混血儿童。

原来的共济会学校显然从无混血儿童；但兰宁先生在 1887 年接手后，一直准许接纳他们——也许是对学费的需求让他不得不这样做。他也招收中国小学生——这些人在公学中无疑是不受欢迎的。

另一方面，该委员会关于自己有权力开除被认为危害学校学生的抗辩，违背了该校自己宣称的为了"所有种类儿童"的规则。因而，该委员会尽管可以开除有害于他人的个别孩子，却无权力反对整个类别。对此的答复是，"所有种类"不是指"所有国籍"，而是仅指欧洲儿童不论贫富，都有入学的资格。

经过长时间的讨论和提出了数个议案、修正案后，问题集中到了明确宣布混血儿童能否进入该学校这一点上；大多数人赞成的修正案是"准许上海西童公学现有的欧亚混血儿童留在该校作为学生，并将继续准许欧亚混血儿童进入该校"。

教育委员会因而辞职，任命了一个新的委员会。

新的委员会也几乎当年就辞职。该委员会请求工部局给予 3 500 两的特别拨款，认为这对保证该校的效率是必须的——增加一位校长和添加一些设施。工部局没有轻易答应，而是希望确定这将是最后一笔拨款，并且不再提出新的要求。工部局提议，有能力的和有愿望的家长应当付足费用，每年 4 000 元的资助应当用于贫穷的学生，尤其是工部局雇员的后代。该委员会反对这种差别收费，认为有钱的家长只要愿意，总是无条件捐助的；在连篇累牍的信函往来中，委员会抱怨缺乏对自己的信任，表示准备辞职；工部局屈服，批准了拨款。

1899 年 7 月，上海举行了第一次剑桥本地考试（Cambridge Local Examinations）。

至于租界内华人儿童的教育，是晚于本卷论述时期的事情；但这里应当给予必要的赞扬的，不仅是那些最终成功促成了这件事情的人们，也是那些在了无结果的时代很早就提出过呼吁或建议的人们。

例如，颜（Yen）先生[1]在 1892 年就建议工部局举办华人学校，或者补贴既有的华人学校，以便贫穷的人们就近接受教育；但工部局拒绝了。1897 年初，慕维廉询问，是否应当支持一项为华人教育拨款的议案，但工部局不予考虑。

成功的行动是在 1899 年。当时，李提摩太博士、福开森博士和卜舫济博士提出的一个方案在 1900 年 1 月得到了工部局的赞同，被提交给了下一次纳税人会议。然而，那所学校[2]的历史属于本书下一卷了。

1898 年，第一所华人女校建立了[3]——漂亮而有艺术感的中国式校舍就在江南制造局一边。有 16 名学生，由一批中国夫人组成的一个委员会进行管理。该校不得不于一年后关闭，这是臭名昭著的反改革者刚毅造访的结果。

---

[1]　可能指颜永京。
[2]　指 1904 年建成的华童公学。
[3]　指经正女学。

第 36 章

舞　　弊

对中国事务的任何记述，都会有关于"舞弊"的冗长而又拙劣的一章。我们不过是从上海的文献中撷取一些实例而已。

舞弊不仅仅是一种缺点、滋扰或劣迹，像索要小费、嚼口香糖、小酌、讲脏话或生活中的其他烦心事情那样；它是社会、政治、商业中的一种无所不在、不可或缺的附属品。在英国，所有的侍者和火车服务员都索要小费，那是他们做有报酬的工作时应得的，甚至索要到的额外收入；甚至会发现有些尊贵的政治家也用隐秘的方式捞取钱财；但在中国，这种劣迹就像我们呼吸的空气，永远与我们同在；捡破烂的、厨子、店主、官员的仆役、大小官员本身，几乎没有例外地生存和活动在一个贿赂、贪腐和勒索的世界中。

1857 年的《北华捷报》称，王（有龄）按察使已从道台和商人处拿走了430 000 两和 50 000 担米。1861 年，两名商人各被勒索了 40 000 两军费，其他人则为 1 000 两以上不等，有些人为了逃避苛征而远走宁波。再者，老闸捕房的中国翻译涉及对赌馆每月 20—40 元的勒索。在巡捕保护的名义下，老闸地区遭受了一项很长时间的非法征税或勒索。工部局决定，作为一项警告，对违规者罚款 1 000元，并在华人居住区通告了此事。工部局在 1866 年宣称，知县要求尽早关闭所有的戏院，仅仅是因为他难以对它们实施勒索。一个来自知县衙门的家伙因勒索妓院老板被杖笞 100 下、枷号 14 天外，加关押 14 天。镇江领事阿林格的报告表明，一包棉布在 100 英里内缴纳的勒索费为货值的 12%。

舞弊当然五花八门。当一名没有薪俸的衙门差役（像伦敦的很多侍者没有工资一样）通过威胁或莫须有的罪名迫使商人或穷人拿出东西来时，可以称作敲诈或讹诈。厨子购买东家一切东西收取佣金，就是纯粹的勒索。一名官员向北京解送的款项少于他收到的数额，或者一名将军领取了两倍于手下士兵人头的军饷时，可以叫作侵吞或贪污。当中国政府坚持要在租界内征收各种捐税时，他们声称有合法的权利；我们不必假设什么良心、爱国心或存心妨碍外国贸易；那仅仅是尽可能多的搜刮的借口罢了。对工部局而言，这些捐税都是非法的，都被归结为各种勒索，尽管卜鲁斯的**武断**说法是道台可以随心所欲地征税。一份这种货物捐税的表格说明，它们从一包斜纹布 1.05 两到一箱"华美奥尔良"（figured Orleans）的 5.75 两不等；从每打手帕征收五角到对羽纱征收 20 两不等。汉口路上的一间小衙署隶属于充任总督察的法租界会审公堂谳员；其他征税的官员是每人负责一种商业。

该衙署在通往英租界的每一座桥和穿过河南路的每一个街口都派有人员。他们就在商行的门口，从外国仓库中运来的每一包货物都必须获得许可，并被盖戳。所有的货物——甚至在大马路上售卖的一只鸭子，都必须这样付一点税。商人的账本都应接受官方检查。

卜鲁斯会把这些都称为合法税收；但不管什么名目的舞弊，其臭味都让工部局和整个外人社会掩鼻难却。他们对于这种恶习的坚决斗争或强烈愤慨，我们不会感到惊讶。

对于仅仅临时性的压榨，例如因为需要与叛军作战的经费，或者因为误解了条约而急于捍卫他们想象中的权利，这种舞弊或许能在外国人中获得几分同情。但众所周知，这是一种根深蒂固、不可救药的痼疾，一种社会机体上的癌症，而且掺入了最卑鄙的伪善。如《北华捷报》所言："一位道台谴责赌博，他的手下立刻扑向赌窟，索取准许它们继续开业的**赏钱**；一位知县抨击有伤风化，每一个妓女钱包中的银元就滚滚而来。"

1871 年，知县试图勒索华人商行，要他们在租界开业之前找到四位担保人；但工部局准备的一份公告称："除非是工部局派出的获得授权的征税者，人民不必向任何人缴纳任何捐税或勒索款项。"至于这种事情与领事团的关系，五名董事实际上希望不等领事批准就张贴这些告示，另外二名董事认为应该准许领事团表一个态。另一种观点显然是，无论如何应该改善一下表达的样式，因为（翻译后）的告示含有可以向工部局机构缴纳勒索款的意思！

1880 年再次报道了一个案件，有人在租界开了一家商店，因为事先未向玻璃作公所缴纳二百元而被逮捕。

工部局的华人雇员当然也舞弊；只不过这种行为并不安全、不受欣赏而已。1882 年，一条管道开价 268.16 两，当因为价格过高被拒绝支付时，承包商来了，说他开的账单是 198.51 两。办公室的书手先是否认了这个说法，然后承认是与承包商串通做了修改——承包商当然否认。每个外国人的机构中都有这种小小的麻烦，无论是商行还是厨房，而且调查总是引出相反的谎言，以致听之任之反倒比试图纠正更加省心。

何利德关于所有部门都有舞弊的说法已经体现了这种想法。他说，很多华人规避了房捐，有些是因为"太穷"。一个彭福尔德坚信不疑的人征收鸦片捐，包括向他的房客征收房租。但何利德说，很多人的灯捐只缴纳所用灯泡数量的一半，另一半由收税人和店主瓜分。而彭福尔德还是总巡，一个工作深受工部局赏识的人物。他也许是受了骗——很多外国人都确信自己的厨子是诚实的，尽管他怀疑任何其他厨子。

按照何利德的说法，从不检查当铺的账本，尽管其捐税应该按营业额征收。无人关心对葡萄酒馆征收捐税，工部局对华人妓院的约 120 名妓女每人征收 1 元，而实际人数是这三倍。最后，租界中有些不错的人适合当巡捕，但彭福尔德情愿雇用最愚蠢的人也不要他们。彭福尔德和所有捕头都不去巡视检查华捕的执勤状况。何利德确信，工部局因此而每月损失上万元，他并认为应对此事进行最彻底的调查。

1882 年有一个例证，捕房的杨（Yang）翻译卷入了一个被定罪的敲诈一家妓院的案子。

我们就以关于上海知县职位的说法来结尾吧，那像是即刻从粪堆爬上了王座。1900 年的说法是，它的代价是 40 000 两甚至 50 000 两。其中的三分之一是进入了省级官员的腰包，三分之二才去了北京。正如一位华人所说，在这样的制度中"怎么能不舞弊呢"？

本章写作期间（1921 年），讨论赈灾基金的中外报纸都表明，时间的流淌和政府的变更均没有祛除这个国家的很多恶习。

第37章

工部书信馆和仆役登记

邮局像上海的其他机构一样，也在变迁之中。在我们论述过的 1860 年代，上海的邮件来自作为邮局终端的香港，被送入此地的英国领事馆。但这是一项繁重的工作，领事馆的职员很少，不胜其累。1861 年 4 月密迪乐离开、麦华陀上任时，领事馆发布将停止收发信函的公告。来自香港的建议是，既然如此，上海的商人们应给邮局寄去接收邮件的代理人姓名。上海应否成为香港邮局的分局或成为独立邮局一事正在讨论之中——是在伦敦讨论，因为这里没有地方政府。分局的地位是获得授权的，但应该与领事馆结合起来。问题是上海希望得到这样一个邮局吗？在香港有代理机构的人们不愿意，而其他人愿意。对他们不能强迫——实际上，如果不建立邮局，殖民地倒能省下可观的费用。如果希望建立邮局，他们的建议是什么？工部局也许能建立一个地方邮局（Local Post Office）。这些说法都来自香港邮局的代理总局长。

麦华陀立刻驳回了地方邮局的想法，建议在领事官员的监督下雇用职员从事这项机械性的工作。代理副领事的琼斯估计费用为每年 400 英镑，并愿意承担这项工作以获得这笔酬金。麦华陀情愿暂时维持这个既有的机构，但建议那两个房间应该脱离领事馆；香港同意支付 250 英镑，比国库的拨款多 100 英镑，并认为上海应当分担费用；它对上海的邮局不感兴趣，而且乐意与它分道扬镳。上海乐意出钱，但不是按照这些条件。与邮局的协定是一项权宜之计。

然而到了 10 月，派了一个人负责"邮包代理"。料想他应当住在领事馆内，所以在订立其他协定前他就住在那里。唯一可作为永久场所的地方，就是旧领事馆的

333

监狱了，对它做一些改造，就能成为一所抢眼的邮局。领事馆的低级官员绝对不从事任何分拣信件或打包邮件的工作。

无论协定到底是什么内容，看来无人表示满意。1863年的《北华捷报》说，我们为一个对我们毫无用处的机构每年支付2500元，却被褫夺了来自邮票的一切地方性收入。工部局抱怨说，上海分局管理不善，员工无能而收入低微。他们考虑背弃谅解，摆脱这份协定，要求返还已支付的2500元的一半。这是一件不同寻常的事情——却记录在《工部局报告》中，即"南方当局……以一成不变的腔调解释说，他们不能与没有合法地位的一个群体建立关系"。只要我们记得每个地方甚至地位卑微的公仆都经常扮出这种盛气凌人的人模狗样，对这样一个工部局的这种奚落或许并不过分。"小机构中的狂妄自大家伙"总是令人发笑的，尽管很多冒犯并不好笑。

几个月后的7月，法国邮政的代理机构再次引发了对工部书信馆[1]的讨论，它立即建成了。在外港或日本有分支的企业，每年收费55两，其他客户是每年收费48两；不缴纳年费的邮件是每盎司4分银。它一度几乎入不敷出，因为外国人为华人善意的邮寄是如此之多，而且轮船代理机构也免费递送信件，而不是把信件打发到邮局去。从英国买来了100英镑的邮票，于1866年3月开始使用，是用鹰洋而不是银两支付。签订了一份协议，翌年的营运将与英国邮局一视同仁，提供互助。现在不值得进一步追溯历史了，只要说两个机构照例争执起来就够了，书信馆指控香港邮局对协议作了非常不利于上海的存心曲解。

温思达在1866年说，工部书信馆完全不属于《土地章程》批准的市政事务范围，仅仅表明了工部局急于促进社区的福祉。该协议在1871年结束。

1889年发出了邮票订单，却在6个月后取消了。邮票只供居民实际使用，而不向此处或他处的集邮者出售。收到了伦敦邮票商贩的很大订单。邮票设计、票面额或发行纪念邮票的一系列变化仅仅是集邮家，甚至是很小一部分集邮家感兴趣的问题，所以这里省略了这些详情。

同一年制定了规则，所有的邮资必须预付，取消了缴纳年费的制度。这是必要的，因为缴纳年费者为非缴费者寄送了邮件——有时是出于示好，但在有些情况下

---

[1] 直译即地方邮局。

实际上是收费的！各种只缴纳通常年费的总会和旅社也有为非缴费者或客人寄送邮件的习惯；而邮箱也总是准许任何人邮寄未张贴邮票的信件，邮局却分辨不出哪些是来自缴费户，哪些不是，不得不都送往其目的地。

大清邮政局约建立于 1896 年——准备从条约口岸开始扩展成一个全国的系统。要求英国政府和日本政府都取消其邮局，要求工部局取消其书信馆。和明商会和纳税人都认为马上取消并不明智，尽管它们必须像其他邮局一样取消；在真正的全国性邮局建立起来的时候，书信馆并入其中理所当然。

1897 年，本地的轮船公司通知书信馆，它们不再向中国口岸运送大清邮政局之外的任何信件了。纳税人让工部局自行决定将采取的方针；1897 年 10 月达成了协定，向大清邮政局移交人员和除属于书信馆邮票之外的全部邮政设施。土地和建筑不在移交范围。对设备和网点应该付出公平的价格。

这样，工部书信馆消失得无影无踪了，只留下了约 200 万张未用过的邮票，对这些邮票的报价是 600 英镑，但这被拒绝了。

至于当时上海存在的其他邮局，除了它们存续至今外，几乎没什么可说的。要不是世界大战淘汰了德国邮局，它们至少都会存续至今。值得注意的是，1899 年对大英书信馆有极其严厉的批评，因为它管理不善，而且相比之下，德国的邮局以收费低廉受到好评。

北京路上的大英书信馆在 1874 年重建。因为社区享受到了在香港分拣信件的好处，工部局被要求豁免其捐税。但这项申请未获批准，理由为分拣的费用是用香港邮票支付的。

仆役登记

警务委员会在 1865 年报告说，他们已经设立了一个仆役登记处[1]，他们**最热切地希望**所有外国人能为这项计划的成功而团结一致。现在的窃贼也许像当时一样常见，但我们几乎不能设想现在的工部局会审核我们的厨子和苦力，肯定不会存此奢望。

这个计划是，所有的外国雇主都登记其仆役；每个仆役都有一张载有其相片、

---

[1]　称为"验看公所"。

特征等的证书。失业的仆役可以自己去登记，提供推荐信。雇主应向该办公室申请所需的仆役，提出对所解雇仆役的一切投诉。首次登记的厨子缴费1元，房间用人5角，等等。

一度发布了公告，敦促雇主们不要接受未登记的仆役，登记官实际上亲自去了外国洋行周边。到1866年1月，登记的仆役是869人。可以从如下事实中推断出这个时尚制度的困境，即男佣是371名，苦力是403名，而厨子只有55名。

人们也许认为，这种制度会大幅提升舒适度，得到所有东家真心实意的拥护。它却很快就被常受抱怨的冷漠摧毁了。据几年之后的报告，两年内只有3名仆役登记，五年的平均年收入只有30元。于是它结束了。

三十年后的1896年，像又一个三十年后的1921年一样，《北华捷报》上出现了有关此事的来信，结果是，《沪报》经理询问工部局是否打算设立一个登记仆役的办公室，如果无此打算，他请求准许他按照工部局建议的任何规章开办一个。答复是，工部局不打算设立这种机构，也不反对申请设立这种机构。

随着华人涌入租界，必须向体面人群发放通行证，以谨慎防范华人中的犯罪分子。第一次提到这种手段看来是在1862年1月。当时工部局宣布："从本月25日开始，巡捕将奉命逮捕晚上十点到早上六点之间在租界道路上发现的任何华人（移送给中国政府）。"一切形迹可疑的外国人也将被逮捕。将向外国人的仆役发放通行证，我们于是发现，英国领事馆申请了20张通行证，一位乔尔登先生得到了150张。是年年底"退却"时，用八点之后代替了十点之后；但史密士对此加码提出申诉，因为这对中等阶级而言是非常困难的，这项修改没有执行。

海关的八位语言专家大概每年有很长时间晚上在家工作，在1863年1月申请通行证，"既然承认他们是应该得到负责任担保的体面华人，而以前没有给予担保"。

最初的通行证显然不用付钱，但从1863年开始，每张收费一元；通行证每季度发放，如果不是著名华人企业的雇员，要求有一个居民的担保。每年大约可收入8 000两。

这个制度从1864年1月1日起扩展到虹口。这不管多么必要，总被认为是令人讨厌的；每天平均有5名无辜的华人因为没有通行证外出而被关押一晚；1865年废除这个制度时，非常令人欣慰。

1866 年 4 月举行了一次关于防止繁育季节杀害猎物的会议，看来建立了一个体育协会。但我们发现，保护猎物协会（或许是体育协会的另一个名称）建议 3 月 1 日到 10 月 1 日为禁猎季节；会员既不能射杀，也不能购买；会员费是一元；有关于爱护庄稼、礼貌对待华人的完美规章；库珀建议，应当要求售卖野味者持有执照。

1867 年 3 月，该协会成功地让道台发布告示，宣布了禁猎季节；但这位心地善良的道台显然不是运动员，把保护扩展到了青蛙，因为它们吃虫子。

9 月，巡捕缴获了两只在租界菜场上被购买的野鸡，购买者想退还；因为如他所说，没有法律禁止外国人购买华人公开出售的东西——贩子才是被告；还不消说，已被猎杀的禽鸟不应浪费！与这种说法相反，1869 年发布的一道命令是，在 10 月 1 日前公开出售的一切猎物都应销毁；九年之后，会审公堂谳员拒绝对贩子们罚款，因为他说外国买家才是被告。

这里可以指出，菜场检查员在 1870 年报告说，有理由相信，菜场里供应的很多野禽是被某种麻药毒死的，因而不适宜食用，尽管这与保护猎物没有很直接的关系。此事后被提交给了医务官亨德森，我们不知下文如何。

有人在 1883 年建议，除了猎物之外，其他鸟类也均应按照道台的告示予以保护；但工部局对向道台靠拢有一点异议——他们或许害怕，他此前已经保护了青蛙，接下来会保护老鼠的；他们自己向巡捕发布了命令，为了保护小鸟，禁用捕鸟胶，但命令在一个月中就成了空文。

到 1899 年，中国政府甚至已经禁止出口野鸟皮了；已在芜湖或镇江建立了一个清洗羽毛的企业，成千上万的野鸟因为每只几文钱的好处而在繁殖期间被杀。据说，单单汉口一地，半年就出口 40 000 张鸟皮。上海的协会向领事团提出了抗议。领事团赞同抗议，将之送往公使团；公使团向总理衙门的投诉导致了禁止出口。

第38章

代投票制和工部局印章

代投票制历来是一个造成很大争议的问题。租地人发了财回国时，就把投票权交给了某些人。1866 年的《北华捷报》说，这仅仅是一个时间问题，所有的投票人都会缺席的。但看来这是假设所有租地人都会发财回国；这个美妙的预言从未成真。

这无疑是一个令人不满的问题，在上海租有大宗地产，却在国内逍遥自在生活的人，能够控制这里的行动方针，拥有超过本地辛勤工作者的投票权——也许是关于诸如养狗执照或电灯照明之类非常地方性事务的投票权。

但另一种代投票的恶习就不仅仅是缺席者在国外了，还有太懒惰或对纳税人会议无动于衷的居民把票给了其他与会者。在将要投票决定的事情尚未讨论时，缺席者的票就被游说和转让了，缺席者们不在乎票的用法。

霍锦士和耆紫薇在 1866 年或 1867 年通过拥有 71 张票中的 51 张代理票，坚持了《土地章程》的第十八款。1871 年，狄思威拥有 55 张代理票。甚至一位工部局总董也必须正式地、不说明指向地征集代理票。但在这个例子中，他们仅仅是争取对付一位拥有 34 张票的人士，以保护公众利益。在 1873 年的纳税人会议上，以 147 票的多数通过了一项决议，其中的 122 票由四人投出；而沦为少数的 133 票，则是大多数出席者投出的。翌年，一位纳税人以拥有的 60 张代理票挫败了对马匹、马车和犬类的征税。在苏州河北岸筑堤得到少数人手中的代理票支持、而出席者约六分之五都反对的时候，情景是令人痛心疾首的。

这种行为引起的愤怒，让 29 位租地人向领事团投诉了这个问题；但领事们不同意这项反对。

然而，《土地章程》的第十九款在 1875 年作了很大修订，排除了纳税人会议中的代投票，除非是那些在国外的和因病缺席者。

以 1881 年为例，居民投票者 255 人，委托代理投票的缺席者是 148 人。

工部局印章

工部局的印章在令人满意之前，显然引起过很大的麻烦。

它最初是一枚直径两英寸半的圆形印记，环形的文字是"上海工部局"（Municipal Council of Shanghai），八个汉字在中央[1]。这个名称是 1855 年使用的，尽管在文件中也用过"部"（Board）或"委员会"（Committee）的名称。

1866 年，总办约翰斯顿提醒工部局，需要一枚合适的印章，并暗示可由工部局工程师奥利弗设计。设计被接受和批准了，同意立刻向伦敦（康希尔区的内维特［Knevitt, Cornhill］）订购。印章得到了，第一次使用是加盖在 1869 年 6 月的董事会记录上。

此事后来略有一点不确定。因为在 1870 年的纳税人会议上，建议使用一枚新印章。麦华陀说，他以为还在使用金能亨首创的那个呢，不管怎么样，这次会议认为那枚印章不合适，因为它大部分是三个条约国的国旗，而自那以来，其他国家也加入了工部局。郝碧梧附议了那个议案，因为那个印章上没有北德意志国旗的位置。唯一的反对意见是旧印章已花费了 177 两。那些日子确实节俭，这样一笔花费都要吝啬。决定邀请新的设计。下一次年会上出示了这些新的设计，有一种受到了喜欢和推荐；但自己是竞争者的金斯密说，所有的设计都一钱不值，他建议依然使用旧的，直到幸运的理念降临到某人心头为止。格言"进步"（Progress）的下面是一条舢板，上面是宝塔，引起了一阵欢笑。金斯密的修正案通过了。

选定的设计到了奥利弗手中；因为我们获知，1870 年"向工部局展示了以前的设计，并从中挑选出了一种；在进行一些修改后，由奥利弗执行修改后的设计"。而且《北华捷报》说，"奥利弗提供了一份优秀的设计。这是一张有四个部分的盾牌；一列火车对着一座宝塔，一艘轮车对着一条舢板，下面是**进步**"。

如我们所见，这枚印章没有使用。

---

［1］八个汉字是"寓沪西人工部公局"。

第 39 章

若干人物传记

我们已经论述了自治政府的大多数事务，现在可以转到工部局没有介入或不直接处理的领域了。为了标出这个陈述的中断，我们在这里插入一些人物，他们几乎都在 19 世纪后半部分的上海留下了深刻的印记，差不多都值得缅怀。无疑，还有很多其他著名人物应该包括其中。

阿查理于 1855 年作为英国领事馆的翻译来华，隶属于舰队司令官西摩尔。1858 年奉命陪同放逐到加尔各答的通商大臣叶（名琛），这给了他洞悉华人思想的宝贵机会。他在广州、厦门和汕头充任翻译后——在那些地方见识了一些海盗村庄，于 1861 年被派到上海。他在这里从事了两方面极有价值的服务。首先，他从 1864 年开始就是会审公堂的陪审官。外交部名录上称他为"会审法官"（Joint Magistrate），这是他应有的称谓。这个机构最初的成功就是由于他的机智、精力和智慧，也是由于他对司法的热爱和在非常困难的实验中卓尔不群的信念。

他 1867 年离任时，道台建议从公堂的费用基金（Fee Fund）中提取 1 000 两赠送他，"这笔钱，多亏了他的热心和能力"。然而，阿礼国认定，准许接受这项馈赠是不明智的。首先因为这项额外工作无权要求额外报酬；其次不能从局外人那里获得报酬，这会降低这项服务的水准（向国内请示了此事）。

除了承担领事馆的翻译职责外，地产办公室（Land Office）也归他负责；此前的十四年这里颁发了 200 张道契，他工作的头两年就颁发了 500 张。

他崭露头角的第二项工作是相继协助何伯、士迪佛立对抗叛军。他参加了所有的远征，承担了很多重要使命，如白齐文倒台后整顿常胜军。他也许是英国舰队司令官和陆军将军唯一胜任的翻译，这当然不仅仅是因为他掌握口语，而是因为他的机敏和对华人思想的了解。

但在所有时间内，即使被派到会审公堂，他都仅得翻译的工资。

1874 年 11 月，他一度隶属于高等法院。出任了一系列其他口岸的领事职务后，他在 1884—1887 年间成为上海代理总领事，1892 年在广州总领事任上退休，那时获封为圣麦克尔和圣乔治爵士（K.C.M.G）（不是《中国百科全书》中误植的 1862 年）。健康状况让他无法接受驻暹罗公使的职位（罗斯伯里勋爵[1]提出的），经过考虑后，他后来从曼谷被调到了北京。

他是最强硬和最能干的英国领事之一，完全无所畏惧；但据说，他为了取悦其公使威妥玛爵士，是过分别出心裁、过分武断和过分反华了；他对中国人天性的理解或许远远超过威妥玛。他爱憎分明，言词刻薄，机智敏捷。

他在社会上深孚众望，是爱美剧社的创建者和热情支持者。他瘦弱的体型是一个明显的缺陷，但他的艺名是一语双关的橄榄石石膏（Chrysolite Gypsum）。

他的写作风格非常清晰，关于讨伐叛军的报告、关于会审公堂的备忘录都是出色的读物。他撰写了一些有关民法的论文，这些论文可被称为中外使用法典的基础。他以《中国刑法札记与评论》（*Notes and Commentaries on Chinese Criminal Law*）而闻名，此外还有一些关于中国玄学的论文。

他和温思达的名字后来都被作为上海小道路的名称，尽管也许很少有居民知道它们的位置——在苏州河以北与租界的西部边缘。[2]

琼斯是一个经历和类型完全不同的人，不能说他在上海历史上留下过很多印记。将他的经历与阿查理相比不无裨益——优秀学徒与懒散学徒的古老比较。

温思达为琼斯服务了 11 年后的提升辩护说，他业务熟练，经验丰富，工作热情，乐于助人。琼斯自己声称，他比阿查理资深，任命阿查理为副领事一事应重新考虑。威妥玛的答复至今仍有教益和价值。他承认阿查理的年资短几个月，但他比较了两人的中文能力。琼斯没有抓住机会研究中文。他像其他人一样曾在广州和宁波有便利条件。威妥玛自己在 1856 年和 1859 年就训诫过琼斯，却没有用处；现在

---

[1]　曾任英国外交大臣。
[2]　中文分别称为"阿拉白斯路"（今曲阜路）和"文极司脱路"（今文安路）。

就要付出代价了。中文进步是提升的主要依据，尽管不是唯一依据。一位翻译领事能做两个人的工作，因而节省了一个人的工资。琼斯的个案尤其表明了学生们自己承认的"年轻时中文不用功"的危险性。

不提升就意味着工资少，而且琼斯严重缺钱。他在1866年是高级助理，温思达表明，自从高等法院接收了无遗嘱财产管理以来，琼斯失去了这份工作200—300英镑的收入，他现在的年收入只有500英镑，而且他服务十一年半的收入还不如刚刚进入一家银行工作的晚辈。温思达调查了家庭开支，琼斯为了家庭的体面，每年要亏欠200英镑。

要是我们知道，同一年"由于琼斯先生忘了与亡者财产有关的"某些小小的款项而"发生了某些麻烦"，就不会大惊小怪了。梅博阁奉命起诉他。翌年，他因贪污约1600两属于亡者的财产受审判。温思达不失中肯的说法是："琼斯先生历来是一个属于某共济会会所的公务员，据说在虹口的居民中有很多盟友，那里存在着的观念是，用政府的钱来帮助自己是可原谅的过失。"

史密士显然在上海的发展中占有很大分量，他的名字在档案中惊人频繁地出现。然而，看来社区并不非常感激他，工部局不想用他的名字来命名哪怕最小的后街，尽管他拥有非常多的财产。

他是作为观察商人和银行之间往来需求的证券标金经纪人起家的。他以自己的积蓄投资华人房产，在1860—1862年间发了大财；他成了租界土地问题的先知。

早在1856年的工部局会议记录中就有了他的名字，他当时改变了经过伦敦会建筑的道路的用途，使工部局要求阿礼国确定他们对于道路和界线的权力。河南路上靠近洋泾浜的"史密士菜场"是租界长期存在的一个菜场，在1856年就被描绘为状况非常恶劣的。那年，他签订契约延长25英尺宽的庙街，价格为每丈（10英尺）10元。他是反对各种捐税的一个早期而且频繁的抗议者。他不准工部局的清洁工在晚上运走其地产上的粪便，而宁愿让自己的苦力来处置，而且他反对巡捕监管他的道路，他在那里有自己私人的欧洲更夫。1864年，他"抨击"工部局和工部局工程师克拉克，侮辱了前者，污蔑了后者。他道了歉才未被关押；但在档案中大约有三十五封有关此事和其他争端的信件，大多数是鸡毛蒜皮的事情。看来岁月并未让他成熟起来，因为他在1871年就马厩征捐问题去工部局办公室时，对总办竟然如此蛮横，以致必须被要求以后不准再去，他的问题将始终以书面讨论。然而在 1877 年，由于对估税的好斗情绪和拒缴捐税被定罪，他提出了拜访总董和解释事情的要求。

1872 年，他命令手下开通他声称是私产，而捕房认为属于公共的松江路。随后发生了一场混战，史密士及其更夫被逮捕，关在巡捕房。我们发现，一个月后亨德森请工部局注意，史密士在大马路首端造成的水塘将严重危害租界炎热季节的卫生。

很多其他事情构成了他五光十色的活动记录，有些是积极的。例如，他在 1862 年建议，应该颁布命令建造武装的塔门来守卫租界，建造连通洋泾浜和苏州河的宽敞运河。他还在一次纳税人会议上提出了五项议案，包括一项每份 1 000 两或以上的财产就有一份投票权的动议。

在价格和租金高昂的年代中，不知道他的巨量财产值多少钱。但和平到来时的价格暴跌，使他几乎没有足够的收入来抵付必须承担的利息，银行进行了接管。他归国了，但在情况好转后回来了，并很快再次成为有钱人。他本来会再次发财的，却去世了。他当时（1878 年）实际上是负债的，但他的巨额房租收入很快证明了他的正确；据说他的收入是每月 7 000 两或一年 22 000 英镑。他在国内立下的遗嘱有争议，有人说他最后几年的精神不正常。

他终生未婚，是一个形影相吊、没有朋友的单身汉，这多少噬咬了他的心灵。

读者可以鄙视这个富有、不幸和特别不友善的人。除了一件奇怪的事情，我们就不再多说什么了，那就是在他死后宣布，他的真名是皮彻（Pitcher），而不是史密士，而且我们不知道这是为什么。

"最年长的居民"**詹纳·霍格**因晚至 1920 年才去世，所有的居民都熟悉**霍格**的大名。他 1857 年到来，1860 年与自己的两位兄弟合伙，但在 1873 年不得不因债务而将生意移交给格兰德斯坦斯公司，合伙解体，但詹纳·霍格继续在上海经商。我们发现，他 1875 年的致工部局函使用了如此污秽的语言，以致受到警告说，如果今后的信件使用同样语言的话，将不予理会。然而，他收回了令人不快的信件。

他在 1878 年破产，债务是欠法兰西银行 1 589 英镑，欠曼彻斯特 9 344 英镑，欠两位华人 5 789 两。他为兄弟买了货值 147 000 两的生丝，为自己买了 60 000 两。

他后来非常成功，在几家本地公司中也十分活跃，他同著名的上海煤气公司的关系超过了五十年。

他是上海轻骑队的前身浪子骑兵队的早期成员。他尽管没有进过工部局，仍在每一个相关的重大问题上为上海社区提供了大量服务。

如"体育"那章所述，他有抛球场土地的股份和利益；在威尔斯桥占有 5 股，霍格兄弟是该桥的代理人。

密迪乐是英国驻沪领事。

他在这里的时候，自己的表现是一个性情古怪、反复无常而且最爱卖弄文字的人。

他总是受到抨击的事情，就是同情太平天国叛乱。这是政治上而不是宗教上的同情。他认为联军的成功已经真正摧毁了清廷的实力，我们应该尽量成为新的力量和帝国即将的统治者的朋友。这项政策一度看来是英明的；但联军决定，他们一方面惩罚清廷，另一方面又支持清廷。也许就是因为在这个问题上的观点，密迪乐被从上海调往牛庄。

如另一章所述，他与此地海关的关系似乎表明，他是一个不大灵活的人。他竟然在控诉中证明，英国领事的权力被贬低和漠视了，但那是发牢骚式的控诉。更强大、更明智的人会在捍卫自己观点的同时，同官方的对手维持最友好的关系。但人们发现，在他和李泰国之间没有多少可选择的余地。

他不得不遭受公使的严厉斥责，因为他撰写连篇累牍的论文，却不勤勉从事办公室的日常工作。他公然向卜鲁斯抱怨工作过重，缺乏帮助。他身体羸弱，却精力旺盛，固执己见，而且他肯定无法克制自己的嘴巴或笔头。

但为了看清这个怪人，必须跟着他去牛庄。一个本人遭受某些指控的名为贝蒂的下属在 1867 年向阿礼国呈送了一份告发密迪乐的清单，那些事情极其反常，不能作为这里的可信记载。

据贝蒂说，密迪乐历来冷酷残忍、嗜血成性、愤世嫉俗、目中无人、狂妄自大，等等。他作为一头凶残危险的野兽，被这里所有国家的人们仇恨和畏惧；要不是他总是武装到牙齿，中国人早就把他撕成碎块了。我们被告知，脚踢、打伤和侮辱华人的明确行为，是"因为一位外国官员要释放一点郁闷的心情"。一名客栈老板被用手枪击打脸部；一名喇嘛在"大人"通过时不肯爬入路沟，被用鞭子在脸上交叉抽打；仆役们被打倒在地上，然后再被野蛮地足踢头部；甚至还有谋杀的指控。

现在，这些夸张的指控和激烈的语言实际上从被告转到原告身上了。更确切地说，人们怀疑这是对贝蒂自己的指控，但这不得而知。他是从香港写的信，并拒绝由密迪乐进行调查，因为那是"一个可怕的、不合时宜的笑话"，而是提出，如果拒绝在事情发生地进行一项官方调查，就应当举行一次证明他清白的司法审判。威妥玛已经建议，他应当与对他的告发者们进行一场当面对证。"如果他有罪，"威妥玛说，"就不应提出那种要求；如果无罪，就可以提出。"按照这个标准，不管提出了什么指控，他显然都是无罪的。

我们接着看到，阿礼国仔细阅读了呈送给他的文件，"尽管事情的性质令人作呕"，他的观点没有变化。贝蒂没有辞职，案子必须送交给外交部。他将获得六个月的工资，被劝告另谋职业，救治自己的"说话肮脏和恬不知耻"，他的现状主要就是由此引起的。

一份冗长的答复称，贫困迫使他屈从；他辞职了，并说澄清自己的名誉将是他此后生活的主要目标。我们对他就知道这些了。不管他到底是清白的还是有罪的，这都是一场悲剧，而且我们甚至不知道是什么指控。这是我们的历史中少数能称为丑闻的事件之一，而且可以注意到，这仅仅同上海微弱地关联，仅仅是作为我们论述的一名重要官员的一部分才加以述说的。

密迪乐是一名勤奋的学者。他的《札记》[1] 出版于 1847 年，他的著作《中国人和他们的叛乱》（Rebellions of the Chinese）[2] 出版于 1856 年。

卜罗德 1808 年出生于（法国）圣瑟味城（Saint Servan），1862 年 5 月在南桥被射中胸膛。他的勇气和其他优秀品质获得了法国人和英国人同样的钦佩，当时的上海几乎没有见过比他的葬礼更受人瞩目的情景了。给予了一切荣誉，礼炮齐鸣，身着制服的领事们都在那里，万国商团参加大礼拜堂的仪轨。坟墓建在法国领事馆

[1] 书名全称为《关于中国政府、人民及中文的札记》（*Desultory Notes on the Government and People of China , and on the Chinese Language*）。
[2] 书名全称应为 *"The Chinese and Their Rebellions"*。

的院子里，进攻上海城时阵亡的法国士兵都葬在那里。

1870年12月，在法租界市政厅前树起了他的纪念碑。这是一个花岗岩底座上的青铜雕像，富有艺术性，栩栩如生，是一个性格坚定、举止亲切的形象。碑文是：“大法国水师提督卜公罗德暨水陆各带兵员弁，并水陆各兵，于咸丰五年至同治元年间，不分畛域在中国助剿逆匪；临阵捐躯，永志弗谖。”[1]

戈登将军的名字是查理·乔治，尽管在卫三畏一再修订的《中国总论》(*Middle Kingdom*) 中，他被坚持称为“彼得”。他对上海的贡献如此巨大，在这里活动如此众多，人们应料想能在这里找到对他的某些纪念物；看来奇怪的是，戈登堂（Gordon Hall）在天津，上海却没有让我们想起他的东西，除了我们很多纪念性道路中的一条[2]和一小块常胜军纪念碑之外。

1864年12月，确实有56家企业向他奉上了一份致敬信，其中的12家是非英国企业。领事说：“这封信和中国政府公布的对他服务的感谢，是戈登上校在这个他做出如此大贡献的国家里愿意接受的仅有奖励。”戈登无疑就是那样的人；然而，上海有责任向一个自己感激涕零的人授予荣誉；1884年以后，这种忽略显然不应继续下去了。

甚至外滩公园中小小的纪念碑，也是由李鸿章支付了1500两。《北华捷报》称：“这个一钱不值的竖立物完全败坏了社区高雅的品位，简直超出了正当批评的范围。它必须像一块上等的里程碑，可以作为评价的起始之点。”

确实，在戈登1884年英勇阵亡后，纳撒就提议设立一所戈登纪念学校；但工部局说，此事应由社区采取行动。而社区采取了行动，实际上是在两年之内募集了97英镑寄给了在英国的戈登儿童之家（Gordon Boys' Home）。这是一份与戈登的谦逊铢两相称却又让上海租界的颜面扫地无存的祭品。

尽人所知，他在1880年再度来到这里；当时他自己通过中国政府对纪念碑和城墙下士兵坟墓上的文字鎏了金，工部局“没有反对”。

德诺尔曼先生在1860年首次隶属于卜鲁斯的使团；他和安德逊中尉一起随同

---

[1] 原文为法文。据董枢《上海法租界的成长时期》记载，上面镌刻的是这段中文。
[2] 指1900年修筑的戈登路，今江宁路。

巴夏礼出发，受到了野蛮的对待。陪同他们的是安德逊指挥的 6 名英军和 20 名印军。这两人均在被谋杀者之列。德诺尔曼太太 1867 年提供了一块竖立在靠近她儿子埋葬之地的纪念碑。工部局知道，从上海送到天津的花费太大——尽管这看来需要一些解释，因为那碑已经从遥远的英国运到了上海。卸载的费用是 308.27 元，工部局希望亲属能偿付竖碑的费用！它不适宜置放在领事馆院子里，建议竖立到外滩公园里。然而，那些窗户俯瞰着公园的人们强烈反对总是看着一块墓碑，所以，那块不幸的石头还是矗立在领事馆院子里，至今犹能看到，尽管也许几乎没有路人会烦心去阅读纪念两位为国捐躯者的铭文了。确实，我们本地的旅行指南甚至把名字都错写成了德摩尔根（De Morgan）！

马嘉理致命的旅行是从上海出发的，否则，他同此地的关系就只是一位板球运动员以及现矗立在外滩公园纪念他的一根圆柱了。

1874 年 8 月发给了他护照和命令。他去了腾越（Momein），在那里遇到了三四名来自曼德勒的英国官员组成的一个使团；他们打算考察云南的贸易能力，他便当了他们的翻译。他被谋杀的故事家喻户晓。

六年后建立了纪念碑。很快便募集了约 1 500 两，在上海总会展示了十份设计图，地纳的设计被采纳。已经讨论过了，通常以自己所需之物来纪念一位英雄；一座钟楼是很受欢迎的主意。

决定采用地纳的纪念碑的下一个问题是，应该把它放在哪里？工部局不准把它放在任何公共道路上，不准它放在苗圃中，那就是一个苗圃，而不是别的场地。工部局一年多以后被告知，如果没有固定地点，该碑就必须放在领事馆的院子里；工部局答复说，那是一个非常合适的地方。然而，最后还是准许它矗立在外滩和苏州路的交会处。当时有 26 名纳税人提出了抗议：它会占用道路空间，妨碍交通。工部局指出，那里每边有 40 英尺的空间，而预留的花园将占用四英尺。很多有影响的人物写信反对这个位置，但工部局坚持说，纪念碑是献给公众的，是公共财产，可以正当地安放在公共道路上。然而，64 名纳税人要求在 1889 年 7 月召开特别会议，抗议如此利用道路或公园；占用公园违反了《土地章程》第六款。会议主席、美国领事贝礼投下的决定票通过了一份修正案，即纳税人没有资格决定这项合法性问题。

1880 年 6 月，该纪念碑由格维讷[1]阁下揭幕，矗立在外滩与苏州路交会处，靠近外白渡桥，直到 1907 年建造现在的铁桥时才移入外滩公园。

我们应当想象一下马嘉理的心理阴影；如果他知道了这一切，将会厌恶而不是感激纪念碑所得到的待遇。

麦华陀，他是我们英国领事中最成功的一位，拥有极为可爱的记录。他是本地有声望的教士麦都思博士的儿子。他在 1843 年担任巴富尔的翻译。历任别处的其他职位后，他于 1860 年回到上海代理领事，并在 1868 年再度代理；1870 年就任此地的领事。

他对扬州骚乱的处置非常成功，让上海非常满意，尽管他行为的冒失几乎让他被自己的政府解职。徽关障碍的撤除和子口单效力的确定也归功于他。他在 1877 年退休，获封圣麦克尔和圣乔治爵士，我们西面一条以他命名的道路[2]还让他多多少少永垂不朽；社区并捐资 1 500 两制作了一套盘子，赠送给他作为纪念。他被认为是懂得正确对待华人方式的少数外国官员之一。

梅辉立 1859 年作为实习翻译来华时，已经是一位卓越的语言学家了。他成了第一流的汉学家，他的《汉语指南》（1874 年）（*Chinese Reader's Manual*）是此间所有学者最有用的书籍之一。他还撰写了《中国政府》（1877 年）（*Chinese Government*），以及《中日释疑》（*Notes and Queries on China and Japan*）中有关中国玉米、烟草、棉花等的一些有价值文章。

他 1878 年在上海去世，年仅 38 岁。

巴恩斯·达拉斯 在 1897 年去世，他自 1853 年以来，仅离开过上海 18 个月。他作为一个茶商，来自其父亲在伦敦的企业达拉斯-科尔斯公司。该企业在 1857 年倒闭，然后他开始做自己的生意，取得了巨大的成功，投资遍及东方的土地、航运、船坞等行业，并在 1863 年作为上海最大富商之一归国。他在 1864 年的萧条中损失惨重；他回到上海，东山再起。

---

[1] 格维讷（1842—1886），英国驻华外交官。
[2] 即麦特赫司脱路，今泰兴路。

他是和明商会 1857—1863 年的秘书，是虹口码头公司和浦东（董家渡）船坞的主要发起人；他参加了泥城之战，自万国商团建立起就参加其中，1885 年获退役少校军衔。他多年担任跑马总会的秘书，直到去世。

金能亨[1] 1845 年从美国来沪时是斯沃德公司的职员，翌年加入旗昌洋行。他 1875 年离开上海，1889 年在马萨诸塞州的米尔顿（Milton）他自己的土地上，被所驱赶的偷猎者射杀。他富有公共精神，精力充沛，非常善于维护利益。他代理过美国领事，也是瑞典和挪威的领事。

伦敦会的**慕维廉**是麦都思、美魏茶、施敦力兄弟[2]、伟烈亚力、理雅各和湛约翰的同时代人和伙伴。他 1847 年抵沪，1900 年在沪去世。他一生的工作是向华人布施福音，尽管也从事一些撰述工作。

艾约瑟 1848 年抵沪，在上海度过了十年时间。太平天国时代再次来沪，在叛军那里度过了一段时间。他以前一直是传教士，在 1880 年进入海关，从 1889 年到 1905 年去世为止都在上海。他是皇家亚洲文会北华支会的创始人之一，一位精通佛教、道教和文学的学者，一位多产而文风晦涩的作家。

莫海德 1858 年来沪，在浦东创办了莫海德机器厂，那块地方现在由鸿源纱厂占用。他和其他人在 60 年代对建造董家渡船坞很有兴趣——这是一项非常艰辛的事业。他 1874 年回国，1898 年去世。

韩能爵士 1900 年在这里去世，年仅 58 岁。他本来应在一个月后回国的。他是伦敦大学毕业生，1866 年进入律师界，在上海何爵士处实习。他在 1871 年代理横滨的副法官；1891 年得到总领事和大法官的双重任命。1897 年这两个部门再次分开时，他继续担任大法官。1895 年，他被封为爵士。据他说，自己因为善良而从来没有一个敌人。他是天生的法官。中日（甲午）战争期间他提出的长江中立获得

---

[1] 原脚注：可见第 1 卷第 430 页。
[2] 即亚历山大·施敦力和约翰·施敦力，均为伦敦会传教士。

了完全的承认和执行。他做了很多努力来制止升科[1]衙门的恶行。他是一名赛艇手，也对其他户外运动饶有兴趣，而且是一个才华横溢的演员。

马萨诸塞州的**玛高温医生**去世时是上海最年长的外国居民。他 1843 年作为传教士来到宁波；回国担任了联邦军队的军医。为了建造一条通过白令海峡的电报线，他回到了中国。1879 年，赫德给了他一个海关的职务。他的女儿嫁给了阿查理爵士。他是一个非常勤奋好学的人，向本地报纸贡献了很多科学方面的论文。他在 1893 年去世，享年 79 岁。

1899 年离沪的**斐伦**是工部局最好的总董之一。他因与租界扩张有关的工作和把跑马厅的内圈转化成公共运动场而被铭记。

有父子两位文主教。**文惠廉**[2]在医学院毕业后，于 1837 年[3]作为美国圣公会的传教士抵达巴达维亚，后来迁往澳门和厦门，1844 年就任中国主教。他的大量时间用在翻译方面，1864 年在上海去世。

他的次子[4]1846 年出生于上海县城，在美国接受教育后，于 1869 年回沪。他 1878 年是圣约翰书院的神学院长，1884 年接替施约瑟担任主教。他 1891 年死于船难。

汉璧礼是上海历史上最出名的人物之一。他 1853 年抵沪，开办了公平洋行。他在市政事务方面非常活跃，尽管仅仅参加过 1865—1866 年间的一届工部局。他在约 1871 年离沪后，在蒙通（Mentone）[5]附近定居，在那里建造了一座有四五千个品种的植物园。那里的生活肯定与上海商人的日常生活大相径庭；因为我们获悉，他在自己的"宫殿"里接待过这样的访客：维多利亚女王（两次），德国的腓特烈皇帝（两次），威尔斯亲王爱德华以及王妃。他为意大利教育做了一些事情，

---

[1] 原脚注：见本卷第 359 页。
[2] 原脚注：见第 1 卷第 410 页。
[3] 原文误作 1387 年。
[4] 小文惠廉。
[5] 法国地名。

并接受了作为奖励的两枚意大利勋章。

汉璧礼确实是迄今为止在上海发了财、并给本地留下一些捐赠的少数人之一。我们可以在别处评论这个问题；但这里可以指出，汉璧礼学堂与他为意大利教育做出的尝试相比，简直是一场儿戏，他赠送给外滩公园的少量树木，不能望其蒙通附近植物园之项背。任何有品位的富人都喜欢赏心悦目的西方，而不会喜欢喜欢愚昧或肮脏的中国；然而，这也让人们想到，款待王室成员或教导意大利年轻人如何打枪的费用是从上海赚取的。他在这里得到的奖励是用他的名字命名了一条道路，但那是一条王室成员不会十分欣赏的道路。

他在 1893 年访问了上海。在那年举行的上海银禧庆典上，他向本地慈善机构赠送了 5 000 两。

詹美生医生曾在爱尔兰学医，但由于太年轻而没有毕业。他加入了驻日领事机构，但在 1862 年来沪，创办了《祺祥西字新报》并担任主编，翌年与手下的盖德润一起主编《北华捷报》。他 1866 年离开报社，两年后在都柏林取得医学学位，然后再到上海开业，直到 1895 年 53 岁时在上海去世。他敏锐机智，强记博闻，文笔口才均令人钦佩，本质上是一位学者。

费隆[1]在五十年代来到美国企业琼记洋行，后来成为其合伙人。他为了协隆洋行的利益而在纽约定居，1897 年在那里去世，时年 61 岁。《北华捷报》称赞了他的性格，说他"适合跻身上海英烈祠的神龛"。把上海和英烈祠相关联，也许有点不伦不类。然而，我们在本卷中给他一个位置，是因为他尊贵的姓名，尽管我们并不知道他为建成上海做的很多事情。但据说，他是本地戏剧界的一抹亮色，他的妻子是"上海社交界的顶尖姝丽"。

1891 年，海关的一位四等帮办**梅生**勾结中国的秘密会社哥老会，发起了一次业余的叛乱，引起了一阵小小的轰动。他在把 35 箱武器弹药装上"济云"的时候被海关抓获。他承认有罪，被判处 9 个月徒刑。有些人认为，他不过是个渴望遗臭

---

[1] 原脚注：见第 1 卷第 435 页。

万年的傻瓜而已；其他人则认为，他卷入的是一场真正的阴谋；还有些人认为，他已被为了中国政府利益的更聪明的人所利用，中国政府通过揭露此事获得了政治上的好处。已经有三封电报警告过海关了！

因为英国人梅生的行为，城里的哥老会成员遭到了拷打，这引起了强烈的反感和愤慨，尤其在英国人中。

他承诺将逃离领事监狱，这引起了进一步的激动。但结局是平淡无味的：他在逃到浙江路桥之前——约差300码，被两名巡捕认出并带了回去。这种逃脱，就是大仲马都会觉得匪夷所思的。判决之后，他无人担保，被驱逐出境了。

第 40 章

土地的登记和测绘

全世界土地占有的历史都表明，每个地方的土地都是从共有逐步走向私有的。在英国法律中，君主是土地的最高领主，他管辖的每一个人都是佃户或农奴。只有国家拥有土地的所有权，国家承认私人业主的从属权利，私人业主要承认共同体为整体福利设定的条件。

我们这里并不涉及不胜枚举的关于共同体与私人权利的理论、繁复的土地转让制度，或者千差万别的土地法律；但显而易见的是，在外国人进入中国那样的文明国家获取所需土地的时候，会增加一种超越一切的新困难。条约必须制定特别规则，作为获取地方土地的一般的和特殊的规章；这些规则不可避免地造成了不计其数的困难和不确定性。

这种程序最初是简单的。在新的租界范围内，外国人可以占有他能让华人业主放弃的任何土地，并把地租交给中国政府。没有一个人购买超过他经商和居住所需的土地，这被认为是私有财产。

但情况迅速改变了；购买土地成为一种投资或投机，离开的人拥有着土地。土地可以被确定为不动产，可以导致层出不穷的窘迫情形和诉讼。

再者，在租界之外甚至苏州买下了很多地块，产生了关于地契、转让和登记的问题。《天津条约》也应该对这个问题有影响。

所采用的转让方式仅适用于租界内的土地，却也用于其他的地块。中国政府没有反对，也许是因为他们没有注意到这些文书的特殊表达；但是，梅辉立在 1863 年就开始担心，他们日益增长的妒忌和把外国人限制在租界的意图会造成麻烦。

另一个重要的问题是不诚实交易的机会。一般的程序是盖印的道契可以换来中文的转让契据。这些中文契据是由中方出售者、地保及土地经纪人签署后交给买方的。当地产在租界内的时候，一切证明都易如反掌；但地产在界外时，这就不可能了。不要求返回中文契据，由于上海周边乡村的纷扰状况，它们往往是遗失了。这样，不诚实的外国人就可以同地保勾结，得到一张号称代表某块土地、面积虚假的契据；据此向领事馆换到一张盖印的道契后，他就可以把该地卖给另一个买主，买主会因为相信道契的良好信誉而购买。

梅辉立提到的某些困难，从卜鲁斯一份声称《天津条约》没有改变英国侨民有关在华土地方面地位的公函来看，并不存在。根据条约，他们仅仅是在通商口岸及其毗邻地区有权购买或租赁土地，例如构成口岸的吴淞，尽管条约确定的口岸也许并不包括其名称。在苏州的投机不受条约保护，命令一律不准登记这种交易；应该由中方按照中国法律给予地契和登记。

1873年，哲美森讨论了已经提到的问题——外国人的地块是不动产还是私有财产。高等法院坚持认为它们是私有财产。但在制作的交易契据中，各方均将之视为不动产。中国法律显然并不区分土地和其他财产；它们通过契据转让，然后在地方衙门中登记。土地卖给外国人时，取消当地的登记，由道台衙门进行新的登记。最初，显然不准转让道契，除非是返还给原华人业主；但这项规则很快成为一纸空文。自1855年或更早以来，一直明显准许业主随意转让。转租给华人是家常便饭。上海土地业主的地位与英格兰的土地业主越来越接近，简直同绝对所有权（fee simple）的出售一模一样。哲美森提出，一份宣布所有个人租赁的简短枢密令就能解决这个问题。他还希望我们这里的地契能剔除"继承者"一词，因为中文文本并不与此对应。

他提出的另一个问题，即土地是租自政府还是租自原业主；例如，如果出租人并非真正的地产业主，如果付钱和道台加盖印章之后事情仍不清楚，道契会保护外国租地人抵制索还者吗？道契中有一处自相矛盾，因为其用语支持华人业主是出租人的观念，而名义上的租金却缴纳给政府。原业主消失不见了，往往不可能找到。而且，一旦发生没收，土地就被宣布归还给中国政府，而不是华人业主。

不能认为这些都是法律上的吹毛求疵；它们都是当时非常重要的实际问题。

因此，当一个外国人想要购买土地时，程序应当是由中国政府去查验该华人的地契，如果一切正常，他应当通过外国领事馆申请一份新的不可或缺的道契。但附加的条件是，要支付给政府的田赋，一切改变、转让等，都应在道契上面注明，并在发出道契的领事馆中登记，以防范对土地所有权的任何疑虑和征收田赋的任何困难。

最早的登记是在英国领事馆，因为预料这些地块将在一个合理期间内被占用，其编号都是预定的。但一段时间后，放弃了这个原则。地块编号与登记编号都仅仅取决于登记的时间顺序。地块编号一旦确定，就总是不变，除非实际上取消了那里的道契；当地产被分割时，分成的小块保留原来的编号，并加上一个字母。

然而，在美国领事馆中，地块并不编号，只有道契的编号。地块被分割、合并、改变边界和颁发新的道契；新道契都不提及原来的编号，由此造成的混乱就可想而知了。在领事馆的登记册上，甚至以总领事的权威公布的土地清单上，都发现有些地块长期被其他领事馆重复登记，有些则在美国领事馆登记册的其他地方。

1869 年，英国领事馆登记的土地总共约 1 100 块和分块，美国领事馆登记的约为 250 块；俄国领事馆约有 25 块；而法国领事馆登记的法租界外地块非常少。

尽管英国领事馆使用的系统最好，实际上却仍有很多不尽人意之处。有些地产列在错误的道契名下，有些道契由于指向错误的位置而被注销。我们发现，后来甚至有一个业主拒绝缴纳登记在熙华德路上的一块土地的房捐；它的实际位置靠近东门。后来，该 601 号地块的业主想要索回他缴纳了多年的房捐，因为那块土地找不到了。而且，汤恩[1]出示了两份英国领事馆道契，其中一小块土地约为 1 分，而工部局根据这些道契的权威性，征收了两倍于此的房捐。

但是，按照金斯密 1869 年的一份备忘录，登记从未提供有关地块位置和界线的清晰线索。例如，提供的四至是："北，一条道路；南，一段河堤；东，华人租户；西，一条道路。"在确定位置方面，它经常必须依靠当时居民们的认知，但这显然不可能是长久有用的方式。

很多地块因为转入华人手中而再次消失了。据说，包括虹口在内的租界所有土地中，一半掌握在华人手中，没有在外国的登记册中。英国领事馆不准把土地转让给华人，但那是 1881 年之后的事情了。

---

[1]　原文将汤恩的姓名 Thorne 误为 Thorns。

随着地产的升值，所有这些非法行为——以及我们无须提到的其他行为，变得越来越重要了；在了解地块边界和位置的人去世或离沪、只能参考登记情况时，争执的发生不可避免。

为此，记载一些土地的价格不无趣味，即便这有令读者垂涎三尺之虞。

1866 年，贾维·韬朋在静安寺路的 23 亩地买价为 450 两，靠近四明公所一块约 5 亩的地块卖了 65 两。对外滩地块的估值是每亩 5 000 两，但这遭到了反对，据称，最好地块的最高价值是 4 000 两，而最差的每亩不超过 30 两。1868 年似乎值得记录的是，一块数年前以 1 800 两易手的土地拍卖到了 3 000 两。1872 年，格罗姆在静安寺路的 23 亩地产"草坪"（The Lawn）连同上面的建筑卖了 9 000 两，阿化威在徐家汇路上的小平房卖了 1 000 两，而在浦东，海军码头和旗昌轮船公司码头之间 1 500 英尺临江线的 37 亩土地是每亩 4 两。

金斯密建议，所有土地转让的问题、权利合法性的问题和所有司法性质的职权都交给土地业主的领事馆，工部局应当设立一个地产处，负责该处的官员本人应当熟悉租界内或毗邻地方所有地块的位置、状况、面积和四至。购地人在向领事馆登记之前，或当事人在分割土地之前，应该提交一份证明，表明该地产的四至、示意图和编号已在地产处有了适当记录；编号也将载入道契，而且无论该地块是在地产处登记还是在领事馆登记，都将采用此编号。除了一亩固定为 6 600 平方英尺外，其他修改意见无须列举了。这个计划便于通过领事馆的登记册来跟踪地块，能平息有关四至的争端，甚至减轻领事馆的工作。

据记载，地产处在 1871 年 2 月成立，1 英寸等于 200 英尺比例的土地示意图将在英国平版印刷。我们为一些令人满意的想法最终实现而感到欣慰，直到我们在更后面的档案中看到了 1888 年的设立地产处建议！这是令人沮丧的，怀疑是某些事情出了错。

我们发现，在此期间的困难是俄国领事馆向华人转让了土地；于是，在领事馆的登记没有了，工部局找不到这些地块，无法征收房捐。担文的观点是，华人有占有租界内土地的充分权利，但他们必须像其他国家的人一样，按照《土地章程》第十款缴纳捐税；那些捐税必须通过道台征收。然而，工部局委派高易去设法查明以外国人名义再转手的土地；如果不能查明，俄国和其他领事将按照一般原则处理此事。

　　所报告的另一项困难，就是没有从不同领事馆获得的土地转让准确**即时**记录的制度。然而，通过向领事馆发放为此印制的表格，看来已克服了这项困难。

　　另一种缺陷是，外国人名下道契的土地，在领事馆是登记在该外国人名下，而道台衙门却不取消原来的中文登记，仍然是在一位华人名下。除了出租给外人的之外，中国会丈局的图册中不注明所有权的任何变化。据认为，英国领事馆失火时焚毁了转让契据，地产转让的一项重要证据就消失了；衙门档案的毁灭则将是灭顶之灾。

　　很多年后，对知县衙门和道台衙门的双重登记做出了解释。据说，中方仅仅把外国人看作路人，（土地）卖给他们仅仅是一种临时转让。但又据说，作为一种"考量"，会取消知县衙门中原来的所有权登记。

　　如我们所说，英国领事在 1881 年 9 月停止向华人转让土地了。

　　向工部局转让公共用地引起了一些争议。英国领事馆拒绝承认仅写在道契背面的节略。它一再坚持，无论是整块还是部分土地，道契都必须附加转让记录，转让的两造都必须签字。但要获得道契十分困难，尤其在它们被拿回"老家"的时候；工部局建议，如果交出正式签署的道契是为了让领事馆登记并附加一份示意图，就回答了一切实际目的问题。领事（达文波）同意这种方式，但谅解条件是，他这么做的时候，决不会损害清楚的道契持有者的任何**实际**权利。

　　修订《土地章程》委员会在 1881 年开会时，拟制的第八款表示一切都应改变。其文为："条约列强与中国政府将向工部局提供租界内所有登记于各自官署的地块的详情，以及业主名下地块转让登记的所有详情。"

　　在这之前的 1878 年，工部局遴选的 7 名租地人已组成了一个委员会，以考虑既有的土地登记和转让规则，以及 1869 年地产全面估值委员会的建议，即上文提到过的金斯密备忘录。据说，工部局认为该委员会起草的报告是非常可行的；但看来他们是浪费了时间，因为在召开一次特别会议考虑这份报告时，只有 76 人出席，而所要求的法定人数是 129 人；该会议中止，且没有下文；直到 1881 年才提出上述新《土地章程》的建议。

　　下一次行动在 1887 年，"是按照金斯密 1869 年的建议设立一个地产登记处"！

　　翌年，英国陪审官贾礼士指出了土地登记制度的不足。道台当时采取措施，测量外国人根据其衙门发出的道契所拥有的地块，因为以前从未测量过。英国领事馆登记的道契中，大约有三分之二或者 1 100 份属于这个范围。但这次测量完全杂乱无章，就是根据官方的通知，带去了土地转让的道契。其目的，部分是为了确定田赋的完整，部分是为了能够提醒业主，他们未经官方批准就占用了阴沟之类的土地。租界中有很多土地未经正式批准就已用作公共道路了；在这种情况下，这些土地仍要缴纳田赋。由于道路的延伸，应该缴纳田赋的区域已经不确切了，领事馆申请向工部局返还田赋。贾礼士表示，道台、工部局和业主都可通过系统化的测量获益；道路之间的地块，首先应该整体测量，然后测量各个部分，查明作为公用的面积。这项工作只能求助于一位称职的测绘师。

工部局测绘师克拉克也要求注意，交与公用的土地仍然留在征税的面积中；而且没有办法核实地块的四至。他说，需要一个正式的工部局地产处，就像《议事规则》（Standing Orders）起草以前的设想一样。上海的历史就是一再重复的。

工部局赞成贾礼士的建议。预计收取制作示意图等的费用就能满足该地产处的开支。所有的领事都必须同意，如果没有地产处发出的地块示意图证明，就拒绝土地转让。

也许随后什么事情都没有做成，因为三年后听说，用草率方式完成的土地转让往往就是一种担保欺诈；人们手中看上去一切完美的道契其实分文不值，他们用这种文书举借贷款却往往会获得成功。

我们进而发现，因为领事们不能达成一致，甚至到 1900 年工部局都毫无进展。英国和德国领事馆都被要求提供帮助，这样的压力也尽可能地施加到了其他领事馆；但德国、俄国、意大利和美国领事均以不同理由表示反对。最终，英国领事（霍必澜爵士）在 1900 年同意从 11 月 1 日起采用新的程序，工部局总董并从很多别的领事处得到了他力所能及的同样承诺。该处获名为"册地处"。

工部局在 1897 年请求一名领事馆官员参加颁发新道契的土地划界。它希望实行《土地章程》已被搁置了 40 多年的第七款。

韩能说，他不能更改程序，但可以在对新租土地进行官方测绘时向工部局发出通知；工部局是答复是，感谢这个"新的令人满意的程序"。

在麦克默里案期间，提到了难以从法律顾问处获得有关土地案件明确意见的问题；法律顾问本人就与土地利益有关，如果没有这种关系，被认为对工部局有利。

会审公堂在 1900 年判决了一个有趣的案子。詹纳·霍格为了得到霍锦士在

1864 年购入、1897 年转让给他的土地而起诉一些华人。他拥有这块土地的一份道契。会审公堂已在 1870 年同意，支付 1 800 两购置余款和 1 800 两拆除建筑物等费用后，该地就应交给霍锦士；但这从未执行，尽管每年给了那些华人放弃购置的通知。作为陪审官的班德瑞坚持认为，道契是"一种相当于英国特许证书的契据，由作为中国政府代理人的道台和领事签署——这是一种以条约为基础的公共管理行为。道台'安排和同意'了；根据这份契据，他取消了华人的名义，赋予了该英国臣民对这块土地的权利。如果那样，本堂（会审公堂）就没有资格宣告道契无效；那只能由道台和领事协商解决，并只能适用于发生诈骗、错误和类似情况的案子。因此，该土地属于原告"。

但也认为，由于该土地价值从 1864 年的 300 两飙升到 1900 年的 5 000 两，必须在原价之外加上 3 600 两作为补偿款。建议两造庭外和解。

1896 年前的某个时候，在杨树浦捕房附近设立了一个处理涨滩荒地、被称为"升科"的特别衙门。[1] "升科"意为提升级别，这里指把不缴纳田赋的土地升级为缴纳田赋的土地。在上海，当然每一英尺新生土地都有价值，官员们能以很高价格出售。

该衙门很快因为无视以前权利就颁发涨滩等的地契而声名狼藉。当华人业主向外国人出售土地时，有人就会用来自该衙署的欺骗性地契出来阻止交易，直到他被买通。

例如，我们发现，一名外国人已经缴纳了多年涨滩的田赋，然后，道台宣布了对该地的权利，要以很高的价格卖给其拥有者，而以前缴纳的田赋是"出了错"。

看来已经代表了该衙署的金斯密在 1898 年被起诉，要求禁止他非法入侵。提出的论据是省政府没有对土地提出过要求，韩能主持的英国法庭判决金斯密败诉。金斯密稍后输掉了另一个类似的案子。

在工部局希望填平西童公学附近的池塘、建造现昆山广场的时候，金斯密也采取了行动。他奉命开价 42 000 两，但经过与总督通信和很多困难之后，以 15 000 两成交，总花费超过了 21 000 两。

当这个局的为非作歹太臭名昭著、油水太丰厚时，升科官员们不得不将大部分

---

[1]　据《上海县续志》，当时设有"清查上宝滩地召变局"，知府许宝书曾为主持者。

所得交给上司。据说，许（宝书）知府获得了 200 000 两，那是他被迫吐出的数额。

一份早期上海地图、示意图和测绘表的汇集，是租界历史研究者最感兴趣和最有价值的东西。万分可惜的是，没有**一家**能看到这种收藏的博物馆或图书馆。

当然很快就感受到了对示意图的需求，工部局建立之前很久就设定的少量街道构成了粗略的草图。工部局的前身道路码头公会肯定有自己未公布的示意图。

我们手头一张最有趣的示意图，是尤埃尔先生在 1855 年 5 月制作的，比例为 1 英寸等于 220 英尺。它表明，河南路西面实际上没有建造道路——除了大马路、海关路、教堂路非常短的延伸段及很少的建筑外，而河南路以东的红色，表明租界中的英国人占据何等的优势地位。

我们发现，一位土木工程师、总测绘师记里布先生在 1861 年向工部局提出，如果有足够订户的话，以 10 元一份的价格绘制三个租界的示意图副本；这个建议在某些限定条件下被接受了。英国领事馆订了两份副本。一个月后，桑福德中尉向工部局赠送了一张示意图。当时，军官们绘制了大量地图，却是这个地区的而不是租界的地图。1863 年 11 月，据记载进行了一次测绘，表明有 250 栋外国人房屋和 7 782 栋华人房屋；但对"测绘"（survey）这个词的唯一技术性说明，是备注声称，详细的测绘需要 639 天，而大致的测绘可在五六个月内完成。有恒洋行以每亩 3 两的报价投标英租界与虹口全部地方的测绘。上海对金斯密先生是记忆犹新的，他的大名甚至在离现在很近的时候都被提起；但这次投标是在 1864 年。一年后，他们交付了所完成的英租界测绘，应支付给他们的余额是 6 824.79 两。但不幸啊！两个月内，就发现该地图的误差如此之多，以致如果不予纠正错误的话，工部局都想索回已经暂付的 4 000 两了。这导致了该企业和工部局工程师克拉克之间漫长的、怒气冲冲的通信。克拉克的报告痛斥该测绘"完全不准确"，尤其是关于外滩的低水位线，他在自己的工作中发现，外滩的低水位线是 180 英尺，而该测绘是 125 英尺。测绘表明，面积是 3 441 亩，其中的 103 亩是泥滩。有恒洋行提出的建议显然是新示意图的比例为一英寸等于 200 英尺。不断提到的那位史密士先生借出了一台缩放仪，可以缩小较大的地图。

在此期间（1864 年 6 月），杰布少校显然完成了一次对虹口的测绘，给出的界线是东界虹口港，西界广隆洋行的仓库，南面是苏州河与黄浦江，北界穿过抵达靶子场的河浜，就是现在海宁路的走向。面积是 1 240 亩。工部局为这张示意图付给杰布少校 2 000 两。

提到雷氏德先生的大名，我们仿佛再次触碰了当代史，但这是半个多世纪之前的事情了。他致函工部局说，他退还了英、美租界示意图，为对它们无所裨益表示歉意。想来他大概打算补充已登记地块的细节。"我相信，英租界所有能获得的地块现在都已查清了，对那些仍属于华人所有的地块，我认为无论如何不可能获得任何信息；尽管我认为有些土地是由已经回国、不再对该地感兴趣的外国人登记的。在美租界，我发现该领事馆几乎不能提供任何信息，而且以前地块的四至差不多都泯灭了，无人在意。"这是最麻烦和最头痛的事情，而且他已经被迫绝望地放弃了，"属于外国人的地块大多数四至不确定，华人则对任何调查者疑心重重"。

一年后，金斯密同样写道："当前，我还不能发现在美国领事馆登记的地块的位置。19 号地和 22 号地看来已经取消了，颁发了新的 201 号、202 号道契，这是我从复制的对四至（？）的描述中唯一能够发现的事实。"他列举了其他不规范的例证，而且，尽管熙华德说金斯密有几个表述"不符合事实"，尽管他一定程度上证明了领事馆的合理性，制作一份两个租界详尽的地块示意图显然至为困难。

现在可用的参考资料零碎到了难以查清事情的程度；于是，金斯密把测绘的报价改为 400 两；有那台缩放仪的史密士在 1872 年写道："租界测绘以 1 英寸等于 200 英尺的小比例错误，让我难以落实工务委员会的愿望。"

H. O. 罗素从伦敦来信，向工部局提出由他进行上海周边乡村的测绘。他声称，已通过众多的罗盘定位，查清了租界方圆十英里的范围，可显示每一条河浜、每一座桥梁、寺庙和村落，并注明所有的主要道路和坟堆。绘图和所有信息的开价是 1 000 两。工部局看来购买了 12 份副本；这项刺激并不足以诱使制图者出版该图。我们从后来的一封信中得知，如果能够至少以 4 英寸等于 1 英里而不是 2 英里的比例重新绘制的话，工部局愿意为平版印刷该地图拨款 200 英镑；但这个开价未被接受。

据说，1867 年的市政示意图（不管是哪一张）是尤其没用的地图；但阿查理已经很好地利用了它，他花费了巨大的心血，把它变成了一份土地清单的示意图，可作为清晰、简明的地图索引。但制作一份正确示意图的真正障碍是无法逾越的。在业主拒绝承认一块所拥有的土地的时候，而在北京路上的另一块土地又找不到的时候，能有什么办法呢？人们在地产繁荣之时贪婪地买下了土地，英国领事们在领事馆中进行了登记，但在某些情况下，并无地块位置的线索，很多业主自己都懵懵懂懂！很多大地产在银行手中，但银行和个人的破产让事情复杂化了。

1882 年，工部局招标测绘虹口，得到了一串眼花缭乱的数字。沃特斯和戴尔公司的开价是两年内 10 000 两完成；朱尔金斯是 3 500 两 18 个月内或 4 000 两一年内完成；金斯密想要 22 500 两；阿莱门兹要求根据所准许的时间得到 6 000—7 000 两；福开森的报价是 8 400 两。这份工作以 7 500 两交给了道达洋行。

金斯密在 1896 年为中国政府制作了一份静安寺路、卡德路和苏州河之间乡村的示意图。他提出，以每亩 1.5 两或总共 1 500 两的价格复制给工部局，但工部局认为这太贵了，把这件事情交给了工部局工程师。

工部局与殷司有关苏州河涨滩权利漫长而又复杂的诉讼是富于启发性的。这项起诉是为了禁止离沪的业主殷司未经租地人同意就在其地块上建造房屋，工部局也想得到案子定谳前的临时建筑禁令。大法官连意爵士的案件审理报告占用了《北华捷报》（1885 年）的 22 页。该地块约 30 亩，当时的编号是 232 号，系争部分是 8 亩或 9 亩，构成了现在的华人公园。构成苏州路的一部分交给了公众使用。工部局的主张是，那块也在《土地章程》管辖下的滩地交给公众使用。被告首先否认该地属于《土地章程》所称的滩地，其次是否认《土地章程》具有任何合法效力或影响力。我们不会记载控辩双方诸多精巧的论据、高水位或低水位的界线问题、"滩地"（beach ground，麦华陀发明的一个词汇）和"涨滩"（foreshore）的区别问题。殷司出席了 1854 年通过《土地章程》的会议，既然他没有提出过抗议，就应认为已经接受了它们。连意判决，争辩章程的有效性为时已晚。他引用并赞同何爵士1869 年的说法：在威尔斯案中"既然已对《土地章程》有效性问题做出了判决，就没有必要再讨论这个问题"。他认为涨滩已经交给了公用。殷司已在建筑上花了2 892 两，原告应予补偿是公正的要求。然后发布了所要求的禁令，两造各自承担诉讼费用。工部局支付了费用（3 094 两，包括 8% 的利息），而殷司向枢密院的上诉被驳回，连意的判决获得确认。

温赖特代表被告，工部局法律顾问乐皮生代表工部局。后者要求得到约 600 两的额外费用引起了一些看法，工部局认为给他的 1 500 两律师费应该够了。他得到了 300 两额外费用，两名工部局董事投了反对票。

还可以提到，尽管这个案子是在 1885 年 1 月和 2 月审理的，它的预备历史却很长。在 1881 年 2 月的纳税人会议上，就讨论过关于这项侵蚀的一份决议，但一份修正案取代了决议——"本次会议命令工部局利用一切可能手段保护公众对涨滩的权利"。工部局追求的目标，就是在已采取和将采取的行动中得到纳税人的支持。他们打算采取的行动，就是将此事提上法庭；他们已采取的行动，就是派出苦力在巡捕保护下拆除障碍物，即一道竹篱笆。代理人戈里和律师温赖特在几天后带人重新建立了篱笆。巡捕被派去了，却请求增援。总巡彭福尔德带着斯特里普林巡官和福勒巡官来了。接着是一场所有人都加入的奇特混战；但仅仅是推搡和摔跤，没有殴打；巡捕获胜，留下两人守卫。殷司的代理人没有针对总办起诉工部局，而是对总董和巡捕个人提诉。7 月，工部局以支付 1 500 两在庭外彻底解决了此案。

工部局为担文在此案中的服务花费了 750 两。

第41章

其他教育设施

麦华陀和一些人在 1874 年建议设立一个华人阅览室。那是英国技工讲习所和"一便士阅读"的时代，这可能是出于改善下等阶级愚昧生活的感情或风气，而不是出于对华人的传教热情。或许，这至少是在华人生活中引进外国机构和方式的另一种尝试，就像引进主日学校、基督教青年会、童子军和大量教会组织一样。工作者不难采用他习惯的方式并做必要的改变；这在西方历来是成功的，因而在东方也必定成功。极少有人足够聪敏，能摈弃外国概念去研究中国的思想和文明，开发培植本土事物，而不是输入舶来品。

（伦敦的）摄政街上至少有一所理工学院（polytechnic）——我们相信它仍在那里，所以，这里也应该有一所格致书院。其名称是粗鄙的，在上海却被津津乐道；还有什么能比尚贤堂、公共运动场这样的名称更笨拙更乏味呢？[1]

麦华陀请求捐助，他作为领事得到了。总督给了 1 000 两，到年底募集到了 5 000 两，其中的三分之二来自华人。一位徐（寿）先生对此事极为活跃，购置了靠近旧跑马厅的土地——在里面的北海路上；建造了一栋半中式的房子，大门上是李鸿章随便题写的一块匾额。原来的想法就是只建造一间阅览室，除了开设讲座外，还陈列机器等，并发行一本《格致汇编》杂志。傅兰雅先生（现在是博士）是这项事业的主要推动者。

它在 1876 年开学，用抵押填补了 1 000 两的亏空。

---

[1] 格致书院、尚贤堂的英文名称分别是 Polytechnic、International Institute，直译是"理工学院"、"国际学院"。

1889 年，节省出来的资金已足以聘用一名外国"教授"了——尽管对英国来说，这是不当的用词。一位理学士、化学家、皇家学会会员白尔敦先生偕"其迷人的妻子"就任。可他不到三个月就死于致命的天花。翌年，一位玛敦阿先生继任。1898 年，一位来门义尔先生就任，而讲座由中外双方开设。

裨治文去世后，皇家亚洲文会（北华支会）有三年处于死气沉沉状态，但1864 年复苏了。自那以后，它每年都按时出版刊物。它有几年免费租下了一栋属于前道台吴（健彰）的房子；然后它进入了共济会堂，其博物馆和图书馆一度无法使用。1870 年 5 月，它使用了南京路上的汇隆银行大楼。

1868 年，英国领事温思达建议外交部授予该文会一块建筑用地——一块与监狱相连的土地。授予立即实现了；该会将支付名义上的租金而拥有该地，即使该地的其他部分（监狱地块）被出售，他们仍将拥有继承权；但如果该会解散，或者未在三年内建造房屋，该地将还给政府。

差不多三年之后才开始建造。用了很大力气来筹措资金。辩论协会以能在文会房间中开会的谅解条件给予了资助；汉璧礼给了 500 两，金斯密免费提供了示意图，建筑在 1871 年动工，费用为不超过 3 000 两。荣誉图书管理员高第和福士"集腋成裘"募到的捐款达 2 700 两。

当然，有些人说文会是一个无聊学者的团体，不过是聊以互相吹捧才聚在一起的；但即便一个商业社会，只要尚未被纯物欲完全遮蔽目光——或者甚至着眼于商业利益，也完全会奉献一些智力去研究与他们做生意的民族的语言、文学、伦理等的。显然，如果这个博物馆对上海而言略感寒碜，这个文会却让上海增光，还有助于在上海只知敛财作乐的讨伐声中挽救其名声。

这里必须提到一件它所做的实际工作。文会在 1869 年派遣爱莲斯去探索黄河的新航线，并在其刊物上发表了这次探险的报告。

文会图书馆最初的图书是裨治文和帅佛守赠送的，1868 年用 1767.50 两购入伟烈亚力的图书馆而扩大了。荣誉图书管理员高第为它做了第一次编目。

上海这样的财富之地从来没有一座与之相应的可引以为豪的博物馆，这是一件让很多观察家历来都百思不得其解的事情。

1874 年，决定建立一所博物馆，作为本地皇家亚洲文会的一个工作机构。

工部局最初拒绝了拨款的要求，《北华捷报》说这完全正确，因为"如果他们资助私人机构的话，哪里会有止境呢"——一个非常愚钝的评论。工部局本身是同情的，却没有用于此事的资金。然而，它在 1878 年的预算中列入了 250 两作为对该博物馆的一笔拨款。

送入了大量标本。例如，麦士尼将军在 1868—1878 年间捐献了 200 多种鸟和昆虫，还有来自中国西部的书籍、稿本、当地人制造的物品。但很明显，如果只有一位荣誉馆长而没有经过训练的助手，他是不可能找出时间来让博物馆合格的。这种可悲的情况绵延了很长时期，直到 1897 年才发现，它因为没有一个博物学的馆长，标本受损，标签乱贴，值钱的物品丢失。皇家亚洲文会于是请求工部局增加拨款，以便聘用一个领薪的馆长。翌年，文会提名了一个人和薪金——月薪 75 两。但工部局两次拒绝了超过每年 500 两的帮助，那已支付多年了。文会的事情被提交给了纳税人。

除了一家充分展示当地自然历史的博物馆具有教育价值外，华人的商品也应在这个商业中心拥有一个房间；有价值的艺术品和古董保存在这里，也许比中国的任何地方都安全，并更容易让学者们和商人们见到。

工部局曾在预算中列入数千两开支，以在外滩公园建造一个猴馆或诸如此类的东西；看来奇怪的是，它竟然拒绝资助一家可以系统研究这个国家动植物的博物馆；更奇怪的是，还不去收集制造品，那是有兴趣从事对华贸易的人可用来参考、查验和比较的东西。

马士博士[1]在 1888 年就这个问题投书《北华捷报》，却没有反响；工部书信馆在 1893 年靠售卖银禧庆典邮票狠赚一票时，有人建议捐出那笔钱来帮助博物馆；但这项建议也没有下文。

为了改善事态，有过几次勇敢却徒劳的尝试。我们会在后一章回到这个话题上来。

本书第一卷提到了上海图书馆（第 401 页），却到 1854 年为止。它翌年的状况是，以 15％的利息借给工部局 1 200 元建造工部局大楼；图书馆每年的房租是 300元。裨治文博士在 1858 年和 1859 年的两份报告中说，它继续兴旺发达，购书用了250 英镑；但到 1864 年，它手头只有 44 元了，呼吁得到更多的支持。这项呼吁肯

---

[1] 马士当时供职于江海关，1913 年才获荣誉法学博士学位。

定非常成功，因为当年购书用了 2 000 两，还剩 200 两余款。1865 年的报告表明，图书馆以 10％ 的利息借给工部局 2 000 两，但当年的利息尚未给付，购书等就已经用去了 1 022 两。阅览室很少被使用，建议它并入上海总会。但在 1871 年 11 月，据说它"被安置在总会一间黑暗的地牢里"；私人的图书俱乐部分流了给它的资金，降低了它的用处，它很快搬入了皇家亚洲文会的新建筑。它占用的房间毗连文会的房子，那是图书馆建造的房子，却交给了皇家亚洲文会，条件是免除其十年的租金，然后十年的年租是 100 两。图书馆本想出售其旧书，却因为不能得到受委托人的必要认可而作罢；而一二十年来，根本就没人知道谁是受委托人！

上海总会内一个图书馆的建立，导致上海图书馆丧失了将近一半的缴费会员。它陷入了死亡危险，而且不能指望运动娱乐基金的帮助；但玛高温和布彻接管了它。它在 1879 年对公众开放，在一定时段内免费；继续免费的条件是工部局在 1881 年拨款 250 两。十年中的拨款是每年 100 两，1891 年时，图书馆拥有 10 000 册书籍，已经完全成为一个公共机构，年度拨款达到 600 两；1894 年，图书馆再次从博物馆路搬到南京路后，拨款增加到每年 1 000 两。1896 年提出了 1 500 两的要求，却被工部局拒绝了，而且这项要求显然没有提交给纳税人。

第 42 章

各总会和跑马

运动娱乐基金、上海总会、跑马总会和上海跑马厅历来关联如此紧密，以致不可能单独讲清其中的任何一个。其中，跑马厅曾经有三个，第二个购入时，第一个就成了旧跑马厅；而当购入第三个时，第二个仍被称为旧跑马厅；而第二个和第三个则依次成为新跑马厅。这样，如果提到"新"、"旧"时不细察日期，就会发生混乱。

因此，我们为简便起见，分别称之为第一、第二、第三跑马厅。

第一跑马厅也叫作花园（Park），南京路就叫作花园弄。看来难以说清它的位置了。本书第一卷（第 275 页）说它有 81 亩，部分在河南路和四川路之间；应当补充一句，它是在南京路北面。但按照《上海运动娱乐基金史》（*History of the Shanghai Recreation Fund*）第 178 页所述的上海驱车场，它是在河南路和南京路的西北角。这看来是正确的，因为 1855 年的一张地图表明，"花园门"（Park Gate）在现河南路以西一点的天津路上。然而应当指出，本书第一卷第 275 页给出的位置更加准确。达文特的《上海》说大礼拜堂院子、江西路和南京路下段曾经是一个跑马厅；显然应该认为那是其东南角而不是西北角。然而，同一著作在另一处又说，大礼拜堂院子已被一座教堂占据了。这些说法只不过表明，在旧地标消失的时候，难以理清老上海的头绪。

到 1854 年，"某些居民"担心，"花园"将因租界的发展而被排挤出去，并看到了土地增值的方式，便购置了一块更远的土地，规划了新骑马场，也叫作"新公园"，或我们说的第二跑马厅。它现在已经消失了，但读者会从任何上海的示意图中看出它的所在。在地图上很容易看出，在泥城浜以东，笔直的西藏路从南京路末端开始，然后是北海路、海口路和湖北路的弧线，再回到南京路。南京路那时尚未建成，其另一边的痕迹就不那么容易辨认了；大致说来是沿着现浙江路、芝罘路，直到云南路，再从那里拐回到南京路。这是一条骑马道，也用于赛马。当时还未制定驱车的规章——没有驱车的道路，只有街道，没有马车。这条跑道的股份是每股50元。八年后，股东们贯通了一条道路，即现在的南京路，它延续到涌泉，这样就建成了上海驱车场，后来称为静安寺路。不久建了宁波路和其他道路，新公园或第二跑马厅在拥挤的建筑群中消失了。我们将在后面再回到骑马场的故事。

1860 年，四位着眼于居民们将来利益而不是自己利益的精明市民，买下了第二跑马厅中间"对着古培先生马厩"的约 40 亩地，以提供一块永久的板球场地等。这块地的价格为 2 245.75 元，估计建成板球场还需要 2 000—3 000 元。

采取这项明确行动的四人请求帮助，约 50 位居民凑成了 50 元一股的 138 股，取得了这块土地，"以用作一般娱乐和消遣……未经全体股东一致同意，不得改作他用"。

准备了一份委托合同，任命了受委托人和委员会。总开支是 4 421.34 两，会员费是 5 365.50 两（6 900 元）。

如此行动，而不是像一个委员会那样迟疑不决的四位勇敢者的大名众所周知，但仍必须记在此处作为永久的表彰；他们是安卓布、惠托尔、夏尔德和典题。完全应该为他们在公共运动场建立一块纪念碑。

这块土地的价值在一两年内升得如此之高，以致在 1863 年 3 月决定将其出售，在前一年开放的第三或现跑马厅内购置一块新地。有人提醒股东们，他们置地是**为了公众利益**，应以原始价格把股份卖给一个委员会。这获得了一致同意。于是，该地以 49 425 两的价格出售给史密士先生。这笔价款就构成了"运动娱乐基金"[1]。不涉及自己利益的荣誉司库典题先生在 1863 年 11 月用 12 500 两购置了 430 亩，几乎是第三跑马厅内的全部土地。原始股东们建立了新土地的新股东会。

买下土地和用 6 764 两筹建板球场之后，大多数余款被借给了上海总会——33 900 两，年息 8%。另外，贷给划船总会 1 400 两，棒球总会 2 000 两。

---

[1] 或译为"运动事业基金"。

然后麻烦来了。典题先生在 1866 年离沪，然后召开了显然是三年来的第一次股东会议，审查了资金状况。一个管理委员会报告说，已经购入的跑马厅内土地约为 460 亩，花费为 16 500 两，包括到目前为止的租金、清除坟墓房子等费用在内。欠股东们的原始股款 6 900 元尚未偿还给他们，而且，显然仍然欠跑马厅业主 3 427 两，那是典题另外买下的约 30 亩地的价款。在上海总会包括利息在内的应收款是 34 776 两，建议立即索要这一部分，以偿还基金的债务，应当为此订立正式的抵押契约，对指定日期前提早偿还贷款做出规定。

典题先生承诺的拨款是无效的，因为不是由股东会的多数人做出的；但会议批准了这些承诺。

已经提出的拨款申请有：在领事馆的土地上建造一个公家花园，一座教堂的尖塔，一家剧院，板球总会和划船总会也请求帮助。

在后来的一次会议上，有人建议对上海总会贷款的偿还采取法律行动，但以 72 票对 42 票未获通过。一再要求的偿付应得利息，仅仅得到了总会资金短缺而不能偿付的答复。与此同时，跑马总会以起诉威胁运动娱乐基金偿还尚欠的 3 427 两。形势是严峻的，该土地已被出租给了板球总会和棒球总会，而且如何爵士指出的，诉讼的结果可能是该土地还给原业主或中国政府。

会议审议了一项因手头资金短缺而把土地交给跑马总会的提案；这以 14 票落败。此后的官方通信表明，协议是收到上海总会的款项，就偿还给跑马总会。又据说，跑马总会已为运动娱乐基金提供了一项便利，卖给它的土地可以拆除妨碍观看跑道的房子。

夹在刀俎之间的运动娱乐基金选举了一个新的委员会，授权它竭尽所能去对付跑马总会和上海总会。但在同上海总会数月徒劳通信之后，该委员会把事情交给了法律顾问梅博阁，他是反对这种诉讼的股东之一。总会的唯一答复是，他们愿用以后总会运营时产生的任何利润来支付利息（以及本金，如果可能的话）；基金委员会于是决定不再做更多的事情了，因为有足够多的人同时拥有总会和基金股份，这显然将取消基金方面的任何诉讼。

上海总会没有赢利，除了欠基金的债务之外，也困难重重。1869 年的情况与 1868 年如出一辙，债务约达 3 600 两，股东们必须从自己口袋里掏钱偿还，否则就关闭总会，或出售其家具偿债。股东们不甘心继续丢钱，会员们则不愿把会员费从每月4元上涨到5元。

从冗长的讨论记录来看，总会在得到运动娱乐基金贷款的同时，显然实际上正与巴顿博士谈判一笔33 000两的抵押贷款[1]，但尚未完成。接受抵押贷款后，本应立即偿还基金债务的。看来整件事情就是想方设法地不公事公办，因为典题先生未与基金股东们商量就预付了那笔钱，而且付钱两年半之后仍未得到认可。

会员大会试图协调这两个机构的处境，两者实际上都是为了公众利益的慈善机构，只是一个获得了巨大的成功，另一个已经失败，而且基金的40 000两似乎应该抵补总会股东们的40 000两亏损。在会上提出了某种建议的格罗姆先生被授权提出一个供基金考虑的方案。这个方案是总会应向基金转让其建筑和家具，基金应解除总会为偿付租地债务和进一步偿付贷款而抵押（35 000两）的个人责任。其根据是，基金138份股权中的118份由总会的股东掌握或代表，而基金又归股东的多数支配，所主张的权利非常靠不住。这个建议的优点是，基金不再主张靠不住的权利，而是能确保19 000两，即建筑的45 000两（建筑已经用去了85 000两）和家具的9 000两，再减去抵押给巴顿博士的35 000两。总会进而取消其股东，由一个会员委员会管理。格罗姆先生估计，每年的利润将为6 500元。

1869年11月20日，两个机构均在总会举行会议，先后间隔一个小时，出席一个会议的大多数人又出席了另一个；每个会议都任命了一个委员会，一个是卖方，一个是买方。在基金的股东会议上，通过了更多的决议案，即不采取进一步行动偿还原始股东的6 900元；运动娱乐基金的地产应暂时归在工部局总董名下，总董应是总委员会的当然成员；两个机构均应向格罗姆先生表示感谢。

于是，会德丰洋行在12月7日为受抵押人公开拍卖了总会建筑，格罗姆代表运动娱乐基金以35 000两购入。

但麻烦仍未结束；麻烦永无止境。

暂时离开一下运动娱乐基金吧。上海总会发起于1861年；唯一合适的位置就是总会今天的所在，即外滩的天祥洋行和丰裕洋行之间。约翰·劳克兰·麦克莱恩以每年租金550英镑出租给上海总会九十九年，土地年租金由出租人承担。估计建造需要的资金为43 000两，家具为12 000两。募集了90股，每股100英镑，但尽

---

[1]　该抵押贷款下文作35 000两。

管估计利润是 9.5％，还是希望股东们"看到拥有这样一个辉煌的设施作为钱财**回报**的优越性"。

该建筑实际用去了 120 000 两。它毁了三个承包商，而且，按照 1894 年一份美国报纸的说法，它比华盛顿的任何俱乐部都精致。在这种问题上，来自美国的赞扬确实是赞扬。

但是，它不得不在 1867 年倒闭。按照《北华捷报》的说法，远东没有比它表现更糟糕的设施了。它穷奢极侈、管理愚蠢而且粗疏，除了上海早期的成功商业之外，没有什么事业能够承受这种状况。建筑奢靡，葡萄酒难以入口，规章恶劣，菜肴单调而且昂贵。

1870 年，总会的会员开会决定今后的方针。运动娱乐基金受委托人已经买下了该建筑，要是总会的会员不愿意制定令人满意的条款，受委托人将不得不卖了它，以清偿债务。格罗姆先生提出了他的计划，实际上就是由运动娱乐基金对其债务和总会建筑的开支、修缮承担责任，收取会员费，收取和明商会与其他占用房间的机构的租金；总会的会员应该拥有总会的房间和家具，不承担节省现有工资和这种开支的责任，因为现在是他们单独控制了；一旦总会在哪一年亏损了，运动娱乐基金将根据当年结余的款项予以救济（估计是 4 500 两）；等等。总会同意该方案实行一年。

当年年底就有了赢利，这是多年来的第一次。有趣的是要注意，总董说葡萄酒的统计"数量巨大"，当我们在平衡表中看到"葡萄酒和烈酒 16 724.84 元，阅览室 72.66 元"时，就不能不想起灌上那么多酒水才吃半便士面包的福斯塔夫[1]；我们高兴地想到，现在是有天壤之别了。

会议进行了很多讨论，但最后通过了一项决议，以 7 500 两接受家具，按每年 11 000 两的租金出租总会大楼 5 年，运动娱乐基金已经同意了这些条件。

回到基金的难处吧。它在上述五年出租开始之前的 1870 年，收到了总会的 14 113 元。它开始考虑偿还债务。关于跑马总会对另外 30 亩土地提出的索赔，它同意按照清楚的道契提出解决方案。结果是，受委托人在 1873 年以支付 2 000 两了结此事，并进一步同意跑马总会免费使用其内圈训练和比赛。然而，那道契并不

---

［1］ 莎士比亚剧作《亨利四世》中的饕餮之徒。

"清楚"，必须返还给道台，如报道所说，它并不确定该地块的存在！

向总会会员收取了家具费，以减少总会建筑的抵押款。对于仍然欠基金原始股东的 6 900 元，想出了一个巧妙的办法。剧院委员会已为建造兰心戏院请求 7 500 两的帮助，但基金不能同意。然而，建议是用运动娱乐临时权证（Recreation Ground Scrip）按偿还权优先于其他债券、年息 5% 的条件换取戏院债券。这样，差不多所有的权证都在 1873 年偿清了，103 份股票的持有者用给基金 3 862.50 两的代价获得了优先债券，而 28 名持有者宁愿收取现金（1 065.70 两），远在他乡的 7 人"显然不认为这件事情值得考虑"。还根据戏院受委托人的要求，按 5% 的年利息贷给他们 1 500 两。

从那时的每年账目来看，当时的运动场与现在的另一项差别是出租土地用于放牧的收入为 720 两。

荣誉秘书格罗姆先生在 1873 年 10 月的报告中宣布，除了巴顿博士的债权外，基金"不但摆脱了产权负担，而且将在来年获得估计 3 500 两的收入"，他这时肯定是一个开心和自豪的人。

且让他们高兴吧，我们现在可要谈到一种特殊的困难了。华人业主在 1863 年以每亩 25 两的价格向运动娱乐基金出售了土地，尽管这个价格低于附近适合外国人的土地，却比农地价格高了很多。但这是有条件的。按照麦华陀（他在离开前没有完成这笔交易）和购地人的谅解，条件就是该土地不得转卖或用于其他非娱乐目的；否则，出售人将每亩加收 125 两。不幸的是，两份文件对此表达不一致。中文本使用了"得用"，威妥玛翻译成"土地的使用（用于）"——那时就要加收了；还有"如马路公司将该地做任何之用"。另一份英文本列出的条件如上——土地不得转卖或不用于娱乐。以前的业主人数很多，一再为加钱而吵闹，首先是因为 41 亩地被用作了操场；然后是因为有些地播种了绿草，30 亩地建成了越野赛场；如此等等，吵了三年。知县实际上遭到了请愿者们的围攻，便提议按真正的中国方式妥协，即对每一个绝对屈服者多付 25 两。但领事和公使对此立场坚定，而受委托人也无钱可掷，看来如不设法，这笔生意迟早要失败。我们看到的最后明确消息是，阿礼国晚至 1868 年 10 月还在告诉恭亲王，事实和证据都表明，这种要求是毫无道理的。但甚至到 1887 年，仍然有根据某种土地惯例的不祥暗示，即可以再次提出这种要求。

第二跑马厅的大看台靠近现劳合路，直到 1881 年才拆除。它被称为"山雀花园"（Tit Park），1872 年 5 月由白象洋行租下，围了一圈竹篱笆。太平天国动乱期间被军队使用，当然遭到了破坏。跑马总会要求工部局赔偿。里面曾经安置过重炮，堆放过沙袋，墙上挖了枪眼。工部局提出给予 250 两，跑马总会委员会表示极为震惊，索要 1 565 两。看台与租界中的任何房屋一样，是私人财产。军队以前占据它，是支付了每月 30 两租金和 500 元修缮费，然而他们没有像后来那样在建筑物中安置重炮，堆放沙袋，没在墙上挖枪眼，也没有把栏杆或威尼斯式百叶窗当柴火烧。事情提交仲裁了；莫海德估定损失为 400 两，而我们总在期盼的幽默腔调来自梅杰，他认为整个看台都不值 600 两。最后的付款是 463 两。

英国圣公会也对毗邻大看台的土地、建筑被防御工事占用提出了索赔，但士迪佛立将军拒绝赔付。

我们获悉，该委员会在 1860 年不承认帕西人从其墓地到跑马厅的通行权。没有解释为什么帕西人或其他人想从墓地到达跑马厅；但从地图上可以看出，墓地是在跑马厅之内的现福州路上。

上海骑马场委员会在 1861 年任命了一个领薪水的秘书，任命了一个新的受委托人董事会（金能亨、韬朋、安卓布和桑恩），并因担心他们的利益受抵制而与跑马总会分离。已经说过，他们建立了一个骑马场，并通过出售第二个跑马厅挣了钱，他们在新的道路上花费了 14 000 两，在股东中分配了 43 803 两，为把领事馆泥滩建成一个公家花园而捐赠了 10 000 两，手中仍有约 22 000 两。随着别处说过的把静安寺路移交给工部局，上海骑马场委员会在历史中销声匿迹了。

跑马总会并不如此。为明白起见，须记住它像上海总会一样，有会员也有股东；所以，跑马总会与第三或现跑马厅的业主有区别。跑马总会本身的财产由跑马厅内约 30 亩地构成，那是为了拆除妨碍观看跑道的华人房屋而买下的。

运动娱乐基金买下了跑道内剩下的土地，它后来还向跑马总会买下了那约 30 亩地。于是，拥有跑道的股东们以每年 700 两的租金把跑道租给跑马总会，而跑道内的整块地方属于运动娱乐基金。1867 年，跑马厅股东们每股收入 38 两。总会有机会时就收购股份；在一个我们必须后面再说的漫长而且的困难的诉讼过程中，总会获得了按票面价格收购的机会，到 1875 年已经收购了 25 股中的 17 股。

在 1868 年 1 月的跑马总会委员会会议上，担任主席的梅博阁宣布，"在最后时刻"发现了欠着紫薇先生的一笔 5 500 两债务。历来的印象是，那笔款是业主们而不是总会欠下的。原始贷款是 10 000 两，在最近的两年中没有索要过利息。这笔款项是逐步偿还的，最终在 1875 年偿清。但我们注意到，总会每年为使用跑马厅遛马收取 500 两。

即便让聪敏的读者恼火也必须重申，一般人所说的跑马厅往往是指整个围住的地方，恰当的说法却应仅指其外圈，它宽约 60 英尺，长一又四分之一英里。如上所述，这属于跑马总会；而外圈内的整块土地是运动娱乐基金的地产，后来取名为公共运动场。

运动场的大部分多年处于并不适合运动的状态，只有一部分用于板球和棒球。1872 年，它被说成是在生病而不是在运动；没有排水设施，每逢下雨就成泽国，而最后留下的小麦田垄，在十二三年后依然清晰可见。

1875 年平整了该地，迁走了约五六十个坟墓，万国商团都可以在那里操练了，工部局支付了 300 两，即一半的费用。

所谓的重要法律诉讼，不仅因为所做出的判决重要，也因为两造的证据给我们提供了各种迄今不会忘记和不能掩盖的事实。跑马总会为阻止板球总会搭建其看台的屋顶而申请一项禁令。何爵士在 1874 年 5 月审理了该案，温赖特代表跑马总会、担文代表板球总会出庭。

证据当然是冲突的——只有法官才能梳理；很多观点是矛盾的，但以下陈述是可接受的。

霍锦士就购置一条 1.25 英里长、60 英尺宽、约 54 亩的跑道一事在 1861 年致函代理领事麦华陀；麦华陀与道台达成了不应漫天要价的协议。要点是跑道内的土地不能建造房屋，但可以用于农业，不能阻塞水道。

跑道由一批与第二跑马厅或骑马场无关的新股东购入。如我们业已指出的，第二跑马厅另有一段历史，发展成了静安寺路。购地者把跑道出租给跑马总会，总会声称"他们购入该场地时"（这是一个明显的错误），从圈内 466 亩土地的业主处获得了一项承诺，即该地只能卖给总会，而且不能建造房屋；之后他们为这项特权付出了 466 元，得到了一份契约和一份告示。一年后，发现一个村庄（跑马厅内不止一个村庄）阻挡了视线，他们用 900 两买下约有 70 栋房子的 30 亩地，并花费 3 000 两扒倒了房子；但由于四至不明确，他们从未拿到明确的道契。

运动娱乐基金在 1863 年购入了圈内的所剩土地，但由于所提到的一项谅解，即如果受委托人有了足够的资金，就应偿还给跑马总会，理由是他们认为那 30 亩地包括在他们购入的范围内。然而，整个交易是 466 亩，而基金的道契只有 430 亩。经过很多交涉后，基金同意在拿到那 30 亩地清楚的道契后付给总会 2 000 两，但印象是，他们为同一块土地付了两次款。

现在，争论与诉讼的理由却是板球总会看台的高屋顶。这个看台显然矗立在那 30 亩地上；板球总会向运动娱乐基金租用了该地。问题是，那项对建筑的限制是否对基金受委托人有效。何爵士判决，跑马总会故意给那块土地加上了不得建筑的义务，而基金受委托人明知这项责任却购买了它。一项永久禁令下达，板球总会败诉。

这项裁决获得了喝彩，因为完全符合公众的看法。

然而，运动娱乐基金争辩说，在本案提起之前，他们根本不知道跑马总会所主张的权利，而且，他们作为受委托人，必须防止总会剥夺任何用于公共利益的地产的价值。何爵士说，他们不应为赢利而买卖土地，即使利润将有益于基金；他们不完全是一项基金的受委托人，而是一块土地的受委托人，必须总是保持那块土地，不得出售、建造或者用来投机。但受委托人坚持认为，由于较早的公共运动场已经出售了，这"是为了一个新的、更大的运动场，如果款项超出了新场地的开支，则是为了其他公共目的"。这是一项新的受委托公告；这证明，没有什么特别的地块可以永久保持，只要非常值得，手中的土地就可以在任何时候出售。他们必须考虑将来的公众利益。只要跑马厅向社区多数的体面人提供娱乐，他们就不会出售该运动场；但跑马厅自己却能在任何时候欣然出售自己，而且，按照这项判决，它可以连同出售对圈内土地的权利。这样，公众的这些权利就被夺走，被转交给一个私人的总会。受委托人已经被迫承受了他们总是准备谦恭接受的法定权利；他们一致决定上诉，并将由个人承受上诉的代价。

260 人签署了一份反对他们上诉的请愿书；但直到提出上诉，也没有接到请愿书。

何爵士判决运动娱乐基金没有上诉的资格；这仅仅与板球总会有关，而且由他们来清偿；法院的命令约束他们，但基金受委托人可以立即开始随心所欲的建造。他根据第 131 号和第 137 号两份枢密令不准上诉。

1894 年，工部局董事安徒生提出了宝贵的建议，即工部局应该尝试向运动娱乐基金租借跑马厅圈内土地，这可以用作运动，尤其是提到了本地儿童数量的与日俱增。这项安排易如反掌；当时每年支付 600 两租金的龙飞马房根据提前一个月的通知终止了租借，因为运动娱乐基金不能放弃那笔收入，工部局同意如数照付，租期为 5 年。于是，这块土地在 1894 年 9 月 1 日向玩足球、棒球和高尔夫球的"儿童"开放了。

跑马总会在 1995 年请求获得使用障碍跑道的权利，这是一种公众才拥有的权利；但工部局不同意，运动娱乐基金受委托人认为，这个建议根本不合理。

工部局在 1898 年决定，禁止公共运动场游泳总会另一边的车辆通行。这阻塞了前往上海运动总会看台的车道，这是一条捐资 300 两建造的道路。当然提出了抗议，甚至有人试图强行使用这条道路；工部局态度坚定，却昙花一现；年底之前该通告就废弃了。

1896 年，跑马厅北边的界沟被描绘为租界的一项危险祸害和耻辱；华人和外人房屋的污水排入其中。然而，跑马总会一致拒绝工部局填埋它。

第43章

体　育

今天的年轻一代会纳闷，没有电影院的时候怎么过日子。对我们而言，早期的上海看来肯定很沉闷。但我们已被惯坏了。很多世纪以来，也许直到现在，历来存在着最好最健康的生活，没有现代生活所要求的过多娱乐。我们在1858年的文献中看到了这样的愉悦，例如去山区旅行一次，或者去吴淞看望朋友，早上在跑马厅骑行而晚上在外滩散步。当时，每年甚至有两次赛马，那年就有三个业余剧团的演出。对现在的我们而言，那也许是太沉闷了；但必须记住的是，外国居民也就五六百人而已；肯定有更多的时间用来加强真正的友谊，而家庭——对有家室的人来说，肯定比现在更加甜蜜而且神圣。

两年后有了猎兔犬，但仅有的女士们不能参加这项运动。《北华捷报》说，夜晚没有智力的消遣——想想我们已取得了多大的进步吧！晚宴聚会上只有惠斯特牌、勃莱格牌戏、马金兹牌戏（whist, brag, muggins），走调的钢琴，等等。至于演出，只有提到过的"已故"业余剧团。

但到1868年，可以沿着徐家汇路、静安寺路、吴淞路骑马或驱车，生活的乐趣增加了；有了桌球，有了一个以书籍匮乏、陈旧为特色的图书馆；在更寒冷的时候，仍有"撒纸赛马"、戏剧表演、皇家亚洲文会和辩论会。过去的口味和能力现在也许消逝了，但早期曾有非常出色的辩论会。举行了撒纸赛马；上海总会和联合总会均有保龄球道；健身房热气腾腾，它被建造者从大礼拜堂院里的主卫所中迁出后，安顿在共济会堂，每年租金500元。1867年创办了一个足球总会，也许第一场有记载的比赛是当年11月的海军队对市民队。该总会的会员费是每年1元。

1869 年，C. C. 总会（?）[1] 时髦或者颓废到了举办一场射鸽子比赛的程度，有 14 人参赛。

漂艇总会的真正成立是在 1870 年 4 月，当时有一场游艇比赛（7 艘），赛程是从外滩公园上行到"七英里段"（Seven-Mile Reach）[2] 终点，然后返回，用时 5 小时 9 分钟；一场快艇比赛（10 艘）走同样航线——用时 5 小时 3 分 20 秒。

在这样一个英国社区中，板球不可能不热火。板球是第二跑马厅或骑马场的主要同伴，该地被买下用于体育运动，"尤其是作为板球场"；因而，可以说运动娱乐基金起源于板球。我们已在前面看到板球总会如何在 1874 年与跑马总会相争并失败，损失了 1 851 两的诉讼费。板球向运动娱乐基金告贷 1 000 两，却并不总能支付利息，如 1880 年，这笔金额就成了基金的捐赠；基金出租的板球场，多年来只收取每年 300 两的租金，还并不总能收到。1869 年，有 95 名打球的会员，会员费拖欠了两年。

由于 1874 年的债务，会员费从历来的 5 两提高到 10 两；两年后欠基金 750 两时，会员费再次提高到 15 两。

1866 年是"如无邮件打扰"、每周一举行总会的比赛；有邮件时则推迟到邮件发走之后举行，这充分说明了他们那时对生意的关注。

在一部史书中，不可能按照社区一贯的兴趣程度来论述体育。板球、棒球甚至跑马尽管吸引着大众甚至社区中最有才智者的兴趣，毕竟不像当地发展的其他因素一样重要。甚至最热情的运动员现在也很少会在意四十年前什么马先拔头筹、那个投手让对方出了局。因此，我们对这些转瞬即逝的欢乐和胜利的关注将是简略的。

本书第一卷记载了同香港的第一场埠际板球赛。第二场是在第二年即 1867 年；然后 22 年没有比赛。那 7 场比赛和比分如下：

	香 港	上 海	比赛地点
1866	430	107 和 59	香 港
1867	126 和 82	239	上 海

[1] 原文有此括弧及问号，系表示不详之意。
[2] 中文地名不详。唯知该地距外滩出发点 18 英里。

（续表）

	香　港	上　海	比赛地点
1867	109	200	上　海
1889	67 和 80	94 和 55，7 次出局	上　海
1891	268 和 72，4 次出局	180 和 300，8 次出局——一场平局	上　海
1892	429	163 和 136	香　港
1892	78 和 79	112 和 202	上　海

　　这样，在 7 场比赛中，上海赢了 4 场，香港赢了 2 场，1 场平局。第七场比赛值得注意，因为担任裁判的特纳少校曾在 1867 年帮助球队取胜——那是 25 年前！而且慕尔也为上海打入了 6 个球。这种事情也许很快会被忘记——但可悲啊！香港队的这次来访因一场巨大的悲剧而被永远铭记。来访者们返程搭乘了大英火轮船公司的"布哈拉"号，它因一场台风而在澎湖列岛沉没了。全队只有 2 人是在 23 名获救乘客中，船员们都逃走了，约有 125 人丧生。一年后，大礼拜堂设置了一扇彩色玻璃窗，以纪念这场灾难。

　　与这项运动有关的功绩和有趣的事件或人物，可以一提的是苏珀以掷出一个110.75 码的球而赢得了名望，但那是他成为工部局总办之前。薄命的马嘉理的大名一再作为击球手出现。雷氏德作为击球手，在各场比赛中得了 50 多分——1883年赢得了 12 场胜利；他也给其他人颁了奖。

　　在这项运动中，慕氏家族[1]至少有三人大名鼎鼎——莫尔、A. J. H. 慕尔及第一个把球击打出场外老看台的阿瑟·慕尔，这是一项只有泰亚克重复过的绝技。本地板球界的另一个伟大人物是奥曼，他与 A. J. H. 慕尔创造了两次击打出局得305 分的记录：奥曼 117 分，慕尔 102 分。此外，阿奇迪肯·慕尔所在球队与霍奇斯的牧师队在 1888 年的一场比赛中，慕尔本人得了 3 分，霍奇斯得了 12 分。

　　1889 年 7 月开始的一场比赛不得不停止，因为天气太热了！

　　上海运动总会建立于 1888 年 6 月，有 80 名会员，当年与板球总会进行了第一次比赛。关于板球的记录必须以这项记载为终点：1899 年 10 月举行了首场纯华人

----

　　[1]　传教士慕雅德、慕稼谷、莫尔均是这一家族。

的板球赛。

与收益和恶习为伍的跑马，可以说历来是上海的一项疯狂运动。这里不考虑它对动物繁殖的影响，中国的矮种马"狮鹫"是不断从北方平原买来的。对少数内行来说，这是一项高尚的刺激；对略知或根本不懂马匹或赛马的其他人来说，这是一个兴高采烈的假日；对剩下的那些人、包括最下等的人来说，这仅仅意味着一场法律准许的赌博。对起码的哲学家而言，看到一个巨大的商业中心臣服于马匹权势的时光，也是有趣的事情；那时甚至连邮票都买不到了，因为一些可怜的小畜生正在绕着环形的跑道死命地奔跑呢。但对当时的上海，或者对二十世纪来说，这都不奇怪；在所有的西方国家里，公共运动总是在公共假日举行；今天甚至以同样的名称在仿效古希腊的奥林匹克运动会，即便在中国也是如此。

每一代新人都会感慨过去好时光的共同特点，也立即得到了验证。1869 年的哀伤说法是，大洋行"过去"在跑马时供应的午餐既丰盛又昂贵，"砰砰打开的香槟嘶嘶起泡，堆满佳肴的餐盘闪闪发光，一张张喜笑颜开的脸蛋就像赢到了赌注"。而 1881 年的抱怨是，往昔的很多乐趣已经一去不返，很少再有逗笑的比赛了；尽管也承认，15 年或 20 年前的某些丑闻也荡然无存了。但 1896 年再次提到，过去的比赛是三天假期，而现在他们必须做三天的肮脏生意。"赛马赌金计算器"（totalisator）被认为要承担主要的责任，但这是一种不幸的赌博方式，有利可图的是跑马总会。如《北华捷报》所说："运动和赚钱不是并驾齐驱的。"

早期的大商行之间存在着强烈的竞争精神，都竭力争夺奖杯；尤其是两个"商业巨子"怡和洋行和宝顺洋行，骑手和拥趸都身着与众不同的色彩——蓝色或白色的绶带，猩红色的羽毛。但比赛乐趣对天气的依赖毕竟与对财富的依赖一样。马匹在泥浆中挣扎，华丽的服装拖泥带水——最漂亮的留在家里，湿漉漉的空气，不断的降雨，阴郁的天空，不再强颜欢笑的面孔，都构成了令人难忘的愉快场景。但我们看到，在 1863 年的好时光中，倾盆大雨注入了大看台的每一个角落，女士们都不能出席；甚至华人也不能淌过跑道一英里的泥浆了；对马匹而言，这是残忍的奔跑。

过去的比赛有阿拉伯马的、殖民地马的、乘用马的及所有种类矮种马的——被说成"笨拙的、坏脾气的、作弊的"；"悉尼"、"佩尔沃"和"康罗贝尔"都是著名的赛马，也许现在普通人都不记得了。香港挑战杯"也许是曾被争夺的最难看的奖杯"，却是大奖，为此而进口了昂贵的赛马。我们获悉，1860 年之后由于印度赛马的到来，矮种马有了不同等级；没有说明这些赛马到底是什么马，但它们当然是来自印度的军马。

但到了 1869 年，赛马已经退出了，只有少数比赛准许所有矮种马参加；翌年，除了第三天的最后一场，所有比赛都是中国矮种马的，最后一场比赛包括日本的矮种马。据说，1889 年对赢得当年冠军杯的矮种马"和风"的开价是 10 000 两，还被拒绝了。这告诉我们矮种马盛行时候的一个早期拍卖纪录！

在 1869 年，12 手掌高的最低配重为 9 英担[1]，比现在多。总会的会员费是 15 两，入场费是每天 2 两或每次赛事 6 两。那年的比赛有 175 人缴费，但预期来年将更少，财富的缩水和专业水准的提升使跑马的人气低于以往了。

我们不主张提到任何赛马的胜利；对当地读者而言，他们只关心自己的利益，报纸卷宗会提供关于队旗、时间、骑手、地点和其他方面的一切细节。至于跑马厅里的输赢，更是私人的事情。

关于抛球场、保龄球场、拍球场，存在着某种神秘的气氛，而且它们的早期历史并不容易理解。

今天的上海也许很少有人知道怎样玩"抛球"（Fives）了，但这曾是一项普通的运动，同另一项被遗忘的运动"拍球"和幸存至今的保龄球一样。

早期的文献不断提到抛球场，因为它就在"大马路的足部"，位置是南京路与河南路的拐角。我们现在应当更确切地说，它是靠近南京路的头部而不是足部。

河南路西边一点、南京路北面的 49 号是一段中式围墙中的一个不起眼门道，据说就是非常高级的总会即保龄球总会的入口；想来这就是建于 1857 年的保龄球馆原入口。

1848 年——那是一个非常古老的时间，那里以 165 元买下的一块土地，被委托登记在索尔先生名下。七年后，加上了狄康先生名下的另一块 195 元的土地。抛球场在 1866 年占用了前一块地，拍球场占用了第二块地和一些华人房屋。但显然有一个条款，限定该地只能用于娱乐，而且既然已经不适当地建造了华人房屋，道台完全可以没收整块土地。

---

[1] 英制重量单位 stone，相当于 14 磅。

詹纳·霍格先生和另一个人是早期股东的仅有代表——尽管十二年后霍格破产时的说法与此不同。然而，他带了两名华人前来追讨租金，依据是他声称的麦克莱恩与他们在 1862 年订立的一份协定。代表他的梅博阁称，股东们是为**他们自己的**娱乐而买下的该地。然而，拍球总会的秘书写道，该地限定为**公共**娱乐用地。两个总会已在毁灭之后再生了，旧抛球场的股东们建造了房屋，从中获利丰厚，土地和房屋以每年 1 000 英镑出租十年。拍球总会说，如果他们早知道霍格等说的真实情况，就会去谋求旧场地的空间，而不会去购买大马路尽头的土地，并完成搬迁。建议是请求道台重新确认土地的所有权，然后发布"仅限娱乐"的新道契。

法庭认为，租户不应质疑业主的权利，判令在 1867 年 5 月前交付租金，然后双方再订立新的协议。

我们发现，旧场馆在 1869 年以每年 200 两出租了，建立了一个新的总会。1872 年，有人建议在这块场地上建造一个新的剧院。

1878 年詹纳·霍格破产时，表明他拥有抛球场的一份股权，并拥有南京路、河南路拐角 3.863 亩土地及上面华人房屋和其他建筑十一分之一的利益。有 9 个共同所有人，怡和洋行拥有三股，其他人都是一股。霍格作为代理人，并收取了 2 900 两租金。一部分房产出租给保龄球馆和抛球场，尽管没有正式的租约，只有一份信函的约定。他不知道业主们是怎样获得这份地产份额的；他的份额是来华前他兄弟威廉送给他的礼物，已经质押给威廉了。

1888 年再次调查了此事，当时大多数企业和有影响的居民签署了一份印制的请愿书，要求工部局和运动娱乐基金受委托人保护公众利益，因为"该地从来不能供私人使用"。已经聘请担文照看公众利益，由麦克莱伦作为他们的秘书。

工部局法律顾问乐皮生已在 1882 年代表保龄球总会彻底调查了此事。他指出，禁止建造华人房屋是当时整个租界涉及土地购买时的通行规则，尽管这后来是一纸空文。关于索尔的 78 号地块的所有信件都在太平天国叛乱期间被烧毁了；至于 135 号地块，只找到了道契的第三副本，这是没有价值的，因为另外两份应当存在。他的观点是，获得原来地块的人们是拥有财产权的业主，该地的交易从来不符合公用的规定，工部局没有正当理由用公共经费去维护并不存在的权利。

拍球馆在 1866 年搬到"大马路尽头"，在以 1 960 两购入的今老闸捕房南面地块上盖房。希望按 50 两一股集资 12 000 两；然而，该总会两年后负债达 3 900 两。

它在 1887 年把 7.706 亩空地以 13 405 两卖给工部局。工部局买下的目的是延伸被误拼成 Yunan 的云南路；那时就提出了合并板球总会和斜桥总会的问题。

上海自行车协会创建于 1897 年，以查克升、霍利德和其他人为官员。

第 44 章

剧　　院

本书上一卷已经注意了到 1858 年为止的业余剧团的活动。它在那年进行了第三次演出（《日久见人心》[*Time Tries All*]）。

1863 年的皇家剧院是在靠近领事馆路的桥街即靠近北京路的四川路上。不管那是什么地方，却常常被用来布道，因为那时没有联合教堂，尽管已经有了建造一个的动议。一个外来的公司当季演出了《里昂女士》（*Lady of Lyons*），却是一场彻底的失败，观众们怒不可遏。1864 年 2 月的《北华捷报》说，有些公司的演出"令女士不能观看"。这不做解释是难以理解的，我们甚至可以说这难以置信。然而，通过一位格雷格夫人的戏剧朗诵，皇家炮兵的业余演员的一场演出，女士们受到了安慰，或者可以说受到了迎合。还提到了当年有一家葡萄牙业余戏剧公司。

翌年，以立德禄为荣誉秘书的上海浪子剧社上演了《圆桌骑士》（*Knights of the Round Table*），立德禄本人因扮演史默维特特别成功而受到赞扬。这场演出后，巴夏礼在领事馆宴请了他们。

《北华捷报》的一名通讯员在 1866 年说，是时候了，该花上 500 两租用一座仓库作因陋就简的装修，以作为"一个非常实用的戏剧之家"。

在这个同样重要的年份，爱美剧社[1]成立了，首任委员会由阿查理、格罗姆、梅里、戴特和安德伍德组成。它获得了如此真心实意的支持，立即有人建议用 6 000 两建造一座永久剧场。人人都希望有一个容纳 500—600 人的地方，宝顺洋行

---

[1] "爱美"系对 Amateur（业余）的音译，或译为"大英剧社"。

将以每年250两出租巴富尔群房后面的一块土地。这样，布景等可以保留使用，而此前仓库中演出的一般装置都必须每年卖掉，上一年的损失即达2 000两。

阿查理强烈反对一开始就举债。一座由地纳设计、罗伯茨队长施工的木头戏院花了8 098元，家具等花了2 359元。兰心戏院1867年的报告表明，那个演出季进行了四场演出，收入2 742元。通过小型捐赠、出租给其他人、发行资金充裕时可赎回的25两代币券，收到了更多的款项。决定演出季结束时，一半的余款应投资作为保险基金。

爱美剧社和兰心戏院的委员会由立德禄、戴特、科纳和（名字相映成趣的）布彻[1]组成。

《北华捷报》在1868年8月评论说，戏院"从债务到消防都岌岌可危"。1871年3月的一场大火把它彻底烧毁了，大火是在一场排演后的晚上九点半爆发的。打响消防钟和取水都有一些延迟，木头结构在一个小时内完全被火吞没，并威胁到了巴富尔群房。戏院没有保险，总损失约15 000两。

既然这个戏院的位置据说是在"巴富尔群房后面"，既然这些建筑受到了大火的威胁，既然建成的新戏院"离以前的地基不远"，作为两个委员会成员的科纳怎么会在《新兰心戏院史》（*History of the New Lyceum Theatre*）等手稿[2]中说1871年烧毁了"闵行路上的木头戏院"呢？这可能仅仅是个笔误，被圆明园路中的"Ming"误导了，但该路现在是博物院路，戏院所在的地方仍被称为嘉纳蒙路。这种琐碎细节说明了严谨的史家的艰辛。

建造一座新建筑的方案立即提出了，德国总会[3]友好地准许爱美剧社在这一时期使用他们的剧场演出。第二年，在离旧址不远处确定了两亩地。预估建筑价格是21 250两，实际费用当然更多，达到了23 796.72两。发行了年息8%的公司债券21 675两，年息5%的优先债券3 750两。地纳是建筑师，新兰心戏院准备在1874年1月开放，现在是1921年，它仍在使用。

根据第一份协定，它租借给爱美剧社一年，除了2 500两必要开支外，所有的收入都作为租金。后来订立了新的协定，租金至少1 000两，再加上总收入的一

---

[1] 布彻（Butcher）亦有屠夫、肉店之意。
[2] 原脚注：引自达文波：《上海》。
[3] 该总会以罗马和平女神Concordia为名。

半，但不超过 2 500 两。

就表演能力而言，该剧社最好的时代被认为是 1868—1875 年。

据说它在 1885 年发生过暂时的解体，没有演出；有人建议说，它与斜桥总会合并是"更好的选择"。

第一次提到女士参加演出是 1876 年 1 月，当时为医院基金义演了《种姓》（Caste）。然而，这似乎并不是爱美剧社的演出，是在广东路 8 号的元芳洋行上演的。但女士们当年稍后参加了爱美剧社的演出，那是该剧社的第 50 次演出，出演的是罗伯逊的（喜剧）《学校》（School）。值得一提的是，温思达领事早在十年前就致函工部局，表示希望巡捕阻止华人舞台的女性出演，因为这是非法的，也亵渎华人的感情。

至于外国女士的登台表演，据后来比较委婉的说法，这不是"一项得体的表现"；但不知道这是指表演还是一种社会判断。

现在的表演节目单包括剧社所有参加者的完整名单——包括拉大幕者在内，约有 200 人，其中的大多数当然在演出季数次出场。1892 年举行了第一百场演出，到那时为止，平均每季演出四场以上。在上一年，出演了一场现在也许完全被忘记的戏剧，但其剧名至少因另一种完全不同的关联而在 23 年后非常出名——《废纸条约》（A Scrap of Paper）。[1]

业余演员们年复一年地享受着演出，并让成千上万的人们获得了巨大的愉悦；而且他们总是极其慷慨地帮助慈善事业；但既然这在世界大战期间表现最突出，更多的关注可以放在后面。

阅读这些内容的外国戏剧爱好者无疑希望获得有关演出、演员、后台的更多详情；但看来没有值得一提的人名；即使票友们也许在数个演出季中逗乐或撩拨了当地的观众，接着却消失了；千变万化的公众忘了他们，只有剧社的成员才会因为嫉妒或者懊丧而记得他们。

但在我们的历史中，华人的戏院也许比外人的剧场更为重要。60 年代初期领事团、工部局和知县之间的三角通信中，这方面的话题就是关闭华人戏院。华人租户把戏院说成是英国人的、美国人的，等等，根本不在乎中国政府。知县说，戏院

---

[1] 1918 年和 1920 年，相继有同名的电影和著作问世。

里窃贼麇集。因此，温思达以"不容置辩的方式"就戏院晚上六点关门一事致函工部局。工部局对于这种纯警务的干预表示愤慨，中方对警务毫无资助，工部局则承担一切责任。他们完全不相信知县的断言，说作出这项指控是因为知县难以对这些娱乐场所进行未授权的勒索。他们拒绝禁止华人清白的娱乐活动。

温思达反对这种专横说法，认为总巡就把戏院视为一个危险的根源。他会告诉知县工部局的看法，但不会去诋毁中方。他认为，给戏院取上"英国"之类虚张声势的名称无论如何是不可取的。

业已指出，温思达曾在 1866 年要求工部局禁止女演员在租界内的华人戏院登台。至于法租界，道台说那里有大批女戏子，"男女狎昵混杂，出演淫戏，伤风败俗"。据认为，这些女子是卖给戏班被迫演戏的。

1868 年，知县出于对租界风化的热心，发布了一份告示，反对违背历来的告示，进行下流淫荡的唱戏和表演。但总巡在同意适当预防的同时，说他从未在英租界的五个大戏院、五个小戏院及虹口的一个小戏院中见过任何淫秽之处。

可对此补充的是，中国这方面传统道德的分崩离析不仅是在戏院中。知县抱怨说，法律历来禁止女人进庙烧香，而现在上海总有一班妇人姑娘，打扮妖冶，众目睽睽之下涌入寺庙；应当逮捕严惩。我们在这里看到了行为举止革命的滥觞，这来自同西方人的接触，来自半个世纪所目击的朝气蓬勃——被称为自由或放纵。

我们能在 1877 年的档案中找到大量有关华人戏院的信息。英租界有七家，都在南京路以南，虹口一家也没有。在慕维廉和其他人的讼案中，其中的一家被会审公堂谳员命令在午夜关门；该业主要求向他的两名竞争者发布同样的命令，否则他就没有生路了。该命令下达了，但彭福尔德怀疑对此事的权利，要求得到指令。他报告说，戏票是 35 文到 8 角，后者包括整夜的茶水和水果。时间越晚，门票越便宜，午夜关门就损失一大笔钱；两家接奉"提早关门"命令的戏院，每家每晚要损失 50 元，也许不得不一起关闭。据说，每家戏院都雇用了 80—150 名演员，雇佣协议是 3 到 12 个月；对戏院的投机经常失败，戏院在炎热的季节很少支付费用。

这一时期，华洋戏院和举行会议的其他建筑都存在着严重的消防不安全感。雷氏德和克拉克奉命报告这些问题。他们发现，华人的戏院没有足够的观众出口，煤气放在危险的地方，一切与生命安全有关的事情都不符合要求。只有一扇朝内打开的大门；通道被木制隔墙等挡住；没有可作为出口的边门，没有逃到毗邻建筑的便捷方式；底层和楼座不够结实，楼梯不够用；煤气喷口太靠近木器，房子旁边的空地被东西或垃圾堵住了。我们想起了维也纳环形剧院和巴黎喜剧歌剧院的大火[1]，有理由庆幸上海无此悲剧。

据报告，兰心戏院的有些门用了锁和钥匙，而不是门闩。但受委托人傲慢地质问，是凭谁的许可或授权让戏院接受这种检查的——他们告诉工部局，他们认为自己没有任何义务接受工部局工程师的建议；他们因而被提醒说，工部局可以拒绝给这个戏院发演出执照。这里必须提到，根据工部局的命令，该戏院在 1922 年 5 月关闭了，直到维修和改动达到安全为止，尽管此事超过了本卷的年份。

据报告，德国戏院靠近华人建筑，尽管是分开的；有很多通道，但楼梯不够结实。在戒酒会堂也发现了这个缺点。共济会堂有足够的出口，但后面应当有楼梯，一旦前面着火时就有用了。最终的建议是，所有这种公众汇聚场所，均应每季度检查一次。

到目前为止，一切顺利；但洞悉人性的读者将不会诧异地知道，当公众不安在 1885 年再次腾起并提出了又一份报告时，人们发现雷氏德八年前的建议竟无一得到落实！——至少华人戏院都没有落实。幸运的是没有暗示事态比以前更糟，这肯定可喜可贺。报告说，大多数的大门都朝内开，这是一件不予改正就不发牌照的事情；许多楼梯和楼座是不安全的，有些窗户有铁栏杆。但乐观的说法是，**如果**（一个非常美妙的**如果！**）1877 年的建议获得执行，如果铺设了水管，就不需要再做什么了。

但就连博学的读者都会困惑的是，在 1892 年的华人戏院中，有五家竟然"同 1877 年一样"。一切必要的规定都在执照上明确了，这一次是命令，如不执行这些规定，执照将不予更新。这项努力是否仍像以往一样徒劳，留待以后再见分晓吧。

---

[1]　分别发生于 1881 年和 1887 年，死亡 850 人和 84 人。

第 45 章

报　刊

　　上海的报刊并不需要太多关注。《北华捷报》拥有漫长和光荣的历史，但很多其他报纸却像约拿的蓖麻[1]一样，朝生暮死。维持幽默看来尤其困难。1859 年 3 月来自《北华捷报》社的《上海幽默载纪》[2]是一份刊名沉闷的半幽默月刊，售价银 5 钱。它三个月后就"因精疲力尽和乏人问津而一命呜呼"。令人同情的记载还有当时《上海每日时报》[3]的业主温特"席卷所有资金"逃走了，不给主持的四美司留下分文。该报维持了六个月。

　　大多数报纸现在仅剩其名了，但无论良莠，都应得到记载。[4]

　　《祺祥西字新报》成功了，但翌年就停刊。

　　有过一份《上海杂志》和一份《上海幽默》，现在都几乎无从追蹑踪迹了。《外滩》要好一些；它创刊于 1866 年。

　　1868 年《通闻西报（晚刊）》创办时，有四份日报、两份周刊和一份双周刊。

　　中国的第一份中文报纸是《北华捷报》创办的。[5]它亏本发行，目的是启蒙读书人。

　　一份称为《循环》的周刊创刊于 1870 年，是为了"就华人的进步进行耐心的"说教。它被认为得到了赫德的津贴。那是在修订条约和蒲安臣使团的时代。

---

　　[1]　语出《旧约·约拿书》第 4 章。
　　[2]　胡道静《上海的定期刊物》作《上海载纪》。
　　[3]　原文为 Shanghai Times，疑为 Shanghai Daily Times 之误。
　　[4]　本章外文报刊的译名主要依据《上海新闻志》和胡道静《上海的定期刊物》。
　　[5]　原文误作"华人报纸"。指 1862 年创刊的《上海新报》。

《小妖精》出生于 1871 年 4 月，而《晚差报》在那年夭折了。

《中国幽默》是作为《小妖精》的对手在 1872 年创刊的，但不可能想象上海会同时支撑两份滑稽报纸。

每周两期的《上海新闻》在 1873 年停刊，每周一期的《上海差报》取而代之，但在出版三期之后结束。

《正风西报晚报》始于 1873 年 6 月，后来与《通闻西报》合并。

《字林西报》历来是工部局的官方机构，最低限度也至少是工部局唯一刊登公告的媒体。就有关市政的信息而言，所有地方报刊的地位相同。

《文汇报》及其周日刊《华洋通闻》是唯一应该提到的另一份重要报纸。《文汇报》创办于 1879 年 4 月，令人瞩目的是其创立者之一开乐凯直到 1921 年仍与它关联。

（法文报刊）我们将仅仅提到《共和政报》《上海回声报》《进步》的名称，而《中法新汇报》创刊于 1895 年，且至今仍是远东最重要的法文报纸之一。《社会圈》现身于 1877 年，然后消失了。

《禁酒会》是一份廉价的周报，[1] 1879 年首次发行，订价为每年 1 元。《字林西报》总编巴尔福在 1881 年轻蔑地写到了"小无赖的报纸"和《华洋通闻》中的庸俗小人，谴责《禁酒会》玷污了这项应该得到支持的事业。这是由巴拉德、麦开吉和开乐凯"经营"的——据说，他们都不是绝对戒酒者；但他们让那份报纸表现出了强烈的——而且严厉的虔诚。

《东方之星》是 1883 年 1 月开始其疯狂生涯的，给上海新闻界造成了一项真正惊人的丑闻。莱克斯、巴拉德和开乐凯是主角。在 1885 年 1 月租界一位年轻人死亡和葬礼之际，该报成了外国人中寡廉鲜耻的元凶大憝。

过去和现在确实都有很多以死亡为报酬的罪恶工作，尽管"航行到苏伊士以东的某处"就必定导致年轻人的犯罪和邪恶可能仅仅是一种迷信。或者，四十年前上海真正的生活也许比今天更加肮脏。反对不道德的说教即使直言不讳，头脑正常的人们也会喝彩；最严厉的斥责也不会引起愤怒。但《东方之星》的社论即使仅仅是一项普通的指控，也会因为其语言的放肆而引发最强烈的愤慨。因为它说的是一个刚

---

[1]　胡道静《上海的定期刊物》作《禁酒会周报》（*Temperance Union Weekly Newspaper*）。

刚埋入坟墓、社区熟悉的人，[1]一些不管他行为好歹都肯定爱他的人在哀悼他，这篇社论激起了轩然大波，并立刻招来了幸运的报应。

那三人遭到诽谤起诉。对莱克斯的起诉被驳回了，因为他不是作者；对巴拉德的判决是包括对公众的充分道歉、向一家慈善机构捐款 500 元，并支付诉讼费用；他断绝了与《东方之星》的关系，而且雇用他的雇主不得让他从事文字工作（上帝保佑！）。开乐凯也同样道歉，并支付了 100 元善款和诉讼费。

但这还仅是部分惩罚。莱克斯和巴拉德都是万国商团成员；十三名炮手因为不愿在莱克斯手下服役而辞职，于是取消了对莱克斯的委任。第一队要求在名单上取消巴拉德的名字，亦如愿以偿了。

我们已经谈得相当充分了，因为这是我们历史上独一无二的丢人"文学珍品"，或者说业余新闻珍品。后来的新闻丧失了很多早年的庄重和体面。我们从广告中挤出来的报纸空间主要贡献给了电影介绍和令人沮丧的幽默，一般是撷自晦涩的美国报纸上的晦涩幽默。但在上海，我们报刊上粗俗下流和丑闻的空间都不大，而且从《东方之星》理所当然的立即停刊后，没有报纸重蹈这种卑鄙无耻的覆辙了。

我们唯一将提到的另一个新闻大事件——当然性质完全不同——与《上海通信》有关。它在 1871 年几乎每一期都登出了对美国公使镂斐迪的批评、影射、嘲讽。但最有意思的是，美国驻沪领事熙华德被认为对这些攻击负有责任。该报是约翰·桑恩创办的，他得到了大多数有影响但未必有钱的美国人的支持。桑恩在该报亏损了 2 000 元后，获得了捐赠，然后由一个包括熙华德在内的三人委员会掌握权力。熙华德被认为控制了其言论，该报经常被称为"熙华德的报纸"或"熙华德的机构"。这位领事据说因为没有负责"远征高丽"而感到沮丧。

然而必须记住，尽管对公使的出言不逊在今天仍有案可稽，但说熙华德与之有关，仅仅是当时广为流传的谣言。镂斐迪本人也在翌年表示，希望可以证明（说明有怀疑）熙华德与该报无关。"如果那样，谣言就对他太不公正了。"

报纸被诉诽谤的案件已经够多了，但除了上述那个案子，都不值得在这里提起。

《北华捷报》和《字林西报》不但是这个口岸的主要报纸，而且是连续存在 70

---

[1] 该人名为 William Berrien Hopkins。

多年的仅有报纸，应该得到特别的关注。

　　《北华捷报》的创刊号问世于 1850 年 8 月 3 日，主编和业主是奚安门。他在 1856 年去世，继任者是斯潘塞·康普顿，五年后由马诗门接替；1863 年，詹美生成为主编。翌年，该报社出版的《每日船讯与商业新闻》更名为《字林西报》，《北华捷报》成为其周刊。1866—1878 年的主编是盖德润，然后是海单（1878 年）[1]、巴尔福（1881 年）、麦克莱伦（1885 年），1889—1906 年是立德禄。

　　《北华捷报》从 1870 年起包括了《高等法院与领事馆公报》。1879 年，皮克沃德成为业主。报馆初在汉口路，继在九江路（1887 年），然后在外滩（1901 年），至今仍在那里。

---

[1] 原文写错教名。

第 46 章

共济会

1860 年，共济会堂得名"规矩堂"，即 The Hall of Order and Propriety。1864 年 12 月，世界会所（Cosmopolitan Lodge）由其首任牧师范约翰教士祝圣。那时，上海的会所有皇家苏塞克斯堂、北方会所、托斯卡堂（Tuscan）、古碑堂（Ancient Landmark）、世界会所，这些会所都参加了 1865 年 7 月新堂的奠基。耆紫薇已经以 20 000 两售出了该地，接受 10% 的租金，并接受质押，但他拒绝向属于北方会所的旧堂捐赠 20 000 两。那笔钱是会所捐赠给新堂的。《北华捷报》称，无论是好是坏，上海迄今尚无一栋有教养的人看得"惊颤"的大楼；但建立一所由克拉克设计的新堂可以改变这种状况。建造用了差不多两年时间，不算土地，造价为 40 000 两，尽管地纳已通过修改克拉克的方案降低了费用。

1869 年，苏格兰人建立了远东的圣安德鲁会所（Lodge St. Andrew），但它在 1874 年被破坏了。德国会所建立于 1873 年，经过十年的奋斗后关闭了，但在 1895 年重新开放。

大区总会所（District Grand Lodge）建立于 1877 年。

1882 年，共济会俱乐部成立，贾逊是发起人，金斯密主持了成立会议。860 元股票被立即认购。

1897 年，共济会堂加盖新的部分，7 月举行了一场安放奠基石仪式。就像汇丰银行通过两边的加建，把凸出的门廊变成了凹入的进口一样，共济会堂正面如此漂亮的双层楼梯消失了。外滩的土地已经如此珍贵，所有的建筑都必须准确地按自己的边界线升高。华俄道胜银行实际上侵蚀了 6 英尺外滩人行道，已通过交出后面的一些土地予以补偿了。在大楼的正面升高 12 英尺的时候，仅仅为了一个漂亮的入口就拿出土地的日子已经一去不复返了。只有查看了早期的照片和版画才能领会这些变化：一份照片版画的收藏将有无穷的趣味。

共济会有创办现在的西童公学之功。

我们有关教育的部分叙述了此事。

第 47 章

贸　易

在这样一部著作中，是没有必要用贸易统计或其他统计来让读者昏昏欲睡的，因为上海就是商业，没有其他，全书都可以充斥这个问题。但需要这些数字的人，自然会求助于马士博士的那种著作或每年的《海关贸易报告》。这里只包含表明贸易迅速增长的统计数字。

我们假定本书第一卷已经充分论述了到 1856 年为止的上海贸易，那年的统计是进口 160 万英镑，出口 1 260 万英镑，金银和鸦片帮助实现了平衡。（进出口）船只 871 艘 311 189 吨；关税 2 201 860 两。叛乱导致了进口下降；海盗一如既往——保护费仅能提供部分保护；被虏获的沙船被带到某个港口支付赎金；如果不进行抵抗，不常发生命案。贸易遂由外国船只承担，但海盗甚至对它们也构成危险。歼灭了一支（海盗）舰队，就有另一支崛起。英国领事罗伯逊提议用小轮船承担这项特殊工作。

本洋最初只在广州使用，上海的鹰洋仅略微贴水。广州人造成了本洋的虚高——高出鹰洋 30％—40％。罗伯逊曾在广州用纯银的标准来衡量鹰洋，用告示宣布这样做的合法性。他试图在上海做同样的事情，发布了告示。但鸦片贩子和其他利益相关者反对。和明商会通过了以鹰洋记账的决议，却维持着鹰洋与本洋 25％的差价。华人钱庄主因为巨大的利益而支持本洋。

名利洋行的失败造成了当时的恐慌——这是上海倒闭的第一家也是唯一一家英国企业；这严重动摇了华人对外国人的普遍信任。

1857 年 8 月，道台因为战争要求"捐纳"，76 名华商呼吁罗伯逊准许。政府为了"抽取华商的利润",并间接让外国人缴纳军费,已在煽动此事。子口税已经增加了。罗伯逊对条约生效以来内地税的翻番表示抗议;从商业角度来看,这和违背条约是同样的错误。道台坚持说,物价不会上涨——捐税的钱来自华商利润。

翌年,银两取代了本洋的地位,鹰洋获得了更多的使用。贸易活跃起来了,随着华人的涌入,土地价格暴涨。罗伯逊说,他赞成"体面而且富有的人们住在我们中间,作为我们的一分子"。按照他的报告,中方也非常喜欢职业领事,尤其是以诚相待、不想利用中国弱点占便宜的英国官员;送呈北京的报告说他们"顺从恭敬"。应该指出,对外国人的诚实感到满意,依据的是对**自己**有好处的事实;但他们毫无仿效之意,亦无互惠的强烈愿望。

1862 年,该口岸的贸易总额达 37 531 539 英镑,其中的 27 012 653 英镑是对英贸易;1863 年的总额是 40 699 667 英镑,英国为 25 103 326 英镑。

但上海最黑暗的时代在 1864 年开始了。1862 年、1863 年和 1864 年初,有大批的中国难民,很多房子在建造。投资回报是四五年内翻一番。然后苏州攻克了,然后叛乱结束了;难民们擦掉脚上的上海滩烂泥,再次回家了。于是,那些通过地产(如果真的)骤然暴富的人们以更快的速度穷愁潦倒。成排的空房很快朽烂了。六七个地块成了连片的码头,已经建成了两三个船坞,煤气厂等建立了。据推测,已经卷入的 50 万英镑无望得到回报,空房和空地的价值与此大约相等。罗伯逊的上述报告说,三年前 800 元买下的土地这时卖了 5 000 元;1867 年的故事就不同了,三年前价值 90 000 两的土地,那时才卖 16 000 两。

但坏时光并不仅仅是因为我们客人的离开。美国内战使得美国企业把茶叶运到伦敦,结果是价格跌落;联邦的胜利则导致了棉价的暴跌。

对本地的影响是惊人的。人人都脸色阴沉沮丧。为了实现前一代的发财梦而不得不建造的大房子蒙受了巨大的损失。汇率下跌是因为销售方无法使用资金获得利润,银行很少提供信贷。每吨茶叶的运费下降了 30%,航运的获利不再可能。港口荒芜了,零售业主们一筹莫展。英国的茶叶关税降到了每磅 6 便士,这却是第一抹希望的曙光。这次降税确实被说成"简直是天意",这种敬虔的说法表明了上海的感彻心脾。

到 1866 年年中,出离停止了,华人居民开始增加,但法租界和美租界复苏缓慢。

翌年的数字显示了贸易的巨大增长，茶叶关税下降居功至伟。但5月，伦敦金融恐慌的危机随之而来。十一家本地银行中，除了一家之外都是英国银行，其中的五家倒闭了，它们的倒闭导致了抛售提前买下的茶叶。所有的进出口都遭受了巨大损失，例外的只有丝绸、鸦片和（马六甲）海峡产品（Straits produce）。

那是上海贸易最萧条的一年。但国内资本家们认为，这是他们进入对华贸易的良机，所以，特别代理人、专家等都成了获得慷慨信任的佣金代理商（commission agents）。侥幸逃离破产法庭的商人和以谋一份适当工资为最大抱负的丝茶检验员突然间都成了购货人。价格上扬了，稳健者冷眼旁观。然后，红茶贸易受到了麦加利洋行事件的震荡。这家企业的茶叶被抛入市场，价格几乎跌到谷底。根基不牢者都破产出局了。

汉口的华商为了维持高于合法商人的市场利益，显然借助了高价购买茶叶的外国稻草人；众所周知，这只有在商业道德水准极其低下之时才能维持下去。麦加利洋行案件表明，即使历来被认为体面的企业，商业信誉都沦丧到了什么程度。麦加利洋行突然倒闭了。他们已经购买了80多批茶叶，价值250 000两。道台引用的一位商人的请愿书称："外人侵吞欺诈，肆无忌惮。"

阿礼国对有些人认清了萧条的真正原因，没有将一切归结为政府的作为或不作为感到高兴，希望看到对麦加利洋行行为的某种集体谴责；那种行为败坏了整个外国商界的声誉：对此的鸦雀无声与谴责华人毛病的众口铄金适成惊人的对比。

《北华捷报》在总结1868年时说，过去的三年一直是灾难性的；对华贸易已从荣耀和昌盛沦为毁灭、声名狼藉和无休止的破产。据说，商业和金融史上任何时候任何地方的盛衰无常都不能与之相提并论："当一位历史学家评判这个世界的偏僻角落时，这么多房屋因时代的压力被空置，连同企业和个人的巨大损失、绝望破产，必定会构成我们对华关系编年史上最凄惨的一章。"

如果该章未像预料的那样凄惨，部分原因是这些黑暗的年份太久远了，上海已取得的进步和发展使这场灾难成了记忆恍惚的插曲，就像老来再看少年愁一样。人们也许会觉得，贪婪和急于致富，而且越富有越贪婪，并不值得我们的同情。

如果有人愿在蒙特卡罗[1]冒险，他的损失不会让我们垂泪；尽管上海有很多

---

[1] 摩纳哥的赌城。

无辜的受难者，但无疑也有咎由自取者，或许还有如愿以偿者。必须记住的另一点是，灾难还是一帖泻药和一剂补品。工部局的开支越来越节俭了；企业发现，给大班们高额工资再加上特别津贴是一种恶习；德国人创建了他们节俭的商业制度，其他人看到并牢记了这个教训。当英国船只减少时，以"一个质朴种族"（我们引用当时的写法）节俭方式营运的北德意志船只增加了。

但贸易萧条的主要原因没有消除——即交易通过中间人的买办制度。这起源于语言的蒙昧——外国人不懂汉语，而华人生产商不会说其他语言；因此，双方成了中间人的牺牲品，他那可恶的洋泾浜英语成为沟通的唯一手段，他的利益就是保持主角们的隔离。

有些买办被承认是雇员，住在外国企业的院子里，领取工资；另一些则是名义上的雇员，有着自己可观的独立生意。无论雇主给他们何种地位，中间人因为掌握着外国商行，总是代表自己与华人生产商交往。他卖出买入，在文件上盖章，加盖商行的中文印章，声称是可信的代理人和掮客，并限制外面的华人与其主人交往。因此，在生产商的账本中，是同买办订立了契约；买办会向他们保证解决一切问题，他们可以放心交货。这时，主人也许想让买办用前一笔交易欠他的款项来抵付；这个中间人就会告诉生产商，他的主人拒绝付款，恶感便由此而生。

当然，华商也多方面利用了这个制度的好处。和明商会说，潦倒而不择手段的代理人成了主角，成了会馆公所与中间人的结合体。

阿礼国在这个问题上是直言不讳的。他说，恶棍式的中间人是两边骗钱，没有法庭能够解开这团乱麻。这个制度是彻底邪恶的，是用了一切可能想到的办法来欺骗，可能给维护合法权利带来了最大的不安全与困难。外国商人遭到持续掠夺时，还要被通过第三方与他交易的华人当成搅局者。外国企业中的买办有时是另一家企业的代理人，有自己很大的独立生意；因此，很难辨明每一笔交易的特殊性质。

在阿礼国看来，这些弊端的救治办法就在商人手中：那就是学习语言。无论让这个国家怎样开放，不懂汉语都是无用的。华人会在内地联合起来，像在各口岸一样。

说不上这些告诫或者这些苦涩的经验有多大影响。无论如何，英国人学习外语是缓慢的，中文如果不能说特别难学，也是特别不受欢迎的。尽管后来还有呼吁，但看来他们是用了半个多世纪的时间才开始屈就这项苦差的——我们将在下一卷再说。

那个时代的窘迫使得旗昌洋行管理下的旗昌轮船公司成为长江上所有轮船的船主，他们过去的对手同意十年内不参加竞争。1866 年底，旗昌公司因购买轮船和建造码头负债达 70 万两；但由于大笔运费的到账，债务在一年内偿清了，并有了一笔公积金。公司是美国人的，内有大量的英国资本。中国人也拥有股份，所以有兴趣促进对美贸易。

1865 年对大豆贸易出现了争执。当时的刘道台[1]发布了一份告示，明确告诉两家华人企业只能雇用中国船只从事贸易："如其被逐出沿海，届时谁运漕粮？"这是相关会馆的一种把持，因而实行了威胁。

温思达致函道台，询问他是否确实发布过这份违反条约精神的告示。无论如何应当发布一份相反的告示。刘拒绝了——这是其他人在他任职之前发布的。但这并未取消；华商一致宣称，尽管他们愿意，却不敢为牛庄的生意雇用外国船只。几个月过去了，这位官员规避了投诉：他本人并未违反过规定，因而为什么要他发布一份新的告示？温思达宣称，这是不可容忍的态度，要求刘承担官方的耻辱是合理的，尽管相信这道禁令其实来自上级政府。原来的告示最终废除了，却没有效果。上海和宁波的会馆公所为省政府的保护付了足够的钱，直到两年之后，阿礼国才让中国政府承担了牛庄贸易进一步损失的责任，并发出了道台应按官方说法行事的命令。

诸如此类案件的有趣之点是，外方慢条斯理并诚实地坚持条约权利，中方在事情解决之前的一段时间内，就得到了侵犯权利的一切好处。这就像一个樱桃树上的男孩，他知道自己最终会跳下来逃走，却仍利用了农夫拿来梯子赶走他之前的最后一分钟时间。在我们的对华关系史上可以找到很多这种例子。

关于当时的贸易转入华人之手问题，已有了很多的论述。他们并不分担进口，即使建立了海外代理机构也不愿意分担，因为他们可能从无足够的信用。麦华陀认为，长期局限于贸易代理的外国人多于做自己生意的，所以，不应反对这个方面的变化。华人不喜欢自己冒险出口，即使很低级的出口代理。在沿海贸易中，他们占有很大的日常份额——他们的节俭是宝贵的财富，还有他们联合起来的力量。

---

[1] 当时的道台是应宝时。此处或指护理江苏巡抚刘郇膏。

第47章 贸 易

通过长期的专心致志，华人在这方面的商业智慧获得了发展：他们心不旁骛，涓滴不弃，而且有耐心。据说，在他们的要价突然被接受的时候——这违背了他们正常的观念，这种耐心竟成了一种欣喜的失望。华人中没有严格的对外贸易部门；他们由衷感激外人的保护，他们的财富总是被吸入上海，因为外国人的存在，这里的所有贸易都更有信用。官员们由此知道了轮船运输是安全的；知道了几个外国人就能制止强盗。

如果完全不用航运，任何内地贸易都是令人惊讶的。从浦口即南京到北京是30天；推测每匹负荷150磅的役畜每天花费180文，运费是每吨52两或16英镑。肯定再会让读者印象深刻的是，在与外国人交往半个多世纪后，今天华北和华西广大区域这方面的条件实际上依然如千年之前。

赫德爵士有关吴淞沙（Woosung Bar）和上海未来的备忘录引发了热烈的讨论。那是他的一项轻率判断。他预言，镇江将取代上海，沿海的外国旗帜将被扫除，在伦敦和利物浦将看到中国的旗帜。上海对贸易的控制是不正常的，趋势就是这种控制将会丧失。赫德认为，由于赋予上海的权利或投入上海的资本，长江开放后的贸易已经误入歧途了。

但其他人说，不存在更完美的位置了，上海没有对手。任何其他口岸的直接进口出口都被证明失败了。棉货的90％来到上海，大宗丝茶从上海启碇。在铁路建成之前，镇江不可能是对手。

我们将在谈到疏浚时再回到这个话题。赫德的备忘录表明，预言是多么愚蠢的事情。40多年后，上海依然毫无异议的繁荣昌盛，而镇江看来正在成为一个无用的口岸。

按照熙华德1874年给华盛顿的报告，特权有限的外国人与华人相比，处于很大的劣势地位。他们向华人展示了如何做生意，然后华人就怎样做了。大宗进口和贸易运输可能仍在外人之手。外人受到限制，开销更大，不能在内地定居，待遇奢靡；但优越的智力、诚实和对外国事务的知识抵消了这些。然而，在取消约束、铺设铁路和开放矿山之前，外国人不能不趣味索然。到那时为止，中方除了建造兵工厂之外，没有取得任何进步。

1875年，美国人向伦敦缴纳所有对华贸易约4％的费用——2％是银行手续费，0.5％—1％是在中国和印度的银行费用，0.5％—1％是附加费。

金能亨解释说，想做对华生意的纽约商人发现，售卖商品的损失没有超过汇兑费用的；运送白银同样如此；没有在华美国资本准备付出预计会从纽约收回的费用；这里所有的美国人都想要资金；因此他认为，美国人应该与英国人携手做生意。发放信贷和购买汇票都需要现金，现金的出口则会损失大量的利息，如此等等。所以，英国人做生意能比美国人省钱。简单的解释就是，英国有丰富的剩余资金，愿意借给美国，以越洋运送英国所需要的东方产品。英国这样做，收费与美国不同。"我 20 或 25 年前初次住在中国时，著名的商行都做兴旺发达的汇兑生意，其中有一家是引人瞩目的美国商行；他们充当不大著名的商行和英国资本的中间人，买入前者在伦敦的汇票，担保给他们通货，然后把汇票卖给英国货币的持有人。那时，只有一家英国银行，其业务有时还不如作为其分支机构的一家商行。然而，自由贸易极大增加了商业的体量，吸引了廉价的资金，越来越多的银行建立了分支，资金价格不断下降，最后商行完全放弃了这宗业务，因为这时报酬已不足以支付职员的薪水了，除非是金额非常大的生意。"他继续说，来自加利福尼亚的白银几乎等于所有的英国货币。英国人"帮"美国人的暗示毫无道理，过于肤浅了。互惠是一切生意的格言。一元美元等于一元鹰洋将是一种有价值的补充。指望中国政府的帮助毫无用处，它既无力量又无决心；一个不能确立自己钱币的政府不可能为外国人做任何事情。没有政府印戳的银块比任何东西都适合中国人。但美元将是政府的一个损失，因为不管怎么样，它们一开始就被融化了。

直到大约 1870 年，尽管公司依然存在，股票买卖却极少。经常有一些股票被拍卖，却没有股票经纪人。这是逐渐改变的。我们发现，本地股票的市价在 1875 年暴跌——两年跌了 50 万两。相形之下，我们可以注意到，我们论述的这个时期末尾，1895 年的股值升到 1 200 万两，1896 年是 436.2 万两，1897 年是 283.5 万两，然后在 1898 年跌至 250 万两。

第48章

丝和盐

一些与生丝贸易相关的事情需要略加注意。

1861年，外国人被非法勒索每包5—10两的会防捐。1863年，要求偿还的正当性获得承认。共有22项要求，金额总计为23 000两，尽管麦华陀在1863年提出的数字是1 190元、11 571两和1 203 595文。也许更多的要求是赔付有望后提出的。首要困难是中国政府想要得到证书和子口税收据作为凭据。这些原来保存在领事馆中，但都在1863年完全消失了。这位语言学家曾经享有很高的声望，但看来在这次失窃中是有罪的。还完全应当记得，节俭的政府不容许购买保险箱！当然，这项损失让当地官员得到了延宕的良机。经过七年的谈判和施压后，所要求的半数金额得到了赔付——在宁波退款。然后，此事提交给了北京，1871年——十年之后，另外支付了10 000两作为最后的解决；但这并不是所提出的全部要求，也不包括任何利息；10％的利息就意味着超过了原始数额。《北华捷报》说，这是一个向首都提出正当主张的模范，是对英国外交胜利的嘲讽。

叛乱期间，生丝贸易严重下降，以下年份的大致数字是，1862年71 000担，1863年32 000担，1864年20 000担。

1868年前后运载生丝的最重要企业是柏兰德-芒罗公司[1]，然后是惇信洋行、太平洋行、旗昌洋行、沙逊洋行、禅臣洋行、义昌洋行。没有提到应在这份名单上的怡和洋行。它们与会馆公所发生了纠纷。它们显然通过一个违约的中间人购货，

---

[1] 可能是义源洋行（Brand Brothers & Co.）和万记洋行（Munro, D）的前身。

会审公堂的判决强令那些人履行与怡和洋行的契约。这阻断了贸易和通常的友好关系。会馆公所威胁要实行抵制，直到温思达向道台提出了此事，并让他相信准许私人联合将危及政府之间的关系，此事才作罢。然后道台发布了一份暗露胁迫之意的告示。但温思达听取了七天证言后，完全相信了法官要求的非司法解决；他了解怡和洋行的高级合伙人惠托尔和他的调和个性。他向惠托尔指出，第三方实行欺诈，剩下的问题是损失如何承担。当然每一方都试图捍卫自己的利益。真正的困难是考虑到中间人作为主角的习惯——如法官所说，这是一种单方面的习惯，外国商人坚持它是出于方便和想象中的安全；而生丝等真正的所有者每次陪着捐客在楼下收钱的时候，都在提出默默的抗议。温思达说，该案已经彻底扰乱了贸易，绝对缺乏既有的信任，恢复原有关系困难重重。一种受伤害的感觉在道台以下所有人中弥漫。怡和洋行肯定遭受了伤害，他们的活动受到了多方面的限制。他充分说明了该洋行的特点，建议妥协。原告也许不值得怡和的同情，然而他们在生意中遭受了惨重损失，由于错误而感到痛楚的人们失去了辨识力。

惠托尔非常高兴地接受了这一切，要求温思达本人充当调停者，但温思达经过考虑后谢绝了。后来达成一致，亏空款对等承担。于是，无辜的双方分担了损失，而那个无赖（叫朱贵［Chee Quai］）带走了收益。但如《北华捷报》所说，这将教会商人们不惮辛苦地去查明，他们的交易对象到底是真正的丝商，还是不负责任的中间人。

可在 1867 年 3 月的《北华捷报》上找到该案的报道；它占用了九栏。

当丝茶两家会馆 1873 年发布某些规则时，同它们发生了更多的争执。麦华陀拒绝要求英国商人服从他们没有参与制定的规则，和明商会也提出了抗议。但两家公所坚持己见，道台支持他们。中英条约没有涉及这个问题，但中法条约[1]第十四款称："将来中国不可另有别人联情结行，包揽贸易。"可以反对那些通过罚款和威胁逼迫私商的规则。在有关行会掌握这种权力的时候，看似无害的东西可以变成压迫性的东西。

1888 年，在茶叶会馆为一件茶叶案的某些所称违规而抵制太古公司开往宁波的船只时，我们在记载中看到了更多的争执。他们通过强制、规劝和诡计，停止贸

---

［1］ 指中法《天津条约》。

易三周，中国茶农损失了约 20 万两，还不算苦力、航运等方面的损失。担文召集了一次会馆与和明商会的会议，生意继续做下去了。

1872 年以后，生丝贸易遭受了欺诈的极大伤害。法国人报告了堕落——坏丝掺入好丝，或者用好丝覆盖坏丝，而且缫丝漫不经心。里昂的商人抱怨说，如果不更加小心地制备，中国的生丝就没有竞争的资格了。质量和分类日益恶劣，并有一种将摒弃中国生丝的威胁，因为它们几乎已经完全让位给日本生丝了。大多数印章已彻底失去了信任。概括中国贸易的词汇就是两个——粗疏和欺诈。

据说，给予的忠告两年后被完全无视了：缫丝和打包比以前更加恶劣，价格跌落了 25％—40％。缫丝应当更慢更仔细；应当避免一次抽取两个蚕茧的丝；在优质的"苔丝"（mosses）和"书卷"（books）中，不要再掺入粗糙、发臭、凌乱的线团，不要用糖、油之类浸泡再缫丝以增加重量。从这些"不"中，我们看到了中国人仿效的是——俗话说的噎死生金蛋的鹅。这里使用的这些记载不足以让读者了解生丝的贸易——海关统计会给出有关的准确数字；但更重要的是，看看五十年前做生意的方式，可以判断出半个世纪以来华人特点改变或商业道德进步的程度。就这一点而言，茶叶和生丝贸易的两部历史是非常富于启示性的。

盐是政府的一种垄断品，在外国租界中的交易历来一件麻烦事。垄断让这种产品卖出了其成本三倍的价格。走私盐能卖到官价的一半，任何人会向生产商买盐，但生产商只能卖给东门的官盐局，每斤 5 文；政府然后卖给零售商，每斤 12 文。一件好笑而又仁慈的怪事是，对盲人贩卖私盐视而不见，尽管公众受到了不得去买的警告。另一件并不仁慈的事情是，直到 1865 年，每人每月只能购买一斤盐。

官员们不大清楚可在租界内走得多远。他们在 1866 年尝试引进垄断，在英租界开设了四家盐店，在虹口开设了一家；强迫妓院承购规定的数量。每张执照要付 250 千文。然而，大部分生意是私盐贩子的，他们感到很安全。工部局全力反对走私，支持一名华人每月缴纳 400 元警务预防费进行垄断；他同样向中国政府缴纳每斤 11 文。他发现有一个人不买他的盐，就去搜查其房子，在那里发现了私盐；他向会审公堂提诉，却发现自己所付的这 400 元并未赋予他擅入民宅的权利，他受到斥责，案子被驳回。

1888 年，租界的消费量为每天 600 担，官盐店的价格是每担 600 文，建议向工部局付一点款实行垄断。但不清楚这个要求的真实意图，却让工部局想起了多年前有关鸦片厘金的建议。决定是，此事超出了工部局的职权。

到1898年，工部局能够并采取了更坚定的反对垄断立场。他们拒绝批准界内的"中国政府盐务署"卖盐。租界和城里的盐价显然大致相等，因为走私者同盐道达成了谅解，与他瓜分利润。

同一年，信义洋行的买办提出了另一项申请。华人是反对任何垄断的，但提出的某些理由稀奇古怪；例如，私盐贩子失去工作会变成土匪。这项申请被拒绝了。

1899年再次讨论了此事。当时，通过佑尼干提出了一项建立一个卖盐官署的官方申请。工部局的答复是，开设普通盐店无须许可，但会采取措施让每个人都知道，工部局不会授权官员们干预贸易。这个答复充分表明，工部局已经变得多么自信了。

1902年和1903年，作为商务部秘书的福开森坚持此事；但工部局仍然态度坚定，宣布那是他们的最终决定。

第49章

轮船招商局

轮船招商局建立于 1872 年。五十年后，它仍是唯一承揽国内贸易的公司。也许，中国日本两国反差的例子没有比这更清楚的了，它在南北洋航线中均利润丰厚，信誉卓著。

甚至它的起源都是对中方性格的启示，因为建立它不是为了简单的、通过贸易让国家富强的一般目的。它主要的目的是为了专门伤害可恶的外国人。

长江在 1861 年开放了。为内河航运购置的各种新老轮船往往属于中外联合所有。1862 年，旗昌洋行建立了资本 100 万两的旗昌轮船公司，后来增资到 187.5 万两。

十年后，轮船招商局成立，购置了"伊敦"号，这是第一艘挂中国旗离开上海的轮船。它是凭着李鸿章奏折建立的，"购置轮船，承办漕粮，垄断商运"。该公司以令人咋舌的价格承运漕粮，这样就能用低廉的其他货物运费来取代外国船只，从而迫使它们转至别处运营。

现在，通过公平竞争驱逐外人沿海贸易的计划就相当合法了；当我们忍受不了自己生意的灭顶之灾时，却不能反对中国人在自己沿海的合法竞争。我们自己的航海法规直到 1854 年才废除，所以，1842 年的条约没有提到沿海贸易。是 1844 年的中美条约给了美国人，因而也给了英国人这项权利。中方不能质疑外国人沿着海岸线运送谷物、钱币之外货物的权利。

因而，1875 年英国的沿海贸易达到了进出港吨位 3 633 461 吨的规模，占所有外国船吨位的 53%；货值是 1 700 万英镑。中方希望承揽这笔生意并得到这宗财富，理所当然。但恶劣的却是为此而给予一家公司垄断地位和损害所有其他华人航运的方式。这在华人中引起了不满。该公司完全是广东人的，别省的人为什么要支持他们呢？为什么应由他们来垄断而让其他船主受苦受难呢？

招商局无疑是官方的。所以 1876 年的《字林西报》说："中国旗帜并没插上私人拥有的轮船或改良过的帆船。"

1867 年首次准许华人购置轮船，那时道台在上海张贴了一份大致为此意的告示：那些船只将完全由同一港口管理，贸易规则与外国船相同。这项准许当然是针对私人的；官员们已经购买了自己使用的轮船。但这项准许的好处却未被利用，因为人们像平常一样，害怕官方的干预；他们情愿自己的船只挂外国旗。

1874 年，招商局的船队由 8 艘船组成，总吨位是 4 349 吨，而 1877 年有了 16 艘船。其方针是"货少利薄归洋人，货大利厚归本局"，尽管低廉的运费得到了附加捐税的支撑，尽管向北京运送大米的运费达到每年 30 万两，却有这么多无用的官员要供养，有这么多的管理混乱和弊端，以致它在第一年是为生存而奋斗，并很快就负债累累。该局向长江投放船只的目的是阻挠旗昌轮船公司。1877 年，它用 200 万两买下了这家美国公司的船只、码头等，却没有改善其自身的状况。然后，它的船队达到了 34 艘船，资本是 80 万两。1881 年大幅度减少官僚要素后，情况开始好转；每年减少了 7 万两开支。船队的价值超过了 250 万两，码头和其他资产为 140 万两。但欠政府的债务是 1 928 868 两，欠钱庄 624 087 两。资本从 1881 年的 100 万两增加到 1883 年的 200 万两。

在 1884 年的中法战争期间，通常所说的"招商局"由旗昌洋行接管，翌年又卖了回去。据说，这是美国公使杨约翰安排的双方**诚实的**交易；但对此有很大的疑问，而且，杨约翰的说法被他后来在加利福尼亚发表的一次演讲打了折扣。

户部在 1887 年看到外国人运营的航线都有利润，对招商局没有上缴感到惊讶；它推定中间人肯定在所有相关开销中得到了好处。它还一定注意到轮船都是旧的，而能以比过去低的价格建造新的外国轮船，并能更经济地营运。

1891 年，发生了维尔金生[1]因招商局欠旗昌洋行的租金而强占其大院的咄咄怪事。但旗昌洋行是破产了，欠了招商局巨款。百名苦力在翌日夺回了大院，而莫

---

[1] 原文作 H. S. Wilkinson，疑为 H. P. Wilkinson 之误。

厄特、工部局总董、总巡带着一些人，还有来自"卡洛琳"号的一队水手在福州路码头上观看了这场战斗。

两年后，旗昌洋行的地产转给了招商局，以招商局的名义在英国和美国领事馆登记。价格是 41 万两，其中 10 万两是以前欠李鸿章的；他是真正的买主。这宗交易的主要利害关系是造成了一个事实，即中方因此而在外滩获得了一个位置，恐怕这会引起有关涨滩权利的争执。两个领事馆以招商局的名称登记该地，是因为它一定程度上是一家国际性公司，外国人可以用自己的名义入股，而且它保证遵守《土地章程》。

业已指出，招商局所有的活动都在沿海。但它也曾一次或两次向国外派遣过船只——1879 年到了火奴鲁鲁。麦克莱伦说，两艘中国船曾在不同时间到过英国，但中国的海上交通根本微不足道才是引人瞩目的事情。

第 50 章

内河航行：李泰国-阿思本舰队

外国船只，尤其是轮船在内河航行方面的困难始于 1864 年。商人们当然亟望与产区直接接触，但反对理由是这肯定会带来外国的海盗。

叛乱持续期间，中方愿意有足够的轮船进入内河；但到了 1865 年 3 月，道台要求结束这一惯例。温思达表示反对，说需求依然存在——没有欧洲人的保护，把金银运到内地就不安全。最近三年轮船一直在运送生丝和金银；轮船不适合其他事情，条约并不禁止轮船。

但一份广告表明，埃凡馒头店拖带的房船送客人去内地打猎，价格是每人 5 两。道台反对此事，因为运载了乘客就像运载了货物一样。

1866 年 2 月，道台禁止外人建造的船只进入内河。温思达读到的说法是包括房船在内的"愉悦或出差"，但用意并不在此。他认为，予以禁止仅仅因为船只是新的、外国人的。

但阿礼国非常支持中方的观点。他说，没有一项条约或国际惯例承认这种通行。条约准许商人旅行，但没有规定如何旅行；而且他本人不愿承受带来麻烦的风险，这不过是三艘小轮船想要牟利而已。

对于和明商会提出的这"不是作为一种偏袒，而是作为一种权利"的说法，他在答复中指出，这种解释完全不符合条约第四十七款[1]的明确含义。没有一个西方国家会准许外国船只不受限制地进入其内河，那里甚至不知道治外法权。对于

---

[1] 指中英《天津条约》。

410

"习惯权利"的辩解和轮船与房船仅仅是动力区别的观点，他说，没有一个国家准许用违法行为来解释自己的法律，不管这种行为是由于姑息还是由于一度无法制止。房船的获准仅仅是由于政府的让步；它们违背了条约。轮船是外国船只，可以在被条约开放的口岸贸易——其他权利主张都没有任何依据，没有一个外国政府的权力可以有效担保其进入内地的侨民，而且经验已经表明，这种航行危及了华人的安宁和治安。此事今后可以重新考虑。

李泰国-阿思本舰队的故事对中国历史研究者极富启示性；可以在马士的《中华帝国对外关系史》第二卷第二章和官方的（1864年）《中国》第二卷[1]中读到完整的故事；但它对上海本身只有间接的影响，上海的文献很少提到此事。李泰国作为海关总税务司在上海是众所周知的；那场混乱导致了他的解职和赫德的接任。舰队来到了上海，阿思本上校最大的困难是维系他的乘员，因为中方为了让他们开小差加入清军，开出了更高的工资。当中国政府不接受这支舰队、协定失效、阿思本解散这支队伍时，舰只必须返回英国，只有两三艘前往印度。舰只可以在这里方便地出售；但存在着一种危险，即它们会落入"上海如此众多的暴徒和海盗"之手，或者落入当时那么敌对的日本大名之手，或者被美国南方联盟用来攻击美国船只。卜鲁斯命令驻沪领事不要妨碍清军获得想要的一切装备，解释了这支舰队的不同处置办法。"其中的舰只由中国政府扣押，因为很明显，如果交给了政府，它们就会被夺走，用来损害政府或者其他国家的政府。"事情真是可悲。

三年后的1867年3月，"赫德收到了出售属于已故舰队舰只的款项47 709英镑3先令10便士和8 124英镑"。下一个月，"阿礼国接到香港的通知，出售英中舰队获得的114 276英镑由他处置"。

---

[1]　可能指《英国蓝皮书》的中国部分。

第51章

疏浚黄浦江

浚浦局[1]直到 1901 年才建立，是作为义和团动乱解决办法的一部分；这意味着在那之前，对于这条江的状态和处置，除了担忧和焦虑之外，没有任何明确的方针和工程。

在四十年来的档案中，和明商会的决议、呼吁和提醒，北京公使团的公函，中国政府的搁置、食言、拖延和遁词，比比皆是。外国人非常坚持的一个主要观点是，征收船钞不是为了一般的收入，而是为了改善航行条件。中方却相反，是为了战争和其他目的征收此费，其中只有很小部分用于照明和改善条件，而缺乏资金是他们拖延一切疏浚工程的永恒借口。总理衙门在 1867 年同意把所有船钞用于改善沿海航行和条约口岸的航道，但并未恪守这项承诺。

赫德爵士对上海未来的鼠目寸光无疑一定程度上直接或间接地妨碍了此事。他的 1874 年备忘录是为中国政府未对此地尽到责任提供的借口。但错误在于政府的颟顸和保守。外国人理所当然地认为，一个根据条约对外国人开放贸易的口岸，维持通往港口的航道畅通就是中国不容推卸的责任。但早在 1873 年，这个问题就让女王陛下的公使感到了绝望，即"如果中国政府依然拒绝他们的义务——政府职权范围内的一项明显责任"，他是否应当支持一项由上海纳税人承担疏浚河道的要求。经过"努力完全徒劳"的 25 年之后，和明商会得出了并不非常轻率的结论，即"试图让中国政府适当承认其责任和义务，仅仅是进一步浪费时间"。它宣布，这项

---

[1] 中文初称"黄浦河道局"，1910 年改为"善后养工局"，1912 年后称"开浚黄浦河道局"，简称"浚浦局"。

工作"必须由条约列强来承担，即使这也许摈弃了中国皇帝的主权"。

我们引用这段粗鄙说法，可说是"触到了痛处"，忘记一个已消亡政府既往的顽冥不化才更为得体。但作为开脱，我们必须指出，对生意人和政治家而言，上海史中没有比这更富于启示性的篇章了。首先必须记住，四十年来，几乎没有一年不为此事而群情激愤的——因为这是上海生死存亡的问题；其次，一个尽责的团体，而不是一个区区报纸记者，由于对政府只扫门前之雪感到绝望，可以发表自己的上述看法；再次，浚浦局的建立是解决义和团问题的一部分——这甚至不是后来审慎的悔罪和友好的行为，而是对政府的强制惩罚；最后，足以为我们充分辩护的，是1921年吴淞商埠局就上海港务委员会的研究结论向北京投诉说，浚浦局正在试图扩充破坏中国主权的权力！在今昔如此相似之时，怎么能无视往昔呢？如果外国政府或外国商人不谙既往，现在何以有效行动呢？因此，我们认为疏浚事务同相对琐细的租界电力问题一样，可以充分教育一切尊重经验的人。

我们发现，1863年在吴淞沙或陆家嘴有多起船难——"利斯莫尔"号、"林贺思勋爵"号、"达达尼尔海峡"号等，还发现道台曾答应清除沉船，却一年左右一事无成。例如，一艘在陆家嘴沉没的沙船被拍卖了两次；道台向最后一位业主勒索了500两，船的水面以上部分已被拆除，但1864年船仍在那里。这些沉船除了直接危害航行外——例如吴淞沙的"利斯莫尔"号沉船造成了一艘沙船的沉没，还加剧了淤塞。已经说过，我们的外滩公园原来就归功于一艘水下的沙船。外滩的驳船码头尤其因为长度的参差不齐，也引起了淤塞。再者，苏州河口正对着黄浦江的上游而不是下游，结果当然是水流停滞，泥沙淤积。

1863年，陆家嘴和英国领事馆之间的宽度是低潮时2 000英尺；1864年为1 900英尺；1866年为1 820英尺；1875年为1 250英尺；而1899年不足1 000英尺了。陆家嘴的下游，六年中形成了约1 000英尺的土地。对着海关大楼的江面十年中收窄了100英尺。道台看到，低潮位时的苏州河可以涉水而过，河口可能闭塞；而一道从陆家嘴伸展出来的沙洲，会把黄浦江上游变成一个湖泊。

当然做过一些报道、投诉和忠告，但也就如此而已。工部局测绘师克拉克告诉工部局，陆家嘴和英国领事馆之间的航道正在急剧恶化，一年就收窄了300英尺。西面的江堤历来是一个错误，必须顺着江水的流向，而不能逆向江水。驳船码头非常杂乱无章，建议用铁桩代替木桩，以减少对水流的阻挡，减少淤积。温思达也在

1865 年要求注意轮船航行、驳船码头增多对河道的改变，他建议疏浚。

改善上海或苏州河口的江段需要大笔费用，因此一事无成。十一国领事为此在 1866 年联名致函道台。他们倒没有威胁要停止缴纳船钞，尽管已有这种建议了。大约四分之一的船钞交给了港务长的部门[1]；剩余部分做了何用，领事们一无所知；这当然是官方说法，因为事情是尽人皆知的。他们建议花费 20 000 两进行专业的测量。

时间在流逝，依然一事无成，直到 1870 年和明商会要求领事团注意吴淞沙的状况，建议进行疏浚。他们表示，大英火轮船公司吃水仅 18 英尺的船，带着回国的邮件和价值 160 万两的货物，已在吴淞沙耽搁了 12 个小时；航道也"遍布"未被清除的沉船。翌年，看来是进行了某种调查，并邀请军舰指挥官予以核实。但是，上海的所有企业实际上在 1872 年初就签署了一封致税务司函，投诉该沙的状况。美国公使报告说，赫德已经向英国订购了一艘挖泥船；但他自己也怀疑疏浚的效用，认为应进行实际的勘测。1873 年，和明商会再次告诉领事团说，众所周知，黄浦江的岸堤在互相逼近，上游的江水浅到了危险的程度，而航道没有加深，这说明长江的来水正在减少，潮汐的冲刷力正在减弱，淤积的趋势正在相应的增加。不管沙洲的管事人是什么官员，他对沙洲做出了充分而且清晰的说明，他描绘的沙洲，在 3 月到 5 月最低位时是一条东面偏南、西面偏北、长约 300—500 英尺的硬沙脊。约在 5 月中旬开始淤积；到 6 月中旬，淤沙 1 英尺高；到 7 月中旬，2 英尺高；到 8 月中旬接近 3 英尺。淤沙最高时，这是一片 1 500 英尺长的平地。然后开始冲刷；在 3 月到达最低位。河道的最低潮位冬夏不同，相差 18 英寸。夏季增加的沉积物来自长江——黄浦江水只含有很少的沉积物。涨潮是 4.5 小时，流速 5 节，在水势稍弱的 2 小时中沉积。退潮之前，沙洲上的水降到 4 英尺，退潮开始时的流速为每小时 2.5—3 英里，直到最后一小时流速达到每小时 5 英里时就是冲刷。所有这些都仅指大潮。

在这件事情上，仿佛再次看到了晃荡在中国人脑袋里匪夷所思的昏聩和心如止水的守旧，不仅愚蠢的苦力如此，北京最高级的官员也是如此。那块沙洲被说成是一项国家工事，一道对付外敌的天赐屏障，予以摧毁将是愚蠢！只有吃水深的船只

---

[1] 即"河泊所"。

才受阻；中国船只不受其害；外国人别用那种大船了，否则就自讨苦吃吧；为了他们的利益而丧失中国的天堑根本就不合理。

这让人想起了对英吉利海峡隧道的强烈反对。但那种反对是更有智慧，更少危害，因为它并不直接涉及任何口岸或者贸易部门的命运。

道台在 1874 年有一份华人起草的报告。报告说，一块沙洲总是在变化，因此被乡民称作"神沙"，它从法国煤炭仓库斜插到林家谷仓（Linchia Granary），长约四五里，宽度不定。总是有一条航道的，其深度随季节、潮汐变动，但人们必须知道在哪里找到它。"经充分调查和再三思量，我们认为加深并不可行。"即便使用外国机器疏浚也将徒劳无用。所以，道台快活地宣布，人人必须知道这个开口："这将促进公众利益。"

然而，讨厌的外国人并不接受这个甚至冠冕堂皇的结论。麦华陀致函道台称，该报告显然是一位候补同知和宝山知县提交的。他们发现了江面的开阔和水下的沙洲，满足于对障碍物范围的猜测。所有领事都认为，这是敷衍了事的、不透彻的，简直毫无价值。应当进行一次专业性的新勘测。

美国公使卫三畏在一份致恭亲王函中表示，三十名有五到十五年经验的船长已经证明了经常触礁或搁浅的危险；一家公司已在最近三年支付了 22 000 两的驳船费，另一家支付了 33 000 两。得到的答复是，已在 1867 年和 1870 年进行过勘测，应当下达再次勘测的命令，但仍然强烈坚持"天堑"的说法。

熙华德和麦华陀就他提供 2 000 两聘请当时正在日本的荷兰专业工程师进行调查一事，与道台讨论了两个小时。但道台用形形色色的中国学说推诿；他宣称，如果调查证明了领事团的观点，他会负责让自己的政府采取行动；他辩称，不请示上司不能动用公款；尽管数额降到了 1 000 两，他仍然拒绝。

然而，他不久就送来了这笔钱。1875 年 6 月，埃舍尔和德里克完成了他们的报告。该报告称，黄浦江的流域面积是 11 930 平方英里（泰晤士河的流域面积是 5 000 平方英里），几乎完全是冲积地层。因此，带入河浜的固体物质很少，它们大多数沉淀在湖泊中，黄浦江必须排放干净的水。在陈家嘴和北港嘴（Pheasant Point）之间有两条航道，一条由溢流造成，另一条由退潮造成。这是潮水，而不是排泄的水，主要原因是黄浦江的下游更深。但野鸡嘴减少了潮水的流入。上海上游很大的容纳潮水空间是有利的，因为储水区域提供了强大的退潮水流。

据解释，如果水流得到恰当的控制，这么大的河道涨潮时总是足以维持一条可通行的航道。但吃水 24 英尺的船只仅能偶然抵达上海。需要的是一条 600 英尺宽，即使落潮也绝不窄于 300 英尺的航道。疏浚将弊大于利；应该以收窄并加深为目的；但拓宽北港嘴附近江面是必须的。唯一缺乏的是一条航道。

我们简要介绍的这份报告是埃舍尔签署、德里克审核的。后者进一步指出，比吴淞沙更重要的问题是入海口的航道。挖掘可以打开吴淞沙，却不会打开长江口。只有大规模的专业考察才能满足需要。

崇明岛分割了长江；分出了北水道；分出了灌木岛（Bush Island）[1] 以上的南水道。与早期的海图比较，看来北水道更可能在萎缩；而南水道已经冲刷掉了崇明岛的一部分。变迁在继续，小的岛屿变大了，后面形成了新的岛屿，最后，东沙堆积成了一个大的东沙岛。黄浦江或淞江的容纳能力主要取决于入海口的涨潮，如果北支扩大了，它就会遭到损害。长江总会保持一条河道畅通的，但黄浦江对于确保一条江道的影响力大小了。

这次调查的代价是 2 600 两——这肯定是"鸡毛蒜皮"：道台和私人捐助款是 2 185 两，和明商会捐助 100 两；剩下的 315 两将由其他人捐助。

必须记住，在吴淞沙多年变化不大的时候，船只的尺寸却在急剧加大——尤其在 1869 年苏伊士运河开通后；这是所有麻烦和焦虑的原因所在。

英国皇家海军"铁公爵"号的亚瑟舰长建议阻塞"船道"（Ship Channel），疏浚"沙船航道"或"西道"（Junk or West Channel）；这正是德里克后来做的事情；而同一舰的崔西上尉支持开挖那个沙洲。亚瑟方案的成本是另一个方案的 30 倍；因为一条宽 200 英尺、最低水位深 20 英尺的航道，需要挖掘三次，费时五年。

我们读到了 1877 年布里奇福德舰长的另一份报告，那里当然是重复一些已知的事情。他不知道别的河流有退潮涨潮的不同航道；保留这种航道，也就保留了分割它们的沙洲。靠近高桥沙的江段处在被阻断状态。如果能把全部来水导入一条航道，就会一个淤积成沙洲，另一个完全消失。右边一条是沙船航道，比船道短，所以有更大的落差，它会很快被加深到四英寻或五英寻。估计工程所需费用为 15 万两。

---

[1] 今长兴岛附近。

第51章　疏浚黄浦江

1881 年 1 月，已经请求建立一个浚浦局的和明商会声称，包括一些浅吃水船只在内的 34 艘船被吴淞沙耽搁了 98 天。他们建议，由外国海关对所有经过的货物征收**货值千分之一的**税款，用于疏浚工程。已经一再指出了，船钞应按照条约用于航行的安全，但只有一小部分用于上海的浮标和灯光，所剩的均进入了道台的腰包。

在下一个九年中，看来没有关于吴淞沙的记载了；但疏浚开始于 1889 年 5 月。道台邀请了一场代表聚会，花费 100 万两的挖泥船"安定"号投入运行，道台向挖起的第一桶烂泥扔了一瓶香槟。希望建成一条 400 英尺宽、26 英尺深的航道。

"安定"号的工作被认为是有效的，尽管并无有效的监督，航道却年复一年地变化。1879 年只有 16—17 英尺深，1890 年增加了两英尺；然后，一个干旱的夏季减少了流入的水量，沙洲比过去更加糟糕了。再次提出了使用了沙船航道的呼吁，并建议用水压清除沙洲——蒸汽泵浦和用软管引导的水流。

毛礼逊在 1892 年对疏浚提出了抗议，它的主要用处是清除对水流冲刷而言过于坚硬的物质。他断定，如果封闭船道，涨潮退潮的水流均经过沙船航道，就可以在"很多年中"确保一条深水航道。

显然就在这一年，黄浦江的沙船航道成了主航道——高水位时深 18 英尺。同时，"飞马"号沉船在自己与浦东之间造成了一条新航道，一艘吃水 17.5 英尺的三桅帆船被拖离了这条航道。

大英火轮船公司"布哈拉"号在澎湖列岛的船难[1]，部分原因就是这道沙洲，该船为了通过它，必须装载均衡；她没有压载水舱，在通过之后不能压下船尾；据说，这就是她在台风中难以操纵的原因；他们竭尽全力试图让船头迎风，却无法做到。

两年后，一位马尔托先生提出了一项计划，从高桥浜附近取直到江口，以避开吴淞沙；但我们不知其下文。

对某些船长提出了投诉，他们在已发出水太小信号时仍把船驶向吴淞沙；如果他们搁浅了，就省得抛锚了。有人这样做了，沙洲上出现了一个两英尺高的土包，一艘向外行驶的船会因此而被耽搁一周或更久。港务长没有权力执行纪律，仅仅发

---

[1]　原脚注：见关于体育的第 43 章。

出了关于此事的通告。

我们这一时期的历史没有更多可记载的了。"安定"号挖泥船沉没了——人们认为，如果有一个浚浦局，这场灾难本来不会发生。什么都没有了；埃舍尔和德里克 1876 年的报告在 22 年后没有产生任何结果。

本章大部分内容是关于吴淞沙的，但关于上海的河道仍有需要记载之处。

我们已经指出，1865 年低水位时可以涉水渡过苏州河。因为这威胁到了华人贸易，道台惶恐起来。八年后，工部局、领事团和道台讨论了此事。两年后，工部局再次提出，如果中国政府能找到资金，应该疏浚苏州河。又过去了四年，已决定拆除浮桥的工部局在 1879 年要求注意河口的淤积。他们认为，中国政府会为疏浚河道提供 4 000 两，但道台说他对此项承诺一无所知。那时，有些地方退潮时的水深仅三英尺。

到了 1883 年，领事团要求中国政府准许通过修筑岸堤和扩大外滩公园来改善苏州河口。上海一边的费用由工部局承担，虹口一边的费用由土地业主承担。道台在答复中建议拓宽河口，并激烈抨击天祥洋行在虹口一边的新堤岸工程，甚至威胁要拆除已经完成的工程。委员会召开了会议，经过漫长的讨论后，同意了一条堤岸线。

我们发现，"安定"号挖泥船 1888 年在苏州河口进行了 20 万两的施工——贵得令人目瞪口呆的施工；然后就无所事事了，因为不再有钱了。

1900 年，据说海关大楼对面的黄浦江十年内收窄了 400 英尺，每年的淤积率为 6 英寸。一项有争议的理论认为，所观察到的现象并非仅由淤积造成，整个海岸线都在隆起过程中。

第52章

制造局

现在所说的江南制造局是李鸿章、曾国藩于 1860 年在虹口创建的。

现在的地基购置于 1867 年,并根据需要进行了扩展,建造了枪厂、机器厂、轮船厂,雇用了约 1 000 人,约 15 万两的经费来自海关。这里附设了一所由林乐知主持的学校[1];还设立了一个翻译馆,聘用了正在《北华捷报》社主编一份中文报纸[2]的傅兰雅。

在麦克莱伦的《上海故事》(第 64 页)中,对建立二十多年的制造局的记述相当热情洋溢。制造局显然能做西方兵工厂所做的一切事情,而且完成得同样出色。在这个方面,可能不必说三道四;对它和其他兵工厂三十多年的巨额投入后,陆海军的现状会向深思熟虑的读者说明很多问题。

如果我们发现,1872 年完成了一艘大型护卫舰,1875 年完成了一艘双螺旋桨侦察舰,或者在 1893 年建造了一门 50 吨的大炮,我们会问那些东西有什么用吗?翻译馆亦复如此:这是一个不经过爬行阶段就尝试奔跑的例子,牛顿的《原理》(*Principia*)是最早建议翻译的书籍之一;到 1893 年,已为"准备一部标准论文百科全书的艰巨任务"用去二十多年的时间。由于中国译员外国知识贫乏支绌和外国人监管不足,翻译肯定一直非常刻板。我们记得,有个段落告诉学生,可以通过把一个"*hsi ssu k'ei ssu p'en hsi*"[3]扔入硝酸证明银币中存在着铜合金。我们发

---

[1] 即广方言馆。
[2] 指《上海新报》。
[3] 汉字音译,原文未详。

现，这些字符是指单词"六便士"（sixpence）。向我请教的学生们以前从没见过一个银角，甚至没见过一枚鹰洋，但如果译者够聪敏的话，至少应把不可理喻的音译六便士改成一角，这样句子就可以读懂了。

这个例子仅仅是说明，这项工作的规模对早期的条件而言，是过于雄心勃勃了。这是过于乐观地认为，书籍的巨大发行量或者分配书籍官员的巨大订单，就意味着巨大的启蒙。但一些外国文学著作的订单让这位外国人高兴，让他对更多资金的呼吁得到了某些支持；在更高级的官员看来，这也很好；而且，如果发行到全省后无人阅读，并无害处。还有一点，即任何读物达 500 份都可以按照 1 000 份全额付费打折。但必须理解，我们说的仅仅是糟糕的旧时代，现在的一切无疑都不同了。

1897 年，制造局建立了铸币厂。

第53章

登　记

英国居民在领事馆登记要付费，历来是对英国人的一种冒犯。

何爵士设立了这个制度，收费是工匠 1 元，其他人 5 元；那是 1866 年 1 月。1866 年，对没有付费的人发出了传票；付费后免缴了罚金。翌年，人们询问是否还将继续实行这项"专制的征收"，而且领事馆官员们是否也缴纳？麦华陀当时向公使报告说，不满正在增长，没有缴纳的 25 人被再次起诉，他必须承认自己迄今未登记，认为领事就不应登记；但已被劝告缴费，而且已经交了。《北华捷报》的图特尔拒绝支付罚金，被拿走一把椅子，拍卖了 12 元；否则一位法警就留在他的房子里。乐皮生律师测试法庭强迫他缴纳的权力，被罚款 10 元，并支付诉讼费。他向高等法院上诉，败诉了，于是威胁要向枢密院上诉。

麦华陀并不喜欢这项规则，说他必须亲自与人们磨嘴，让他们缴纳，以避免法律诉讼；但阻力非常强大。反对的理由是，任何个人税都是讨厌的；它每年征收；对绅士和工匠的区分荒唐可笑；其他国家的侨民保护都不缴纳这种税，而英国人交了钱却最终没有得到保护！麦华陀认为，要求每年进行这种登记是没有必要的、专横的。这涉及了荒谬和不公正，因为一个 11 月上岸的人必须缴纳 5 元，而到了 1 月又须再次缴纳；而一个 12 月 3 日上岸的人就逃避了。他还认为，所有人都付一元就足够了。"一个坐在轿子里炫耀身价的工匠，以缴费实现了权利，而一个公认潦倒的绅士，却有付不出更高费用的迹象。"

当时担任和明商会主席的米契拒绝缴纳，被罚款 10 元。何爵士说，他打算拒绝审理未登记英国人的诉状，而且打算从拒绝乐皮生（出庭为米契辩护的律师）出

421

庭开始，如果他没有"避免他的不快"的话。

对于这件案子，威妥玛解释说，"既不承认也不保护"的说法是对法庭上的案子而言的；但如果这样一个人的生命或财产遭到了危险，没有一个领事会随意"依我之见"而拒绝实行保护。但他补充说，一个因未缴费而被传唤的人经过这些麻烦后，通过妥协而未被罚款就离开，却令人反感。

米契拒绝支付罚金；下达了扣押令，但房子里的所有财产属于企业。于是发布了一份对他的逮捕令，因拖欠而监禁两个月。于是，支付了包括诉讼费在内的12.50元；威妥玛的评论得到了支持。

1874年，不满再度表达出来。提出的问题是，谁有权利把社区分割成5元和1元两部分？还提到了那道枢密令是否合法的问题。

那年发出了60份传票。

此后，该税几乎都是在牢骚声中缴纳的，直到1893年才改为所有人一律缴纳2元。

第 54 章

中　立

1842 年英国人夺取吴淞后，易如反掌且几乎兵不血刃就占领了上海。1884 年的法国人和 1895 年的日本人也许都同样可以做到的——上海凭什么幸免了攻击？我们已经在别处说过，可敬的"客人"承担了一切家务；这里可以补充说，客人也从盗贼手中拯救了束手无策的东道主。众所周知，不管有多少经验和警告、不管有多么充裕的准备时间，青岛几乎像熟透的桃子一样被德国信手摘走。要不是这里的外国人利益，几乎任何强国都能在任何时候鲸吞上海。实际上，是外国军队纯粹为了外国人自己的利益而从太平天国叛军手中拯救了它。是为了外国人利益的外国外交手腕，一再让它免遭外来攻击。它幸亏有破门而入的客人，才享受到了战时的中立。叛乱期间，华人为了安全而涌入外国租界，所以在发生战争和革命时，他们总是把租界作为最安全和最和平的地方。他们无疑感激涕零。

首次提出中立问题是在 1874 年，当时预料将同日本开战。那个国家已经进步到承认自己受国际规则的约束了，被预料会克制自己，不会采取危及租界的行动。但上海的商业是另一个问题。据暗示，日本会封锁扬子江，或者取道镇江占领苏州。这里的制造局对敌人也会有巨大的吸引力，那时租界就岌岌可危了。领事团同意，中日应该达成此地中立的协议。中方显然将因此而获益，禁止日本进攻一块唾手可得之地的理由却不明显。然而，因为战争没有发生，这个难题很快解决了，不需要所拟的协定。

下一次这种性质的麻烦是在 1884 年，当时中法实际上开战了。不消说，上海颤抖了。不幸的是像以往经常的那样，中方听到了一批荒诞不经的传闻。中国军队用三角形的拒马设置了一道从吴淞村到炮台的工事，在县城的一个敌楼上安置了一门生锈的古炮。在黄浦江中布放了水雷，购置大量锚链建成了一个水栅，以保护守卫炮台的舰队；停在那里的（法舰）"凯旋"号就能摧毁这些炮台而自身毫发无损！沙船也装上了石头，准备阻塞吴淞沙。为了防止执行这项措施，两个租界做出了巨大的努力；一份孟加拉报纸对外国人施加高压的新例证愤愤不平："我们认为吴淞是一个中国镇，通过中国律师来防范吴淞沙的堵塞是一个丑恶的建议。"

道台"以安定人心为要务"，命令组建民团。虹口的广东商人向工部局建议，提供一支1 000人的队伍。每家店铺将出两三个人，一旦发生动乱就保护人民，无事则继续其日常营生。工部局当然拒绝答应，因为巡捕和万国商团已完全够用了。但该（广肇）公所再次提出申请。有一个中国团练的老故事，其第一规章就是"一旦发生战争，本团立即解散"。这些无视巡捕和万国商团"不能安静休息"的广东商人，造成了一些类似的笑料。他们的意图是建立一支（店员）团练，"以其声名，震慑妖孽……有此练勇，签名者便自感安全，**可以永无用武之地也**"。铁石心肠的工部局仍答复称，无须这样的队伍，不能予以批准。我们强烈反对中方在报纸上和讲坛上荒诞无稽的一贯做派；但不能否认他们的小把戏滑稽可笑。

看看他们的荒谬绝伦吧。按照华人的报纸，孤拔将军被击毙了37次，法国人损失了160万人。

和明商会为了表达社区对于战争的情绪，召开了一次公众大会。然后，商会三次呼吁工部局支付719.16元的账单，其中大多数是电报费；三次要求都被拒绝了。

1884年8月炮轰福州的那天，法国总领事发布了一份上海成为中立地的告示，巴特纳公使后来保证，在中国维持上海、吴淞**既有状态**的时候，法国不会进攻这些地方。

中日战争期间的1894—1895年有同样的豁免。战争开始之前，日本政府应英国外交部的要求，保证不对上海或其附近采取任何战争行动。

领事团举行了一次维持洋泾浜以北租界中立的特别有趣的会议。领袖领事华德师用法文起草了一份代表租界立场的《备忘录》，建议将之纳入致北京喀希尼[1]函中。美国、德国和英国领事都拒绝签名。

---

[1] 时任俄国驻华公使。

该《备忘录》主张，中国皇帝只是这些租界名义上的所有者，并无这些地方的领土主权。但如韩能所说，据他所知，英国政府从未提出过这种主张。华德师的实际要求是，租界应被视为一块中立的领土。韩能感谢领事团三个月前为他提出的保持上海中立召开过一次会议，他认为对于领事团和工部局而言，华德师现在提出的主张会被证明非常不合适。例如，这将涉及阻止中国军队通过租界的责任。如果军队真想通过，巡捕和万国商团是无能为力的。再者，如果不能实现所主张的中立，日本方面也许会觉得有理由取消已经作出的保持上海和平承诺。如果我们要求中方做的事情超出了他们在封锁黄浦江方面的克制，而且如果他们拒绝了，日方也许会认为改变事态是正当的。韩能还评论说，华德师认为，反对中国军队通行租界与日本不进攻上海的谅解有一定关系，他自己则简单地认为，这**本质**上始终是对租界和平与治安的一种威胁。

我们列举韩能的这些观念，是为了说明他看待问题的方式是多么公正。随即进行了大量的讨论；在这个过程中，法国总领事被问及法国政府对法租界主权的看法；但吕班先生不想回答这个问题。

这个局势值得注意。从外国人角度来看，租界在中立时是不可能陷入危险的。另一方面，日本人不但被阻止了对租界的攻击——这是不成问题的，而且也不能攻击县城或制造局；他们在这场博弈之初就不得不放弃一个非常有价值的目标。再者，中方不用代价或者说用比零还少的代价就获得了这项非常有价值的保护。他们显然没有对外国人的愉悦或舒适做过什么事情；阻挠、烦人、侵蚀、欺诈、傲慢始终是他们对待外国人的标志；然而，他们却在遭受压迫时候开心地从自己所痛恨的神灵那里找到了庇护所。要不是由于国际关系，日本原本是可以通过进攻上海给予一顿沉重并有效的痛击的；而中国尽管不会比实际丢失更多的面子，却会让当地遭受数百万的损失。

1900 年的动乱性质不同，那属于本书的下一卷。

第 55 章

普鲁士

普鲁士领事馆在上海历史上有点名气是可想而知的，但它并未带来融洽。最初有斯塔本道夫案。该人欠一名华人 7 500 两，普鲁士领事说自己无权强迫那人支付。埃姆斯担心他会离开租界，希望予以逮捕。然而，该领事什么都不能做，说没有普鲁士公使李福斯在场，处理普鲁士侨民是冒险行为。但普鲁士使团的秘书说："普鲁士领事没有资格因缺乏权力而推卸司法职责。"该案后来由刺多威[1]审理，做出了有利于斯塔本道夫的判决。

《北华捷报》的记者在 1858 年发表了一个惊人的说法："华人信任德国人，因为他们对自己不大粗暴。"

普鲁士领事德登贲在 1866 年写道，根据旧《土地章程》，他无权直接强迫房客缴纳土地税或房产捐。他称："我的责任是通知你，我认为工部局打算采取的措施显然非法，超越了该机构的资格，而且我坚持工部局董事会的每一位成员要对此承担责任。"这是因为两家德国企业被威胁"禁止享受工部局所能提供的一切特权"。工部局表示遗憾，该领事"竟然庇护这种应受惩罚的侨民，他们试图享受好处，却让其他人承受代价"。

1867 年，普鲁士代理总领事被要求批准工部局的捐税方案。他的答复是，这项要求迫使他谈起他本来宁愿保持缄默的微妙问题。他表示困惑，普鲁士使馆和总领事馆已在此处五年了，"被打算用来反对本口岸德国居民"的《土地章程》却从

---

［1］ 1864 年任普鲁士驻沪总领事、署理驻华公使。

未获得过普鲁士政府的批准。在赋予征税权的《土地章程》获得王国政府的明确批准之前，他不能强迫或同意对其国人的过分征税。而且，档案中还有工部局与泰源洋行案的记录，"论据"是租地人无权对**房客**征税。《土地章程》第十款还称："三国领事官传集各租主会商……"工部局只要求英美领事召开会议，"我像其他不大受欢迎的同事一样"，仅仅接到会议将举行等的通知。

这是尊严问题——可称为自命不凡的尊严。似乎国家的自豪感不妨碍任何国家的人享受别国人用鲜血和金钱获取的成果。

德登贲的信得到了解释。在召开会议之前，温思达和美国领事孟恩威理已经邀请普鲁士领事合作了。"如果你在工部局所有问题上与我们一样，我们将感激不尽。"德登贲谢绝了，"只要与普鲁士王国政府有关的法律缺陷继续存在的话。"温思达和孟恩威理对此耐心地解释说，《土地章程》是作为中国政府和三个条约国公使之间的一份协议才有效力的——工部局仅仅是一份国际协定所授权的机构。新的条约列强可以通过《土地章程》获得旧列强一样的地位，自然的模式就是向中国政府和签约国代表表示他们正式支持原来的协议，以此正式接受协议的义务和特权。他们不知道普鲁士使馆和总领事馆建立的时候为什么没有这样做。

然而当一年后要求他缴纳捐税时，德登贲写道，"工部局的权力来自与中国缔约的各国政府，我决不能承认它有权力开征捐税，并命令一个政府或其代表缴纳捐税。……我不反对作为一项自发捐赠的缴纳"，等等。

第 56 章

日本人

在我们写作的这年，上海的日本居民远远超过了其他外国种族。他们有自己的警察——那是工部局为日本人区域雇用的日本巡捕，工部局董事会中有一名日本人。日本口岸的中国人没有同样地位。确实，尽管这部史书极少说到在沪日本人，但极少说到的却是最重要的。只要谈到与西方的接触，这两个国家就会被相提并论；两国都敌视外国人，都遭受了其欺凌。实际上，中国还有某些优越性，因为上海是在第一次战争后的 1842 年开埠；而额尔金直到第二次战争还没去过北京，他（在 1858 年）去了江户，让日本开放对英贸易。1861 年，英国大使在日本首都遭到攻击。无视国际惯例也许历来是它们早期的某种借口；但我们想说的是，为什么中国人在更多的体验和学习国际关系四十年之后，仍在 1900 年重复了更大规模的野蛮罪行？仅仅五十年前境遇如此相似的两个民族，今天的地位竟然如此悬殊，这与它们彼此有关，还是与世界的其他部分有关，确实是一个谜团。

1862 年 6 月，第一艘日本船访问上海，那是购自英国的商船"停战"号[1]，后被更名为"千岁丸"。其购价为 34 000 元，所称的购买目的是在本口岸从事国内贸易。该船由一个旨在获取各种商业、统计、地理信息的委员会管理。麦华陀发现，他们非常喜欢打听海关等地方雇用英国侨民的原因；一名书记员记下了听到的一切。他们的目的据称是纯商业的；没有任何政治意图。

鉴于后来的发展，我们认为上述的每个字眼都是"意味深长的"。

---

[1] 日本文献作"亚·米斯特斯"号。

十一年后，除了一艘完全由日本人管理和操作的铁甲舰，没有一艘商船进来。我们被告知，这让当地政府产生了深刻的印象，这是可以相信的；但我们未被告知的是什么性质的印象。这不可能是恐惧，因为尽管最近有过两场战争，但自负依然如故，而且日本仅仅是一个小国。无论如何，中方总能依仗自己无能和喧器，而外国人总像迄今为止的做法一样，会迁就他们帮助他们，并出于自己的利益而让他们高枕无忧。但我们知道，印象在竞争中是无用的；就像秩序井然、整洁卫生的外国租界至少半个世纪没有影响到污秽肮脏的县城一样。这些船只的景象应该让中国充满了羞耻感，一个曾被她蔑视的种族竟然超越了自己；她也应该充满了畏惧感，如果日本强大了而她自己仍然孱弱将会怎么样。要是说，我们的笔调带有某种愤慨，就是因为最近发生的事情。在世界大战中，日本能够用舰队横扫海洋了，中国则只能提供苦力劳动。她不能在 1898 年保住青岛，仍然不能在 1914 年收复它。这项为了一般荣誉和中国自身荣誉的事业是日本完成的；在那之后，中国只会呼天抢地地叫喊"那是属于我的"，并要求全世界帮助她反对那个赶走了德国人、掌握了战利品的强国。

四十年来，法国人的胸膛里燃烧着怒火，代表失去了的斯特拉斯堡的雕像穿着悲愤的丧服。中方可曾表现出过这种收复青岛的狂热愿望？直到青岛落入日本之手，才有了得到协约国帮助的希望。哦，真遗憾！

应该注意，我们并没有谈论此事的是非曲直；我们更关注的，不过是中国咎由自取的无能，而不是她的主权言谈；而且，我们将通过考察日本已在上海取得的重要成就，转向这方面的评论。

本书下一卷必须在这个方面更多着墨；我们现在只叙述日本影响力的发端。最初是决定对日本人实行《附则》第三十七条，它禁止在租界内携带武器，但后来准许官员们佩戴刀剑，如果他们在巡捕房登记的话，那是在 1870 年。三年后，日本领事请求所有在日本有资格者都有佩戴刀剑的特权，这就包括了几乎所有的武士，工部局同意了，且无须在巡捕房登记。

我们论述的这个时期记载很少。1884 年，要求工部局批准，在发生涉及日本人的骚乱时，可派出两名隶属于日本领事馆、穿特别制服的日本警官予以协助。在一名华捕必须处置日本水手，或一名印捕必须管理华人时，总是存在语言困难。然而，工部局不能支持这项所希望的创新，因为届时所有其他领事馆都会提出同样的要求，而骚乱中不同警官的在场会导致工部局警务的复杂化。

日本居民人数为：

1870 年	7
1876 年	45
1880 年	168
1885 年	595
1890 年	386
1895 年	250
1900 年	738

1890 年的下降，主要是由于妇女们出离返回日本，没有提到原因；1895 年的进一步下降当然是中日两国之间战争的结果。

战争迫近时，日本政府应伦敦外交部的要求，承诺不会发动针对上海及其邻近地区的战争行动。道台的一份告示命令上海所有的日本人去知县衙门登记；但实际上，他们当时都留在租界。

第 57 章

游客和节庆

必须为他们挂出旗帜的游客并不很多，他们只值得给予最简短的记载。爱丁堡公爵（维多利亚女王的次子）在 1869 年来过；下一位是 1879 年的格兰特将军，一宗致命的事故是他来访的可悲标志；维克多亲王和乔治亲王（现在的乔治六世国王）是作为"酒神女祭司"号上巡游的海军军校生在 1881 年 12 月抵达上海的；康诺特公爵[1]夫妇在 1890 年来访。其他有名望的游客是 1880 年的卡拉卡瓦国王[2]和普鲁士的海因里希亲王；后者以后再次来访。

这里一直都有其他的节庆。而对于（1887 年）女王登基 50 周年纪念日，这里看来没有多大的热情。纳税人准许工部局为此随意花钱且不做评论。工部局根据财务状况，想要支出 494.26 两，这被认为并不奢侈。但 1897 年的登基 60 年就用豪华方式庆祝了。这次工部局看来没有正式加入，无疑因为租界是世界性的，也是因为并不需要；这是英国领事馆和英国居民的事情；但令人欣慰的记载是，这确实是绚丽的彩旗和灯光所表达的国际性欢庆。

每年 7 月 4 日和 7 月 14 日的庆典，欢娱的同样是所有人，而不仅仅是法国人和美国人。

---

[1] 维多利亚女王的三子，时任英格兰军队司令。
[2] 夏威夷国王。

附　录

附录 1　上海工部局

(a)　1854—1866 年董事会成员

1854— 1855 年	凯威廉（总董） 麦都思教士 金大卫 费龙（总董） 斯金讷 白朗（总董） 金能亨 麦克达夫 —— 布赖——工部局职员 麦克安德鲁——工部局职员

1854—
1855 年　凯威廉（总董）
　　　　麦都思教士
　　　　金大卫
　　　　费龙（总董）
　　　　斯金讷
　　　　白朗（总董）
　　　　金能亨
　　　　麦克达夫
　　　　——
　　　　布赖——工部局职员
　　　　麦克安德鲁——工部局职员

1855—
1856 年　华地玛
　　　　索伯
　　　　瓦彻（兼任司库）
　　　　（决定不设总董）
　　　　——
　　　　惠洛克先生——记账员和职员

1856 年　由 1856 年 1 月 14 日租地人会议
　　　　选举产生
　　　　克雷（兼任司库）
　　　　腊肯（兼任司库）
　　　　（无总董记载）
　　　　——
　　　　惠洛克先生（记账员和职员）
　　　　弗里曼先生（记账员和职员）

1857 年　科达士
　　　　奥姆
　　　　吉卜
　　　　（无总董记载）
　　　　——
　　　　弗里曼先生——工部局职员

1858 年　桑恩
　　　　克莱德
　　　　吉卜
　　　　（无总董记载）
　　　　——
　　　　弗里曼先生——工部局职员

1859 年　克莱德
　　　　克莱
　　　　列得
　　　　（无总董记载）
　　　　——
　　　　弗里曼先生——工部局职员

1860 年　汉密尔顿（总董）
　　　　怀特罗（兼任司库）
　　　　泰尔
　　　　——
　　　　皮克沃德——总办

1861 年　汉密尔顿（总董）
　　　　怀特罗

　　　——
　　　皮克沃德——总办

1861—　霍华德（总董）
1862 年　戴特（总董，兼任司库）
　　　华地玛（总董）

　　　——
　　　皮克沃德——总办

1862—　特纳（总董）
1863　　勃兰特
　　　科克（兼任司库）
　　　格鲁
　　　米契

　　　——
　　　皮克沃德——总办

1863—　典题（总董）
1864　　科克（兼任司库）
　　　勃兰特
　　　李大卫
　　　赫特
　　　罗吉斯
　　　威得

　　　皮克沃德——总办
　　　古尔德——总办

1864—　典题（总董）
1865 年　科克（兼任司库）
　　　安卓布
　　　福士
　　　欣臣
　　　泰普特
　　　加恩

　　　古尔德——总办

1865—　耆紫薇（总董）
1866 年　霍锦士
　　　汉璧礼
　　　库慈
　　　赖德茂
　　　普罗思德
　　　奈伊

　　　古尔德——总办
　　　约翰斯顿——总办

（b）1867—1900 年董事会成员

年份	董事	总董	副总董
1866—1867	邓康逊 普罗思德 库慈 伊伏生 小海斯	耆紫薇 庄纯（继任）	郝富理
1867—1868	米契 伊伏生 麦考尔 梅茨 伯恩哈格	庄纯	小海斯
1868—1869	贝克 米列 晏玛太教士	金能亨	米契

433

1869—1870	贝克	金能亨	亚当士
	郝碧梧		
	晏玛太		
	米列		
	古培		

1870—1871	凯麦隆	狄思威	李大卫
	古培		
	安德森		
	杰利科		
	雷美		
	白敦		
	普罗思德		

1871—1872	考黎尔	约翰·颠地	布莱敦伯
	汉森		
	哈华托		
	杰利科		
	辣富士		
	尼森		
	雷美		

布莱敦伯、杰利科两位先生在该年初辞职，克儿呋司、齐默两位先生继任。

1872—1873	佩特生	约翰·颠地	柯迪特
	摩西		
	费隆		
	考黎尔		
	齐默		
	墨莱		
	倍恩		

柯迪特、墨莱和齐默等先生辞职，补选了芜得先生。

1873—1874	摩西	费隆	华地玛
	白敦		
	立德禄		
	威尔生		
	卡卜		
	系填		
	巴尼士		

| 1874—1875 | 加买 | 白敦 | 芜得 |
| | 高易 | | |

地纳

马根西

活姆

勒末真

加买先生辞职，由系填先生接替。

1875—1876	赫得	白敦	勒末真
	地纳		
	高易		
	克儿呋司		
	亚屯		
	马根西		
	活姆		
	西费		
1876—1877	菲兹	克儿呋司	奥尼芬
	霍利迪		
	厄应		
	伊伏生		
	赫得		
1877—1878	赫秘	赫得	辣富士
	厄应		
	罗		
	吗里哦		
	西曼		
	西费		
	高易		
1878—1879	亚丁达	赫得	辣富士
	马根西		
	魏士枭		
	威泽		
	罗		
	高易		
	赫秘		
1879—1880	厄应	立德禄	而浑
	维尔蒙		
	亚丁达		
	赫秘		
	斐伦		

活将

沙逊

| 1880—1881 | 海兰特 | 立德禄 | 赫恩 |

麦得尔

魏士臬

沃德

泰斯

厄应

希姆

泰斯、厄应先生在 6 月辞职，希姆先生在 12 月辞职，补选葛司会、伯曼先生。

| 1881—1882 | 布里奇 | 立德禄 | 赫恩 |

雷士德

伯曼

玛实司

沃德

葛司会

海兰特

立德禄、伯曼和葛司会先生辞职，补选门特尔、罗杰屋、芜得；赫恩先生继任总董，沃德先生继任副总董。

| 1882—1883 | 道格里西 | 沃德 | 何利德 |

估倍

立德

毛礼逊

罗斯顿

因立德先生 7 月辞职，补选了梅博阁先生。

| 1883—1884 | 以西结 | 梅博阁 | 何利德 |

卡卜

活将

韦斯托尔

罗斯顿

毛礼逊

马根西

因罗斯顿先生 4 月退休，由赫秘先生继任；活将先生同月辞职，其位置空缺。

| 1884—1885 | 阿尔纳 | 葛司会 | 何利德 |

美查

维尔蒙

伯曼

戈里

马根西

梅博阁

何利德先生 7 月退休，维尔蒙先生和马根西先生先后继任其职位。伯曼先生和维尔蒙先生分别在 6 月和 8 月辞职，由阿特勒、哈斯格尔和纳撒继任。

1885—1886	波比	葛司会	马根西
	摩希		
	阿特勒		
	亨尼森		
	哈斯格尔		
	纳撒		
	梅博阁		

纳撒在 10 月辞职。

1886—1887	波比	芜得	毛礼逊
	马勒伯		
	西曼		
	阿特勒		
	麦克连		
	摩希		
	辛普森		

1887—1888	波比	芜得	毛礼逊
	布西		
	约瑟夫		
	达灵		
	邓厄		
	马勒伯		
	阿特勒		

1888—1889	约瑟夫	芜得	毛礼逊
	麦格雷戈		
	欧弗倍克		
	马勒伯		
	达灵		
	邓厄		

达灵先生辞职，补选了惠莱先生。

1889—1890	辣富士	麦格雷戈	阿特勒
	欧弗倍克		
	贾德		
	约瑟夫		
	麦克唐纳		
	邓厄		
	惠莱		

邓厄先生7月辞职；欧弗倍克先生8月辞职；约瑟夫先生9月辞职；补选了哈丁、门特尔、惠尔三位先生继任。

1890—1891	惠尔	麦格雷戈	阿特勒
	活将		
	利德		
	哈丁		
	门特尔		
	麦克唐纳		
	贾逊		

利德先生10月辞职，由列德先生接任。

1891—1892	列德	麦格雷戈	白敦
	克拉哈		
	莫西		
	贾逊		
	麦克唐纳		
	普罗布斯特		
	约瑟夫		

麦格雷戈先生5月辞职，由白敦先生继任总董，由普罗布斯特先生继任副总董，并补选希斯先生继任董事。

1892—1893	列德	白敦	普罗布斯特
	莫西		
	贾逊		
	麦克唐纳		
	克拉哈		
	施高塔		
	希斯		

普罗布斯特、列德两位先生11月辞职，补选施高塔继任副总董。

1893—1894	贾逊	麦格雷戈	施高塔
	莫西		
	贝满		

安徒生

科佩

白敦

活将

白敦先生立即辞职，补选克拉哈先生继任。11月麦格雷戈先生去世，由施高塔继任总董，活将任副总董。贝满先生很快辞职。

1894—1895	科佩	施高塔	普罗布斯特
	莫西		
	贾逊		
	阿尔福		
	克拉哈		
	安徒生		
	希斯		

阿尔福先生7月辞职，补选麦克艾恩先生继任；贾逊先生11月去世，同月底希斯先生辞职。

1895—1896	安徒生	施高塔	普罗布斯特
	列德		
	科佩		
	莫西		
	克拉哈		
	列达		
	麦克艾恩		

安徒生先生5月辞职，补选马克米先生。

1896—1897	科佩	施高塔	门特尔
	莫西		
	列德		
	麦克艾恩		
	贝满		
	斐伦		
	马克米		

麦克艾恩先生5月辞职，由阿尔福先生继任。贝满先生10月辞职，无人继位。

1897—1898	泼兰的斯	伯克	斐伦
	罗达		
	活将		
	海格思		
	维尔金生		

安徒生

休伊特

1898—1899	泼兰的斯	斐伦	活将
	罗达		
	休伊特		
	斯多噶		
	安徒生		
	英格里斯		
	赛里姆		

斐伦先生 8 月 3 日至 11 月 30 日离开，但职务全年没有变动。

1899—1900	哈同	斐伦	安徒生
	休伊特		
	英格里斯		
	金尼		
	莫西		
	泼兰的斯		
	夸根布西		
	罗达		
	斯克脱乌		

斐伦先生 8 月辞职，由安徒生先生继任；休伊特先生继任副总董。莫西先生 9 月辞职。

（译按：上述各届董事会名录，与《上海租界志》、熊月之主编的《上海通史》的有关记载均有一些出入。）

附录 2　法租界公董局组织章程

法国特派驻上海总领事

案奉法国皇帝陛下政府外交部大臣之训令，合将 1866 年 7 月 11 日所公布之《上海法租界公董局组织章程》，修正如下，仰各周知，此令。

第一条

上海法租界公董局董事会，应由法国总领事和由选举而来的四个法籍董事、四个外籍董事组成之。

董事会的任期为两年，每年改选半数。

凡死亡或辞职的董事遗缺，应与任满的董事缺，同时补替。

但遇有董事的人数减至半数时，则应即行添选，以补死亡或辞职的董事遗缺。

附 录

第二条

一切法国人，以及其他外侨，凡年在二十一岁以上而合于下列三项条件之一者，均得为候选人：

（一）拥有法租界内地产，而有正式契据者；

（二）租有法租界房屋全部或一部，而年纳租金一千法郎以上者；

（三）居于法租界内历有三个月以上，而每年进款达四千法郎以上者。

第三条

总领事按年开列和修正选民表，并召集选举人大会。

选举的结果，应由董事会检查之。

第四条

凡年在二十五岁以上的选举人，均得为被选举人。

凡任满的董事，均得再被选。

第五条

投票法为不记名的。

选票应用连名投票法；选举人名单中内的人数，应以法国人与其他外侨平均为准。

法籍候选人以得票最多者当选；外籍候选人亦以得票最多者当选。

经总领事会同道台指定的中国绅士或商董一人或数人，如得董事会认为适当时，可以顾问资格出席董事会议。

第六条

董事会仅得于总领事召集时开会。

但如有半数董事用书面请求时，亦须开会。

总领事于认为必要时，得随时召集开会。

第七条

董事会的主席——总董——依法应由总领事兼任。

董事会应有副总董和财政委员各一名，由董事会各董事中每年互选之。

议事的裁定，应以大多数处决之；如赞否两方票数相等时，则总董的票应有最优权。

第八条

总领事有权停止董事会议，但应立即呈报法国外交大臣及驻华公使，该公使于认为必要时，得宣告解散董事会，惟应奏请法皇御核。

董事会停会期，不得超过三个月。如系解散时，则选举大会应在董事会停会日起六个月内召集之。在董事会停会期间，总领事应急任命一临时委员会以代之。

第九条

公董局董事会议定下列事件：

（一）公董局收入和支出的预算。

（二）公董局各项捐税的税率。

（三）纳税人纳税义务的分配。

（四）请求免捐或减捐的事件。

（五）征收捐税的方法。

（六）公董局产业的购进、卖出、交换和租赁。

（七）开筑道路和公共场所，计划起造码头、浮桥、桥梁、河道，以及规定路线、市场、菜场、宰牲场、公墓等事件。

（八）改善卫生和整顿交通的工程。

（九）公用地产的征收。

（十）路政和卫生的章程。

（十一）其他由总领事交议的事件。

第十条

董事会决议案，非经总领事明令公布，不得执行。

凡关于前条（一）至（六）项各事件的决议案，总领事应在八日内令准实行。

总领事得以附有理由的裁定，拒绝董事会关于前条（七）至（十一）各项事件决议案的执行；但应立即呈请法国驻华公使核准。

此项决议案应即中止执行，至公使馆的回训到日为止。

第十一条

董事会的会议，得为公开的；至于非公开的会议，得以董事会的特准、总领事的许可而公布之。

第十二条

公董局应担负关于道路、给水、路灯的行政服务，以及管理局有不动产，执行公用工程，制绘地册图，规定税收表和征收赋税；公董局并担任控追迟缓纳税的纳税人。

公董局的总办，由董事会任用之。

董事会经总领事赞可后，得任用局中各机关的职员，并得停止或免除各该职员的职务。

第十三条

总领事应有担负保持租界内秩序和公安的任务。

由公董局担负经济上供给的巡捕房，应专受总领事的指挥，总领事得委派、停止或革除巡捕房各职员的职务。

第十四条

凡违反路政章程的讼案，应由公董局代表裁判之，但得上诉于总领事署。

凡违反警务章程的讼案，应由总领事或总领事的属员裁判之。

凡控追迟延纳税的讼案，应由公董局的收捐员向领事法庭控告该纳税人。

第十五条

如前条三项讼案的被告为非法国人，而该被告不服前条规定之审判官的裁判时，则应立即送请该管法院审判之。

第十六条

按照法国总领事和别国的代表所订立切实互惠协约的规定，凡有由别国司法官厅所发的逮捕状、判决书、扣押令等，而应在法租界内执行者，除有紧急情形外，概应预先咨知法国总领事或巡捕房总巡。该总巡常应派出所属巡捕一名或多名，会同持有逮捕状、判决书的人前往执行；遇有必要时，并应实力援助。

第十七条

总领事得于认为需要时，并经征得公董局董事会的同意后，召集全体非常大会；一切选举人以及住在租界内无选举权的法国人和外国人，均可出席，以便例外提出关于公共利益的问题，而征询其意见。

第十八条

如遇有总领事出缺或公出时，所有本章程规定赋予总领事的权威，概应由代理总领事代行之。

上海，1868 年 4 月 14 日

（译文据董枢：《上海法租界的成长时期》，《上海通志馆期刊》第一卷第二期，按原文调整了格式和个别标点。）

附录3 1898年《工部局报告》（摘录）

以下信件系5月21日致工部局：

上海，1898年5月21日

先生：

我荣幸地通过你提请工部局关注我所获知的有关会审公堂牢房状况的下列事实；该牢房位于南京路，在外国租界范围之内。

对着大门右侧的牢房中，关押着男性囚犯和被告，还经常关押华人民事案件的原告、证人。

就空间而言：牢房总是人满为患；在诸如中国春节这样的时候，往往多到了无法让每人坐下，更不用说躺下的程度。

食物：进去的前两天，当局不提供食物。

被关押者如果两天后明显既无钱又无朋友的，会每天给他们一碗米饭和一小碟腌白菜。

饮水：不先付钱，当局不提供任何饮用水或茶水。

卫生设施：解决便溺的唯一安排是放在牢房角落里一个木桶。怀疑犯人们对它有隐秘的放置方式。

最新的犯人任何情况下都在这个木桶旁边，并有清洗的责任。这个房间里经常有死亡。

对着大门左侧的牢房用于华人民事案件中的女性原告、被告和证人，以及违警案件中的女囚犯。

这间牢房实行的原则，与上一个完全相同。

在这个房间里，看守有时会为了勒索钱财而殴打被关押者。

对着公堂院子左侧的牢房关押违警案件中的囚犯。

这个房间中的被关押者大概都没有钱，每天两次各供应一碗米饭和一小碟腌白菜。

至于卫生设施和供水，与上述民事案件牢房相同。

刑事牢房上面的房间用于外国人起诉案件中的被告和证人。

这里不供应食物，因为这些囚犯的地位多少供得起自己需要。

卫生设施：整个房间有一个便桶。

公堂门前的木笼由这个地区的地保掌管。

住在这个地区的犯人被关在里面。

不提供食物，关押的时间通常是9—10个小时。

对于这些囚犯，没有任何卫生安排。

示众的结果是，死亡并不罕见。

不胜荣幸

您恭顺的仆人

维尔金生

此致工部局总办濮兰德

该信的结果是，工部局命令总巡陪同维尔金生先生前去检查会审公堂牢房，对其状况提出报告。于是在5月23日下午对公堂进行了检查。维尔金生先生和帕蒂森先生（由威尔森巡官和一名翻译陪同）向谳员通报了姓名，并说明了自己造访的目的；公堂的任何官员未对他们的行动表示反对，他们由狱吏陪同查看了不同的牢房。在离开公堂之前，谳员接到了一封信，询问他可否接待维尔金生先生和帕蒂森先生，但他答复是接待了。

以下是总巡给工部局的正式报告：

工部局总巡办公室

上海，1898年5月25日

第4798号

先生：

我谨就5月23日下午偕同维尔金生先生和威尔森巡官参观会审公堂牢房提出报告。

由于我们的抵达出于意料，我们发现的事情也许就是其正常状态。

会审公堂的大门和牢房显然是对公众开放的，总是有一批华人和其他人站在里面，有些人无疑同公堂或监狱的事务有关，但很多无所事事的人是被好奇心吸引过来的。

引起我们注意且确实令人毛骨悚然的第一件事情，就是看到两名极其憔悴的华人乞丐斜靠在进门院子左侧的一个木笼中。他们处在绝对虚脱的状态，显然快要死了。他们两人声称——只能微弱地说话，他们从昨天早上以来一直在木笼里，两天没吃东西了。相应的污秽情形，为体面起见，不能形诸笔墨。

下午晚些时候，在我们的目击下和围观人群的惊讶目击下，这两名恶心的乞丐和我们在院子其他地方时置入的第三人被送上了独轮车运走了——大多数情况下去了哪里？——据侦探查明，这次去了新闸。

所附的照片是我仓促拍下的场景，将证明——相当微弱地——情形的悲惨。它们会自己说话的。

在大门另一边的一个同样木笼中，一个青年戴着枷具。他声称，他因为自己母亲的起诉而受到了这项惩罚，但他的母亲现在仍抚养他！

枷号已众所周知，无须描述了。因为有些东西与周围的文明环境不协调，形成了反差，观光客们注意到了这种半折磨、半惩罚的方式。

在上述木笼右边的一间牢房中，59 个男人关押在一个 40 英尺乘 16 英尺的房间里。其中的两人显然病了，说没有见到过医生。这个房间的通风仅仅是一面房间那么长、约 3 英尺高、对着一条走廊的牢栏。

放在房间角落里的一个木桶构成了整个房间的卫生或不卫生设施。

这个房间里的一个男人表示，他被关押在这里一年了，他在此期间自己掏钱吃饭。

另一个人说，他与一家兑换铺的欺诈有关，已被关押了五个月，未被审讯。

另一人因为一笔 100 元的欠债已被关押了一个月。

另一人已被关押了两周，他只吃过向狱友乞讨来的食物。

普遍的抱怨是食物不足。据称，在关押的第一二天公堂不供饭，以后如果犯人自己吃得起，也不供饭。

据说，自己吃得起饭的囚犯，很多情况下必须让吃不起饭的人分享。

这个房间用于民事案件的囚犯。

它的上面是两个较小的房间，可以大致称为甲室和乙室。显然只有付钱才能调换房间。但我们无法得到调换房间的价格信息。

甲室约 24 英尺乘 12 英尺，规定住 10 人。一人病了，但没有见过医生。唯一的通风口是一扇 4 英尺乘 2 英尺 8 英寸的窗户。卫生设施与前述下面的房间相同。准许这个房间里的人会客、吸食鸦片等。

乙室约 14 英尺乘 12 英尺，里面关押了 11 个人。这些囚犯被牢栏挡住，实际上，除了这些在走廊中间隔出房间的牢栏之外，没有通风设施。

楼梯顶端有一个约 10 平方英尺的房间或平台，住着作为证人被拘押的 6 人，狱卒也住在那里。

这些牢房里的囚徒都与民事案件有关。

地板和整体环境都非常肮脏，居住者们声称，不可能冲刷地板，地板都朽烂了，水会冲入楼下的房间。

前面提到的大门左侧木笼后面是一个关押女犯的牢房——民事案件和刑事案件的犯人都在一起。

这个牢房的规格大约是 24 英尺乘 20 英尺，通风为一扇有栅栏的 4 英尺见方的窗户和六扇 1 英尺见方的小窗户。这些窗户都对着 3 英尺宽的走廊——对面的建筑比这些窗户高。

这里关押着 34 名女性，5 名年龄不足 12 岁，还有哺乳期的婴孩。

这个房间的妇女们看来等级差别很大，也许历来如此。

这里的卫生设施是令人作呕的——一个便桶，必定是公用的，被放在一张妇女们吃饭的桌子下面。

有人生病，有一名医生来看。

1897 年，一名婴儿在这里降生。

差不多每个犯人都自己管饭。

一名妓女说，她因为希望离开妓院而被老鸨起诉，就关在了这所牢房里。她还说，她已还请了欠妓院的钱——这个说法得到了管事狱卒的证实。

一名妇女说，她自己被关押时，请求谳员释放被关押的丈夫。她说已经被关押三天了。

另一名妇女说，她因被指控偷窃一颗珍珠，从 1897 年 12 月以来一直被关押。据说，那颗珍珠现在会审公堂谳员手中。此案是 1897 年 12 月 23 日根据捕房第 15 号起诉单（Police Charge Sheet）提交给会审公堂的。单子上注明："送交公堂，复杂案件。"

另一名被控盗窃的妇女说，她未经任何判决，从 1897 年 11 月以来一直被关押。

有一个案子里的原告和被告显然都被关押了。我有上述女犯的名单。

同一楼层靠近女牢的，是一个关押违警案件犯人的房间。房间的尺寸是 33 英尺乘 21 英尺，通风是一面 20 英尺长、3 英尺高的有栅栏窗户。

这里有 31 名囚犯，均由公堂供饭。

这个牢房的上面是两个房间，关押外人起诉案件中的被告和证人。它们都是约 16 英尺乘 12 英尺。第一个房间实际上不通风，有 5 人。第二个房间有 16 人，通过一扇 4 英尺见方的窗户通风。

这些房间里的一个人声称，他因与一宗土地案件的关系，已被关押了一年，该案的原告是一名意大利人，迄今没有判决。

另一人说，他曾经去过胶州，在那里同施劳梅尔博士的男佣有一场纠纷，他一回来就被一张拘票逮捕，而且自那以来就没有举行过审判。

另一人说，因为施奈仕拉基先生的起诉，他在 1898 年 1 月 12 日被指控盗窃珠宝（该案的起诉单注明"送交公堂"）。这人声称，他愿意提供担保。谳员愿意接受，但德国陪审官反对。

另一人声称，他和一家商行的买办为审理和解决一宗民事案件来到了公堂，他和此案被告尚未支付 200 两，已被关押三周了。

所有这些被提到的牢房或狱室，都污秽肮脏。我们拜访的那天恰巧非常凉爽，但很明显，随着气温的上升和偶尔的特别拥挤，这所监狱不卫生和脏乱状况必定更形恶化。

一旦失火，显然没有足够的设施保障囚犯们的安全，考虑到这座建筑材料的易燃性，一场大灾难的可能性一目了然。

通过维尔金生先生和我非常痛苦的访问，我们获得了总体的印象。

这座建筑纯粹的结构缺陷，内部的肮脏污秽，卫生设施的完全缺失，犯人伙食制度的弊端，不同种类犯人的混杂——都让我们觉得，这是一个异乎寻常的野蛮监狱，与租界中其他很多组织良好、秩序井然的机构相比，反差尤其强烈。

我最后希望指出，上述有关在押人员的案情、判决和刑期，都是他们自愿提供的，当然尚未核实。

我予以记载是因为它们值得记载，并不表示我对记载的真伪负有责任。

但我斗胆建议，问题的性质和出现的频率都足以表明，需要做些事情，以建立一个有关该监狱的视察委员会，其职权是防范恶习——如果确实不能实行某些更有力改革的话。

我请求附上阿姆斯特朗探长关于伙食问题更详细的报告。它完全可能更加近似准确，如果不是绝对准确的话。

不胜荣幸

您恭顺的仆人

总巡　帕蒂森（签名）

侦缉股

1898 年 5 月 25 日

先生：

遵照你的指示，我谨此提交有关会审公堂犯人伙食供应的调查结果。

大多数与民事案件有关的在押囚犯通过其朋友，把食物带入牢房。一些有地位的人通过差役购买，其他没钱的人必须等待两天时间，而且，如果没有亲戚出现的话，就由谳员提供食物。

每天两次供应一碗米饭和蔬菜，时间是上午 11：00 和下午 5：00—6：00 之间。供应是承包的，承包商得到每人每天 40 文的费用。

女牢中的所有囚犯几乎都有外面朋友送来的食物。有些是由女狱卒提供的。谳员没有给予津贴。

枷在木笼中的囚犯由会审公堂供饭，但他们是在晚上被移送到地保的房子里时得到食物的。他们得到的食物同其他人一样，即每天两碗米饭和一点蔬菜。

这项津贴也用于公堂中在押的刑事犯人，他们在关押的第一天就有饭吃。

所有的狱室白天都经常供应茶水，是犯人们自己出的钱，买得起很多茶水的人让其他人分享。

您恭顺的仆人

威廉·阿姆斯特朗（签名）

索　引

索 引

索 引

＊"卜鲁斯的观点""威妥玛的观点"原书置于"法租界"下似不妥，因二者系有关自由市
之内容，应置于"自由市计划"下为宜。

译名表

一、人名

阿查理	Alabaster，Chaloner
阿尔福	Alford，E. F.
阿尔纳	Arnhold，P.
阿化威	Overweg，C. W.
阿莱门兹	Alements，C.
阿礼国	Alcock，Rutherford
阿礼国，亨利埃塔·	Alcock，Henrietta
阿林格	Allen，C. F. R.
阿姆斯特朗	Armstrong，William
阿奇力	Oriolla
阿思本	Osborn，Sherard
阿特勒	Adler，M.
埃尔贝	Herbet
埃梅里	Aymeri，Père
埃姆斯	Eames，I. B.
埃舍尔	Escher，G. A.
艾根生	Atkinson，J.
艾伦	Allen，J. A.
艾约瑟	Edkins，Joseph
爱丁堡公爵	Duke of Edinburgh

爱莲斯	Elias，Ney
爱棠	Edan，B.
安德森	Anderson，John
安德伍德	Underwood，P. H.
安德逊	Anderson，Lieut.
安讷克	Annecke，W.
安徒生	Anderson，F.
安卓布	Antrobus，R. C.
奥伯格	Oberg，G. L.
奥利弗	Oliver，E. H.
奥伦	Holland，J. Y.
奥曼	Orman，J.
奥姆	Orne，C. W.
奥尼芬	Olyphant，T.
巴顿博士	Barton，Dr. G. K.
巴尔福	Balfour，Frederick F.
巴尔克利	Bulkly，J. D.
巴富尔	Balfour，George
巴拉德	Ballard，J. A.
巴剌佛	Bradford，Oliver Bloomfield
巴尼士	Burnes，F. D.
巴特菲尔德	Butterfield，R. S.
巴特纳	Patenotre，J.
巴夏礼	Parkes，H. S.
白敦	Purdon，J. G.
白尔敦	Burton，Cosmo
白来尼	Brenier de Montmorand，Vicomte
白朗	Brown，W. S.
白齐文	Burgevine，Henry Andrea

柏赖克	Breck，W.
班德瑞	Bourne，F. S. A.
班福德教士	Bamford，A. J.
邦妮夫人	Bonney，Mrs. C. V. R.
包令	Bowring，John
鲍伊斯	Boyce，R. H.
贝蒂	Beatty
贝尔	Bell
贝克	Baker，R. B.
贝礼	Bailey，D. H.
贝满	Beurmann，C.
倍恩	Behn，O. C.
比德维尔	Bidwell，H. S.
比勒尔	Birrell，C. M.
比理	Beale，T. C.
比赛特	Bisset，J. P.
比索内	Buissonet，E.
比泰尔	Butel，Lt. Commander
毕顺	Pichon，L.
毕晓普	Bishop，J. D.
璧利南	Brenan，Byron
波比	Bieber，T.
波尔夫人	Burr，Mrs.
波纳尔教士	Pownall，Rev. W. H.
波斯卫	Perceval，A.
伯恩哈格	Birnhager，E.
伯克	Burkill，A. R.
伯曼	Burman，A.
伯奇医生	Burge，Fredk. J.

勃兰特	Brand，A.
博莱斯	Borlase
博易	Browett，H.
卜舫济	Hawks Pott，Francis Lister
卜鲁斯	Bruce，Sir Frederick
卜罗德	Protet，August Leopold
布策福	Butzow，E. K.
布彻教士	Butcher，Rev. C. H.
布坎南	Buchanan，James
布莱敦伯	Blydenburgh，W. J.
布莱森	Blethen，C. P.
布赖	Brine，F. L.
布朗上校	Browne，Colonel
布里奇	Bridge，J.
布里奇福德	Bridgford，R. M. A.
布鲁尔	Brewer，R.
布鲁内尔	Brunel，Isambard Kingdom
布西	Bush，F. D.
查克升	Jackson，W. S.
崔西上尉	Tracy，Lieutenant R. E.
达抵拿	Tatnall，Josiah
达尔洛子爵	d'Artot，Vicomte
达拉斯，巴恩斯·	Dallas，Barnes
达灵	Darling，D. A.
达文波	Davenport，Arthur
达文特	Darwent，C. E.
戴惠克	Twigg，P. O'B.
戴特	Tate，J. Priestley
戴维斯医生	Davis，Dr.

467

丹尼　　　　　　　　　　Denny，O. N.

担文　　　　　　　　　　Drummond，W. V.

道格里西　　　　　　　　Dalgleish，W. H.

德登贲　　　　　　　　　Tettenborn，A.

德都德　　　　　　　　　Davies，Tudor

德里克　　　　　　　　　Rijke，Johannis de

德诺尔曼　　　　　　　　De Normann

邓厄　　　　　　　　　　Duer，Yeend

邓康逊　　　　　　　　　Duncanson，E. F.

邓曼　　　　　　　　　　Dunman，R.

狄康　　　　　　　　　　Deacon，E.

狄思威　　　　　　　　　Dixwell，G. B.

狄妥玛　　　　　　　　　Dick，Thomas

地纳　　　　　　　　　　Kidner，W.

颠地，约翰·　　　　　　Dent，John

典题　　　　　　　　　　Dent，Henry　W.

丢乐德克　　　　　　　　Dew，Roderick.

窦达尔　　　　　　　　　Dowdall，W. M.

杜步西　　　　　　　　　DuBose，Hampden Coit

杜达尔　　　　　　　　　Dowdall，C.

杜德勤　　　　　　　　　Dudgeon，C. J.

多尔　　　　　　　　　　Dore，John Power

俄理范　　　　　　　　　Oliphant，Laurence

额尔金　　　　　　　　　Elgin，James Bruce

厄应　　　　　　　　　　Bell－Irving，J.

而浑　　　　　　　　　　Howie，W.

法布里斯　　　　　　　　Fabris，E. A.

法尔思德　　　　　　　　Forrester，E.

法雅　　　　　　　　　　Fajard，E.

戈里   Cory，J. M.

哥老司   Kroes，P. T.

格拉顿   Gratton，F. M.

格拉斯   Glass，Duncan

格兰特   Grant，Ulysses S.

格兰特医生   Grant，Dr. J. Taylor

格兰维尔伯爵   Granville，Earl

格雷格夫人   Greig，Mrs.

格鲁   Grew，H. S.

格伦   Glen

格罗姆   Groom，F. A.

格罗斯曼   Crossman，R. E.

格维讷   Grosvenor， T. G.

葛笃   Godeaux，Ernest

葛罗男爵   Gros，Baron J. B.

葛司会   Keswick，J. J.

估倍   Gubbay，R. A.

孤拔   Courbet，Anatole-Amédée-Prosper

古伯   Kuper，Augustus Leopold

古德文   Goodwin，Charles Wycliffe

古德文，艾格尼斯· Goodwin，Agnes

古尔德   Gould，R. F.

古烈   Gulick，L. H.

古纳   Goodnow，J.

古培   Gubbay，M. S.

哈丁   Harding ，J. W.

哈夫洛克   Havelock，H.

哈华托   Harwood，William

哈拉汉少校   Halahan，Major

哈里斯	Harris
哈珀	Harbour
哈斯格尔	Haskell，F. E.
哈同	Hardoon，S. A.
哈维	Harvie，J. A.
海单	Haden，D. W.
海尔指挥官	Hire，H. W.
海格思	Hykes，John Reside
海兰特	Helland，G. J.
海因里希亲王	Prince Heinrich
韩德森	Henderson，James
韩能爵士	Hannen，Sir Nicholas John
汉璧礼	Hanbury，Thomas
汉密尔顿	Hamilton，Rowland
汉嫩，詹姆斯·	Hannen，James
汉森	Hanssen，H. P.
好不生	Hobson，J.
郝碧梧	Hoppius，H.
郝富理	How，Alfreed James
合信	Hobson，B.
何伯	Hope，James
何爵士	Hornby，Sir Edmund
何利德	Holliday，C. J.
贺克莱	Hockley，L. M.
贺拉斯	Horatius，Cocles
赫得	Hart，J.
赫德	Hart，Robert
赫恩	Hearn，H. R.
赫秘	Hübbe，P. G.

赫特　　　　　　　　　　　　Heard，G. F.

亨德森医生　　　　　　　　　Henderson，Edward

亨德森医生，小　　　　　　　Henderson，Jr.

亨利亲王　　　　　　　　　　Prince Henry

亨尼森　　　　　　　　　　　Henningsen，J.

花马太　　　　　　　　　　　Holmes，M. G.

华德师　　　　　　　　　　　Valdez，J. M. T.

华地玛　　　　　　　　　　　Wetmore，W. Shepard

华尔　　　　　　　　　　　　Ward，Frederick Townsend

华尔身　　　　　　　　　　　Walsham，Sir John

华若翰　　　　　　　　　　　Ward，J. E.

怀特　　　　　　　　　　　　White，C.

怀特，T. G.　　　　　　　　White，T. G.

怀特罗　　　　　　　　　　　Whitlow，J.

惠蒂　　　　　　　　　　　　Whitty，Charles Dowling

惠尔　　　　　　　　　　　　Wheeler，G. H.

惠尔生　　　　　　　　　　　Wilson

惠莱　　　　　　　　　　　　Wheeley，E.

惠洛克　　　　　　　　　　　Wheelock

惠托尔　　　　　　　　　　　Whittall，James

惠主教　　　　　　　　　　　Williams，Bishop Channing Moors

活将　　　　　　　　　　　　Welch，Joseph

活姆　　　　　　　　　　　　Webb，S. O.

霍必澜爵士　　　　　　　　　Warren，Sir Pelham

霍尔　　　　　　　　　　　　Hall，H. E.

霍尔茨　　　　　　　　　　　Holtz，A.

霍尔库姆　　　　　　　　　　Holcomb，H. A.

霍格　　　　　　　　　　　　Hogg，William

霍格，詹纳·　　　　　　　　Hogg，Edward Jenner

霍华德	Haward，William
霍锦士	Hogg，James
霍利德	Holliday，Cecil
霍利迪	Holliday，J. E.
霍奇斯教士	Hodges， Rev. H. C.
机利士	Guedes，J. M.
基尔	Keele，O. R.
吉卜	Gibb，H. B.
吉卜林	Kipling，Rudyard
吉尔夫人	Gill，Mrs.
记里布	Gribble，H.
加恩	Kahn，J.
加尔	Galle，P.
加买	Camuchael，A. T.
嘉谟伦夫人	Cameron，Mrs. E.
贾德	Judah，J. E.
贾礼士	Carles，W. R.
贾禄	Carroll，C.
贾逊	Jansen，D. C.
坚佐治	Caine，G.. W.
杰布少校	Jebb，Major
杰利科	Jellicoe，S. J. G.
金能亨	Cunningham，E.
金尼	Kinnear，H. R.
金斯密	Kingsmill，T. W.
喀希尼	Cassini，A. P.
卡卜	Kalb，M.
卡拉卡瓦国王	King Kalakaua
卡莱尔	Carlile

473

卡罗尔	Carrol，Henry
卡梅伦	Cameron，J. B.
卡特	Carter，W. H.
开乐凯	Clark，J. D.
凯莱爵士	Kelly，Sir Fitzroy
凯利	Kelly，Edward Brown
凯麦隆	Cameron，W.
凯内上尉	Kenny，Lieut.
坎贝尔	Campbell，R. M.
侃	Kennedy，J. D.
康脑雷	Connolly，J.
康诺特公爵夫妇	Duke and Duchess of Connaught
康普顿，斯潘塞·	Compton，Spencer
考德罗伊	Cowderoy，T. A.
考夫曼教士	Kaufman，Rev. M.
考黎尔	Coryell，Miers
柯迪特	Condit，W. H.
柯里爵士，菲利普	Currie，Sir Philip
柯克	Cooke，George Wingrove
柯尼施	Cornish，N.　E.
科达士	Coutts，G. W.
科格希尔	Coghill，J.
科克	Cock，James
科姆斯托克	Comstock，W.
科纳	Corner，G. R.
科佩	Cooper，J.
克儿呋司	Krauss，A. A.
克拉尔克	Clarke，Brodie A.
克拉哈	Grallam，J.

克拉克（测绘师）	Clark，C. B.
克拉克（工程师）	Clark，John
克拉伦登勋爵	Clarendon，Lord
克莱	Cray，H. M. M.
克莱德	Cryder，W. W.
克莱武	Clive，R.
克雷	Gray，G. G.
克雷吉	Craigie，Robt. G.
克罗斯	Close，C. G.
孔塔德子爵	Contades，Vicomte de
库慈	Coutts，J. C.
库尔提乌斯	Curtius，Marcus
库克	Cook，J.
库珀	Cooper，T. T.
库寿龄	S. Couling
库约	Gouilloud，L.
夸根布西	Quackenbush，E.
剌多威	Radowitz，Baron von
腊肯	Ranken，A. A.
辣富士	Lavers，E. H.
来门义尔	Lyman，E. R.
莱佛士	Raffles，T. S. B.
莱克斯	Rex，Alfred Bielby
莱因	Rhein，H. H. G.
赖德	Ryder，Sir Alfred Phillipps
赖德茂	Latimer，Nichol
兰宁	Lanning，G.
兰宁夫人	Lanning，Mrs.
劳伦斯	Lawrance，Edward

劳文罗斯	Browne，Ross
乐皮生	Robinson，A.
勒末真	Lemarchand，F. W.
雷美	Reme，William
雷氏德	Lester，Henry
李大卫	Reid，David
李福斯	Rehfues，Guido von
李梅	Lemaire，V. G.
李泰国	Lay，Horatia Nelson
李提摩太	Richard，Timothy
李蔚海	Lay，W. H.
里达	Liddell，C. O.
理查森	Richardson，L.
理雅各	Legge，J.
立德	little，Archibald John
立德禄	Little，Robert William
利德	Lieder，Ph.
连那士	Reynolds，E. A.
连意爵士	Rennie，Sir R. T.
列达	Rehders，E.
列得	Reid，Robert
列德	Little，W. D.
列卫廉	Reed，William Bradeford
林乐知	Allen，Young J.
刘易斯	Lhuys，Drouyn de
卢瑞欧	Loureiro，P. J. I.
禄赐悦里主教	Russell，Bishop
路德	Luther
罗	Low，E. G.

罗伯茨	Roberts，J. C.
罗伯逊	Robertson，D. B.
罗达	Rohde，M.
罗得斯	Rhodes，C. J.
罗尔梯	Lord，Edward C.
罗吉斯	Rodgers，J. K.
罗杰爵士	Coverley，Sir Roger de
罗杰屋	Redewald，J. F.
罗兰教士	Rowland，A. H.
罗慕路斯	Romulus
罗萨里欧	Rosario
罗森	Lawson
罗淑亚	Rochechouart，L. J. E. de
罗斯伯里勋爵	Rosebery，Lord
罗斯顿	Roustan，J.
罗素，H. O.	Russell，H. O.
罗素伯爵	Russell，Earl
雒魏林	Lockhart，William
吕班	Dubail，G.
吕德	Lueder，C.
娄斐迪	Low，F. F.
马安	Markham，John
马丹医生	Martin，Dr. W. A. P.
马地臣	Matheson，James
马尔科姆	Malcolm，J. W.
马尔托	Marteau，Mons. Emile de
马格里	Macartney，Dr. S. H.
马根西	Mackenzie，R.
马嘉理	Margary，Augustus Raymond

马克米	McMichael，J. H.
马勒伯	Malherbe，R. de
马尼凯	Maniquet，J.
马诗门	Mossman，S.
马士	Morse，H. B.
玛敦阿	Macdonald
玛高温	Macgowan, Daniel Jerome
玛实司	Moses，E.
吗里哦	McLeod，Alex.
麦得尔	Mendel，L.
麦都思	Medhurst，Dr. W. H.
麦尔康	Malcolm，Alexander
麦格雷戈	Macgregor，J.
麦华陀	Medhurst，Walter Henry
麦开吉	McKiege，F.
麦考尔	Maccall，E.
麦克艾恩	MacEwen，A. P.
麦克安德鲁	MacAndrew，L.
麦克达夫	Macduff，H. C. R.
麦克开拉启	MacClathie，Thomas
麦克莱恩，约翰·劳克兰·	Maclean，John Lauclan
麦克莱伦	Maclellan，J. W.
麦克劳德	Macleod，Dr. N.
麦克连	Maclean, Peter
麦克默里	McMurray，Wm.
麦克唐纳	MacDonald，W.
麦克巡捕	Mack，Arthur
麦克尤恩	McEuen，J. P.
麦肯齐	Mackenzie，Donald

麦士尼	Mesny，W.
曼	Mann，James L.
毛礼逊	Morrison，G. J.
梅博阁	Myburgh，A. ·
梅茨	Maintz，Emil
梅恩	Mayne，Charles
梅辉立	Mayers，W. F.
梅杰	Major，R. O.
梅里	Merry，T.
梅纳	Meynard，H.
梅生	Mason，C. H. A. W.
梅藤更	Main，D. D.
美查	Major，E.
美魏茶	Milne，William C.
美哲	J. Mayor
门特尔	Brand，D.
蒙哥马利队长	Montgomerie，John
孟斗班	Montauban，Charles Cousin
孟恩威理	Mangum，Willie P.
米德尔顿	Middleton，J. T.
米拉	Menard，A.
米勒斯	Milles，W. J.
米列	Miller，J. I.
米契	Michie，Alex.
米契尔	Mitchell，Sir John
密迪乐	Meadows，Thomas Taylor
棉挈里	Vignale，Chev.
敏体尼	Montigny，C. de
摩西	Moses，S. M.

佩斯布瓦	Percebois
佩特生	Paterson，A.
彭福尔德	Penfold，Charles
皮克沃德	Pickwoad，Edwin
皮洛士	Pyrrhic
泼兰的斯	Prentice，J.
蒲安臣	Burlingame，Anson
濮兰德	Bland，John Otway Percy
普赖斯	Price，H. J.
普罗布斯特	Probst，E. A.
普罗斯德	Probst，W.
齐默	Zimmem，A.
奇塔姆	Cheetham，R. D.
耆紫薇	Keswick，William
乔尔登	Jordan，V. P.
乔治亲王	Prince George
秦镇西	Jenkins，F. D.
琼斯	Jones，T. Treasure
认信医生	Johnston，Dr. James
日意格	Giquel，P. M.
若雷斯	Jaures，Benjamin
萨默塞特公爵	Duke of Somerset
赛里姆	Shellim，E.
桑德斯	Saunders，W.
桑恩	Thorne，John
桑福德中尉	Sanford，Lieut.
沙德韦尔	Shadwell，Charles
沙逊	Sassoon，E. A.
施敦力，亚历山大·	Stronach，A.

施敦力，约翰·	Stronach，J.
施高塔	Scott，James L.
施怀雅	Swire，J. S.
施劳梅尔博士	Schraumeier，Dr.
施利克	Schlick，Rudolf
施奈仕拉基	Snethlage，H.
施妥博	Stuebel，O.
施维祺	Stronach，W. G.
施约瑟	Schereschewsky，S. I. J.
史笪来	Stanley，A.
史诰德	Scott，Sir Gilbert
史密士	Smith，Edwin Maurice
史密斯（教士）	Smith，Rev. W. J.
史默维特	Smallweed
士迪佛立	Staveley，Charles
士觅威良	Smith，W. L. G.
舒费特	Schufeldt，Captain
帅福守	Syle，Rev. E. W.
司百龄	Stribling，C. K.
司高德	Scott，J. H.
斯本罗	Spenlow
斯蒂芬爵士	Stephen，Sir Fitz James
斯蒂文森教士	Stevenson，T. R.
斯蒂文斯教士	Stevens，J.
斯多噶	Stokes，A. P.
斯金讷	Skinner，J.
斯克脱乌	Skottowe，E. R.
斯隆（医生）	Sloane
斯塔本道夫	Stubbendorff，H.

斯塔福德少校	Stafford，Major
斯坦迪什，迈尔斯·	Standish，Miles
斯坦利伯爵	Stanley，Earl
斯特里普林	Stripling，A.
斯威福勒，迪克·	Swiveller，Dick
四美司	Smith，George
苏珀	Souper，Edward B.
孙罗伯	Nelson，Dr.　R.
索伯	Thorburn，W.
索尔	Saul，R. P.
塔克	Tucker，Joseph John
泰奥洛格上校	Théologue，G. H.
泰卜	Tapp，W. Handyside
泰尔	Tyers，R. R.
泰普特	Talbot，G. W.
泰斯	Dyce，C. M.
泰亚克	Tyack
汤蔼礼	Thomson，E. H.
汤恩	Thorns，Cornelius
韬朋	Thorburn，R. F.
韬朋，贾维·	Thorburn，Jarvie
特纳	Turner，Henry
特纳少校	Turner，Major A.　P.　D.
廷得尔	Taintor，Edward Coe
图特尔	Tootal，J. B.
托马斯教士	Thomas，J.
瓦彻	Vacher，W. H.
威得	Wieters，A.
威尔森（巡捕）	Wilson，A.

西费	Siegfried，C. W.
西华德	Seward，W. H.
西曼	Seaman，J. F.
西蒙斯	Symons，C. J.
西摩尔	Seymour，E. H.
希尔兹小姐	Shields，Miss
希姆	Sim，Alex.
希契	Hitch，F. D.
希斯	Siebs，N. A.
奚安门	Shearman，H.
锡乐巴	Hildebrandt，Dr. P.
熙华德	Seward，G. F.
熙华德，G. T.	Seward，G. T.
系填	Seligman，E.
夏尔德	Heard，Albert
夏福礼	Harvey，F. E. B.
夏士	Haas，Joseph
小海斯	Hayes（Jr.），A. A.
辛	Thin，Dr. George
辛普森	Simpson，J.
欣臣	Heinsen，Rudolph
休伊特	Hewett，E. A.
修斯坦	Hughsten
徐蜜德	Schmidt，Ed.
轩尼诗	Hennessy，Pope
亚当士	Adams，Fred. C.
亚当斯，威尔·	Adams，Will
亚丁达	Artindale，R. H.
亚瑟舰长	Arthur，Captain W.

亚士利	Ashley，C. J.
亚屯	Heyden，E. F.
晏玛太	Yates，Dr.
杨约翰	Young，J. R.
伊伏生	Iveson，E
以实玛利	Ishmael
以西结	Ezekiel，J. S.
易孟士	Emens，W. S.
殷司	Ince，H. A.
英格里斯	Inglis，R.
尤埃尔	Youel，F. B.
尤尔根	Jurgens，L. O.
佑尼干	Jernigan，Thomas R.
约翰斯顿	Johnston，Alex. J.
约金斯	Jorkins
约瑟夫	Joseph，H. H.
则架厘	Zachariae，V.
渣甸	Jardine，Dr. William
翟理斯	Giles，H. A.
詹美生	Jamieson，Dr. R. A.
湛约翰	Chalmers，J.
哲美森	Jamieson，G.
朱尔金斯	Jurgens，W.
庄纯	Johnson，F. B.
尊士上校	Jones，L. J.

二、企业、机构、报刊

| 百医生诊所 | Henderson，Macleod & Milles |
| 保护猎物协会 | Society for the Preservation of Game |

《北华捷报》	North China Herald
辩论协会	Debating Society
博易律师公馆	Browett & Ellis
册地处	Cadastral Office
测绘处	Survey Department
禅臣洋行	Siemssen & Co.
达拉斯-科尔斯公司	Dallas & Coles
大北电报公司	Great Northern Telegraph
大东电报公司	Eastern Extension
大英火轮船公司	P. & O. Co.
大英书信馆	British Post Office
大英医院	Churton & Co.
大英自来火房	Shanghai Gas Co.
道达洋行	Dowdall
德国总会	Club Concordia
德和洋行	H. Lester
德兴洋行	Drysdale, Ringer & Co.
德意志银行	Deutsche Bank
地产处	Land Office
地产估价委员会	Assessment Committee
电气处	Electrical Department
《东方之星》	Star in the East
董家渡船坞	Tungkadoo Dock
惇信洋行	Barnet & Co.；Tunsin
法国孤儿院	French Orphanage
法国辛迪加	French Syndicate
法兰西银行	Comptoir d'Escompte；French Bank
吠礼查洋行	Fletcher & Co.
丰茂洋行	Watson & Co.

丰裕洋行	Fogg & Co.
福利公司	Hall & Holtz
副海事法庭	Vice-Admiralty
《高等法院与领事馆公报》	Supreme Court and Consular Gazette
格兰德斯坦斯公司	Gledstanes & Co.
工部书信馆	Local Post Office
工程部	Board of Works
公道洋行	Blain, Tate & Co.
公共卫生实验室	Public Health Laboratory
公共运动场	Public Recreation Ground
公济医院	General Hospital
公懋洋行	Frazer & Co.
公平洋行	Bower, Hanbury & Co.
公易洋行	Smith, Kennedy & Co.
《共和政报》	Commonwealth
共济会俱乐部	Masonic Club
共济会学校基金	Masonic School Fund
钩梯队	Hook and Ladder Company
广济医院（杭州）	Mission Hospital
广隆洋行	Messrs. Lindsay & Co.
广南洋行	Camajee & Co.
郭士立医院	Gutzlaff Hospital
海事法庭	Naval Courts
海员医院	Dispensary & the Marine Hospital
海员之家	Sailors' Home
汉璧礼欧亚混血儿学校	Hanbury School for Eurasians
汉璧礼学堂和儿童之家	Thomas Hanbury School & Children's Home
汉璧礼养蒙学堂	Thomas Hanbury School
呵加剌银行	Agra Bank

和明商会	Shanghai General Chamber of Commerce
虹口码头公司	Hongkew Wharf Co.
虹口医院	Hongkew Hospital
虹口运动场	Hongkew Recreation Ground
鸿源纱厂	International Cotton Mill
划船总会	Rowing Club
华俄道胜银行	Russo-Chinese Bank
华记洋行	Turner & Co.
华盛洋行	F. E. Wright；Wah Shing
《华洋通闻》	Celestial Empire
皇家火灾保险公司	Royal Fire Insurance Co.
汇丰银行	Hongkong & Shanghai Bank
汇隆银行	Commercial Bank
会德丰洋行	Wheelock & Co.
火政委员会	Fire Commission
机务总会	Marine Engineers' Institute
基督教青年会	Y. M. C. A.
技工讲习所	Mechanics' Institutes
教育委员会	Education Committee
戒酒协会	Temperance Society
金票投资公司	Gold Bond Investment Co.
《进步》	Le Progres
《禁酒会（周报）》	Temperance Union
禁酒协会	Total Abstinence Society
剧院委员会	Theatre Committee
浚浦局	Huangp'u Conservancy Board
克劳夫兹-苏治公司	Crofts & Sewjee
刻拉洋行	J. D. Clark
来复枪总会	Rifle Club

兰心戏院	Lyceum Theatre
浪子队	Rangers
浪子剧社	Shanghai Rangers' Dramatic Club
浪子剧团	Rangers' Dramatic Corps
礼查饭店	Astor House
李泰国-阿思本舰队	Lay-Osborn fleet
丽如银行	Oriental Bank
利孚洋行	Rehoff, Vale & Co.
联合总会	Union Club
练马场	Horse Exercising ground
领事公堂	Court of Foreign Consuls
龙飞马房	Horse Bazaar
隆茂洋行	Mackenzie & Co.
旅泰洋行	Reid & Co.
玛礼孙洋行	Morrison & Gratton
码头捐处	Wharfage Dues Office
麦加利洋行	Mackellar & Co.
麦李洋行	Mackenzie, Richardson & Co.
《每日船讯与商业新闻》	Daily Shipping List and Commercial News
《每日新闻》	Daily News
美国人之家	American House
美国圣公会	American Protestant Episcopal Mission
美恒洋行	Macdonald & Co.
棉纱公司	Cotton Yarn Co.
名利洋行	Aspinall
莫海德机器厂	Muirheads Engine
欧亚混血儿学校	Eurasian School
飘艇总会	Shanghai Yacht Club
葡萄牙业余戏剧公司	Portuguese Amateur Theatrical Co.

浦东船坞	Pootung Dock Co.
普鲁华洋行	Brewer
《祺祥西字新报》	Shanghai Recorder
旗昌轮船公司	Shanghai Steam Navigation Co.
旗昌洋行	Russell & Co.
琼记洋行	Heard & Co.
全国戒酒联盟	National Temperance League
仁爱会	Sisters of Charity of St. Vincent de Paul
仁记洋行	Gibb, Livingston & Co.
仁济善堂	Chinese Humane Society
仁济医馆	Sibbald & Johnston's Hospital
仁济医院	Shanghai Hospital
瑞生洋行	Buchheister & Co.
善良戒酒会	Good Templars
《上海杂志》	Shanghai Magazine
《上海差报》	Courrier de Shanghai
上海地产协会	Shanghai Real Property Association
上海港务委员会	Shanghai Harbour Commission
上海海员戒酒协会	Shanghai Marine Temperance Society
《上海回声报》	L'Echo de Shanghai
上海货船公会	Shanghai Cargo Boat Guild
上海客车公司	Shanghai Carriage Co.
《上海每日时报》	Shanghai Daily Times
上海骑马场	Shanghai Riding Course
上海骑马场委员会	Shanghai Riding Course Committee
上海穷困外人救济会	Shanghai Society for the Relief of Distressed Foreigners of all Nationalities
上海驱车场	Shanghai Driving Course
《上海通信》	Shanghai News Letter

上海图书馆	Shanghai Library
上海西童公学	Shanghai Public School
《上海新闻》	Nouvelliste
《上海幽默》	Shanghai Punch
《上海幽默载纪》	Shanghai Chronicle of Fun. Fact and Fiction
上海与虹口轨道公司	Shanghai & Hongkew Tramways Co.
上海运动总会	Shanghai Recreation Club
上海自行车协会	Shanghai Bicyclist Association
上海总会	Shanghai Club
邵禄工程行	Mons. J. J. Chollot
《社会圈》	Social Circle
圣方济学堂	St. Xavier's School
圣约翰书院	St. John's College
施内尔哈斯公司	Schnellhass & Co.
史密士菜场	Smith's market
斯沃德公司	J. D. Sword & Co.
苏治公司	Sewjee & Co.
苏州河桥公司	Soochow Creek Bridge Co.
太古洋行	Butterfield & Swire
太平洋行	Gilman, Bowman & Co.
泰和洋行	Reiss & Co.
泰来洋行	Telge, Nolting & Co.
泰兴洋行	Lane & Crawford
泰源洋行	Oppert & Co.
体育协会	Sporting Association
天祥洋行	Adamson, Bell & Co.
《通闻西报》	Shanghai Courier
《通闻西报（晚刊）》	Evening Courier
同孚洋行	Olyphants

同仁医院	St. Luke's Hospital
拖轮驳船公司	Tug & Lighter Co.
外国育婴所	Victoria Nursing Home
《外滩》	Bund
《晚差报》	Evening Express
万兴洋行	Bowman & Co.
威贞同药房	Pharmacie de I'Union
潍县广文学堂	United College
卫生处	Health Department
《文汇报》	Shanghai Mercury
沃特斯和戴尔公司	Waters & Dale
吴淞路轨道公司	Woosung Road Tramway Co.
祥生船厂	Boyd & Co.
《小妖精》	Puck
些厘公司	Sayle & Co.
协隆洋行	Fearon，Low & Co.
斜桥总会	Country Club
新骑马场	New Riding Course
新沙逊洋行	D. Sassoon & Co.
《新中国评论》	China Review
新性病医院	New Lock Hospital
信义洋行	Mandl & Co.
性病医院	Lock Hospital
《循环（周刊）》	Cycle
鸦片厘金局	Opium Likin Office
亚记	Yakee
洋药公所	Opium Guild
洋药局	General Opium Farm
耶松船厂	Farnham & Co.

怡和洋行	Jardine, Matheson & Co.
义昌洋行	Skeggs & Co.
义记洋行	Holliday & Co.
英国火灾保险公司	English Fire Office
英国浸信会	Baptist Missionary Society
英国贸易委员会	British Board of Trade
英国圣公会	Church Missionary Society
有恒洋行	Messrs. Kingsmill & Whitfield
有利银行	Mercantile Bank
元芳洋行	Thorne Brothers；Yuen fong hong
园艺协会	Horticultural Society
运动娱乐基金	Recreation Fund
渣打银行	Chartered Bank
长利洋行	Bisset and Co.
兆丰洋行	Hogg Brothers；Chaoufoong
《正风西报晚报》	Evening Gazette
《中法新汇报》	L'Echo de Chine
中国东洋德律风公司	China & Japan Telephone Co.
《中国幽默》	China Punch
砖瓦锯木公司	Brick & Sawmill Co.
《字林西报》	North China Daily News
足球总会	Football Club

三、船舰、机车、赛马等名称

阿莫斯克亚格	Amoskeag	蒸汽消防引擎
阿修罗	Ashuelot	
安定	Anding	
宝山	Paoushan	
宝顺	Paoushun	

波浪	Wave	
布哈拉	Bokhara	
达达尼尔海峡	Hellespont	
飞马	Feima	
弗莱默	Flamer	
高桥	Kajow	
格特鲁德	Gertrude	
哈里发	Caliph	
和风	Zephyr	赛马
赫塔	Hertha	
济云	Chiyuen	
酒神女祭司	Bacchante	
卡洛琳	Caroline	
凯旋	Triomphante	
康罗贝尔	Canrobert	赛马
科罗拉多	Colorado	
科罗拉多	Colorado	
莱文	Levon	
利斯莫尔	Lismore	
椋鸟	Starling	
猎狮	Nimrod	
林贺思勋爵	Lord Lyndhurst	
林纳特	Linnet	
玛丽亚	Maria	
蛮横	Imperieuse	
冒险	Adventure	
冒险	Audacious	
玫瑰	Rose	
蒙诺卡赛	Monocacy	

木星	Jupiter	
欧律阿罗斯	Euryalus	
佩尔沃	Pailwar	赛马
普洛弗	Plover	
千岁丸	Zensai Maru	
生丝	Tsatlee	
水蛇	Couleuvre	
水星	Mercury	
天朝	Celestial Empire	机车
铁公爵	Iron Duke	
停战	Armistice	
威南德	Wynand	
悉尼	Sydney	赛马
先锋	Pioneer	
阳光	Sunbeam	
伊敦	Aden	
萤火虫	Firefly	
幼发拉底	Euphrates	
珍珠	Pearl	
总督	Viceroy	机车

图书在版编目（CIP）数据

上海史. 第二卷/（英）库寿龄著；朱华译. —上
海：上海书店出版社，2020.1（2022.10 重印）
ISBN 978-7-5458-1870-3

Ⅰ.①上… Ⅱ.①库…②朱… Ⅲ.①上海—地方史
Ⅳ.①K295.1

中国版本图书馆 CIP 数据核字（2019）第 247720 号

责任编辑 顾 佳
封面设计 汪 昊

上海史（第二卷）

［英］库寿龄 著

朱 华 译

出　版　上海书店出版社
　　　　　（201101　上海市闵行区号景路 159 弄 C 座）
发　行　上海人民出版社发行中心
印　刷　苏州市越洋印刷有限公司
开　本　710×1000　1/16
印　张　31.75
版　次　2020 年 1 月第 1 版
印　次　2022 年 10 月第 2 次印刷
ISBN 978-7-5458-1870-3/K.360
定　价　188.00 元